3e SPÉCIAL BREVET

chouette s'entraîner POUR PROGRESSER

Le tout-en-un

Français
Hélène Maggiori-Kalnin

Mathématiques
Gérard Bonnefond
Daniel Daviaud
Bernard Revranche

Histoire-Géographie
Éducation civique
Guillaume Joubert
Vanessa Lebrun

Anglais
Nicole Nemni-Nataf
Corinne Touati

Histoire des arts
Laure Péquignot-Grandjean

Hatier

SOMMAIRE

Français

Maths

Suivi éditorial : Carole San-Galli. **Maquette de principe** : Frédéric Jély. **Mise en pages** : Lasergraphie.
Illustrations : Caroline Ayrault, Mathieu de Muizon (intérieur) ; Guillaume Trannoy (dessins de la chouette).
Cartographie et schémas : Domino. **Iconographie** : Hatier illustration.

ISBN 978-2-218-96980-5

Chouette mode d'emploi

Bonjour,
Voici quelques indications pour utiliser au mieux ton cahier Chouette entraînement et le site associé : www.chouette-hatier.com.

Le cahier

■ Ce cahier « tout-en-un » est composé de cinq parties pour réviser dans toutes les matières du brevet :
– en **français** (→ page 5) ;
– en **maths** (→ page 79) ;
– en **histoire-géographie** et **éducation civique** (→ page 169) ;
– en **anglais** (→ page 221) ;
– en **histoire des arts** (→ page 239).

■ Tu y trouveras :
– les points clés du **cours** et des conseils de **méthode** ;
– des **exercices** guidés par la chouette ;
– des **brevets blancs** conformes au nouveau brevet, pour te mettre dans les conditions de l'examen.

■ À la fin de chaque partie se trouvent des **outils complémentaires** et les **corrigés de tous les exercices et brevets blancs**. Reporte-toi au sommaire pour plus de détails.

Et sur le site...

■ Sur le site www.chouette-hatier.com, tu peux accéder à :
– des exercices interactifs en **français** et **mathématiques** ;
– des documents et corrigés audio en **anglais**.

■ Pour entrer dans l'espace qui t'est réservé, c'est simple. Il suffit de suivre les instructions. Alors n'hésite pas à te connecter.

Et maintenant bon travail !

FRANÇAIS

Cette partie te propose une préparation progressive à l'épreuve de français du brevet.

- Tu y trouveras des rappels de cours et des exercices sur les **notions du programme** auxquelles font appel les sujets et qui concernent la grammaire (→ page 6), la conjugaison (→ page 17), l'orthographe (→ page 26), le lexique (→ page 30) ou encore le texte et l'énonciation (→ page 38).
- La partie comprend aussi :
  - des **sujets de brevet blanc** (→ page 48) ;
  - des **tableaux récapitulatifs** (→ page 56) ;
  - tous les **corrigés détaillés** (→ page 60).

1 Grammaire

Déterminants et pronoms

- **Un déterminant accompagne un nom et forme avec lui un GN minimal.**
  Le visiteur regarde le tableau.
- **Un pronom remplace le plus souvent un GN.** Il se charge du genre et du nombre du noyau du GN. Il a la même fonction que le GN qu'il remplace.
  Le visiteur regarde le tableau. → Il le regarde.
- Un pronom peut être **personnel** ou **possessif** : *Il (le visiteur) regarde le tien (ton tableau).*
- On peut distinguer déterminants et pronoms homophones en observant leur position.
  Si le mot **précède un nom**, c'est un **déterminant** : *le magasin, la foule, les tissus, leur(s) cahier(s), ce tableau.*
  Si le mot **précède un verbe**, c'est un **pronom** : *il les voit, il leur parle, ce sont des amis.*
- **Attention** :
  – *le, la, les*, pronoms personnels COD, peuvent jouer sur l'accord du participe passé ;
  – *leur*, pronom personnel, est invariable ;
  – *ce*, pronom démonstratif, s'emploie devant le verbe *être* et les pronoms *qui* ou *que*.

1 Souligne les déterminants et encadre les pronoms.

Mouret cependant vivait dans l'angoisse. Était-ce possible ? Cette enfant le torturait à ce point ! Toujours il la revoyait arrivant avec ses gros souliers, son air sauvage. Elle apportait tout ce qu'on trouve de bon chez la femme, le courage, la gaieté, la simplicité. On pouvait ne pas la voir ; bientôt le charme agissait ; on lui appartenait à jamais.

D'après É. Zola, *Au bonheur des dames*, 1883.

2 Complète avec *leur* ou *leurs*, et indique entre parenthèses la nature du mot.

1. En partant, ils emportent .... (............................) affaires.

2. Elle se tourne vers eux et .... (............................) explique tout.

3. Ces vêtements-ci sont les nôtres, ceux-là sont les .... (............................).

3 Classe les mots de la liste suivante dans le tableau : *le – la – mon – la leur – ce – cela – les – chacun – chaque – tous – leur – leurs.*

Déterminant	Pronom
....	....
....	....
....	....

Il y a autant de mots dans chaque colonne ; certains peuvent se placer dans les deux colonnes.

4 Raye l'intrus et justifie ton choix.

1. les – je – le sien – on – nous : ....

2. mon – cette – nos – la leur – des : ....

2 Grammaire

Les expansions du nom

- Un groupe nominal peut ne contenir qu'un **nom** et son **déterminant**. Mais il peut être enrichi avec des expansions qui précisent le sens du nom noyau.
- Parmi les expansions du nom, on distingue l'**épithète** et le **complément du nom**.
  Ce matin brille un chaud soleil d'été.
  → L'adjectif *chaud* est épithète du nom *soleil*.
  → Le GN *d'été* est complément du nom *soleil*.
- Construite de façon détachée, le plus souvent entre virgules, l'**apposition** est ajoutée à un GN. C'est une expansion du GN.
  Ce matin brille un chaud soleil d'été, bien agréable.
  → L'apposition, isolée par une virgule, complète le GN *un chaud soleil d'été*.
- La **proposition subordonnée relative** est une expansion du nom ou du GN.
  Le soleil est l'étoile qui est au centre du système solaire.
  → La proposition relative complète le nom *étoile*.
  Ce matin brille un chaud soleil d'été, qui donne le sourire.
  → La proposition relative, isolée par une virgule, complète le GN *un chaud soleil d'été*.

1 Dans le texte suivant, souligne les expansions des noms en couleur et indique s'il s'agit d'épithètes, de compléments du nom ou de propositions relatives.

Chaque année, la fête municipale de Livry-Gargan, tout le monde s'y prépare longtemps

……………………………………………………………………………………

à l'avance. Les parents, les enfants et surtout les commères du quartier parce qu'à la ker-

……………………………………………………………………………………

messe, tu refais ta réserve de ragots. Y avait […] des groupes de musique qui défilaient. Des

……………………………………………………………………………………

jeunes de la cité sont venus rapper. Y avait même des filles qui chantaient avec eux.

……………………………………………………………………………………

F. Guène, *Kiffe kiffe demain* © Hachette littératures, 2004. © Librairie Arthème Fayard, 2010.

2 Complète les proverbes, puis indique la classe et la fonction de l'expansion utilisée.

1. Au royaume ……………………, les borgnes sont rois. → ……………………
2. Après la pluie, le …………………… temps. → ……………………
3. Pierre …………………… n'amasse pas mousse. → ……………………
4. N'éveillez pas le chat ……………………→ ……………………

3 Réécris la phrase en ajoutant les expansions suivantes : *émouvants – de théâtre – qui ont été adaptés au cinéma – du XIXe siècle – français.*

Victor Hugo est un écrivain. Il a écrit des poèmes, des pièces et des romans.

……………………………………………………………………………………

……………………………………………………………………………………

……………………………………………………………………………………

Veille au sens de la phrase et aux accords.

La structure d'un groupe verbal

- L'élément de base d'un groupe verbal (GV) est un **verbe conjugué**.
- À cet élément peuvent s'ajouter :

– un ou plusieurs **compléments d'objet**, introduits directement (sans préposition = **COD**) ou indirectement (avec préposition = **COI** ou **COS**) ;

	Groupe verbal (GV)			
	Verbe	**COD**	**COI**	**COS**
Verbe suivi d'un complément	*Je lis*	*un livre.*		
	Je pense		*à mes amis.*	
Verbe suivi de deux compléments	*Je donne*	*un conseil*		*à mon frère.*
	Je parle		*de mes amis*	*à mon frère.*

– un **attribut du sujet**, lorsque le verbe conjugué est le verbe *être*, un verbe d'état *(sembler, rester, paraître...)* ou un autre verbe attributif *(être fait, être nommé...)*.
Théo est sympathique. → GV = V *(est)* + attribut du sujet *(sympathique)*.

1 **Dans le texte suivant, souligne les GV** (verbe seul, verbe + CO, ou verbe + attribut).

Chaque lundi matin, le brocanteur qui logeait sous l'allée étalait par terre ses ferrailles. Puis la ville se remplissait d'un bourdonnement de voix. Vers midi, au plus fort du marché, un vieux paysan de haute taille, la casquette en arrière, le nez crochu, apparaissait sur le seuil. Robelin était le fermier de Geffosses. Peu après, arrivait Liébard, le fermier de Toucques, petit, rouge et obèse ; il portait une veste grise.

D'après G. Flaubert, « Un cœur simple », in *Trois contes*, 1877.

Laisse de côté les CC : ils ne font pas partie du GV.

2 **Classe dans le tableau suivant les GV que tu as soulignés dans l'exercice I.**

Verbe seul	Verbe + complément d'objet	Verbe + attribut
....	....	....
....	....	....
....	....	....

Dans un verbe pronominal, le pronom réfléchi « se » peut être CO.

3 **Ajoute dans les proverbes suivants les GV manquants et indique de quels éléments ils se composent** (verbe + complément d'objet ou verbe + attribut).

1. Qui vole un œuf .... → ....

2. La nuit, tous les chats .... → ....

3. L'habit ne .... pas .... → ....

4. Les bons comptes .... → ....

Grammaire

4 Complément de verbe et complément de phrase

- Un **complément de verbe** complète un verbe **de manière obligatoire** : on ne peut ni le supprimer ni le déplacer. Les compléments d'objet sont des compléments de verbe.
Vous avez reçu un document d'information. → *Vous avez reçu…* (phrase incomplète)
- Un **complément de phrase**, lui, complète une phrase de **manière facultative.** Il peut être non seulement déplacé mais aussi supprimé.
Vous avez reçu un document d'information le mois dernier.
→ *Le mois dernier, vous avez reçu un document d'information.*
→ *Vous avez reçu un document d'information.* (phrase possible)
- Les **compléments circonstanciels** (CC) apportent des précisions sur les circonstances de l'action exprimée par le verbe. Ce sont le plus souvent des compléments de phrase, **facultatifs** (par exemple, *le mois dernier* dans la phrase précédente est un CC de temps). Certains cependant sont **obligatoires.**
– *Je vais à Paris.* (complément de verbe exprimant le lieu)
– *Le cours dure une heure.* (complément de verbe exprimant le temps)
– *Il se conduit bien.* (complément de verbe exprimant la manière)

1 Analyse les phrases et complète le tableau.

La **victoire de la Révolution russe**. En janvier 1918, les bolcheviques dissolvent l'Assemblée constituante par un coup de force. Une guerre civile les oppose alors aux « Blancs ». Le parti bolchevique devient le parti unique. La police politique élimine les opposants. L'État contrôle toute l'économie. En 1921, l'Armée rouge, recrutée par Trotski, l'emporte sur les Blancs.

Verbe	Complément(s) de verbe (CO, attribut du sujet)	Complément de phrase
dissolvent	l'Assemblée constituante	par un coup de force
....	....	....
....	....	....
....	....	....
....	....	....
....	....	....

Seuls deux compléments sont facultatifs et sont des compléments de phrase.

2 Indique, pour chaque complément de temps ou de lieu en couleur, s'il s'agit d'un complément de verbe (CV) ou d'un complément de phrase (CP).

1. À la mort de Lénine en 1924 (.......), Staline et Trotski s'opposent.
2. Trotski est exclu du Parti communiste (.......), puis chassé d'URSS (.......).
3. Les paysans doivent travailler dans de vastes exploitations collectives (.......).
4. Dans les camps du Goulag (.......), les déportés subissent des conditions de vie inhumaines.

Grammaire

5 La structure d'une phrase complexe

- Une phrase complexe contient **au moins deux verbes conjugués** ; elle est donc composée de **plusieurs propositions** qui peuvent être :
  - **juxtaposées**, c'est-à-dire séparées par une virgule, un point virgule ou deux-points ; *Il rit, il a enfin gagné.*
  - **coordonnées**, c'est-à-dire reliées par une conjonction de coordination *(mais, ou, et...)* ou un adverbe de liaison *(puis, ainsi...)* ; *Il rit car il a enfin gagné.*
  - **subordonnées**, c'est-à-dire reliées par un mot subordonnant (conjonction de subordination, pronom relatif ou mot interrogatif). *Il rit parce qu'il a enfin gagné.*
- Dans une phrase composée de deux propositions juxtaposées ou coordonnées, chaque proposition est **indépendante** des autres.
  Une proposition **subordonnée**, elle, ne peut fonctionner toute seule : elle complète une autre proposition, appelée **principale**, dont elle dépend.

1 Transforme chaque couple de phrases simples en une phrase complexe en suivant l'indication en italique.

1. Je me lève. Il est déjà neuf heures.

→ *(subordination)* ....

2. Je souris. Il me rend mon sourire.

→ *(coordination)* ....

3. Igor est énervé. Tout l'irrite.

→ *(juxtaposition)* ....

2 Lis le texte suivant, souligne les verbes conjugués, puis complète le tableau.

Igor Beshevich, obsédé par le mot « paliure », se rend chaque jour au musée où il travaille comme gardien, sans rien voir de la foule grouillante autour de lui.

Le service d'Igor Beshevich commençait à six heures et l'encombrement des rues du quartier Mlanecsz l'avait déjà bien trop retardé *(a)*. La foule lambinait comme un gros serpent le long des boutiques d'écriture et de bougies ; chacun essayait tant bien que mal d'éviter les mares formées par la neige fondante dans le ruisseau *(b)*. Les femmes surtout étaient les plus lentes à force de relever leurs jupons pour qu'ils ne soient pas crottés *(c)*.

P. Claudel, « Paliure », in *Les Petites Mécaniques* © Mercure de France, 2003.

Il y a six verbes conjugués.

Phrase du texte	Nombre de verbes conjugués	Mot ou signe reliant les propositions	Juxtaposition, coordination, ou subordination ?
(a)	....	....	....
(b)	....	....	....
(c)	....	....	....

Grammaire

6 Les subordonnées (1) : natures

- Une proposition **subordonnée** est reliée à la **principale** par un **mot subordonnant**.
- Selon le cas, le mot subordonnant est :

– un **pronom relatif** (*qui, que, quoi, dont, où, lequel* et ses composés) qui introduit une **proposition subordonnée relative** (voir l'unité 2) ;
L'homme [qui est venu] est grand et barbu.

– un **mot interrogatif** *(qui, quoi, lequel, quel, si, quand, comment, pourquoi...)* qui introduit une **proposition subordonnée interrogative indirecte** ;
Il me demande [qui est venu].

– une **conjonction de subordination** *(que, quand, parce que, pour que, après que...)* qui introduit une **subordonnée conjonctive complétive ou circonstancielle.**
Je sais [que tu viendras] [quand tu pourras]. → *que tu viendras* : conjonctive complétive ; *quand tu pourras* : conjonctive circonstancielle.

1 Souligne tous les mots subordonnants puis classe-les dans le tableau.

Un après-midi, ma mère m'avait demandé si j'aimerais aller à Luna Park. [...] Quand j'y repense aujourd'hui, je crois qu'elle voulait tout simplement que je la laisse seule cet après-midi-là. [...] elle m'a tendu un grand billet de banque et elle m'a dit : « Va t'amuser à Luna Park. » [...]
Quand j'ai acheté le ticket, à l'entrée, le monsieur a paru surpris que je paye avec un aussi gros billet. Il m'a rendu la monnaie et il m'a laissée passer. Une journée d'hiver. On aurait dit qu'il faisait nuit. [...] Ce qui me frappait surtout, c'était le silence.

P. Modiano, *La Petite Bijou* © Gallimard, 2001.

Tu dois trouver huit mots subordonnants.

Pronom relatif	Mot interrogatif	Conjonction de subordination
....	....	....
....	....	....

2 Complète les phrases suivantes avec le mot subordonnant qui convient.

1. *(pronom relatif)* Des garçons .... les chaussures étaient trouées me regardaient.
2. *(conjonction de subordination)* Je suis parti en courant .... j'ai eu peur.
3. *(mot interrogatif)* Ils m'ont demandé .... j'avais peur.
4. *(pronom relatif)* J'ai donné les billets .... me restaient.
5. *(conjonction de subordination)* .... je donnais les billets, je tremblais.

3 Coche l'intrus.

1. ❑ qui ❑ que ❑ quel ❑ dont ❑ lequel ❑ où
2. ❑ que ❑ parce que ❑ qui ❑ pour que ❑ lorsque ❑ après que
3. ❑ si ❑ pourquoi ❑ dont ❑ qui ❑ comment ❑ quand

Grammaire

7 Les subordonnées (2) : fonctions

Une proposition subordonnée peut **compléter un nom, un verbe ou une phrase.**

- Une proposition **complément d'un nom** est une **subordonnée relative**, introduite par un **pronom relatif** (qui remplace le nom complété : l'antécédent).
  Il n'a pas vu le taureau [que] cachait le brouillard.
  antécédent **proposition relative complément du nom antécédent *taureau***

- Une proposition **complément d'un verbe** est une **subordonnée complétive** (interrogative indirecte ou conjonctive).
  Il a compris [que] le brouillard cachait un taureau.
  proposition complétive conjonctive, COD de *a compris*

- Une proposition **complément d'une phrase** est une **subordonnée circonstancielle** (de temps, de cause, de but…).
  Il n'a pas vu le taureau [parce qu'] il y avait du brouillard.
  proposition circonstancielle, CC de cause de *Il n'a pas vu le taureau*

1 Coche la fonction de la proposition en couleur.

	Complément du nom	COD	CC
1. J'entendais ses sabots qui claquaient sur le chemin.			
2. Je ne sais pas si je pourrai lui échapper.			
3. Si j'arrive au bout du chemin, je suis sauvé.			
4. Pendant que tu cours, tu ne peux pas voir le taureau.			
5. Le taureau dont tu as peur n'est pas une bête sauvage.			
6. Je pense que tu as éprouvé la peur de ta vie.			

2 Souligne les propositions compléments d'un nom et entoure le nom complété.

On contait de lui qu'à Corte, où il avait pris femme, il s'était débarrassé fort vigoureusement d'un rival qui passait pour aussi redoutable en guerre qu'en amour : du moins on attribuait à Mateo certain coup de fusil qui surprit ce rival comme il était à se raser devant un petit miroir pendu à sa fenêtre. L'affaire assoupie, Mateo se maria. Sa femme Giuseppa lui avait donné d'abord trois filles (dont il enrageait), et enfin un fils, qu'il nomma Fortunato : c'était l'espoir de sa famille, l'héritier du nom.

P. Mérimée, *Mateo Falcone*, 1829.

Tu dois trouver cinq propositions subordonnées relatives.

3 Dans le texte de l'exercice 2, relève une subordonnée COD et une subordonnée CC.

1. Subordonnée complétive : ……………………………………………………………………

2. Subordonnée circonstancielle : ……………………………………………………………

Grammaire

8 Exprimer la cause et la conséquence

- Exprimer la cause, c'est donner une explication ou une justification à propos d'un fait. Dans une phrase complexe, la cause est exprimée par une **proposition subordonnée circonstancielle de cause (= causale)**, introduite le plus souvent par les conjonctions de subordination *parce que, comme, puisque*... + indicatif.
Le juge pleure [parce que son fils est malade]. → La subordonnée causale, introduite par *parce que*, explique pour quelle raison *le juge pleure*.
- Exprimer la conséquence, c'est indiquer le résultat d'un fait évoqué. Dans une phrase complexe, la conséquence est exprimée par une **proposition subordonnée de conséquence (= consécutive)**, introduite par les conjonctions de subordination *si bien que, de sorte que, si... que, tant... que, tellement... que...* + indicatif.
Son fils est si malade [que le juge pleure]. → La subordonnée consécutive *que le juge pleure* exprime le résultat du fait exprimé dans la principale.
- Si les **propositions** sont **coordonnées**, *car* exprime la cause et *donc* la conséquence.

1 **Les phrases suivantes sont constituées de deux propositions coordonnées. Indique le lien logique exprimé** (cause ou conséquence).

1. Le client de l'hôtel est en colère car il y a du désordre dans sa chambre. → ....

2. Le temps était orageux, j'ai donc pris mon parapluie. → ....

3. Il a froid, c'est pourquoi il tremble. → ....

4. Les rats font peur aux gens, car ils apportent la peste. → ....

2 **Lis ce texte et souligne les propositions subordonnées de cause.**

– Vous voulez mon avis ? Ils sont malheureux parce qu'ils ne se laissent pas aller. Et je sais ce que je dis.

– Il sait en effet ce qu'il dit, ajoutait Tarrou. [...] Autant qu'il est possible, il est à l'aise dans la terreur. Mais parce qu'il a ressenti tout cela avant eux, je crois qu'il ne peut pas éprouver tout à fait avec eux la cruauté de cette incertitude. [...] Puisque lui-même a vécu dans la terreur, il trouve normal que les autres la connaissent à leur tour. Plus exactement, la terreur lui paraît alors moins lourde à porter que s'il y était tout seul.

A. Camus, *La Peste* © Gallimard, 1947.

Tu dois trouver trois propositions subordonnées de cause.

3 **Reprends chaque phrase complexe du texte précédent contenant une causale** (soulignée) **et transforme-la de façon à mettre en évidence l'idée de conséquence. Tu dois construire des propositions subordonnées.**

Ex : Tous sont malades parce que la peste sévit.

→ La peste sévit si bien que tous sont malades.

1. ....

2. ....

3. ....

Grammaire

9 Exprimer le but

Exprimer le but, c'est dire **dans quelle intention** est faite une action.

- Dans une phrase simple, le but est exprimé par un GN ou un infinitif introduit par la préposition *pour. Il choisit un livre [pour le lire].*
- Dans une phrase complexe, le but est exprimé par une **proposition subordonnée circonstancielle de but (= finale)**, introduite par les conjonctions de subordination *pour que ou afin que...* + subjonctif.
  Le père marche doucement [pour que son enfant puisse le suivre].
- **Différencier but et conséquence** est parfois difficile, en raison de l'utilisation du même mot introductif *pour que.*
  Le père marche trop vite [pour que son enfant puisse le suivre].
  → *Pour que* annoncé par *assez* ou *trop* exprime la conséquence.

1 Lis le texte et délimite par des crochets les propositions subordonnées de but.

Un peintre a pris comme modèle sa femme, qui pose pour lui des heures durant.

Pendant des mois, la pose fut ainsi pour elle une torture. La bonne vie à deux avait cessé, un ménage à trois semblait se faire, comme s'il eût introduit dans la maison une maîtresse, cette femme qu'il peignait d'après elle. [...] Il la tuait à la pose pour embellir l'autre. [...] Quelle souffrance de prêter sa chair, pour que l'autre naquît, pour que le cauchemar de cette rivale les hantât, fût toujours entre eux !

É. Zola, *L'Œuvre*, 1886.

Une des propositions à trouver n'est pas introduite par une conjonction (pour éviter une répétition).

2 Souligne dans le texte de l'exercice I une phrase simple contenant un CC de but.

3 Transforme chaque couple de phrases simples en une phrase complexe contenant une principale et une subordonnée de but.

1. Le tableau progresse. Claude peint beaucoup.

→ ....

2. La jeune femme garde la pose. Claude la peint.

→ ....

Attention au sens et au mode des verbes.

4 Indique si la conjonction *pour que* introduit une subordonnée de but ou de conséquence.

1. Claude fait des efforts pour que le tableau soit parfait. → ....

2. Le tableau n'est pas assez beau pour que Claude soit content. → ....

3. Le tableau est trop sombre pour que Christine l'apprécie. → ....

4. Pour que Claude puisse la peindre, Christine pose. → ....

10 Exprimer l'opposition

- Dans une **phrase simple**, l'opposition est exprimée par **un GN ou un infinitif** introduit par l'une de ces prépositions : *malgré, en dépit de, au lieu de...*
  [*Malgré son goût pour la solitude,*] *il a de nombreux amis.*
- Dans une **phrase complexe**, l'opposition peut être exprimée par **une proposition coordonnée** à l'aide de la conjonction de coordination *mais* ou d'un adverbe comme *pourtant, cependant, néanmoins.*
  Il est souvent entouré d'amis [*mais il aime parfois rester seul*].
  On peut recourir aussi à **une proposition subordonnée d'opposition** introduite par l'une des conjonctions de subordination suivantes : *bien que, quoique, même si, quand bien même, tandis que...*
  [*Bien qu'il aime la solitude,*] *il est souvent entouré d'amis.*

1 Dans chaque phrase, souligne l'ensemble des mots qui expriment l'opposition.

1. Même s'il ne participe pas à cette compétition, il s'y intéresse vivement.
2. La maison paraît inoccupée, mais des grincements réguliers prouvent le contraire.
3. Malgré tous ses efforts, il n'a pas gagné.

2 Transforme chaque couple de phrases simples en une phrase complexe comportant une proposition subordonnée d'opposition.

1. Je suis pressé. Je prends mon temps.

→ ....

2. La lampe reste éteinte. Il fait nuit.

→ ....

3. Il est triste au fond de lui. Il sourit à son enfant.

→ ....

3 Après avoir souligné la proposition subordonnée d'opposition, réécris le texte de façon à obtenir deux propositions coordonnées exprimant la même idée.

Avant de savoir maîtriser le feu et cuire les aliments, les hommes préhistoriques, habitués à manger des végétaux, doivent se débrouiller comme ils peuvent s'ils veulent manger de la viande crue.

Et, bien que les meilleurs morceaux ne soient pas faciles à déchirer ni à manger quand on a une dentition d'herbivore, on peut auparavant les dépecer et les émietter avec des pierres et finir de les mastiquer tant bien que mal avec les molaires.

D'après R. Lewis, *Pourquoi j'ai mangé mon père* (1960), trad. Vercors et R. Barisse © Actes Sud, 1990.

Pense à transformer *soient*.

....

....

....

Exprimer la condition

- Dans une **phrase simple**, la condition est exprimée par **un GN ou un infinitif** introduit par l'une des prépositions suivantes : *avec, sans, en cas de, à condition de, à moins de...*

  [*En cas de* pluie,] *l'excursion sera annulée.*

- Dans une **phrase complexe**, la condition est exprimée par **une proposition subordonnée de condition** introduite le plus souvent par la conjonction de subordination *si.*

  [*Si la mer est agitée,*] *le bateau reste au port.*

  On peut recourir également à d'autres conjonctions de subordination : *au cas où, à condition que, suivant que, à supposer que, à moins que, soit que... soit que...*

  [*Au cas où on nous donnerait le choix,*] *je préférerais rester au lit.*

1 Souligne les propositions subordonnées de condition du texte.

Tu dois trouver trois subordonnées de condition.

Sur le penchant de quelque agréable colline bien ombragée, j'aurais une petite maison blanche avec des contrevents verts, si j'étais riche ; et quoique une couverture de chaume soit en toute saison la meilleure, je préférerais magnifiquement, non la triste ardoise, mais la tuile, parce qu'elle a l'air plus propre et plus gai que le chaume. Si quelque fête champêtre rassemblait les habitants du lieu, j'y serais des premiers avec ma troupe ; si quelques mariages se faisaient à mon voisinage, on saurait que j'aime la joie, et j'y serais invité.

D'après J.-J. Rousseau, *Émile ou De l'éducation*, 1761.

2 Complète chaque phrase en ajoutant une préposition devant le CC de condition.

1. .... grève, les cours sont suspendus pour la journée.
2. .... message de ta part d'ici demain, je considère que tu es d'accord.
3. Je peux aller à son mariage, ... y être invité.

3 Transforme les CC de condition en propositions subordonnées de condition.

Ex. : *À moins d'un changement de dernière heure, je pars à Londres demain.*

→ *Si aucun changement de dernière heure ne survient, je pars à Londres demain.*

1. Sauf contrordre de votre part, je me présenterai à votre bureau demain matin.

→ ....

2. Mets un message sur mon répondeur en cas de nécessité.

→ ....

3. Le crédit sera accordé sous réserve d'acceptation du dossier.

→ ....

L'indicatif présent : cas difficiles

- À l'indicatif présent, les verbes du **3e groupe** ont ceci de particulier que leur radical n'est pas fixe ; par ailleurs, aux **personnes du singulier**, les terminaisons les plus fréquentes *(-s, -s, -t)* ne sont pas systématiques.
- Observe ce tableau.

Verbes	1re personne du sing.	2e personne du sing.	3e personne du sing.
verbes en -*tir* (perdent le -*t*)	**-s** : *je mens*	**-s** : *tu mens*	**-t** : *il ment*
verbes en -*dre*	**-ds** : *je perds*	**-ds** : *tu perds*	**-d** : *il perd*
verbes en -*indre* et -*soudre* (perdent le -*d*)	**-s** : *je peins, je résous*	**-s** : *tu peins, tu résous*	**-t** : *il peint, il résout*
battre, mettre (+ dérivés)	**-ts** : *je bats, je mets*	**-ts** : *tu bats, tu mets*	**-t** : *il bat, il met*
vaincre (+ dérivés)	**-cs** : *je vaincs*	**-cs** : *tu vaincs*	**-c** : *il vainc*
rompre (+ dérivés)	**-ps** : *je romps*	**-ps** : *tu romps*	**-pt** : *il rompt*
pouvoir, vouloir, valoir	**-x** : *je peux, je veux, je vaux*	**-x** : *tu peux, tu veux, tu vaux*	**-t** : *il peut, il veut, il vaut*

1 Dans ces vers de Paul Verlaine, écris au présent les verbes entre parenthèses.

Éloigné de vos yeux, Madame, par des soins
Impérieux (j'en *(prendre)* .... tous les dieux à témoins),
Je *(languir)* .... et je *(mourir)* ...., comme c'est ma coutume
En pareil cas, et *(aller)* ...., le cœur plein d'amertume,
À travers des soucis où votre ombre me *(suivre)* ....,
Le jour dans mes pensers, dans mes rêves la nuit.

P. Verlaine, « Lettre », in *Fêtes galantes*, 1869.

2 Complète le tableau suivant en conjuguant les verbes à l'indicatif présent.

	partir	craindre	convaincre	permettre
1re pers. sing.	....	....	....	....
3e pers. sing.	....	....	....	....
3e pers. plur.	....	....	....	....

3 Raye l'intrus.

Observe la structure des verbes et pense à l'orthographe de leur présent.

1. résoudre – coudre – absoudre – dissoudre – éteindre

2. éteindre – joindre – craindre – tendre – résoudre

13 Conjugaison

Le passé simple

- Pour les verbes des 1er et 2e groupes, les terminaisons du passé simple sont stables.
1er groupe : *-ai, -as, -a, -âmes, -âtes, -èrent.*
2e groupe : *-is, -is, -it, -îmes, -îtes, -irent.*
- Les verbes du **3e groupe** se terminent par :*-is, -is, -it, -îmes, -îtes, -irent,*
ou *-us, -us, -ut, -ûmes, -ûtes, -urent.*
Sauf *aller, venir, tenir* et les dérivés de ces deux verbes.
Aller : *j'allai, tu allas, il alla, nous allâmes, vous allâtes, ils allèrent.*
Venir : *je vins, tu vins, il vint, nous vînmes, vous vîntes, ils vinrent.*
Tenir : *je tins, tu tins, il tint, nous tînmes, vous tîntes, ils tinrent.*

1 Écris les verbes entre parenthèses au passé simple pour retrouver le texte original.

Quand l'inspecteur *(revenir)* ...., il *(trouver)* .... Maigret campé sur le balcon [...]. Maigret *(poser)* .... le miroir debout sur la table et, à l'aide de deux chandeliers qu'il *(prendre)* .... sur la cheminée, il *(dresser)* .... vis-à-vis la feuille de papier buvard.

2 Complète le tableau suivant en conjuguant les verbes au passé simple.

	suivre	courir	faire	devoir	finir
1re pers. sing.	....	....	....	....	....
3e pers. sing.	....	....	....	....	....
3e pers. plur.	....	....	....	....	....

3 Raye l'intrus dans chaque série.

1. voulus – dus – venus – pus – crus
2. posa – récupéra – criera – erra

Dans chaque série, un des verbes n'est pas au passé simple.

4 Réécris cette phrase au passé simple et à la 1re personne du singulier.

Arrivés au grenier, les enfants demeurent saisis d'étonnement, puis bondissent vers une vieille malle. Ils ne parviennent pas à l'ouvrir, si bien qu'ils se mettent à imaginer un trésor caché.

Arrivé(e) au grenier, je ....

....

....

14 Employer le passé simple et l'imparfait

Pour éviter toute confusion entre imparfait et passé simple, il faut connaître les formes et le sens de chaque temps.

- **Les formes** : à la différence de celles du passé simple, les terminaisons de l'imparfait sont stables, quel que soit le verbe : *-ais, -ais, -ait, -ions, -iez, -aient.*
  Attention à l'**homophonie**, pour les verbes du 1re groupe, entre la 1re personne du singulier du **passé simple** et celle de l'**imparfait**.
  parler → *je parlai* (passé simple), *je parlais* (imparfait)
- **Le sens** : le passé simple exprime une action achevée, alors que l'imparfait exprime une action non achevée, qui dure ou qui se répète.
  Il voyagea. → Le passé simple décrit l'action de *voyager* du début à la fin.
  Il voyageait. → L'imparfait envisage l'action de *voyager* dans son déroulement.

1 Indique à quel temps sont les verbes en couleur, puis justifie chaque emploi.

1. Olivier salua (....................................) Mme Lucien qui frottait (....................................) avec son index les gencives de son bébé. – **2.** À l'épicerie, on grillait (....................................) du café et toute la rue embaumait (....................................).

D'après R. Sabatier, *Les Allumettes suédoises* © avec l'aimable autorisation des Éditions Albin Michel, 1969.

1. ....

2. ....

2 Réécris les phrases au passé, en utilisant le passé simple ou l'imparfait, selon le cas.

1. Pendant que je le regarde, il lit la lettre.

→ ....

2. Quand je vois la vitrine, je change soudain d'avis.

→ ....

3. Je passe chez eux chaque année de délicieuses vacances.

→ ....

3 Conjugue les verbes entre parenthèses au passé simple ou à l'imparfait, selon le cas.

Ackroyd vient de recevoir une lettre. Il refuse de la lire devant le narrateur.

Ackroyd *(être)* .... fort entêté ; plus on le *(pousser)* .... à accomplir un acte, plus il s'y *(refuser)* .... [...] La main sur la poignée de la porte, j'*(hésiter)* .... et *(regarder)* .... en arrière. [...] Je *(sortir)* .... en hochant la tête et je *(fermer)* .... la porte derrière moi.

A. Christie, *Le Meurtre de Roger Ackroyd*, trad. M. Dou-Desportes © Le Masque, 1927.

Comprends bien le texte : le narrateur hésite, regarde en arrière puis sort.

Les temps composés de l'indicatif

- Un temps composé se forme avec l'**auxiliaire** (*avoir* ou *être*) à un temps simple et le **participe passé (p.p.)** du verbe.
- Il existe **quatre temps composés à l'indicatif.**

Temps composé	Composition verbale	Exemples
passé composé	auxiliaire au présent + p.p.	*tu as pris ; il est parti*
plus-que-parfait	auxiliaire à l'imparfait + p.p.	*tu avais pris ; il était parti*
futur antérieur	auxiliaire au futur + p.p.	*tu auras pris ; il sera parti*
passé antérieur	auxiliaire au passé simple + p.p.	*tu eus pris ; il fut parti*

1 Lis le texte et souligne les verbes conjugués à un temps composé.

Beaucoup plus tard, par le capitaine de Victor lui-même, Félicité connut les circonstances de la fin de son neveu. On l'avait trop saigné à l'hôpital, pour la fièvre jaune. Quatre médecins le tenaient à la fois, il était mort immédiatement.

Félicité ne voulut pas revoir les parents de Victor, pensant qu'ils avaient toujours traité leur fils avec barbarie.

D'après G. Flaubert, « Un cœur simple », in *Trois contes*, 1877.

Tu dois souligner trois verbes.

2 À quel temps sont les verbes que tu as soulignés ? ....

3 Complète le tableau suivant avec des formes à la 3e personne du singulier.

Présent	....	Passé composé	....
Imparfait	....	....	....
Futur	....	Futur antérieur	....
....	elle connut	Passé antérieur	....

4 Sans changer de personne, conjugue chaque verbe au temps demandé.

1. tu soulignes → passé composé : ....

2. nous prendrons → futur antérieur : ....

3. ils mettaient → plus-que-parfait : ....

4. il vint → passé antérieur : ....

5. je courrai → futur antérieur : ....

Indicatif présent et subjonctif présent

- Les terminaisons du subjonctif présent sont : *-e, -es, -e, -ions, -iez, -ent.*
- **Aux personnes du singulier et à la 3e personne du pluriel de l'indicatif présent et du subjonctif présent :**

– beaucoup de verbes ont des formes différentes : *je prends, que je prenne* ;
– les verbes du 1er groupe (mais aussi *cueillir* et sept verbes en *-aillir*) ont des formes identiques (prononciation et orthographe) : *je chante, que je chante* ;
– quatorze verbes (et leurs dérivés) ont des **formes homophones** mais présentent des **orthographes différentes**, ce qui est source d'erreur. Retiens les six plus courants.

	courir	croire	fuir	mourir	rire	voir
Indicatif présent	je cours tu cours il court ils courent	je crois tu crois il croit ils croient	je fuis tu fuis il fuit ils fuient	je meurs tu meurs il meurt ils meurent	je ris tu ris il rit ils rient	je vois tu vois il voit ils voient
Subjonctif présent	que je coure que tu coures qu'il coure qu'ils courent	que je croie que tu croies qu'il croie qu'ils croient	que je fuie que tu fuies qu'il fuie qu'ils fuient	que je meure que tu meures qu'il meure qu'ils meurent	que je rie que tu ries qu'il rie qu'ils rient	que je voie que tu voies qu'il voie qu'ils voient

1 Souligne les verbes au subjonctif présent.

Orgon est en colère contre sa famille et surtout contre son fils.

ORGON : « Ah ! je vous brave tous, et vous ferai connaître
Qu'il faut qu'on m'obéisse et que je suis le maître.
Allons, qu'on se rétracte, et qu'à l'instant, fripon,
On se jette à ses pieds pour demander pardon. [...]
Sus, que de ma maison on sorte de ce pas,
Et que d'y revenir on n'ait jamais l'audace. »

Molière, *Le Tartuffe ou l'Imposteur*, 1664.

Si tu hésites, remplace la forme douteuse par un verbe qui se prononce différemment au subjonctif et à l'indicatif.

2 Coche la bonne orthographe.

1. Chaque fois qu'il ❑ voie ❑ voit ce paysage, il s'extasie. – **2.** Bien qu'il ❑ sourie ❑ sourit, il s'ennuie. – **3.** Il prend un air sérieux pour qu'on le ❑ croie ❑ croit.

3 Replace les verbes suivants en prenant garde au sens et à l'orthographe (utilise tous les verbes) : *disparaissaient – ait – parcoure – invente – prenne.*

Il faut que l'homme .... conscience de la destruction progressive de son environnement pour qu'il .... envie de lutter et de chercher des solutions. Albert Einstein a écrit que, si les abeilles .... un jour, l'homme n'aurait plus que quatre années à vivre. Pour que l'humanité .... encore des millénaires, il faut qu'elle .... des remèdes durables.

FRANÇAIS

Les autres temps du subjonctif

- Le mode subjonctif comprend deux temps simples : **présent** (voir l'unité 16) et **imparfait**, et deux temps composés : **passé** et **plus-que-parfait**.
- L'**imparfait** du subjonctif est de plus en plus rarement employé. On le rencontre surtout à la 3e personne.

– *parler* (1er groupe) : *qu'il parlât, qu'ils parlassent*
– *finir* (2e groupe) : *qu'il finît, qu'ils finissent*
– *courir* (3e groupe) : *qu'il courût, qu'ils courussent*
– *avoir* : *qu'il eût, qu'ils eussent*
– *être* : *qu'il fût, qu'ils fussent*

- Les **temps composés** se forment avec l'auxiliaire conjugué à un temps simple du subjonctif et le participe passé du verbe :

– passé : *que j'aie parlé, que tu aies fini, qu'il ait été...* ;
– plus-que-parfait : *qu'il eût fini, qu'ils eussent fini...*

1 Complète le tableau au subjonctif.

Verbes	Présent	Imparfait	Passé
aller	que je	qu'il	que je ....
obéir	que tu	qu'il	que tu ....
voir	qu'il	qu'il	qu'il ....
prendre	que nous	qu'ils	que nous ....
être	que vous	qu'ils	que vous ....
avoir	qu'ils	qu'ils	qu'ils ....

2 Souligne tous les verbes au subjonctif.

Nous sommes à Paris depuis un mois, et nous avons toujours été dans un mouvement continuel. Il faut bien des affaires avant qu'on soit logé, qu'on ait trouvé les gens à qui on est adressé et qu'on se soit pourvu des choses nécessaires, qui manquent toutes à la fois.

Ne crois pas que je puisse, quant à présent, te parler à fond des mœurs et des coutumes européennes : je n'en ai moi-même qu'une légère idée, et je n'ai eu à peine que le temps de m'étonner.

Montesquieu, *Lettres persanes,* lettre 24, 1721.

Un verbe est au passif et un à la voix pronominale.

3 Place les verbes soulignés dans l'exercice 2 ; complète les formes manquantes.

Présent	Imparfait	Passé	Plus-que-parfait
....	....	....	qu'on eût été logé
....	....	....	....
....	qu'on se pourvût	....	....
....	que je pusse	....	....

18 Les emplois du subjonctif

Le subjonctif est utilisé dans les cas suivants.

- **Dans une proposition indépendante,** pour exprimer le souhait ou le regret [*Pourvu qu'elle (ne) vienne (pas)*], l'ordre ou la défense [*Qu'il (ne) vienne (pas) ici !*], l'indignation [*Moi, que l'on me traite ainsi !*].
- **Dans une proposition subordonnée** :
  – **complétive,** après un verbe de volonté, de doute, de sentiment ;
  Je veux que tu viennes.
  – **relative,** pour exprimer un fait virtuel.
  Je cherche un appartement qui ait vue sur la mer.
- **Après certaines conjonctions de subordination** introduisant une proposition subordonnée **circonstancielle** : *avant que, en attendant que, jusqu'à ce que, bien que, quoique, afin que, pour que, à condition que, pourvu que, à moins que...*
  Bien que le soleil soit levé, il fait encore sombre.

1 Lis le texte et souligne les verbes au subjonctif.

Ce matin-là, craignant que le réveil me jouât un mauvais tour en restant muet, j'avais demandé à ma mère de me réveiller au moment où elle partait. C'était évidemment bien trop tôt pour moi, mais je n'avais pas le choix. Il fallait absolument que je sois à l'heure à la gare, et que je ne rate pas le train. C'était le jour de mon dernier examen... Le téléphone a sonné, avant que mon réveil se soit déclenché. Je me suis précipité hors du lit. C'était ma mère qui s'assurait que tout était en ordre et que j'étais prêt à partir ! Je filai à la gare, redoutant que le moindre retard mît fin à mes espoirs d'avenir.

Attention ! Un des verbes au subjonctif ressemble à un verbe à l'indicatif.

2 Mets le verbe entre parenthèses au mode qui convient et justifie ton choix.

1. Le chef ordonne que les troupes (faire) .... demi-tour. ....

2. J'ai très peur que tu me (croire) .... coupable. ....

3. S'il veut partir avec nous, qu'il (être) .... à l'heure ! ....

4. Bien qu'il (faire) .... de bonnes études, il n'a pas l'emploi dont il rêvait.
....

5. Ils envoient leurs enfants à l'université pour qu'ils (devenir) .... savants.
....

3 Remplace *il dit* par *il veut*. Quelles transformations interviennent ?

1. Il dit que tu as du courage.

Il veut ....

2. Il dit que tu pars très tôt le matin et que tu cours toujours pour conserver la forme.

Il veut ....

Indicatif futur et conditionnel présent

- **Les formes** de l'indicatif futur et celles du conditionnel présent ont en commun un radical terminé par la consonne *-r* mais diffèrent par leurs terminaisons.
  Indicatif futur : *-ai, -as, -a, -ons, -ez, -ont* (terminaisons proches du verbe *avoir* au présent : *j'ai, tu as...*). *Je prendrai, tu prendras, il prendra, nous prendrons, vous prendrez, ils prendront.*
  Conditionnel présent : *-ais, -ais, -ait, -ions, -iez, -aient* (mêmes terminaisons qu'à l'indicatif imparfait). *Je prendrais, tu prendrais, il prendrait, nous prendrions, vous prendriez, ils prendraient.*
  Il faut se méfier des **formes homophones à la 1re personne du singulier**.
- **Le sens diffère** : l'indicatif futur évoque le futur par rapport au présent ; le conditionnel présent exprime l'hypothèse ou le futur dans le passé.
  J'espère que tu viendras. → *tu viendras* (indicatif futur) évoque une action à venir par rapport au présent *j'espère.*
  J'espérais que tu viendrais. → *tu viendrais* (conditionnel présent) évoque une action à venir par rapport au passé *j'espérais.*

1 Conjugue les verbes entre parenthèses à l'indicatif futur ou au conditionnel présent.

Je commence mon journal. […] Ah ! que je n'*(aimer)* .... pas que quelqu'un lise mon journal. […] J'ai numéroté les pages. Je me demande ce que j'*(avoir)* .... à la page 100. […] À partir de février, je dois aller au lycée clandestin. […] Mais ne pense pas, mon cher journal, que je t'*(abandonner)* .... pour autant ! Sûrement pas. Je n'*(avoir)* .... jamais de plus grand ami que toi. Toi, tu es l'Ami, journal !

W. Przybylska, *Journal de Wanda* (1942-1944), trad. Z. Bobowicz © Éditions DDB, 1981.

Mets le verbe à la 2e personne du singulier pour distinguer les formes homophones.

2 Réécris les phrases suivantes en remplaçant *Il dit :* par *Il disait que.*

1. Il dit : « Je l'aiderai. » → ....

2. Il dit : « Il fera beau tout l'été. » → ....

3. Il dit : « Nous partirons demain. » → ....

3 Coche la bonne orthographe.

1. S'il essaie de prendre mon sac, je ❑ crierai ❑ crierais.

2. Je lui avais promis que je lui ❑ enverrai ❑ enverrais de l'argent.

3. Si je n'étais pas malade, je ❑ pourrai ❑ pourrais te rejoindre vite.

4. Demain, dès l'aube, à l'heure où blanchit la campagne, je ❑ partirai ❑ partirais.

20 Conjugaison

Les emplois du conditionnel

Selon le cas, le conditionnel a une valeur de mode ou de temps.

- Quand il a une valeur de **mode**, il sert à exprimer :

– une **action soumise à une condition** (celle-ci pouvant être implicite) ;
[Si je pouvais], je prendrais volontiers quelques jours de vacances.
[Si j'avais pu], j'aurais pris volontiers quelques jours de vacances.

– une **supposition** ;
Mon rêve deviendrait-il enfin réalité ?

– une **demande atténuée.**
Pourriez-vous fermer la fenêtre ? ≠ Peux-tu fermer la fenêtre ? (demande plus abrupte)

- Quand il a une valeur de **temps**, il sert à évoquer un **futur dans le passé.**
Il ne savait pas si son père reviendrait de la guerre.

1 Dans les phrases suivantes, indique la valeur des verbes au conditionnel.

1. Pourriez-vous m'indiquer la boulangerie la plus proche ? .... – **2.** J'aimerais être sur un bateau. .... – **3.** Si je n'avais pas été obligé de trouver du travail après mes études, j'aurais voyagé à travers le monde entier. .... – **4.** Avec ce diplôme, viendrais-tu travailler dans mon entreprise ? ....

2 Utilise le conditionnel pour donner aux phrases suivantes la valeur demandée.

1. *(atténuation du propos)* Je prends une boisson fraîche.

....

2. *(hypothèse non réalisée dans le passé)* Je viens te voir.

....

3. *(supposition)* Le baccalauréat ouvre toutes les portes.

....

Un des verbes est au conditionnel passé.

3 Pour lire cette phrase telle qu'elle a été écrite, mets les verbes au conditionnel présent.

Je *(veux)* .... revenir.
Près d'elle à l'improviste une nuit où le songe
Peut-être *(insinue)* .... que je ne *(suis)* .... plus.

A. Verdet, « Tu me disais », *Les Jours, les Nuits et puis l'Aurore*, F.N.D.I.R.P., 1949, © Luciano Melis.

4 Mets le verbe entre parenthèses au temps du conditionnel qui convient.

1. Le malade disait que le lendemain il *(aller)* .... mieux. – **2.** Si sa mère l'avait voulu, il *(partir)* .... en vacances. – **3.** *(Avoir)* ....-vous l'amabilité d'ouvrir la fenêtre ? – **4.** Il *(partager)* .... sa chemise, s'il en avait eu une !

Accorder un adjectif qualificatif : cas difficiles

L'adjectif qualificatif s'accorde en genre et en nombre avec le nom (ou le pronom) auquel il se rapporte. **Certains** adjectifs qualificatifs **restent** toutefois **invariables**.

- Les **adjectifs de couleur dérivés d'un nom** : *orange, marron, bordeaux, cerise...*
  Mais : *mauve, fauve, rose, pourpre, écarlate* s'accordent en genre et en nombre.
- Les adjectifs de couleur **formés de deux mots** : *ses yeux vert amande ; les chaussures gris clair.*
- Les adjectifs *bon, cher, court, droit, dur, fort, haut...* **utilisés comme adverbes** après certains verbes. *Ces vestes coûtent cher. Elles parlent fort.*
  Mais : *Ces vestes sont chères. Leurs voix sont fortes.*
- Les adjectifs ***mi, demi, semi* et *nu*** placés à gauche d'un nom ou d'un adjectif et reliés par un trait d'union. *Tu mets tes nu-pieds. Tu restes une demi-heure.*
  Mais : *Tu as les pieds nus. Viens dans une heure et demie.*

1 Lis le texte et complète, si nécessaire, les mots en italique.

Robert, déporté en camp de concentration, raconte l'une des brimades gratuites que les SS faisaient subir aux prisonniers : le lever sans raison en pleine nuit.

– Il est deux heures et *demi*....., souffle Robert qui a eu le temps de vérifier l'heure. Le commandant arrive, ne bougez plus, tenez *bon*......

On l'aperçoit au loin, la casquette *vert*..... *foncé*..... à tête de mort vissée sur le crâne. Il est vêtu d'un épais manteau et porte des bottes *marron*...... – Je voulais seulement vous souhaiter une bonne nuit. [...]

– Il est trois heures trente, crie le kapo. Vous avez encore une *demi*.....-heure de sommeil.

D'après J.-P. Vittori, *Les Sabots : 1944-1945* © Nathan, 2003.

2 Coche la bonne orthographe.

1. Les meilleurs athlètes sont souvent très ❑ fort ❑ forts dans différents sports.

2. Ils avaient les bras ❑ nu ❑ nus malgré le froid.

3. Ils sont restés ❑ droit ❑ droits pendant l'appel.

4. Ils étaient ❑ demi- ❑ demis-nus dans la neige et le vent glacial.

L'adjectif reste invariable dans une seule phrase.

3 Complète les phrases avec les adjectifs suivants en faisant les accords nécessaires : *orange – kaki – bleu, blanc, rouge – pourpre – vert olive.*

1. Il a mélangé du rouge et du jaune pour peindre des fruits .... – **2.** Les vêtements des soldats sont .... et non .... – **3.** Les sénateurs romains portaient des bandes .... au bas de leurs toges blanches. – **4.** Des drapeaux français .... flottent sur l'ambassade.

22 Participe présent et adjectif verbal

- Le **participe présent** est une forme en *-ant* qui a la valeur d'un verbe et est **invariable.**
Obéissant à leurs parents, les enfants éteignirent l'ordinateur. → *Obéissant* est un participe présent : il exprime une action et est suivi d'un COI, *à leurs parents*.

- L'**adjectif verbal** se termine également par *-ant* mais fonctionne comme un adjectif : il s'accorde en genre et en nombre avec le nom qu'il complète.
Les enfants sont très obéissants.
→ *Obéissants* est un adjectif verbal : il décrit un état et est attribut du sujet *les enfants*.

- Certains adjectifs verbaux ont une orthographe irrégulière.
  - Les verbes en ***-quer*** et ***-guer*** ont leur participe présent en **-quant** et **-guant** et leur adjectif verbal en ***-cant*** et ***-gant*** : *fatiguant* (p. prés.), *fatigant* (adj. verbal) ; *communiquant* (p. prés.), *communicant* (adj. verbal).
  - Certains verbes ont leur participe présent en ***-ant*** et leur adjectif verbal en ***-ent*** : *excellant* (p. prés.), *excellent* (adj. verbal).

1 Lis le texte et place les mots en couleur dans le tableau ci-dessous.

Strauss, très souriant, traita longuement de la théorie et des techniques de la neurochirurgie, exposant en détail ses premières études, décrivant mon état physique […]. Attendant patiemment, moi, j'étais là comme un élément faisant partie d'une communication scientifique. Enfin, ce fut au tour de l'excellent Nemur, parlant comme l'auteur d'un brillant exploit : « On pourrait dire que Charlie n'existait pas réellement avant cette expérience. » Je ne sais pourquoi cela m'irrita d'entendre parler de moi comme d'un être différent, équivalant à un article fabriqué dans leur usine privée.

D'après D. Keyes, *Des fleurs pour Algernon*, trad. G. H. Gallet © Casterman – J'ai lu, 1972.

Participe présent	Adjectif verbal
....	....
....	....
....	....

2 Complète les mots en italique.

1. Les jeunes enfants sont *fatig*........... – **2.** *Adhér*........... à votre thèse, nous acceptons vos propositions. – **3.** Mes arguments sont bien *différ*........... – **4.** Ne *compren*........... rien, je demandai des explications.

Attention à l'orthographe des deux adjectifs verbaux.

3 Raye l'intrus dans chaque liste.

1. suffocant – provoquant – communiquant – zigzaguant

2. concluant – confiant – remuant – abritant – brillant

23 Orthographe

Accorder le verbe avec son sujet : cas difficiles

- Si le **sujet** est un **pronom relatif**, le verbe se met à la même personne que l'antécédent. *C'est toi qui es en retard.* → *es* prend la personne de son sujet *qui*, pronom relatif remplaçant *toi* = 2e personne du singulier.
- Si le **sujet** est **composé de deux termes représentant des personnes différentes** :
  - la 1re personne l'emporte sur la 2e et la 3e ;
    → 2e pers. + 1re pers. = verbe à la 1re pers. du pluriel. *Toi et moi sommes de bons amis.*
    → 3e pers. + 1re pers. = verbe à la 1re pers. du pluriel. *Sonia et moi jouons au tennis.*
  - la 2e personne l'emporte sur la 3e.
    → 3e pers. + 2e pers. = verbe à la 2e pers. du pluriel. *Sonia et toi jouez au tennis.*

1 Souligne l'antécédent de chaque pronom relatif en couleur, puis mets les verbes entre parenthèses à l'imparfait.

Durant la Seconde Guerre mondiale, le narrateur et son ami font exploser un poste de commande d'aiguillage ferroviaire, ignorant qu'un vieux cheminot s'y trouve. Pour sauver les résistants, la femme du cheminot accuse son mari mourant de l'attentat.

Des belles femmes qui *(faire)* .... pousser des cornes à leur mari, les SS en voyaient tous les jours, mais une qui *(vouloir)* .... s'en débarrasser en le faisant exécuter pour terrorisme, ils demandaient à voir de près. L'homme, sur son lit de mort, a confirmé, il était le seul responsable. Les schleus l'ont fusillé avec ses pansements qui *(voler)* .... sous les balles. C'est nous qui l'*(avoir)* .... tué cet homme et c'est lui qui nous *(sauver)* .... la vie.

D'après M. Quint, *Effroyables jardins* Première édition 2000 Éditions Joëlle Losfeld, © Gallimard, 2003.

2 Ajoute le pronom personnel singulier manquant.

1. Marc, Éric et .... partirez tous les trois demain. – **2.** Ton frère et .... partirons bientôt en tandem. – **3.** Toi et .... observez les oiseaux.

3 Mets les verbes entre parenthèses au présent en faisant les accords nécessaires.

1. Tu es le premier qui ne *(dire)* .... pas bonjour en arrivant. – **2.** Passe par l'une des routes qui *(mener)* .... à Rome ! – **3.** Tes amis et toi *(faire)* .... une belle randonnée. – **4.** C'est Karin, toi et moi qui *(être)* .... les premiers.

4 Réécris les phrases en remplaçant *lui* par *moi*.

1. Ce n'est pas lui qui t'a raconté cette histoire mais c'est pourtant lui qui en est le héros.

2. Toi et lui, vous vous êtes rencontrés ainsi.

....

....

24 Accorder un participe passé : règles générales

- Un participe passé **utilisé seul** suit les règles d'accord d'un adjectif qualificatif.
  Il faut chercher dans les romans publiés récemment.
  Mais : *ci-joint, mis à part, y compris, non compris, attendu, vu, étant donné, ci-inclus,* placés devant un groupe nominal, restent invariables. *Ci-joint les papiers demandés.*
- Le participe passé d'un verbe conjugué **avec l'auxiliaire *être*** s'accorde avec le sujet.
  Les livres sont classés par auteur, par thème et par date.
- Le participe passé d'un verbe conjugué **avec l'auxiliaire *avoir*** est invariable.
  Les professeurs ont donné des devoirs très longs aux élèves.
  Mais si le verbe a un COD placé à sa gauche (antéposé), le participe passé s'accorde avec ce COD :
  Les devoirs que le professeur a donnés aux élèves sont très longs. → Le participe passé *donnés* s'accorde avec le COD *que (= les devoirs)*, placé à gauche du verbe.

1 Lis le texte et accorde les participes passés si nécessaire.

La visite du château *terminé*.........., les touristes sont *parti*.......... à regret. Ils ont *jeté*.......... quelques regards en arrière, et ont *emporté*.......... avec eux nombre de souvenirs qu'ils ont *acheté*.......... sur place et surtout beaucoup de photos qu'ils ont *fait*.......... . Les guides touristiques *rangé*.......... dans les sacs n'ont plus rien à leur apprendre !

2 Place ces participes passés (p.p.) dans le tableau suivant et vérifie tes accords.

p.p. = adjectif qualificatif	p.p. avec auxiliaire *être*	p.p. avec auxiliaire *avoir* (COD à droite)	p.p. avec auxiliaire *avoir* (COD à gauche)
....	....	....	....
....	....	....	....

3 Mets les verbes entre parenthèses au passé composé.

1. La maison qu'il *(réaliser)* .... est la plus belle de la région. – **2.** Des diamants, ils en *(trouver)* .... beaucoup. – **3.** C'est la vente de leur champ qui les *(enrichir)* .... – **4.** Des hommes *(venir)* .... à la ferme de bonne heure. – **5.** Les femmes *(accompagner)* .... leurs maris.

N'oublie pas de faire les accords.

4 Ajoute l'expression *ci-joint* dans les phrases suivantes. Fais les accords éventuels.

1. Vous lirez les documents .... – **2.** .... des documents que vous voudrez bien lire. – **3.** Les feuilles .... devront être remplies.

Accorder le participe passé d'un verbe pronominal

- Si le verbe pronominal n'est **pas suivi** (ni précédé) **d'un COD**, on analyse le pronom réfléchi :
– le pronom est **COD**, le participe passé s'accorde avec lui ;
Elle s'est regardée dans la glace. (= Elle a regardé elle.) → *se* est COD ; accord au féminin singulier.
– le pronom est **COI**, le participe passé reste invariable ;
Ils se sont écrit. (= Ils ont écrit l'un à l'autre.) → *se* est COI ; pas d'accord.
– le pronom ne peut pas être analysé ; le participe passé s'accorde avec le sujet.
Clara s'est évanouie. → accord avec le sujet.
- Si le verbe pronominal est employé **avec un COD autre que** le pronom réfléchi :
– le participe passé **s'accorde** avec ce COD si celui-ci précède le verbe ;
Les photos qu'ils se sont envoyées les amusent. → Le participe passé s'accorde avec le COD *qu' (= les photos)* au féminin pluriel.
– le participe passé **reste invariable** si le COD suit le verbe.
Elle s'est lavé les mains. → Le participe passé reste invariable.

1 Complète le texte avec les participes passés des verbes entre parenthèses.

La moto et la voiture ont *(faire)* .... le tour de la place et se sont *(arrêter)* .... devant le café-épicerie de la Paulette Goudounèche. Les civils en imper et chapeau sont *(sortir)* .... de l'auto, et se sont *(précipiter)* .... vers le magasin. [...] M. Lacoste s'est *(adosser)* .... à son bureau, a *(promener)* .... son regard sur la classe. [...] Tout à coup, la moto des Boches s'est *(mettre)* .... à ronfler, les deux types en imper sont *(remonter)* .... dans leur auto. Les Allemands partis, les gens du bourg se sont *(retrouver)* .... sur la place.

D'après D. et M. Jeury, *Le Printemps de Thomas* © Nathan, 2004.

Il y a cinq verbes pronominaux.

2 Réécris la 3e phrase du texte en remplaçant *M. Lacoste* par *L'institutrice*.

L'institutrice ....

.... sur la classe.

3 Parmi ces verbes pronominaux, souligne les quatre dont le pronom *se* est COI.

se ressembler – s'écrouler – se regarder – se parler – se sourire – se déchaîner – se mentir

4 Place dans les phrases suivantes ces participes passés, sans en changer l'orthographe : *serré – serrée – serrés – serrées.*

1. Elles se sont .... la main. – **2.** Ils se sont .... l'un contre l'autre. – **3.** Les mains qu'ils avaient .... étaient froides. – **4.** Elle s'est .... contre sa sœur.

Orthographe

26 Orthographier *même*

- *Même* est **variable** s'il est un **déterminant indéfini.** Il est employé alors selon le cas :
  - entre un déterminant et un nom ; *Il dit la même chose.*
  - après un nom ou un pronom, qu'il renforce. *Ce sont ses paroles mêmes. Eux-mêmes n'y croient pas.*
- *Même* est **variable** s'il est **pronom indéfini** : il est alors employé seul et précédé d'un déterminant. *Ces livres ? Ce sont toujours les mêmes.*
- *Même* est **invariable** s'il est un **adverbe** avec le sens de *aussi, y compris. Même les lions avaient peur. Les tigres, les panthères même tremblaient.*

1 Lis le texte. Souligne *même* s'il est déterminant indéfini, encadre-le s'il est adverbe.

Le narrateur décrit les moines d'un couvent.

Tous subissent la même tonsure, portent le même froc, mangent le même pain noir, dorment sur la même paille, meurent sur la même cendre. Le même sac sur le dos, la même corde autour des reins. Il peut y avoir là un prince, ce prince est la même ombre que les autres. Plus de titre. Les noms de famille même ont disparu. [...]

V. Hugo, *Les Misérables*, 1862.

Tu ne dois trouver qu'un seul adverbe.

2 Réécris la Ire phrase du texte en mettant les groupes nominaux au pluriel.

Tous subissent les ....

.... cendres.

3 Complète avec *même* ou *mêmes* et indique entre parenthèses s'il s'agit d'un adverbe (adv.) ou d'un déterminant indéfini (dét.).

1. .... (...........) ses parents ne pouvaient y croire.
2. Ils ont programmé aujourd'hui les .... (...........) films qu'hier.
3. Ce sont les raisons .... (...........) de son départ.
4. Monsieur, vous avez travaillé vous-...................... (...........) très tard, ce soir.
5. Elles n'osaient parler, ... (...........) doucement.
6. Ils ne pensent qu'à eux-...................... (...........).

4 Complète chaque phrase avec l'une des expressions suivantes : *de même – à même – tout de même – ici même.*

1. Il dort .... le sol.
2. Mon frère est né ....
3. Agissez toujours ....
4. Malgré ses difficultés, il a .... réussi.

Dans ces locutions adverbiales, *même* est-il variable ?

Orthographier *tout*

- Quand il accompagne un nom ou un GN, *tout* est un **déterminant indéfini** et **s'accorde** en genre et nombre avec le nom déterminé : *tout le monde, tous les gens, toute personne qui souhaiterait...*
- Quand il est employé seul, à la place d'un nom, *tout* est un **pronom indéfini**. Il peut s'écrire ***tout, tous* ou *toutes*** en fonction du sens.
  Tout va bien. → *Tout* désigne un ensemble et reste au singulier.
  Tous et toutes sont là. → *Tous et toutes* signifie ici *tous les hommes et toutes les femmes* ; il se met au pluriel (on entend les marques de pluriel).
- Quand il a le sens de « tout à fait » et qu'il se trouve devant un adjectif ou un verbe, *tout* est un **adverbe invariable.** *Ils sont tout contents de leur journée.*
  Attention, cependant, à ce **cas particulier** : quand ce *tout* adverbe est suivi d'un adjectif féminin commençant par une consonne ou un *h* aspiré, on facilite la prononciation en l'accordant avec l'adjectif : *les roses toutes blanches, l'herbe toute humide.*

1 Complète les phrases avec *tout* correctement orthographié. Justifie ton choix.

1. .... les tests le prouvent : ....
2. Tu peux venir à .... heure du jour : ....
3. Les livres sont .... dans la bibliothèque : ....
4. La voiture est .... abîmée : ....

Tu dois trouver deux déterminants, un pronom et un adverbe.

2 Explique la différence de sens dans chacun des couples d'expressions suivants.

1. Ces livres sont tous neufs. / Ces livres sont tout neufs.

.... / ....

2. Tous les invités sont repartis. / Les invités sont tous repartis.

.... / ....

3 Replace les mots suivants où il convient : *tout, tous, toutes.*

Gilda rentra chez elle. C'était un grand immeuble. La force publique se déploya .... autour. [...] Cinq minutes étaient accordées à .... les locataires de la maison pour évacuer .... les appartements. Gilda apparut à la fenêtre du dernier étage et cria. Les rangs des agents reculèrent .... à coup. [...] .... les officiers durent aussi reculer. À l'aube, le bombardement commença. Les grenades explosaient .... en l'air sans frapper la maison. Gilda dit : « Je veux un œuf pour ma fille ». On tira de dix camions des œufs de .... les dimensions. La fillette en choisit un .... petit, en carton. .... est bien qui finit bien.

D'après D. Buzzati, « L'Œuf », *Le K*, traduction de J. Remillet © Robert Laffont, 1967.

28 Orthographe

Distinguer *qu'elle* et *quel*

- ***Qu'elle*** (ou *qu'elles*) est l'association de ***que*** **élidé** et du **pronom personnel féminin de 3e personne** ***elle*** (ou *elles*) :

– si *qu'elle(s)* est suivi d'un verbe, on peut lui substituer *que je, que tu, qu'il...*
Il faut qu'elle vienne. → Il faut qu'il vienne.

– si *qu'elle(s)* n'est pas suivi d'un verbe, on peut lui substituer *que lui, que moi...*
Tu es plus grand qu'elle. → Tu es plus grand que lui.

- ***Quel*** est un **déterminant.** Selon le cas, il est :

– suivi d'un nom avec lequel il s'accorde ;
Quelle heure est-il ? → Quelle est un déterminant interrogatif.
Quelle chance ! → Quelle est un déterminant exclamatif.

– en position d'attribut du sujet. *Quelles sont les nouvelles ?*

1 Lis le texte et complète-le avec *qu'elle* ou *quel(le)*.

Avdotia ouvrit les yeux, s'appuya sur son coude, et se mit à écouter. La chanson .... entendait retentissait, sonore et fière, dans l'air froid de la nuit. Akim aussi souleva la tête.

« Qui est-ce qui chante ? .... est cette voix ? demanda-t-il.

– Je ne sais pas, répondit sa femme.

– Il chante bien, reprit-il après un court silence. .... voix forte ! »

Puis il se rendormit.

D'après I. S. Tourgueniev, *L'Auberge de grand chemin*, 1852, trad. L. Viardot.

Quand tu hésites, tente des substitutions avec *qu'il, que lui...*

2 Choisis la bonne orthographe.

Attention, dans la phrase 4, tu dois utiliser à la fois *quelle* et *qu'elle*.

1. *quel* ou *quelle* ? Je te demande qu................ est la bonne direction.
2. *qu'elle* ou *qu'elles* ? Il faut qu................ vienne me voir.
3. *quelle* ou *qu'elle* ? On dit qu................ est une femme d'esprit.
4. *quelle* ou *qu'elle* ? Qu................ qu................ soit, cette punition est méritée.

3 Complète le texte avec les mots de la liste suivante : *quel – quelle – quelles – qu'elle – qu'elles.*

Alors .... venaient de s'asseoir face à face dans le bus, ... ne fut pas leur surprise de découvrir leur erreur ! .... diable s'était ainsi joué d'elles ? L'une répétait .... était confuse, l'autre se demandait .... explications elle pouvait donner.

Orthographe

29 Distinguer *quel que* et *quelque*

- ***Quel que***, locution en deux mots, **introduit une proposition subordonnée d'opposition** (voir l'unité 10) au subjonctif ; *quel* s'accorde en genre et en nombre avec le sujet du verbe au subjonctif.
  Quelle que soit la saison, nous apprécions le lieu. → *Quelle* s'accorde avec *saison* (féminin singulier), sujet du verbe au subjonctif *soit*.
- ***Quelque***, écrit en un seul mot, peut être :
  – un **déterminant indéfini variable** ;
  Elle rêve à quelque beau voyage. → Au singulier, *quelque* a le sens de l'article « *un* ».
  Il achète quelques fleurs. → Au pluriel, *quelques* a le sens de « *plusieurs* ».
  – un **adverbe invariable.**
  Il a travaillé quelque vingt jours. → *Quelque*, adverbe, a le sens d'« *environ* ».

1 Complète avec *quelque* ou *quelques*.

Léon, installé dans une chambre d'hôtel avec sa maîtresse, aperçoit en pleine nuit, sous la porte qui le sépare de la chambre voisine, quelque chose d'inquiétant.

Tout à coup parut .... chose de noirâtre, plat. Était-ce .... mille pattes ? [...] À force de se dire « Qu'allais-je faire dans cette galère ? », Léon finit par apercevoir .... rayons d'espérance.

D'après P. Mérimée, *La Chambre bleue*, 1872.

2 Coche la bonne orthographe.

1. ❑ Quel que ❑ Quelle que soit la température, je me baigne.

2. Je fais ❑ quelques ❑ quelque quinze kilomètres par jour.

3. Mes recherches donnent ❑ quelque ❑ quelques bons résultats.

4. ❑ Quelque ❑ Quel que soit le temps, tu fais du vélo.

3 Complète la phrase avec les mots de la liste suivante :
qu'elles – quelle – quelque – quelques.

.... que soit leur fatigue, les .... jeunes filles finalistes de la compétition acceptèrent, pour saluer le public venu les acclamer, de parcourir à pied les .... cinq cents mètres .... auraient dû faire en voiture.

4 Complète les phrases avec *quelque* ou *quel que*. Fais les accords nécessaires.

Commence par déterminer la classe grammaticale du mot que tu dois écrire, puis songe aux accords.

1. Il reste .... livres à vendre. – **2.** Les .... dix livres restants sont à vendre. – **3.** .... soit ta décision, sois prudent ! – **4.** Il faut que je lise encore ces .... cent pages. – **5.** .... soient ses raisons, il devra s'expliquer.

30 Indiquer les sens d'un mot

- La plupart des mots sont **polysémiques** (c'est-à-dire qu'ils peuvent avoir plusieurs sens). Le champ sémantique est l'**ensemble des sens d'un mot.**

  Champ sémantique du nom *loup* : *un loup* = animal mammifère ou poisson vorace ; *un vieux loup de mer* = vieux marin ; *un loup de velours* = masque…

- On appelle **dénotation**, ou sens dénoté, le **sens du mot consigné** dans le dictionnaire.

  Vison a pour sens dénoté « mammifère du genre putois ».

- On appelle **connotation**, ou sens connoté, la **valeur particulière dont peut se charger un mot en fonction du contexte** dans lequel il est utilisé.

  Cette femme portait un manteau de vison.

  → L'idée de richesse est suggérée : le mot *vison* connote ici la richesse.

  La connotation s'ajoute à la dénotation ; elle est **subjective** et correspond à toutes les impressions et images que peut suggérer un mot dans un contexte particulier. Ainsi le mot *vison* peut aussi connoter la douceur ou la chaleur.

1 **Lis cet article du dictionnaire puis définis le champ sémantique du nom féminin *livre*.**

Livre : n. f. - X^e^ *livra* ; lat. *libra* 1° *Anciennt.* Unité de masse, qui variait, selon les provinces entre 380 et 550 grammes. *La livre se divisait en onces.* - *Mod.* Un demi-kilogramme ou cinq cents grammes. *Acheter une livre de fraises* […] 2° Ancienne monnaie de compte, représentant à l'origine un poids d'une livre d'argent, et moins de cinq grammes à l'établissement du système métrique (1801) […] *La livre tournois valait vingt sous.* 3° *Mod.* Unité monétaire du Royaume-Uni. *La livre vaut cent pence.*

Le Petit Robert © Dictionnaire Le Robert – SEJER, 2004.

Tu dois trouver trois sens.

……………………………………………………………………………………………………

……………………………………………………………………………………………………

……………………………………………………………………………………………………

2 **Relie chaque mot à sa connotation.**

pôle Nord •	• liberté
vacances •	• richesse
diamant •	• froid

3 **Dans chaque série, raye le mot qui est connoté négativement.**

1. une maison – un palais – une baraque – une demeure – un chalet – un château
2. un cheval – une rosse – un pur-sang – un étalon – une jument – un coursier
3. un patelin – un village – un hameau – une ville – une métropole
4. un homme – un personnage – une personne – un individu – un type

31 Lexique

Synonyme, antonyme, homonyme et paronyme

- Des **synonymes** sont des mots de **sens voisins** et de même classe grammaticale : *peur* et *frayeur* sont deux noms synonymes.
- Des **antonymes** sont des mots de **sens contraires** et de même classe grammaticale : *grand* et *petit* sont deux adjectifs antonymes.
- Des **homonymes** sont des mots qui **se prononcent de la même façon** mais qui possèdent des sens différents : *vert* et *verre* sont des homonymes.
- Des **paronymes** sont des mots **proches par la prononciation ou l'orthographe** mais de sens différents : *affluence* et *influence* sont des paronymes.

1 Complète les phrases avec un synonyme du mot entre parenthèses. Choisis parmi les mots de la liste suivante : *espiègle – froissé – prolixe.*

1. Il a pu être très *(vexé)* .... par leurs paroles trop directes.

2. Mon voisin est terriblement *(bavard)* .... !

3. Marc dissimule son caractère *(farceur)* .... sous un air sévère.

2 Complète le tableau suivant.

	Synonyme	Antonyme
succès	....	....
tristesse	....	....

3 Complète les phrases avec des homonymes des mots suivants :
chêne – mite – air.

Attention, l'orthographe va changer.

1. Nous nous arrêtons sur une .... de service de l'autoroute.

2. Les .... de la religion grecque sont captivants.

3. Les galériens portaient de lourdes ....

4 Choisis parmi les paronymes celui qui convient pour compléter chaque phrase.

1. *induire* ou *enduire* ? Il a été .... en erreur. – Les peintres doivent .... le mur avant de le laquer.

2. *irruption* ou *éruption* ? Tu as fait une brutale .... dans la salle. – Le Vésuve est entré en .... en 79 après J.-C.

3. *incident* ou *accident* ? Un grave .... a eu lieu sur l'autoroute. – Tout cela peut se résumer en un .... diplomatique sans conséquence grave.

32 Lexique

Les figures de style

Les figures de style modifient le langage ordinaire pour le rendre plus expressif.

- Les **figures de ressemblance** établissent une relation d'analogie entre deux éléments. On distingue :
  – la **comparaison** ; *La musique souvent me prend comme une mer ! (Baudelaire)*
  → Mise en relation à l'aide d'un outil de comparaison *(comme).*
  – la **métaphore** ; *Bergère ô tour Eiffel (Apollinaire)* → Mise en relation implicite.
  – la **personnification**. *L'arbre se tord.* → L'arbre a un comportement humain.
- Les **figures de substitution** désignent un élément sous une autre dénomination que celle attendue (ex. la **périphrase** : *La messagère du printemps est arrivée.*
  → On remplace un terme – l'hirondelle – par une expression de même sens).
- Les **figures d'insistance** mettent en valeur un élément (ex. l'**anaphore** : *Demain, nous partirons à l'aube, / Demain, nous prendrons les chemins…* ; l'**énumération**).
- Les **figures d'opposition** mettent en valeur un contraste (ex. l'**antithèse** : *L'avarice perd tout en voulant tout gagner* ; l'**oxymore** : *une obscure clarté*).

1 Lis le poème, puis réponds aux questions.

Mignonne, allons voir si la rose
Qui ce matin avait déclose
Sa robe de pourpre au soleil
A point perdu cette vesprée
Les plis de sa robe pourprée
Et son teint au vôtre pareil.

Las ! voyez comme en peu d'espace
Mignonne, elle a dessus la place
Las, las ses beautés laissé choir !
Ô vraiment marâtre Nature,
Puisqu'une telle fleur ne dure
Que du matin jusques au soir ! […]

P. de Ronsard, *Odes*, 1550-1556.

1. Encadre tous les mots qui personnifient la rose.

2. « Et son teint au vôtre pareil » : de quelle figure de style s'agit-il ? ……………………………

3. Relève une métaphore. ……………………………………………………………………………………

4. Que désigne-t-elle ? ……………………………………………………………………………………

5. Souligne les deux vers qui commencent de la même façon. À ton avis, pourquoi le poète a-t-il fait ce choix ? ……………………………………………………………………………………

………

2 Relie chaque mot à la périphrase qui lui correspond.

le poète •	• la Venise du Nord
Napoléon •	• le prince des nuées
Amsterdam •	• le petit serpent ailé
le moustique •	• le Petit Caporal

Quand on remplace un nom propre par une périphrase, les mots qui la composent ont une majuscule.

Les marques de modalisation

La modalisation

- Dans ses énoncés, un locuteur révèle le plus souvent son point de vue, c'est-à-dire ses opinions, ses sentiments, ses sensations. L'énoncé contient des **traces de sa subjectivité** : c'est ce qu'on appelle la modalisation.
- Une modalisation permet de traduire :
  – soit une **certitude, plus ou moins forte** ;
  – soit une **évaluation**, c'est-à-dire un jugement positif ou négatif.
- La modalisation est particulièrement sensible dans un texte argumentatif, mais elle est aussi présente dans les autres types de texte. Seuls les énoncés purement informatifs ne contiennent pas de modalisation.

1 **1. Coche les énoncés modalisés.**

❑ a. Le film *Capitaine Blood* a été réalisé par Michael Curtiz.

❑ b. Il est sorti aux États-Unis en 1955.

❑ c. C'est indiscutablement l'une des grandes dates du film d'aventures hollywoodien.

❑ d. Parmi les acteurs figurent Errol Flynn et Olivia de Havilland.

❑ e. Ce film est marqué par la rencontre de Flynn et d'Olivia de Havilland qui formeront un couple exceptionnel.

❑ f. Les studios de la Warner semblent découvrir avec *Capitaine Blood* la magie du cinéma d'aventures.

❑ g. Le travail de M. Curtiz est celui d'un vieux routier et d'un grand professionnel.

2. Relève les mots exprimant un point de vue positif.

....

....

....

....

....

Tu peux relever cinq mots ou expressions qui traduisent un jugement positif sur le film ou son réalisateur.

2 **Souligne dans le texte les modalisateurs.**

Comme j'eus peur ! Puis voilà que tout à coup je commençai à m'apercevoir dans une brume, au fond du miroir, dans une brume comme à travers une nappe d'eau ; et il me semblait que cette eau glissait de gauche à droite, lentement, rendant plus précise mon image de seconde en seconde. C'était comme la fin d'une éclipse. Ce qui me cachait ne paraissait point posséder de contours nettement arrêtés, mais une sorte de transparence opaque s'éclaircissant peu à peu. Je pus enfin me distinguer complètement.

G. de Maupassant, *Le Horla*, 1887.

Les procédés de modalisation

- Le **vocabulaire** offre de nombreuses possibilités de modalisation.
  On peut ainsi recourir :
  - à des noms et des adjectifs mélioratifs (exprimant un point de vue positif) ou péjoratifs (exprimant un point de vue négatif) ;
  - à des verbes de sentiment *(aimer, préférer, regretter, détester...)* ou d'opinion *(supposer, affirmer, penser...)* ;
  - à des adverbes exprimant un sentiment *(hélas !, heureusement...)* ou une opinion *(peut-être, évidemment, bien sûr...)*.
- Il y a aussi des **procédés grammaticaux**. Il est ainsi possible d'employer par exemple :
  - le conditionnel pour exprimer l'incertitude ;
  - certains types de phrases, telle la phrase exclamative.
- Parmi les **figures de style**, on peut citer plus particulièrement la comparaison et la métaphore, qui traduisent une vision subjective, mais aussi l'hyperbole ou l'antiphrase.

3 Réécris ces phrases de manière neutre.

1. Mon frère aurait perdu ses papiers dans le métro. ……………………
2. Cet exercice est bien évidemment utile. ……………………
3. Il paraît que la pluie va cesser prochainement. ……………………
4. D'après moi, il ne pleuvra pas aujourd'hui. ……………………
5. Il se pourrait que les épreuves soient difficiles. ……………………

4 Réécris le texte en supprimant toutes les marques de subjectivité.

Or, ayant dormi environ quarante minutes, je rouvris les yeux sans faire un mouvement, réveillé par je ne sais quelle émotion confuse et bizarre. Je ne vis rien d'abord, puis tout à coup, il me sembla qu'une page du livre resté ouvert sur ma table venait de tourner toute seule. Aucun souffle d'air n'était entré par ma fenêtre. Je fus surpris et j'attendis. Au bout de quarante minutes environ, je vis, je vis, oui, je vis de mes yeux une autre page se soulever et se rabattre sur la précédente, comme si un doigt l'eût feuilletée. Mon fauteuil était vide, semblait vide ; mais je compris qu'il était là, lui, assis à ma place, et qu'il lisait.

G. de Maupassant, *Le Horla*, 1887.

……………………

34 Discours direct et discours indirect

Discours direct et discours indirect

- Le **discours direct** restitue les paroles telles qu'elles ont été formulées.
Il est repérable par la **ponctuation** (deux-points, guillemets, tirets).
Un **verbe introducteur** de paroles est placé avant ou après les paroles rapportées, ou en incise (à l'intérieur de celles-ci).
« Je viens vous voir, dit-il, parce que j'ai besoin de vous. »
→ Le verbe de parole est placé en incise *(dit-il)*.

- Le **discours indirect** évite de couper le fil du récit en transformant les paroles en une proposition **subordonnée complétive** dépendant d'un verbe introducteur.
Il disait qu'il venait les voir parce qu'il avait besoin d'eux.
→ Le verbe introducteur *(il disait)* joue le rôle de proposition principale.
Dans la subordonnée, *je* est devenu *il*, *vous* est devenu *eux*.

- Quand tu passes du discours direct au discours indirect, pense à appliquer la **concordance des temps**. (Voir l'unité 35.)

1 **Indique pour chaque phrase si les paroles sont rapportées au discours direct ou indirect.**

1. Le boulanger lui a demandé ce qu'il voulait. → ....

2. « Tu dors ? demande Marc.

– Non, je fais semblant », répond Éric, les yeux fermés. → ....

3. Il dit en regardant autour de lui qu'il reviendrait vite. → ....

2 **Réécris les phrases suivantes en utilisant le discours indirect.**

1. « Quand pourras-tu venir me chercher ? »

→ Elle lui demande ....

....

2. « Tu n'as rien fait depuis la semaine dernière. »

→ Il lui disait ....

....

3. « Dans une semaine, je déménage. »

→ Il annonçait ....

Pense aux changements de personnes et à la concordance des temps quand le verbe introducteur est au passé.

4. « Je suis arrivée hier et demain je retournerai chez moi. »

→ Elle disait ....

5. « Sarah, peux-tu apporter ton ordinateur portable ? »

→ Il demandait ....

Discours indirect libre et discours narrativisé

- Le **discours indirect libre** permet de rapporter des paroles **sans verbe introducteur ni proposition subordonnée.** Les verbes sont au temps et à la personne du discours indirect. *L'agent les menaçait. Des garnements comme ça, il allait bien les punir !*
→ La 2e phrase représente les paroles de l'agent, rapportées au discours indirect libre.
- **Le récit de paroles (ou discours narrativisé) :**
– résume les paroles de quelqu'un à l'intérieur d'une narration ;
Il m'a interrogé sur mes parents. → On connaît le sujet de la conversation mais on ne sait pas précisément quels mots ont été utilisés.
– signale simplement que des propos ont été tenus.
L'homme a fait une longue déclaration avant de sortir. → On ne sait pas de quoi il a parlé.

3 Souligne les passages au discours indirect libre et délimite par des crochets le récit de paroles.

L'agent marmonnait. Il allait appeler leurs parents. Ils finiraient par comprendre ! Lui, ne pouvait plus tolérer leurs sempiternelles bêtises. Il déversa sur eux encore mille reproches et menaces. Il s'arrêta enfin à l'arrivée de son collègue.

4 Réécris les deux phrases en italique en utilisant le discours indirect libre.

Marie est venue me chercher et m'a demandé si je voulais me marier avec elle. *J'ai dit que cela m'était égal et que nous pourrions le faire si elle le voulait.* Elle a voulu savoir alors si je l'aimais. J'ai répondu que cela ne signifiait rien mais que sans doute je ne l'aimais pas. « Pourquoi m'épouser alors ? » a-t-elle dit. *Je lui ai expliqué que cela n'avait aucune importance et que si elle le désirait, nous pouvions nous marier.* Elle a observé alors que le mariage était une chose grave. J'ai répondu : « Non. »

A. Camus, *L'Étranger* © Gallimard, 1942.

1. ....

....

2. ....

....

5 Réécris le dialogue en utilisant le récit de paroles et en imaginant que Mischa s'adresse à un de ses amis : tu dois faire apparaître toutes les informations mais tu peux les formuler autrement.

– Comment tu t'appelles ? m'a demandé le type de l'immigration.
– Mischa Milgrom.
– Mischa ? C'est quoi, ça ? Tu t'appelleras Jack.

J. Spinelli, *Même pas juif !*, trad. L. Rigoureau © Hachette jeunesse, 2005.

Puisque Mischa s'adresse à un ami, il n'a pas besoin de dire son nom.

Le type de l'immigration m'a demandé ....

....

....

35 Appliquer la concordance des temps

Cas des subordonnées à l'indicatif et au conditionnel

Appliquer la concordance des temps consiste à respecter des règles d'accord dans l'emploi des temps des verbes des phrases complexes.

Verbe de la principale	Verbe de la subordonnée
présent ou futur de l'indicatif *(je dis, je dirai...)*	action simultanée : ind. présent *(que tu viens)*
	action postérieure : ind. futur *(que tu viendras)*
	action antérieure : ind. passé *(que tu venais)*
passé de l'indicatif *(je disais, j'ai dit...)*	action simultanée : ind. imparfait *(que tu venais)*
	action postérieure : conditionnel présent *(que tu viendrais)*
	action antérieure : ind. plus-que-parfait *(que tu étais venu)*

1 Lis le texte, souligne les verbes à l'indicatif présent, puis réponds aux questions.

> Je forme une entreprise qui n'eut jamais d'exemple et dont l'exécution n'aura point d'imitateur. [...] Je sens mon cœur et je connais les hommes.
>
> Je ne suis fait comme aucun de ceux que j'ai vus ; j'ose croire n'être fait comme aucun de ceux qui existent. Si je ne vaux pas mieux, au moins je suis autre.

J.-J. Rousseau, *Les Confessions*, 1782-1789.

1. Relève une proposition subordonnée dont l'action a lieu en même temps que celle de la principale. ....

À quel temps est son verbe ? ....

2. Relève une proposition subordonnée dont l'action est postérieure à celle de la principale. ....

À quel temps est son verbe ? ....

Deux subordonnées peuvent convenir comme réponses aux questions 1 et 3.

3. Relève une proposition subordonnée dont l'action est antérieure à celle de la principale.

....

À quel temps est son verbe ? ....

4. Réécris la première phrase en commençant par *Je formais*. Effectue les transformations nécessaires. ....

....

2 Écris les verbes entre parenthèses à la forme qui convient.

1. Il imaginait qu'à sa publication prochaine, son livre n'*(avoir)* .... aucun succès.

2. Quand il *(s'ennuyer)* ...., il écrivait ses souvenirs.

3. Je sortirai la voiture quand tu *(ouvrir)* .... la porte du garage.

Cas des subordonnées au subjonctif

Verbe de la principale	Verbe de la subordonnée au subjonctif
présent ou futur de l'indicatif *(il faut...)*	action simultanée ou postérieure : présent *(que tu viennes)*
	action antérieure : passé *(que tu sois venu)*
passé de l'indicatif *(il fallait...)*	action simultanée ou postérieure : imparfait *(que tu vinsses)*
	action antérieure : plus-que-parfait *(que tu fusses venu)*

- Verbe de la principale au **présent** : quand l'action exprimée dans la subordonnée est postérieure à celle exprimée dans la principale, le choix du temps dépend du sens.
  Je souhaite qu'il finisse demain. = Je souhaite qu'il soit en train de finir demain.
  Je souhaite qu'il ait fini demain. = Je souhaite qu'il ait déjà fini demain.
- Verbe de la principale au **passé** : note que le subjonctif imparfait appelé par la concordance des temps est remplacé dans le langage courant par le subjonctif présent.

3 Lis le texte et mets les verbes entre parenthèses aux temps et modes qui conviennent.

La petite fille explique son attachement à son oncle qui prend soin d'elle et de sa famille et qui obtient pour elle divers avantages de la part du curé et du maire.

Depuis que mon papa est mort, il a soin de la famille : de ma mère, de moi et de ma petite sœur. Avant que maman *(être)* .... malade, il la recommandait aux riches pour qu'on lui *(donner)* .... de l'ouvrage. Le maire me donne une robe tous les ans, et le curé me montre le catéchisme et à lire depuis que mon oncle leur a parlé.

P. Mérimée, *Colomba*, 1840.

4 Coche la forme verbale qui convient.

1. Bien qu'il ❑ coure ❑ courût vite, il n'était pas le meilleur. – **2.** Il faut de la lumière, pour que nous ❑ voyons ❑ voyions clair. – **3.** Il fallait qu'il ❑ aima ❑ aimât assez les bêtes pour devenir vétérinaire. – **4.** Il est nécessaire que le livre ❑ paraît ❑ paraisse en janvier.

5 Mets les verbes entre parenthèses à la forme qui convient en respectant toutes les règles de concordance.

À travers les fenêtres, il vit que la pluie *(cesser)* .... depuis un moment. Il fallait maintenant qu'il *(sortir)* .... s'il ne *(vouloir)* .... pas rater son train. Bien qu'il *(hésiter)* .... encore un peu, il se dirigea vers la porte et l'ouvrit. Quelle ne fut pas sa surprise quand il *(apercevoir)* .... sur son paillasson un panier contenant un chiot endormi ! Il souleva délicatement le colis pour que l'animal ne *(se réveiller)* .... pas. Il se mit à le contempler, oubliant l'heure qui *(passer)* .... Le train ne comptait plus à présent pour lui !

Dans ce récit au passé, tu es amené à utiliser 3 verbes au subjonctif imparfait.

36 Les connecteurs

Les connecteurs spatio-temporels

Les connecteurs sont des **mots-outils** qui permettent de mettre en évidence l'organisation d'un texte, sa progression. On peut distinguer les connecteurs spatiaux, les connecteurs temporels et les connecteurs logiques.

- **Les connecteurs spatiaux** permettent de se repérer dans l'espace évoqué par le texte : *ici, là, devant, à gauche, en dessous...* Ils sont utilisés surtout dans les textes descriptifs.
- **Les connecteurs temporels** mettent en place une chronologie : *d'abord, ensuite, enfin, aujourd'hui, demain, la veille, un mois plus tard...*

1 Souligne les connecteurs spatiaux et encadre les connecteurs temporels du texte suivant.

Le sentier, d'abord, montait entre des terrains vallonnés comme la pelouse d'un parc, puis arrivait sur un plateau où alternaient des pâturages et des champs en labour. Çà et là, un grand arbre mort faisait sur l'air bleu des zigzags avec ses branches.

Presque toujours on se reposait dans un pré, ayant Deauville à gauche, Le Havre à droite et en face la pleine mer.

G. Flaubert, « Un cœur simple », in *Trois contes*, 1877.

Les connecteurs logiques

- **Les connecteurs logiques** permettent la mise en relation de deux idées, de deux faits, et précisent le lien logique existant entre eux : cause, conséquence, opposition...
Il existe de nombreux connecteurs logiques. Voici les plus courants.

Relations logiques	Conjonctions de coordination	Adverbes ou locutions	Conjonctions de subordination
Cause	*car*	*en effet...*	*parce que, puisque, comme...*
Conséquence	*donc*	*ainsi, c'est pourquoi, en conclusion...*	*si bien que, de sorte que, si... que, tant... que, tellement... que, sans que...*
Opposition	*mais, or*	*pourtant, cependant, néanmoins, au contraire...*	*quoique, bien que, même si, tandis que...*
Addition	*et*	*en outre, de plus...*	*ainsi que, de même que...*
Reformulation	*ou*	*c'est-à-dire, en un mot...*	

2 En changeant le connecteur, transforme la relation de cause en relation de conséquence, sans changer le sens de la phrase.

1. Certains États s'inquiètent parce que la couche d'ozone diminue.

→ ....

2. Tu es venu de bon matin car tu redoutes la chaleur.

→ ....

3 Lis le texte et inscris tous les connecteurs dans le tableau ci-dessous.

La proportion d'imbéciles et de malfaisants est une constante qu'on trouve dans tous les échantillons de population. [...] Car ce n'est pas seulement l'intérêt qui fait s'entretuer les hommes. C'est aussi le dogmatisme.

En effet, rien n'est aussi dangereux que la certitude d'avoir raison. Rien ne cause autant de destruction que l'obsession d'une vérité considérée comme absolue. Ainsi tous les crimes de l'histoire sont des conséquences de quelque fanatisme. [...] Or cette froideur et cette objectivité qu'on reproche aux scientifiques, peut-être conviennent-elles mieux que la fièvre et la subjectivité pour traiter certaines affaires humaines. Car ce ne sont pas les idées de la science qui engendrent les passions, mais ce sont les passions qui utilisent la science pour soutenir leur cause. [...]

On peut reprocher à certains scientifiques la fougue qu'ils apportent parfois à défendre leurs idées. Mais aucun génocide n'a encore été perpétré pour faire triompher une théorie scientifique.

D'après F. Jacob, *Le Jeu des possibles* © Librairie Arthème Fayard, 1981.

Relation logique	Connecteur logique
Cause	....
Conséquence	....
Opposition	....
Addition	....

En général, les connecteurs logiques sont placés en début de phrase ou de proposition.

4 Les liens logiques sont implicites dans le texte suivant. Ajoute des connecteurs de manière à les mettre en évidence.

Ce bon geôlier [...], c'est la prison incarnée [...]. Tout est prison autour de moi ; ...., je retrouve la prison sous toutes les formes, sous la forme humaine comme sous la forme de grille ou de verrou. Ce mur ...., c'est de la prison en pierre ; cette porte ...., de la prison en bois ; ces guichetiers ...., c'est de la prison en chair et en os. La prison est une espèce d'être horrible, complet, indivisible, moitié maison, moitié homme. .... je suis sa proie, elle me couve, elle m'enlace de tous ses replis. .... elle m'enferme dans ses murailles de granit, me cadenasse sous ses serrures de fer, ... me surveille avec ses yeux de geôlier.

D'après V. Hugo, *Le Dernier Jour d'un condamné*, 1829.

Pour guider la progression dans une énumération, on peut utiliser des connecteurs temporels.

37 Analyser un texte argumentatif

Les différents types d'arguments

- Dans un texte argumentatif, l'auteur cherche à modifier l'opinion du lecteur, à le convaincre du bien-fondé de son point de vue (de sa **thèse**) et/ou à réfuter un autre point de vue.
  Un texte argumentatif s'inscrit dans une **situation d'argumentation** : qui argumente ? à qui s'adresse-t-il ? dans quelles circonstances ? dans quel but ?
- Il existe différents types d'arguments :
  - les **arguments théoriques**, qui font appel à la raison du destinataire (en particulier par l'opposition des idées) ;
  - les **exemples à valeur d'argument**, pour illustrer la thèse et prouver son exactitude ;
  - les **arguments d'autorité**, qui consistent à citer ou évoquer un personnage célèbre dont les idées sont considérées comme incontestables.

1 Quelle thèse Voltaire cherche-t-il à défendre ? Coche la bonne réponse.

> Demandez à un crapaud ce que c'est que la beauté. Il vous répondra que c'est sa femelle avec deux gros yeux ronds sortant de sa petite tête, une gueule large et plate, un ventre jaune, un dos brun. [...] Interrogez le diable, il vous dira que le beau est une paire de cornes, quatre griffes et une queue.

Voltaire, « Le Beau », in *Dictionnaire philosophique*, 1764.

❏ Le « beau » est indéfinissable.

❏ Tous les goûts sont dans la nature.

❏ Les goûts du crapaud et du diable diffèrent.

❏ La notion de « beau » est très relative.

Lis toutes les propositions avant de choisir ta réponse.

2 Lis le texte et réponds aux questions.

Mesdames et messieurs les jurés, vous devez aujourd'hui juger cette femme. Ce que j'ai à vous dire est simple : si elle a bien commis un vol, elle n'en est pas pour autant coupable, car le véritable coupable est la société ! En effet, personne ne naît voleur ou assassin, mais on le devient, à force de souffrances. Le grand Victor Hugo a dit : « Tel a assassiné sur les grands routes qui, mieux dirigé, eût été le plus excellent serviteur de la société. » Que penser alors de cette pauvre femme qui, voyant son enfant grelottant de froid, a mis sa propre liberté en péril pour le secourir ?

1. À ton avis, qui prononce ce discours argumentatif ? ....

2. Souligne le passage qui énonce la thèse, et relève les mot qui l'annoncent. ....

....

3. Délimite par des crochets la phrase qui énonce un argument théorique.

4. Quel est le type d'argument utilisé dans la phrase en couleur ? ....

5. Quel sentiment l'orateur veut-il provoquer dans la dernière phrase ? ....

Les procédés

- L'argumentateur use en général de **connecteurs logiques** pour mettre en évidence la progression de l'argumentation (voir l'unité 36).
- Différents **procédés** lui permettent d'accroître l'efficacité de son discours. Il peut par exemple :

– recourir à l'interpellation directe *(tu, vous)* ;
– varier les types de phrase (phrases exclamatives, fausses interrogations) ;
– utiliser des figures de style : anaphores, antithèses, comparaisons, etc.

3 **Lis le texte, puis réponds aux questions.**

> Monsieur le président, mesdames, messieurs les députés, j'ai l'honneur au nom du gouvernement de la République, de demander à l'Assemblée nationale l'abolition de la peine de mort en France. [...] Demain, grâce à vous, la justice française ne sera plus une justice qui tue. Demain, grâce à vous, il n'y aura plus, pour notre honte commune, d'exécutions furtives, à l'aube [...]. Demain, les pages sanglantes de notre justice seront tournées. [...] Demain, vous voterez l'abolition de la peine de mort.

Discours de R. Badinter devant l'Assemblée nationale (17 septembre 1981).

1. Qui prononce ce discours ? ....
2. À qui s'adresse-t-il ? ....
3. Dans quelles circonstances ? ....
4. Dans quel but ? ....
5. Sur quelle figure de style l'argumentation est-elle construite ? ....
6. Quelle est la figure de style utilisée dans l'expression en couleur ? ....

4 **Voici un texte argumentatif sur l'école. Numérote les phrases de manière à le remettre dans l'ordre.**

..... En premier lieu, l'école permet de s'initier aux règles de vie en société.

..... Par ailleurs, l'école transmet de nombreux savoirs.

..... Les différentes matières enseignées – maths, français, sciences, histoire, géographie, langues... – sont l'occasion d'acquérir des connaissances diversifiées.

..... Enfin, les compétences générales acquises à l'école sont indispensables.

..... Les élèves apprennent à respecter les autres, à écouter et prendre la parole de manière constructive...

..... Parmi elles, la curiosité et l'esprit critique facilitent l'adaptation à un monde toujours en évolution.

1. Souligne les trois connecteurs qui ordonnent l'argumentation.
2. Quelle thèse ces arguments défendent-ils ?

....

....

BREVET BLANC N°1

Vers le brevet

Texte de Victor Hugo

Le narrateur, après son procès, se trouve en prison. Dans le journal qu'il décide d'écrire, il se remémore, entre autres, les moments qui précédèrent sa condamnation.

Je me levai ; mes dents claquaient, mes mains tremblaient et ne savaient où trouver mes vêtements, mes jambes étaient faibles. Au premier pas que je fis, je trébuchai comme un portefaix[1] trop chargé. Cependant je suivis le geôlier.

Les deux gendarmes m'attendaient au seuil de la cellule. On me remit les menottes. Cela avait une petite serrure compliquée qu'ils fermèrent avec soin. Je laissai faire : c'était une machine sur une machine.

Nous traversâmes une cour intérieure. L'air vif du matin me ranima. Je levai la tête. Le ciel était bleu, et les rayons chauds du soleil, découpés par les longues cheminées, traçaient de grands angles de lumière au faîte des murs hauts et sombres de la prison. Il faisait beau en effet.

Nous montâmes un escalier tournant en vis ; nous passâmes un corridor, puis un autre, puis un troisième ; puis une porte basse s'ouvrit. Un air chaud, mêlé de bruit, vint me frapper au visage ; c'était le souffle de la foule dans la salle des assises[2]. J'entrai.

Il y eut à mon apparition une rumeur d'armes et de voix. Les banquettes se déplacèrent bruyamment. Les cloisons craquèrent ; et, pendant que je traversais la longue salle entre deux masses de peuple murées de soldats, il me semblait que j'étais le centre auquel se rattachaient les fils qui faisaient mouvoir toutes les faces béantes et penchées.

En cet instant, je m'aperçus que j'étais sans fers ; mais je ne pus me rappeler ni où ni quand on me les avait ôtés.

Alors il se fit un grand silence. J'étais parvenu à ma place. Au moment où le tumulte cessa dans la foule, il cessa aussi dans mes idées. Je compris tout à coup clairement ce que je n'avais fait qu'entrevoir confusément jusqu'alors, que le moment décisif était venu, et que j'étais là pour entendre ma sentence.

VICTOR HUGO, *Le Dernier Jour d'un condamné*, 1829.

1 Portefaix : homme dont le métier est de porter des fardeaux.
2 Assises : la Cour des Assises est le tribunal qui juge les affaires criminelles.

Questions (15 points)

I Le transfert du prisonnier (4 points)

1. Relevez dans le texte quatre mots du champ lexical du monde carcéral. (1 point)

2. « L'air vif du matin me ranima. Je levai la tête. » (l. 7)

a. Quel rapport logique unit ces deux phrases ? Reliez-les par une conjonction de subordination de façon à obtenir une phrase complexe. *(1 point)*

b. Qu'éprouve à ce moment-là le narrateur ? *(0,5 point)*

Ne confonds pas conjonction de coordination et conjonction de subordination.

3. « Le ciel était bleu […] sombres de la prison. » (l. 7 à 9)

a. Relevez tous les adjectifs qualificatifs. *(1 point)*

b. Que voit le narrateur qui lève la tête ? *(0,5 point)*

Explique à quoi/qui se rapporte le mot « machine ».

II La perte des repères (4 points)

4. « c'était une machine sur une machine » (l. 5-6)

a. Que veut dire le narrateur dans cette phrase ? *(1 point)*

b. Dans le 5e paragraphe, relevez l'expression qui confirme cette idée. *(1 point)*

5. De « Nous montâmes » à « s'ouvrit » (l. 10-11), quel procédé de style est utilisé ? Quelle impression produit-il ? *(1 point)*

6. « En cet instant, je m'aperçus que j'étais sans fers ; mais je ne pus me rappeler ni où ni quand on me les avait ôtés. » (l. 17-18)

Que révèle cette phrase au sujet du comportement du narrateur ? *(1 point)*

III Un récit pathétique (7 points)

7. Relisez le 1er paragraphe (l. 1 à 3).
a. Quels sont les trois verbes indiquant les réactions physiques du narrateur ? *(0,5 point)*
b. « je trébuchai comme un portefaix trop chargé » (l. 2-3). Quelle figure de style est utilisée dans cette phrase ? *(0,5 point)*
c. Que ressent le narrateur ? *(1 point)*

8. En citant le texte, montrez les attitudes successives du public (l. 13 à l. 16). *(1 point)*

9. Relisez le dernier paragraphe (l. 19 à 22).
a. « Au moment où le tumulte cessa dans la foule, il cessa aussi dans mes idées. » Quel mot le pronom « il » remplace-t-il dans cette phrase ? *(0,5 point)*
b. Pourquoi le narrateur comprend-il à ce moment-là seulement ce qui va se passer ? *(0,5 point)*

10. Faisons le bilan.
a. En quoi peut-on dire que ce récit est pathétique ? *(1,5 point)*
b. Quelle est l'intention de Victor Hugo à travers ce récit ? *(1,5 point)*

Réécriture (4 points)

« En cet instant, je m'aperçus que j'étais sans fers ; mais je ne pus me rappeler ni où ni quand on me les avait ôtés. » (l. 17-18) Réécrivez cette phrase en transposant les verbes à la 3e personne du singulier du présent et en remplaçant « sans fers » par « sans chaîne ».

Attention ! Il y a deux consignes en une.

Dictée (6 points)

Faites-vous dicter le texte qui figure p. 74 dans les corrigés.

Le mot « batiste » sera écrit au tableau le jour de l'examen.

Rédaction (15 points)

Vous traiterez l'un des deux sujets au choix.

1. Vous imaginez que vous vous trouviez dans la foule dans la salle d'assises. En tenant compte des données du texte, racontez la scène de l'attente et de l'arrivée de l'accusé.

- Après avoir précisé le contexte, décris ce que tu vois (la salle, la foule, le condamné…) et explique ce que tu ressens (surprise, angoisse, admiration, colère…).
- Tu dois décrire l'attente ET l'arrivée à la 1re personne du singulier. Les actions de premier plan seront au passé simple comme dans le récit de Hugo.

2. Le narrateur du texte de Victor Hugo a commis un crime. La peine de mort est requise contre lui. Quels arguments avanceriez-vous pour prendre sa défense ?

- Voici plusieurs arguments possibles : la justice ne doit pas faire œuvre de vengeance, il faut donner au coupable la possibilité de s'amender, la justice peut aussi se tromper…
- Appuie tes arguments sur des exemples.

BREVET BLANC N°2

Vers le brevet

Texte d'Ida Grinspan

L'auteur, Ida Grinspan, a été déportée au camp d'extermination d'Auschwitz à 14 ans. Elle raconte ce qu'elle y a enduré dans son livre J'ai pas pleuré. *Le passage qui suit se situe à la fin de l'ouvrage.*

Il y a longtemps que je souhaitais écrire ce livre. Je jugeais nécessaire de raconter tout ce que j'avais vu et vécu moi-même.

Ma fille m'encourageait sans cesse, mais je remettais à plus tard. Je prévoyais qu'il serait douloureux de revivre certains souvenirs que j'avais enfouis. [...]

En avril 2001, quand Wanda[1] s'est éteinte sans que j'aie eu le temps de la serrer dans mes bras et de lui dire le merci que je gardais au fond de mon cœur depuis cinquante-six ans – le mot merci est faible, mais je n'en ai pas d'autre –, j'ai estimé qu'il était temps de me décider à écrire. [...]

En me relisant, je ne suis pas certaine d'avoir assez insisté sur la déshumanisation des camps. N'être qu'un numéro, ne rien posséder de personnel qu'une gamelle et une cuillère, avoir constamment faim, toujours froid durant les longs hivers, être épuisée, battue et craindre le pire à chaque instant... [...]

Après la guerre, nous avons cru que le nazisme et ses méthodes étaient anéantis à jamais. Quand nous avons appris, plus tard, les massacres au Cambodge et au Rwanda, nous avons dû admettre que la leçon d'Auschwitz n'avait pas été tirée. [...]

Si nous rencontrons des élèves, ce n'est pas pour qu'ils s'apitoient, mais pour qu'ils sachent ce que des hommes ont été capables de faire à d'autres hommes, uniquement parce qu'ils étaient nés. [...]

L'avenir dépendra de l'information donnée sur le passé. Nous avons la chance de vivre en République, en Démocratie ; les jeunes doivent être préparés à préserver ces libertés des tentations totalitaires.

IDA GRINSPAN et BERTRAND POIROT-DELPECH, *J'ai pas pleuré*, p. 231-234 © Robert Laffont, 2002.

1 Wanda est une infirmière polonaise qui a sauvé Ida, atteinte du typhus, au camp de Neustadt.

Questions (15 points)

I La décision de raconter : l. 1 à 8 (5 points)

1. « Ma fille m'encourageait sans cesse, mais je remettais à plus tard. » (l. 3)

a. Quel rapport logique unit les deux propositions de cette phrase ? *(0,5 point)*

b. Transformez cette phrase de façon à avoir une proposition subordonnée et une principale, en gardant le même rapport logique. *(0,5 point)*

2. Pourquoi Ida n'a-t-elle pas écrit plus tôt ses souvenirs ? Justifiez votre réponse en vous appuyant sur le texte. *(1 point)*

3. « sans que j'aie eu le temps » (l. 5). À quel mode est le verbe ? Justifiez son emploi. *(1 point)*

4. Quel événement décide Ida à écrire ? Quel sentiment éprouve-t-elle à ce moment-là ? *(2 points)*

Ne confonds pas mode et temps.

II La déshumanisation dans les camps : l. 9 à 18 (4,5 points)

5. « En me relisant, je ne suis pas certaine d'avoir assez insisté sur la déshumanisation des camps. » (l. 9).

Indiquez la composition du mot « déshumanisation ». *(1 point)*

6. Relevez trois éléments participant à la « déshumanisation des camps ». *(1,5 point)*

7. De « N'être qu'un numéro » à « craindre le pire à chaque instant » (l. 10 à 12), quel procédé de style est utilisé pour insister sur cette déshumanisation ? *(1 point)*

8. Relevez dans l'avant-dernier paragraphe la proposition subordonnée de cause qui donne l'unique explication, d'après Ida, de la Shoah. *(1 point)*

Une proposition subordonnée de cause commence par une conjonction de subordination.

III Le devoir de mémoire : l. 13 à 21 (5,5 points)

9. Indiquez tous les événements historiques qu'évoque l'auteur dans ce texte. *(1 point)*

10. Dans quel but Ida veut-elle témoigner auprès des jeunes ? Justifiez votre réponse en vous appuyant sur le texte. *(1 point)*

11. Quel temps utilise-t-elle dans la dernière phrase ? Pourquoi ? *(1,5 point)*

12. Quelles valeurs Ida met-elle en avant dans le dernier paragraphe ? Cela vous semble-t-il important ? Justifiez votre réponse. *(2 points)*

Réécriture (4 points)

« Je jugeais nécessaire de raconter tout ce que j'avais vu et vécu moi-même. Ma fille m'encourageait sans cesse, mais je remettais à plus tard. Je prévoyais qu'il serait douloureux de revivre certains souvenirs que j'avais enfouis. » (l. 1 à 4). Réécrivez ce passage en remplaçant « je » par « elle » et en mettant le texte au présent.

Dictée (6 points)

Faites-vous dicter le texte qui figure p. 75 dans les corrigés.

Rédaction (15 points)

Vous traiterez l'un des deux sujets au choix.

1. Racontez, à la manière d'une autobiographie, un événement qui vous a marqué et que vous souhaiteriez transmettre un jour à vos enfants. Expliquez votre choix.

Un texte autobiographique est écrit à la première personne et au passé. Mais tu expliqueras ton choix au présent.

2. À la fin du texte, Ida Grinspan écrit : « L'avenir dépendra de l'information donnée sur le passé. »
En quoi, selon vous, cette information est-elle un enjeu majeur ? Peut-elle permettre à l'humanité de progresser sans renouveler ses erreurs du passé ?

- Définis cette « information » – la connaissance des guerres et atrocités du XXe siècle – et donne ses sources : témoignages, cours d'Histoire...
- Voici les principaux arguments attendus : l'information est essentielle car elle permet d'agir en utilisant l'expérience du passé et d'éviter de reproduire les erreurs. Mais l'Histoire ne se répète jamais exactement, il reste la folie humaine, le goût du pouvoir et de l'argent...
- Tu peux exploiter des idées ou des exemples du texte.

BREVET BLANC N°3

Vers le brevet

Texte de Véronique Tadjo

Véronique Tadjo, écrivain, poète, romancière et artiste, est née à Paris en 1955, d'un père ivoirien et d'une mère française.

« Je vous salue »

Vous les fouilleurs de poubelles
les infirmes
aux moignons crasseux
les borgnes
les hommes rampants
vous les maraudeurs[1]
les gamins des taudis
je vous salue.
Quel fardeau portez-vous
en ce monde immonde
plus lourd que la ville
qui meurt de ses plaies ?
Quelle puissance
vous lie à cette terre frigide[2]
qui n'enfante des jumeaux
que pour les séparer ?
Qui n'élève des buildings
que pour vous écraser
sous les tonnes de béton
et d'asphalte[3] fumant ?
Vous les mangeurs
de restes
les sans-logis
les sans-abri
Quel regard portez-vous
sur l'horizon en feu ?

VÉRONIQUE TADJO, *Latérite*, D.R.

1 Maraudeurs : voleurs de nourriture. 2 Frigide : froide, sans réaction. 3 Asphalte : revêtement des rues.

Questions (15 points)

I Le thème de la misère (6,5 points)

1. Relevez tous les termes du champ lexical de la misère. *(1 point)*

2. « Vous les fouilleurs de poubelles les infirmes aux moignons crasseux les borgnes les hommes rampants » (v. 1 à 5)
a. Quel procédé de style est utilisé ? Quelle impression s'en dégage ? *(1 point)*
b. Quels handicaps physiques sont évoqués ? *(0,5 point)*

Rétablis les virgules pour mieux comprendre le texte.

3. Vers 14 à 20, quels sont les deux reproches faits à la « terre frigide » ? Citez le texte et expliquez ce que veut dire l'auteur. *(1 point)*

4. « la ville qui meurt de ses plaies » (v. 11-12)
a. Quelle figure de style est utilisée ici ? *(0,5 point)*
b. D'après le reste du texte, de quelles « plaies » s'agit-il ? *(0,5 point)*

5. a. Dans « ce monde immonde » (v. 10), quel est le sens de l'adjectif « immonde » ? *(1 point)*
b. Montrez en quoi cet adjectif qualifie bien le « monde » décrit dans ce texte. *(1 point)*

II Un texte engagé (8,5 points)

6. À quel genre littéraire appartient ce texte ? *(0,5 point)*

7. « je vous salue » (v. 8)
a. À quelle personne s'exprime le narrateur ? *(0,5 point)*
b. Par quelle personne est désigné le destinataire ? *(0,5 point)*

8. a. À quel temps sont les verbes ? *(0,5 point)*
b. Quelle est la valeur de ce temps ? *(0,5 point)*

Attention ! Inutile de donner le mode si on te demande seulement le temps.

9. a. Quel type de phrases est utilisé du vers 9 au vers 26 ? Qu'attend-on à la suite de ce type de phrases ? Est-ce le cas ici ? *(1 point)*
b. Essayez de justifier ce choix de Véronique Tadjo. *(0,5 point)*

10. « l'horizon en feu » (v. 26)
a. Que signifie cette expression prise au sens propre ? *(0,5 point)*
b. Quel autre sens peut-on lui donner, si on l'oppose à « terre frigide » (v. 14) ? *(0,5 point)*

11. a. Relevez toutes les reprises nominales de « vous » (v. 21 à 24). *(1 point)*
b. Dans quelle intention Véronique Tadjo a-t-elle choisi ces expressions ? *(0,5 point)*
c. Quel terme générique pourrait les regrouper toutes ? *(0,5 point)*

Le mot « animal », par exemple, est le générique qui regroupe « chat », « chien », « oiseau »...

12. Selon vous, Véronique Tadjo s'adresse-t-elle seulement à ceux qu'elle nomme dans son texte ? Expliquez votre réponse. *(1,5 point)*

Réécriture (4 points)

Réécrivez les phrases : « Quelle puissance vous lie à cette terre frigide qui n'enfante des jumeaux que pour les séparer ? », « Quel regard portez-vous sur l'horizon en feu ? » en une seule phrase commençant par « je demandais » et en remplaçant « vous » par « elles ».

Pense à transformer les points d'interrogation.

Dictée (6 points)

Faites-vous dicter le texte qui figure p. 77 dans les corrigés.

La dictée comprend deux subjonctifs plus-que-parfait.

Rédaction (15 points)

Vous traiterez l'un des deux sujets au choix.

1. Imaginez la lettre que vous écririez à un enfant de la ville évoquée dans le poème de V. Tadjo en décrivant votre vie et en l'invitant à partager vos vacances d'hiver.

- Respecte les règles d'écriture d'une lettre : structure en paragraphes, lieu et date d'écriture, signature, niveau de langue adapté...
- Introduis des marques de modalisation (opinions, sensations, sentiments).

2. Véronique Tadjo évoque des personnes qui vivent sans abri. Vous avez, vous aussi, déjà vu dans la rue des SDF, sans domicile fixe. Quels sentiments avez-vous éprouvés à leur égard ? Quelles réflexions vous viennent à leur sujet ? Comment les aider ?

- Mise en situation : décris le lieu (parc, rue...), l'état des SDF (sales, ivres...) et les sentiments qu'ils t'inspirent (peur, envie ou non de les plaindre, de les aider...).
- Réflexions : Comment en sont-ils arrivés là : précarité de l'emploi, manque de soutien (famille, amis, État...) ? Que faisaient-ils avant ? Souhaitent-ils de l'aide ?
- Solutions menées par l'État, les associations : propositions de logement, de formation...

BREVET BLANC N°4

Vers le brevet

Texte d'Alain-Fournier

Meaulnes se trouve à une fête dans un château, lorsqu'il rencontre pour la première fois la jeune châtelaine, Yvonne de Galais.

[...] sans savoir comment, Meaulnes se trouva dans le même yacht que la jeune châtelaine. Il s'accouda sur le pont, tenant d'une main son chapeau battu par le grand vent, et il put regarder à l'aise la jeune fille, qui s'était assise à l'abri. Elle aussi le regardait. Elle répondait à ses compagnes, souriait, puis posait doucement ses yeux bleus sur lui, en tenant sa lèvre un peu mordue.

Un grand silence régnait sur les berges prochaines. [...] On allait aborder, semblait-il, dans le beau jardin de quelque maison de campagne. La jeune fille s'y promènerait sous une ombrelle blanche. Jusqu'au soir on entendrait les tourterelles gémir... Mais soudain une rafale glacée venait rappeler décembre aux invités de cette étrange fête.

On aborda devant un bois de sapins. Sur le débarcadère, les passagers durent attendre un instant, serrés les uns contre les autres, qu'un des bateliers eût ouvert le cadenas de la barrière... Avec quel émoi Meaulnes se rappelait dans la suite cette minute où, sur le bord de l'étang, il avait eu très près du sien le visage désormais perdu de la jeune fille ! Il avait regardé ce profil si pur, de tous ses yeux, jusqu'à ce qu'ils fussent près de s'emplir de larmes. Et il se rappelait avoir vu, comme un secret délicat qu'elle lui eût confié, un peu de poudre restée sur sa joue...

À terre, tout s'arrangea comme dans un rêve. Tandis que les enfants couraient avec des cris de joie, que des groupes se formaient et s'éparpillaient à travers bois, Meaulnes s'avança dans une allée, où, dix pas devant lui, marchait la jeune fille. Il se trouva près d'elle sans avoir le temps de réfléchir :

« Vous êtes belle », dit-il simplement.

ALAIN-FOURNIER, *Le Grand Meaulnes*, 1913.

Questions (15 points)

I La rencontre (lignes 1 à 4) (5 points)

Sois très attentif aux indications de lignes qui te sont données.

1. Qu'apprenez-vous dans la première phrase du texte ? *(0,5 point)*

2. a. Relevez les verbes dont le sujet est le jeune homme, puis ceux dont le sujet est la jeune fille. À quels temps sont ces verbes ? *(2 points)*

b. Justifiez l'emploi de ces temps. Que révèlent-ils de l'attitude de chacun des jeunes gens ? *(1,5 point)*

3. a. Que permet de comprendre la répétition du verbe « regarder » ? *(0,5 point)*

b. Quelle expression peut indiquer les sentiments de la jeune fille ? *(0,5 point)*

II « Avec quel émoi... » (5 points)

Attention ! Ne confonds pas famille de mots et champ lexical.

4. Donnez un verbe et un nom de la famille du nom « émoi ». (l. 11) *(1 point)*

5. a. Quelle situation provoque l'« émoi » de Meaulnes ? *(0,5 point)*

b. Dans la phrase exclamative l. 11-12, quel mot renforce la portée de cet émoi ? Quelle est sa classe grammaticale ? *(1 point)*

6. « comme un secret délicat qu'elle lui eût confié » (l. 14)

Quelle figure de style est utilisée ? *(0,5 point)*

7. Relevez les mots du champ lexical du regard (l. 12-13). *(1 point)*

8. Quel sentiment Meaulnes éprouve-t-il à l'égard de la jeune fille ? Quelle phrase en est la confirmation ? *(1 point)*

III « Comme dans un rêve » (5 points)

9. « La jeune fille s'y promènerait sous une ombrelle blanche. Jusqu'au soir on entendrait les tourterelles gémir... » (l. 6-7)

a. À quel mode sont les verbes de ces phrases ? *(0,5 point)*

b. Justifiez l'emploi de ce mode. *(0,5 point)*

10. Pourquoi peut-on dire que « tout s'arrangea comme dans un rêve » (l. 15) ? *(1 point)*

11. « sans avoir le temps de réfléchir » (l. 17-18)

a. Pourquoi cette expression nous renvoie-t-elle au début du texte ? *(0,5 point)*

b. Comment caractériseriez-vous le comportement de Meaulnes ? *(1 point)*

12. À partir de l'exemple de Meaulnes et Mlle de Galais, indiquez les principales caractéristiques de la rencontre amoureuse. *(1,5 point)*

Réécriture (4 points)

« [...] sans savoir comment, Meaulnes se retrouva dans le même yacht que la jeune châtelaine. Il s'accouda sur le pont, tenant d'une main son chapeau battu par le grand vent, et il put regarder à l'aise la jeune fille, qui s'était assise à l'abri. ». Réécrivez ces phrases en remplaçant « Meaulnes » par « je », « la jeune châtelaine » par « les jeunes châtelaines » et « la jeune fille » par « les jeunes filles ».

Dictée (6 points)

Faites-vous dicter le texte qui figure p. 78 dans les corrigés.

Rédaction (15 points)

Vous traiterez l'un des deux sujets au choix.

1. « Avec quel émoi Meaulnes se rappelait dans la suite cette minute [...] »

Comme à Meaulnes, il vous est arrivé de vivre une belle rencontre. Vous direz dans quelles circonstances elle s'est produite, ce que vous avez éprouvé et vous expliquerez quelle importance cette rencontre a eue pour vous.

2. À l'occasion d'une discussion avec un(e) camarade, vous confronterez vos points de vue sur le « coup de foudre » qu'Yvonne de Galais nomme une « folie ».

Chacun des interlocuteurs exposera au moins deux arguments.

Sujet 1
- Tu dois t'exprimer à la 1re personne.
- Ton récit doit être vraisemblable.
- Il y aura une partie narrative et descriptive et une partie explicative.

Sujet 2
Il s'agit bien d'un dialogue argumentatif dans lequel deux points de vue différents vont s'affronter. Tu es libre de choisir le point de vue qui te convient.

Classes grammaticales et fonctions

Les classes grammaticales

Classe grammaticale	Exemples	Définition
Mots variables		
nom	*Julie, fille, amitié*	Un nom **désigne** un être, une chose ou une idée. *Julie* est un nom propre, *fille* est un nom commun.
déterminant	*un, le, cette, ses*	Un déterminant **introduit un nom.** Il forme avec lui un groupe nominal (minimal).
adjectif qualificatif	*beau, puissants*	Un adjectif qualificatif apporte des **précisions sur le nom** qu'il qualifie.
pronom	*il, lui, celle, les siens*	En général, un pronom **remplace un nom** ou un groupe nominal (*pro* = « à la place de »).
verbe	*aimer, partait, serons*	Un verbe exprime une action ou un état. Il **se conjugue,** c'est-à-dire qu'il prend une forme différente selon le temps évoqué, le nombre et la personne du sujet.
Mots invariables		
adverbe	*ici, hier, clairement*	Un adverbe peut **s'ajouter** à un verbe, ou à un adjectif, un autre adverbe, une proposition.
préposition	à, dans, à côté de	Une préposition **sert de lien** entre un mot et son complément.
conjonction de coordination	*mais, ou, et, car*	Une conjonction de coordination **relie deux mots ou groupes de mots** de même nature.
conjonction de subordination	*que, quand, dès que*	Une conjonction de subordination **relie deux propositions** : principale et subordonnée.

Les fonctions

Fonction	Exemple	Définition
À l'échelle d'une phrase ou d'une proposition		
sujet	*Julie aime Théo.*	Le sujet répond à la question ***Qui est-ce qui ? / Qu'est-ce qui ?*** suivie du verbe. Il donne au verbe conjugué sa **personne** et son **nombre.**
complément d'agent	*Théo est aimé de Julie.*	Le sujet devient complément d'agent lors de la transformation d'une phrase active en **phrase passive.**
attribut du sujet	*Julie est étudiante.*	L'attribut du sujet exprime une **caractéristique du sujet** ; il s'y rapporte par l'intermédiaire d'un verbe d'état.
COD	*Julie aime le cinéma.*	Le COD **complète** le verbe, **directement** (sans préposition).
attribut du COD	*Elle trouve ce film époustouflant.*	L'attribut du COD exprime une **caractéristique du COD** ; il s'y rapporte par l'intermédiaire d'un verbe exprimant un choix, un jugement…
COI	*Théo s'initie à la calligraphie.*	Le COI **complète** le verbe, **indirectement** (avec une préposition).
COS	*Théo envoie un message à Julie.*	Le COS complète un verbe qui a déjà un complément d'objet.
complément circonstanciel	*Théo et Julie se voient avec plaisir.*	Un complément circonstanciel exprime une **circonstance** (temps, lieu, manière…) de l'action.

À l'échelle d'un groupe nominal		
épithète	*une étudiante sympathique*	Une épithète **se rapporte directement** à un nom.
complément du nom	*une étudiante en biologie*	Un complément du nom complète un nom à l'aide d'une **préposition**.
apposition	*Passionnée de cinéma, Julie possède 100 DVD.*	Une apposition se rapporte à un GN, dont elle est séparée par une virgule (construction détachée).

23 verbes modèles pour conjuguer sans faute

	Indicatif					Subjonctif
	imparfait	**p. simple**	**p. composé**	**présent**	**futur**	**présent**
aimer	j'aimais il aimait ils aimaient	j'aimai il aima ils aimèrent	j'ai aimé il a aimé ils ont aimé	j'aime il aime ils aiment	j'aimerai il aimera ils aimeront	que j'aime qu'il aime qu'ils aiment
aller	j'allais il allait	j'allai il alla	je suis allé il est allé	je vais il va	j'irai il ira	que j'aille qu'il aille
finir	je finissais il finissait ils finissaient	je finis il finit ils finirent	j'ai fini il a fini ils ont fini	je finis il finit ils finissent	je finirai il finira ils finiront	que je finisse qu'il finisse qu'ils finissent
partir	je partais il partait	je partis il partit	je suis parti il est parti	je pars il part	je partirai il partira	que je parte qu'il parte
venir	il venait	il vint	il est venu	il vient	il viendra	qu'il vienne
offrir	il offrait	il offrit	il a offert	il offre	il offrira	qu'il offre
voir	il voyait	il vit	il a vu	il voit	il verra	qu'il voie
recevoir	il recevait	il reçut	il a reçu	il reçoit	il recevra	qu'il reçoive
devoir	il devait	il dut	il a dû	il doit	il devra	qu'il doive
vouloir	il voulait	il voulut	il a voulu	il veut	il voudra	qu'il veuille
pouvoir	il pouvait	il put	il a pu	il peut	il pourra	qu'il puisse
savoir	il savait	il sut	il a su	il sait	il saura	qu'il sache
faire	il faisait	il fit	il a fait	il fait	il fera	qu'il fasse
dire	il disait	il dit	il a dit	il dit	il dira	qu'il dise
croire	il croyait	il crut	il a cru	il croit	il croira	qu'il croie
lire	il lisait	il lut	il a lu	il lit	il lira	qu'il lise
écrire	il écrivait	il écrivit	il a écrit	il écrit	il écrira	qu'il écrive
vivre	il vivait	il vécut	il a vécu	il vit	il vivra	qu'il vive
prendre	il prenait	il prit	il a pris	il prend	il prendra	qu'il prenne
peindre	il peignait	il peignit	il a peint	il peint	il peindra	qu'il peigne
mettre	il mettait	il mit	il a mis	il met	il mettra	qu'il mette
avoir	j'avais il avait ils avaient	j'eus il eut ils eurent	j'ai eu il a eu ils ont eu	j'ai il a ils ont	j'aurai il aura ils auront	que j'aie qu'il ait qu'ils aient
être	j'étais il était ils étaient	je fus il fut ils furent	j'ai été il a été ils ont été	je suis il est ils sont	je serai il sera ils seront	que je sois qu'il soit qu'ils soient

Les principaux homophones grammaticaux

Ne confonds plus...	Identifie...	Exemples
a et ***à***	• ***a*** : 3e pers. du sing. du v. *avoir* au présent • ***à*** : préposition	*Il **a*** (= avait) *mis du temps **à*** (≠ avait) *arriver.*
ou et ***où***	• ***ou*** = *ou bien* • ***où*** : exprime le lieu	*Sais-tu **où*** (≠ ou bien) *il est parti en vacances : à la mer **ou*** (= ou bien) *à la montagne ?*
on et ***ont***	• ***on*** : pronom sujet • ***ont*** : 3e pers. du pl. du v. *avoir* au présent	***On*** (≠ avaient) *est surpris par tout le travail qu'ils **ont*** (= avaient) *accompli.*
son et ***sont***	• ***son*** : dét. possessif • ***sont*** : 3e pers. du pl. du v. *être* au présent	*Jules et Julie **sont*** (= étaient) *partis avec **son** scooter* (= le sien).
ces et ***ses***	• ***ces*** : dét. démonstratif • ***ses*** : dét. possessif	***Ses** parents* (= les siens) *lui ont offert **ces** belles baskets rouges* (= celles-là).
ce et ***se***	• ***ce*** : dét. ou pronom démonstratif • ***se*** : pronom réfléchi	*Barnabé **se** demande* (→ verbe *se demander*) *encore s'il va aller voir **ce** film* (= celui-là).
c'est et ***s'est***	• ***c'est*** : présentatif • ***s'est*** = *se* + *est*	• ***C'est*** (= cela est) *décidé : nous y allons.* • *Il **s'est** décidé à y aller* (→ verbe *se décider* au passé composé).
la, l'a et ***là***	• ***la*** : article ou pronom • ***l'a*** = *le/la* + *a* • ***là*** : adverbe de lieu	• *Il **la** prend dans ses bras.* • *Il **l'a** injuriée copieusement.* • *C'est **là** que je les ai vus pour la dernière fois.*
les, l'ai et ***l'est***	• ***les*** : article ou pronom • ***l'ai*** = *le/la* + *ai* • ***l'est*** = *le/la* + *est*	• *Il s'entretenait avec **les** voisins.* • *Je **l'ai** entendu rire.* • *Bizarre, il **l'est** réellement.*
ni et ***n'y***	• ***ni*** : conjonction de coordination de sens négatif • ***n'y*** = *ne* + *y*	• *Je n'ai **ni** regret **ni** rancœur.* • *Je **n'y** pense plus* (= Je ne pense plus à cela).
si et ***s'y***	• ***si*** : conjonction ou adverbe • ***s'y*** = *se* + *y*	• *Il est **si** tard. Je ne sais pas **si** j'ai le courage.* • *Il **s'y** est mis* (= Il s'est mis à cela).
sans et ***s'en***	• ***sans*** : préposition exprimant un manque • ***s'en*** = *se* + *en*	• *Il est parti **sans** elle.* • *Il **s'en** sort bien* (= Il se sort bien de cela).
dans et ***d'en***	• ***dans*** : préposition exprimant le lieu ou le temps • ***d'en*** = *de* + *en*	• *Le spectacle commence **dans** une heure.* • *Il est soulagé **d'en** sortir* (= de sortir de là) *sain et sauf.*
quand, quant et ***qu'en***	• ***quand*** = *à quel moment, lorsque* • ***qu'en*** = *que* + *en* • ***quant*** *à* = *en ce qui concerne*	• ***Quand*** (= à quel moment) *reviendra-t-il ?* • ***Qu'en** pensez-vous ?* (= Que pensez-vous de cela ?) • ***Quant** à moi* (= en ce qui me concerne), *je n'y crois pas.*
quoique et ***quoi que***	• ***quoique*** = *bien que* • ***quoi que*** = *quelle que soit la chose que*	• ***Quoique*** (= bien que) *fatigué, il est là.* • ***Quoi qu'il** fasse* (= quelle que soit la chose qu'il fasse), *il réussit.*
quel(les) et ***qu'elle(s)***	• ***quel(les)*** : dét. interrogatif ou exclamatif • ***qu'elle(s)*** = *que* + *elle(s)*	• ***Quel** jour* (= lequel) *sommes-nous ?* • *Il faut **qu'elle*** (= qu'il) *se repose.*
Quelque(s) et ***quel(les) que***	• ***quelque(s)*** : dét. indéfini • ***quel(les) que*** + v. *être* au subjonctif : exprime l'opposition	• *Voici **quelques*** (= des) *fleurs.* • ***Quel que** soit ton choix, je le respecterai.*

Grille de relecture d'une dictée

Analyse...	À l'aide de ces règles et conseils
la situation de communication	Demande-toi : **qui parle ? à qui ?** Ainsi, si le texte est rédigé à la 1re personne, beaucoup de verbes seront conjugués à la 1re personne du singulier.
le temps et le mode des verbes	• Identifie les **temps dominants** utilisés dans le texte. Ainsi, dans un récit au passé, les actions de premier plan sont rapportées au passé simple ; les faits de second plan, à l'imparfait. • Prends garde que, dans certaines subordonnées, les verbes sont au **subjonctif** (mode de l'éventuel). *Je voudrais qu'il **voie** un médecin.*
l'accord des verbes	Le verbe **s'accorde avec le sujet**. Pour trouver le sujet, pose la question : *Qui est-ce qui... ?* ou *Qu'est-ce qui... ?* suivie du verbe.
l'accord des adjectifs	L'adjectif **s'accorde** en genre et en nombre **avec le nom qu'il qualifie**. Pour trouver ce nom, pose la question : *qui est-ce qui est... ?* ou *qu'est-ce qui est... ?* suivie de l'adjectif.
l'accord des participes passés	• Si le participe passé est employé **avec *être***, il s'accorde en genre et en nombre avec le sujet. • Si le participe passé est employé **avec *avoir***, il ne s'accorde jamais avec le sujet, mais il s'accorde avec le COD si celui-ci est placé devant le verbe.
les terminaisons verbales en [e]	Pour savoir si un verbe doit se terminer par ***-er*** (infinitif) **ou *-é(es)*** (participe passé), remplace-le par un verbe du 3e groupe.
les homophones grammaticaux	Identifie la **classe grammaticale** du mot (voir la liste dans le tableau précédent).

1 Grammaire — Déterminants et pronoms

1 Mouret cependant vivait dans l'angoisse. Était-ce possible ? Cette enfant le torturait à ce point ! Toujours il la revoyait arrivant avec ses gros souliers, son air sauvage. Elle apportait tout ce qu'on trouve de bon chez la femme, le courage, la gaieté, la simplicité. On pouvait ne pas la voir ; bientôt le charme agissait ; on lui appartenait à jamais.

2 **1.** En partant, ils emportent **leurs** (**déterminant possessif**) affaires.

2. Elle se tourne vers eux et **leur** (**pronom personnel**) explique tout.

3. Ces vêtements-ci sont les nôtres, ceux-là sont **les leurs** (**pronom possessif**).

3 **Déterminants** : le, la, mon, ce, les, chaque, tous, leur, leurs.

Pronoms : le, la, la leur, ce, cela, les, chacun, tous, leur.

4 **1.** ~~**les**~~ : seul *les* peut être déterminant ou pronom.

2. ~~**la leur**~~ : seul *la leur* est un pronom.

2 Grammaire — Les expansions du nom

1 Chaque année, la fête municipale (épithète) de Livry-Gargan (compl. du nom), tout le monde s'y prépare longtemps à l'avance. Les parents, les enfants et surtout les commères du quartier (compl. du nom) parce qu'à la kermesse, tu refais ta réserve de ragots (compl. du nom). Y avait [...] des groupes de musique (compl. du nom) qui défilaient (prop. relative). Des jeunes de la cité (compl. du nom) sont venus rapper. Y avait même des filles qui chantaient avec eux (prop. relative).

2 **1.** Au royaume **des aveugles**, les borgnes sont rois. → GN, complément du nom *royaume*.

2. Après la pluie, le **beau** temps. → Adjectif qualificatif, épithète du nom *temps*.

3. Pierre **qui roule** n'amasse pas mousse. → Proposition subordonnée relative, complément de l'antécédent *pierre*.

4. N'éveillez pas le chat **qui dort**. → Proposition subordonnée relative, complément de l'antécédent *chat*.

3 Victor Hugo est un écrivain français du XIXe siècle. Il a écrit des poèmes émouvants, des pièces de théâtre et des romans qui ont été adaptés au cinéma.

3 Grammaire — La structure d'un groupe verbal

1 Chaque lundi matin, le brocanteur qui logeait sous l'allée étalait par terre ses ferrailles. Puis la ville se remplissait d'un bourdonnement de voix. Vers midi, au plus fort du marché, un vieux paysan de haute taille, la casquette en arrière, le nez crochu, apparaissait sur le seuil. Robelin était le fermier de Geffosses. Peu après, arrivait Liébard, le fermier de Toucques, petit, rouge et obèse ; il portait une veste grise.

2 **Verbe seul** : logeait – apparaissait – arrivait.
Verbe + complément d'objet : étalait ses ferrailles – se remplissait d'un bourdonnement de voix – portait une veste grise.
Verbe + attribut : était le fermier de Geffosses.

3 **1.** Qui vole un œuf, **vole un bœuf**. → verbe + complément

2. La nuit, tous les chats **sont gris**. → verbe + attribut

3. L'habit ne **fait** pas **le moine**. → verbe + complément

4. Les bons comptes **font les bons amis**. → verbe + complément

4 Grammaire

Complément de verbe et complément de phrase

1

Verbe	Complément(s) de verbe (CO, attribut du sujet)	Complément de phrase
dissolvent	l'Assemblée constituante	par un coup de force
oppose	**les, aux Blancs**	–
devient	**le parti unique**	–
élimine	**les opposants**	–
contrôle	**toute l'économie**	–
l'emporte sur	**sur les Blancs**	**En 1921**

2 **1.** **À la mort de Lénine en 1924 (CP)**, Staline et Trotski s'opposent.
2. Trotski est exclu **du Parti communiste (CV)**, puis chassé **d'URSS (CV)**.
3. Les paysans doivent travailler **dans de vastes exploitations collectives (CV)**.
4. **Dans les camps du Goulag (CP)**, les déportés subissent des conditions de vie inhumaines.

5 Grammaire

La structure d'une phrase complexe

1 **1.** Je me lève parce qu'il est déjà neuf heures.

2. Je souris et il me rend mon sourire.

3. Igor est énervé : tout l'irrite.

2 Le service d'Igor Beshevich **commençait** à six heures et l'encombrement des rues du quartier Mlanecsz l'**avait** déjà bien trop **retardé** *(a)*. La foule **lambinait** comme un gros serpent le long des boutiques d'écriture et de bougies ; chacun **essayait** tant bien que mal d'éviter les mares formées par la neige fondante dans le ruisseau *(b)*. Les femmes surtout **étaient** les plus lentes à force de relever leurs jupons pour qu'ils ne **soient** pas crottés *(c)*.

Phrase du texte	Nombre de verbes conjugués	Mot ou signe reliant les propositions	Juxtaposition, coordination, ou subordination ?
(a)	2	et	coordination
(b)	2	;	juxtaposition
(c)	2	pour qu'	subordination

6 Grammaire

Les subordonnées (1) : natures

1 Un après-midi, ma mère m'avait demandé si j'aimerais aller à Luna Park. [...] Quand j'y repense aujourd'hui, je crois qu'elle voulait tout simplement que je la laisse seule cet après-midi-là. [...] elle m'a tendu un grand billet de banque et elle m'a dit : « Va t'amuser à Luna Park. » [...]

Quand j'ai acheté le ticket, à l'entrée, le monsieur a paru surpris que je paye avec un aussi gros billet. Il m'a rendu la monnaie et il m'a laissée passer. Une journée d'hiver. On aurait dit qu'il faisait nuit. [...] Ce qui me frappait surtout, c'était le silence.

Pronom relatif : (ce) qui • **Mot interrogatif** : si • **Conjonctions de subordination** : quand (j'y repense) – qu'(elle voulait) – que (je la laisse) – quand (j'ai acheté) – que (je paye) – qu'(il faisait)

2 **1.** Des garçons **dont** les chaussures étaient trouées me regardaient.

2. Je suis parti en courant **parce que** j'ai eu peur.

3. Ils m'ont demandé **si** j'avais peur.

4. J'ai donné les billets **qui** me restaient.

5. **Pendant que** je donnais les billets, je tremblais.

3 **1.** quel

2. qui

3. dont

7 Grammaire

Les subordonnées (2) : fonctions

1

	Complément du nom	COD	CC
1. J'entendais ses sabots **qui claquaient sur le chemin**.	x		
2. Je ne sais pas **si je pourrai lui échapper**.		x	
3. **Si j'arrive au bout du chemin**, je suis sauvé.			x
4. **Pendant que tu cours**, tu ne peux pas voir le taureau.			x
5. Le taureau **dont tu as peur** n'est pas une bête sauvage.	x		
6. Je pense **que tu as éprouvé la peur de ta vie**.		x	

2 On contait de lui qu'à [Corte], où il avait pris femme, il s'était débarrassé fort vigoureusement d'un [rival] qui passait pour aussi redoutable en guerre qu'en amour : du moins on attribuait à Mateo [certain coup de fusil] qui surprit ce rival comme il était à se raser devant un petit miroir pendu à sa fenêtre. L'affaire assoupie, Mateo se maria. Sa femme Giuseppa lui avait donné d'abord [trois filles] (dont il enrageait), et enfin [un fils], qu'il nomma Fortunato : c'était l'espoir de sa famille, l'héritier du nom.

3 **1.** Subordonnée complétive : **qu'à Corte, il s'était débarrassé fort vigoureusement d'un rival.** • **2.** Subordonnée circonstancielle : **comme il était à se raser devant un petit miroir pendu à sa fenêtre.**

8 Grammaire — Exprimer la cause et la conséquence

1 **1.** cause • **2.** conséquence • **3.** conséquence • **4.** cause

2 – Vous voulez mon avis ? Ils sont malheureux parce qu'ils ne se laissent pas aller. Et je sais ce que je dis.

– Il sait en effet ce qu'il dit, ajoutait Tarrou. [...] Autant qu'il est possible, il est à l'aise dans la terreur. Mais parce qu'il a ressenti tout cela avant eux, je crois qu'il ne peut pas éprouver tout à fait avec eux la cruauté de cette incertitude. [...] Puisque lui-même a vécu dans la terreur, il trouve normal que les autres la connaissent à leur tour. Plus exactement, la terreur lui paraît alors moins lourde à porter que s'il y était tout seul.

3 **1.** Ils ne se laissent pas aller si bien qu'ils sont malheureux.

2. Il a ressenti tout cela avant eux si bien que je crois qu'il ne peut pas éprouver tout à fait avec eux la cruauté de cette incertitude.

3. Lui-même a vécu dans la terreur de sorte qu'il trouve normal que les autres la connaissent à leur tour.

9 Grammaire — Exprimer le but

1 Pendant des mois, la pose fut ainsi pour elle une torture. La bonne vie à deux avait cessé, un ménage à trois semblait se faire, comme s'il eût introduit dans la maison une maîtresse, cette femme qu'il peignait d'après elle. [...] Il la tuait à la pose pour embellir l'autre. [...] Quelle souffrance de prêter sa chair, **[pour que l'autre naquît]**, **[pour que le cauchemar de cette rivale les hantât]**, **[fût toujours entre eux]** !

2 Voir ci-avant.

3 **1.** Claude peint beaucoup pour que le tableau progresse.

2. La jeune femme garde la pose pour que Claude la peigne.

4 **1.** but • **2.** conséquence • **3.** conséquence • **4.** but

10 Grammaire — Exprimer l'opposition

1 **1.** Même s'il ne participe pas à cette compétition, il s'y intéresse vivement.

2. La maison paraît inoccupée, mais des grincements réguliers prouvent le contraire.

3. Malgré tous ses efforts, il n'a pas gagné.

2 **1.** Bien que je sois pressé, je prends mon temps.

2. La lampe reste éteinte quoiqu'il fasse nuit.

3. Bien qu'il soit triste au fond de lui, il sourit à son enfant.

3 Et, bien que les meilleurs morceaux ne soient pas faciles à déchirer ni à manger quand on a une dentition d'herbivore, on peut auparavant les dépecer et les émietter avec des pierres et finir de les mastiquer tant bien que mal avec les molaires.

Les meilleurs morceaux ne sont pas faciles à déchirer ni à manger quand on a une dentition d'herbivore, mais on peut auparavant les dépecer et les émietter avec des pierres et finir de les mastiquer tant bien que mal avec les molaires.

11 Grammaire — Exprimer la condition

1 Sur le penchant de quelque agréable colline bien ombragée, j'aurais une petite maison blanche avec des contrevents verts, si j'étais riche ; et quoique une couverture de chaume soit en toute saison la meilleure, je préférerais magnifiquement, non la triste ardoise, mais la tuile, parce qu'elle a l'air plus propre et plus gai que le chaume. Si quelque fête champêtre rassemblait les habitants du lieu, j'y serais des premiers avec ma troupe ; si quelques mariages se faisaient à mon voisinage, on saurait que j'aime la joie, et j'y serais invité.

2 **1.** **En cas de** grève, les cours sont suspendus pour la journée. • **2.** **Sans** message de ta part d'ici demain, je considère que tu es d'accord. • **3.** Je peux aller à son mariage, **à condition d'**y être invité.

3 **1.** Si je ne reçois pas de contrordre de votre part, je me présenterai à votre bureau demain matin.

2. Mets un message sur mon répondeur, si cela est nécessaire.

3. Le crédit sera accordé si le dossier est accepté.

12 Conjugaison — L'indicatif présent : cas difficiles

1 Éloigné de vos yeux, Madame, par des soins

Impérieux (j'en *(prendre)* **prends** tous les dieux à témoins),

Je *(languir)* **languis** et je *(mourir)* **meurs**, comme c'est ma coutume

En pareil cas, et *(aller)* **vais** le cœur plein d'amertume,

À travers des soucis où votre ombre me *(suivre)* **suit**

Le jour dans mes pensers, dans mes rêves la nuit.

2

	partir	craindre	convaincre	permettre
1re pers. sing.	je pars	je crains	je convaincs	je permets
3e pers. sing.	il part	il craint	il convainc	il permet
3e pers. plur.	ils partent	ils craignent	ils convainquent	ils permettent

3 **1.** ~~coudre~~ • **2.** ~~tendre~~

Seuls *coudre* et *tendre* gardent le *d* du radical au singulier du présent.

13 Conjugaison — Le passé simple

1 Quand l'inspecteur *(revenir)* **revint**, il *(trouver)* **trouva** Maigret campé sur le balcon [...]. Maigret *(poser)* **posa** le miroir debout sur la table et, à l'aide de deux chandeliers qu'il *(prendre)* **prit** sur la cheminée, il *(dresser)* **dressa** vis-à-vis la feuille de papier buvard.

2

	suivre	courir	faire	devoir	finir
1re pers. sing.	je suivis	je courus	je fis	je dus	je finis
3e pers. sing.	il suivit	il courut	il fit	il dut	il finit
3e pers. plur.	ils suivirent	ils coururent	ils firent	ils durent	ils finirent

3 **1.** ~~venus~~ : participe passé (masculin pluriel) de *venir*

2. ~~criera~~ : verbe *crier* au futur (3e personne du sing.)

4 Arrivé(e) au grenier, **je demeurai saisi(e) d'étonnement, puis bondis vers une vieille malle. Je ne parvins pas à l'ouvrir, si bien que je me mis à imaginer un trésor caché.**

14 Conjugaison — Employer le passé simple et l'imparfait

1 **1.** Olivier **salua** (**passé simple**) Mme Lucien qui **frottait** (**imparfait**) avec son index les gencives de son bébé. • **2.** À l'épicerie, on **grillait** (**imparfait**) du café et toute la rue **embaumait** (**imparfait**).

1. Salua : action envisagée comme achevée, décrite du début à la fin. Frottait : action qui s'inscrit dans la durée. • **2.** Grillait et embaumait : actions qui durent et qui se répètent.

2 **1.** Pendant que je le regardais, il lut la lettre.

2. Quand je vis la vitrine, je changeai soudain d'avis.

3. Je passais chez eux chaque année de délicieuses vacances.

3 Ackroyd *(être)* **était** fort entêté ; plus on le *(pousser)* **poussait** à accomplir un acte, plus il s'y *(refuser)* **refusait**. [...] La main sur la poignée de la porte, j'*(hésiter)* **hésitai** et *(regarder)* **regardai** en arrière. [...] Je *(sortir)* **sortis** en hochant la tête et je *(fermer)* **fermai** la porte derrière moi.

15 Conjugaison — Les temps composés de l'indicatif

1 Beaucoup plus tard, par le capitaine de Victor lui-même, Félicité connut les circonstances de la fin de son neveu. On l'avait trop saigné à l'hôpital, pour la fièvre jaune. Quatre médecins le tenaient à la fois, il était mort immédiatement.

Félicité ne voulut pas revoir les parents de Victor, pensant qu'ils avaient toujours traité leur fils avec barbarie.

2 Au plus-que-parfait.

3

Présent	**elle connaît**
Imparfait	**elle connaissait**
Futur	**elle connaîtra**
Passé simple	elle connut
Passé composé	**elle a connu**
Plus-que-parfait	**elle avait connu**
Futur antérieur	**elle aura connu**
Passé antérieur	**elle eut connu**

4 **1.** tu as souligné • **2.** nous aurons pris • **3.** ils avaient mis • **4.** il fut venu • **5.** j'aurai couru

16 Conjugaison — Indicatif présent et subjonctif présent

1 ORGON : « Ah ! je vous brave tous, et vous ferai connaître
Qu'il faut qu'on m'obéisse et que je suis le maître.
Allons, qu'on se rétracte, et qu'à l'instant, fripon,
On se jette à ses pieds pour demander pardon.
[...]
Sus, que de ma maison on sorte de ce pas,
Et que d'y revenir on n'ait jamais l'audace. »

2 **1.** voit • **2.** sourie • **3.** croie

3 Il faut que l'homme **prenne** conscience de la destruction progressive de son environnement pour qu'il **ait** envie de lutter et de chercher des solutions. Albert Einstein a écrit que, si les abeilles **disparaissaient** un jour, l'homme n'aurait plus que quatre années à vivre. Pour que l'humanité **parcoure** encore des millénaires, il faut qu'elle **invente** des remèdes durables.

17 Conjugaison — Les autres temps du subjonctif

1

Verbes	Présent	Imparfait	Passé
aller	que j'**aille**	qu'il **allât**	que je **sois allé**
obéir	que tu **obéisses**	qu'il **obéît**	que tu **aies obéi**
voir	qu'il **voie**	qu'il **vît**	qu'il **ait vu**
prendre	que nous **prenions**	qu'ils **prissent**	que nous **ayons pris**
être	que vous **soyez**	qu'ils **fussent**	que vous **ayez été**
avoir	qu'ils **aient**	qu'ils **eussent**	qu'ils **aient eu**

2 Nous sommes à Paris depuis un mois, et nous avons toujours été dans un mouvement continuel. Il faut bien des affaires avant qu'on **soit logé**, qu'on **ait trouvé** les gens à qui on est adressé et qu'on **se soit pourvu** des choses nécessaires, qui manquent toutes à la fois. Ne crois pas que je **puisse**, quant à présent, te parler à fond des mœurs et des coutumes européennes : je n'en ai moi-même qu'une légère idée, et je n'ai eu à peine que le temps de m'étonner.

3

Présent	Imparfait	Passé	Plus-que-parfait
qu'on soit logé	**qu'on fût logé**	**qu'on ait été logé**	qu'on eût été logé
qu'on trouve	**qu'on trouvât**	***qu'on ait trouvé***	**qu'on eût trouvé**
qu'on se pourvoie	qu'on se pourvût	***qu'on se soit pourvu***	**qu'on se fût pourvu**
que je puisse	que je pusse	**que j'aie pu**	**que j'eusse pu**

18 Conjugaison — Les emplois du subjonctif

1 Ce matin-là, craignant que le réveil me **jouât** un mauvais tour en restant muet, j'avais demandé à ma mère de me réveiller au moment où elle partait. C'était évidemment bien trop tôt pour moi, mais je n'avais pas le choix. Il fallait absolument que je **sois** à l'heure à la gare, et que je ne **rate** pas le train. C'était le jour de mon dernier examen… Le téléphone a sonné, avant que mon réveil **se soit déclenché**. Je me suis précipité hors du lit. C'était ma mère qui s'assurait que tout était en ordre et que j'étais prêt à partir ! Je filai à la gare, redoutant que le moindre retard **mît fin** à mes espoirs d'avenir.

2 **1.** Le chef ordonne que les troupes *(faire)* **fassent** demi-tour. Après un verbe de volonté, la complétive est au subjonctif.

2. J'ai très peur que tu me *(croire)* **croies** coupable. Après un verbe de sentiment (ici, la crainte), la complétive est au subjonctif.

3. S'il veut partir avec nous, qu'il *(être)* **soit** à l'heure ! Expression d'un ordre.

4. Bien qu'il *(faire)* **ait fait** de bonnes études, il n'a pas l'emploi dont il rêvait. *Bien que* est suivi du subjonctif.

5. Ils envoient leurs enfants à l'université pour qu'ils *(devenir)* **deviennent** savants. *Pour que* est suivi du subjonctif.

3 **1.** Il veut **que tu aies du courage.**

2. Il veut **que tu partes très tôt le matin et que tu coures toujours pour conserver la forme.**

19 Conjugaison — Indicatif futur et conditionnel présent

1 Je commence mon journal. [...] Ah ! que je n'*(aimer)* **aimerais** pas que quelqu'un lise mon journal. [...] J'ai numéroté les pages. Je me demande ce que j'*(avoir)* **aurai** à la page 100. [...] À partir de février, je dois aller au lycée clandestin. [...] Mais ne pense pas, mon cher journal, que je t'*(abandonner)* **abandonnerai** pour autant ! Sûrement pas. Je n'*(avoir)* **aurai** jamais de plus grand ami que toi. Toi, tu es l'Ami, journal !

2 **1.** Il disait qu'il l'aiderait. • **2.** Il disait qu'il ferait beau tout l'été. • **3.** Il disait que nous partirions le lendemain.

3 **1.** crierai • **2.** enverrais • **3.** pourrais • **4.** partirai

20 Conjugaison — Les emplois du conditionnel

1 **1.** demande atténuée • **2.** demande atténuée • **3.** hypothèse/irréel du passé • **4.** supposition

2 **1.** Je prendrais bien une boisson fraîche.

2. [Si tu m'avais fait signe,] je serais venu te voir.

3. Le baccalauréat ouvrirait-il donc toutes les portes ?

3 Je *(veux)* **voudrais** revenir.
Près d'elle à l'improviste une nuit où le songe
Peut-être *(insinue)* **insinuerait** que je ne *(suis)* **serais** plus.

4 **1.** Le malade disait que le lendemain il *(aller)* **irait** mieux. • **2.** Si sa mère l'avait voulu, il *(partir)* **serait parti** en vacances. • **3.** *(Avoir)* **Auriez**-vous l'amabilité d'ouvrir la fenêtre ? • **4.** Il *(partager)* **aurait partagé** sa chemise, s'il en avait eu une !

21 Orthographe — Accorder un adjectif qualificatif : cas difficiles

1 – Il est deux heures et **demie**, souffle Robert qui a eu le temps de vérifier l'heure. Le commandant arrive, ne bougez plus, tenez **bon**.
On l'aperçoit au loin, la casquette **vert foncé** à tête de mort vissée sur le crâne. Il est vêtu d'un épais manteau et porte des bottes **marron**. – Je voulais seulement vous souhaiter une bonne nuit. [...]
– Il est trois heures trente, crie le kapo. Vous avez encore une **demi**-heure de sommeil.

2 **1.** forts • **2.** nus • **3.** droits • **4.** demi

3 **1.** Il a mélangé du rouge et du jaune pour peindre des fruits **orange** • **2.** Les vêtements des soldats sont **kaki** et non **vert olive** • **3.** Les sénateurs romains portaient des bandes **pourpres** au bas de leurs toges blanches. • **4.** Des drapeaux français **bleu**, **blanc**, **rouge** flottent sur l'ambassade.

22 Orthographe — Participe présent et adjectif verbal

1 **Participe présent** : exposant – décrivant – attendant – faisant – parlant – équivalant.

Adjectif verbal : souriant – excellent – brillant – différent.

2 **1.** Les jeunes enfants sont **fatigants** • **2.** **Adhérant** à votre thèse, nous acceptons vos propositions. • **3.** Mes arguments sont bien **différents**. • **4.** Ne **comprenant** rien, je demandai des explications.

3 **1.** ~~**suffocant**~~ : il est le seul adjectif verbal.

2. ~~**abritant**~~ : tous les mots sont à la fois adjectif verbal et participe présent, sauf *abritant*, participe présent d'*abriter*.

23 Orthographe — Accorder le verbe avec son sujet : cas difficiles

1 Des belles **femmes** **qui** *(faire)* **faisaient** pousser des cornes à leur mari, les SS en voyaient tous les jours, mais **une** **qui** *(vouloir)* **voulait** s'en débarrasser en le faisant exécuter pour terrorisme, ils demandaient à voir de près. L'homme, sur son lit de mort, a confirmé, il était le seul responsable. Les schleus l'ont fusillé avec ses **pansements** **qui** *(voler)* **volaient** sous les balles. C'est **nous** **qui** l'*(avoir)* **avions** tué cet homme et c'est **lui** **qui** nous *(sauver)* **sauvait** la vie.

2 **1.** Marc, Éric et **toi** partirez tous les trois demain. • **2.** Ton frère et **moi** partirons bientôt en tandem. • **3.** Toi et **lui/elle** observez les oiseaux.

3 **1.** Tu es le premier qui ne *(dire)* **dis/dit** pas bonjour en arrivant. • **2.** Passe par l'une des routes qui *(mener)* **mènent** à Rome ! • **3.** Tes amis et toi *(faire)* **faites** une belle randonnée. • **4.** C'est Karin, toi et moi qui *(être)* **sommes** les premiers.

4 **1.** Ce n'est pas moi qui t'ai raconté cette histoire mais c'est pourtant moi qui en suis le héros.

2. Toi et moi, nous nous sommes rencontrés ainsi.

24 Orthographe — Accorder un participe passé : règles générales

1 La visite du château **terminée**, les touristes sont **partis** à regret. Ils ont **jeté** quelques regards en arrière, et ont **emporté** avec eux nombre de souvenirs qu'ils ont **achetés** sur place et surtout beaucoup de photos qu'ils ont **faites**. Les guides touristiques **rangés** dans les sacs n'ont plus rien à leur apprendre !

2 **p.p. = adjectif qualificatif** : terminée, rangés.

p.p. avec auxiliaire *être* : partis.

p.p. avec auxiliaire *avoir* (COD à droite) : jeté, emporté.

p.p. avec auxiliaire *avoir* (COD à gauche) : achetés, faites.

3 **1.** La maison qu'il *(réaliser)* **a réalisée** est la plus belle de la région. • **2.** Des diamants, ils en *(trouver)* **ont trouvé** beaucoup. • **3.** C'est la vente de leur champ qui les *(enrichir)* **a enrichis**. • **4.** Des hommes *(venir)* **sont venus** à la ferme de bonne heure. • **5.** Les femmes *(accompagner)* **ont accompagné** leurs maris.

4 **1.** Vous lirez les documents **ci-joints**. • **2.** **Ci-joint** des documents que vous voudrez bien lire. • **3.** Les feuilles **ci-jointes** devront être remplies.

25 Orthographe

Accorder le participe passé d'un verbe pronominal

1 La moto et la voiture ont *(faire)* **fait** le tour de la place et se sont *(arrêter)* **arrêtées** devant le café-épicerie de la Paulette Goudounèche. Les civils en imper et chapeau sont *(sortir)* **sortis** de l'auto, et se sont *(précipiter)* **précipités** vers le magasin. [...] M. Lacoste s'est *(adosser)* **adossé** à son bureau, a *(promener)* **promené** son regard sur la classe. [...] Tout à coup, la moto des Boches s'est *(mettre)* **mise** à ronfler, les deux types en imper sont *(remonter)* **remontés** dans leur auto. Les Allemands partis, les gens du bourg se sont *(retrouver)* **retrouvés** sur la place.

2 L'institutrice **s'est adossée à son bureau, a promené son regard** sur la classe.

3 **se ressembler** – **se parler** – **se sourire** – **se mentir**

4 **1.** Elles se sont **serré** la main. • **2.** Ils se sont **serrés** l'un contre l'autre. • **3.** Les mains qu'ils avaient **serrées** étaient froides. • **4.** Elle s'est **serrée** contre sa sœur.

26 Orthographe

Orthographier *même*

1 Tous subissent la **même** tonsure, portent le même froc, mangent le **même** pain noir, dorment sur la **même** paille, meurent sur la **même** cendre. Le **même** sac sur le dos, la **même** corde autour des reins. Il peut y avoir là un prince, ce prince est la **même** ombre que les autres. Plus de titre. Les noms de famille **même** ont disparu. [...]

2 Tous subissent **les mêmes tonsures**, portent **les mêmes frocs**, mangent **les mêmes pains noirs**, dorment sur **les mêmes pailles**, meurent sur **les mêmes cendres**.

3 **1. Même** (**adv.**) ses parents ne pouvaient y croire. • **2.** Ils ont programmé les **mêmes** (**dét.**) films qu'hier. • **3.** Ce sont les raisons **mêmes** (**dét.**) de son départ. • **4.** Monsieur, vous avez travaillé vous-**même** (**dét.**) très tard, ce soir. • **5.** Elles n'osaient parler, **même** (**adv.**) doucement. • **6.** Ils ne pensent qu'à eux-**mêmes** (**dét.**).

4 **1.** Il dort **à même** le sol. • **2.** Mon frère est né **ici même**. • **3.** Agissez toujours **de même**. • **4.** Malgré ses difficultés, il a **tout de même** réussi.

27 Orthographe

Orthographier *tout*

1 **1. Tous** les tests le prouvent : déterminant accordé avec le nom déterminé.

2. Tu peux venir à **toute** heure du jour : déterminant accordé avec le nom déterminé.

3. Les livres sont **tous** dans la bibliothèque : pronom, mis pour *les livres.* On entend le *s.*

4. La voiture est **tout** abîmée : adverbe invariable.

2 **1.** *Tous neufs* = tous sans exception ; *tout neufs* = tout à fait neufs.

2. *Tous les invités* : les invités sans exception ; dans la seconde phrase, *tous* est pronom et reprend les invités, il y a une forme d'insistance sur l'idée de totalité.

3 Gilda rentra chez elle. C'était un grand immeuble. La force publique se déploya **tout** autour. [...] Cinq minutes étaient accordées à **tous** les locataires de la maison pour évacuer **tous** les appartements. Gilda apparut à la fenêtre du dernier étage et cria. Les rangs des agents reculèrent **tout** à coup [...] **Tous** les officiers durent aussi reculer. À l'aube, le bombardement commença. Les grenades explosaient **toutes** en l'air sans frapper la maison. Gilda dit : « Je veux un oeuf pour ma fille. » On tira de dix camions des œufs de **toutes** les dimensions. La fillette en choisit un **tout** petit, en carton. **Tout** est bien qui finit bien.

28 Orthographe — Distinguer *qu'elle* et *quel*

1 Avdotia ouvrit les yeux, s'appuya sur son coude, et se mit à écouter. La chanson **qu'elle** entendait retentissait, sonore et fière, dans l'air froid de la nuit. Akim aussi souleva la tête.

« Qui est-ce qui chante ? **Quelle** est cette voix ? demanda-t-il.

– Je ne sais pas, répondit sa femme.

– Il chante bien, reprit-il après un court silence. **Quelle** voix forte ! » Puis il se rendormit.

2 **1.** Je te demande qu**elle** est la bonne direction.

2. Il faut qu'**elle** vienne me voir.

3. On dit qu'**elle** est une femme d'esprit.

4. Qu**elle** qu'**elle** soit, cette punition est méritée.

3 Alors **qu'elles** venaient de s'asseoir face à face dans le bus, **quelle** ne fut pas leur surprise de découvrir leur erreur ! **Quel** diable s'était ainsi joué d'elles ? L'une répétait **qu'elle** était confuse, l'autre se demandait **quelles** explications elle pouvait donner.

29 Orthographe — Distinguer *quel que* et *quelque*

1 Tout à coup parut **quelque** chose de noirâtre, plat. Était-ce **quelque** mille pattes ? [...] À force de se dire « Qu'allais-je faire dans cette galère ? », Léon finit par apercevoir **quelques** rayons d'espérance.

2 **1.** Quelle que • **2.** quelque • **3.** quelques • **4.** Quel que

3 **Quelle** que soit leur fatigue, les **quelques** jeunes filles finalistes de la compétition acceptèrent, pour saluer le public venu les acclamer, de parcourir à pied les **quelque** cinq cents mètres **qu'elles** auraient dû faire en voiture.

4 **1.** Il reste **quelques** livres à vendre. • **2.** Les **quelque** dix livres restants sont à vendre. • **3.** **Quelle que** soit ta décision, sois prudent ! • **4.** Il faut que je lise encore ces **quelque** cent pages. • **5.** **Quelles que** soient ses raisons, il devra s'expliquer.

30 Lexique — Indiquer les sens d'un mot

1 *Une livre* peut être une unité de poids, une monnaie ancienne ou la monnaie utilisée au Royaume-Uni. Ces trois sens possibles forment le champ sémantique du mot *livre*.

2 pôle Nord = froid – vacances = liberté – diamant = richesse

3 **1.** une baraque • **2.** une rosse • **3.** un patelin • **4.** un individu – un type : un type est plus familier que péjoratif.

31 Lexique — Synonyme, antonyme, homonyme et paronyme

1 **1.** Il a pu être très *(vexé)* **froissé** par leurs paroles trop directes.

2. Mon voisin est terriblement *(bavard)* **prolixe** !

3. Marc dissimule son caractère *(farceur)* **espiègle** sous un air sévère.

2

	Synonyme	Antonyme
succès	réussite	échec
tristesse	chagrin	joie

3 **1.** Nous nous arrêtons sur une **aire** de service de l'autoroute.

2. Les **mythes** de la religion grecque sont captivants.

3. Les galériens portaient de lourdes **chaînes**.

4 **1.** Il a été **induit** en erreur. – Les peintres doivent **enduire** le mur avant de le laquer. • **2.** Tu as fait une brutale **irruption** dans la salle. – Le Vésuve est entré en **éruption** en 79 après J.-C. • **3.** Un grave **accident** a eu lieu sur l'autoroute. – Tout cela peut se résumer en un **incident** diplomatique sans conséquence grave.

32 Lexique — Les figures de style

1 <u>Mignonne, allons voir si la rose</u>
Qui ce matin avait déclose
Sa [robe] de pourpre au soleil
A point perdu cette vesprée
Les plis de sa [robe] pourprée
Et son [teint] au vôtre pareil.
Las ! voyez comme en peu d'espace
<u>Mignonne, elle a dessus la place</u>
Las, las ses [beautés] laissé choir !
Ô vraiment marâtre Nature,
Puisqu'une telle fleur ne dure
Que du matin jusques au soir ! […]

1. Voir ci-dessus • **2.** une comparaison • **3.** « Les plis de sa robe pourprée » • **4.** les pétales de la rose • **5.** Voir ci-dessus. Le poète attire l'attention de la jeune fille à laquelle il s'adresse en l'interpellant.

2 le poète = le prince des nuées – Napoléon = le Petit Caporal – Amsterdam = la Venise du Nord – le moustique = le petit serpent ailé

33 Texte et énonciation — Les marques de modalisation

1 **1.** **c.** C'est indiscutablement l'une des grandes dates du film d'aventures hollywoodien. • **e.** Ce film est marqué par la rencontre de Flynn et d'Olivia de Havilland qui formeront un couple exceptionnel. • **f.** Les studios de la Warner semblent découvrir avec *Capitaine Blood* la magie du cinéma d'aventures. • **g.** Le travail de M. Curtiz est celui d'un vieux routier et d'un grand professionnel.

2. **c.** l'une des grandes dates – **e.** un couple exceptionnel – **f.** la magie – **g.** un vieux routier ; un grand professionnel

2 Comme j'eus peur ! Puis voilà que tout à coup je commençai à m'apercevoir dans une brume, au fond du miroir, dans une brume <u>comme à travers une nappe d'eau</u> ; et <u>il me semblait</u> que cette eau glissait de gauche à droite, lentement, rendant plus précise mon image de seconde en seconde. C'était <u>comme la fin d'une éclipse</u>. Ce qui me cachait <u>ne paraissait point</u> posséder de contours nettement arrêtés, mais <u>une sorte de</u> transparence opaque s'éclaircissant peu à peu.

Je pus enfin me distinguer complètement.

3 **1.** Mon frère a perdu ses papiers dans le métro. • **2.** Cet exercice est utile. • **3.** La pluie va cesser prochainement. • **4.** Il ne pleuvra pas aujourd'hui. • **5.** Les épreuves sont difficiles.

4 Or, ayant dormi quarante minutes, je rouvris les yeux sans faire un mouvement, réveillé par une émotion. Je ne vis rien d'abord, puis tout à coup, une page du livre resté ouvert sur ma table tourna toute seule. Aucun souffle d'air n'était entré par ma fenêtre. J'attendis. Au bout de quarante minutes, je vis une autre page se soulever et se rabattre sur la précédente. Mon fauteuil était vide ; il était là, assis à ma place, et il lisait.

34 Texte et énonciation — Discours direct et discours indirect

1 **1.** discours indirect • **2.** discours direct • **3.** discours indirect

2 **1.** Elle lui demande **quand il/elle pourra venir la chercher.** • **2.** Il lui disait **qu'il/elle n'avait rien fait depuis la semaine précédente.** • **3.** Il annonçait **qu'une semaine plus tard, il déménageait.** • **4.** Elle disait **qu'elle était arrivée la veille et que le lendemain, elle retournerait chez elle.** • **5.** Il demandait **à Sarah si elle pouvait apporter son ordinateur portable.**

3 L'agent marmonnait. **Il allait appeler leurs parents. Ils finiraient par comprendre ! Lui, ne pouvait plus tolérer leurs sempiternelles bêtises. [Il déversa sur eux encore mille reproches et menaces.]** Il s'arrêta enfin à l'arrivée de son collègue.

4 **1.** Je restai évasif. Cela m'était égal et nous pourrions le faire si elle le voulait.

2. Je m'expliquai avec elle. Cela n'avait aucune importance et si elle le désirait, nous pouvions nous marier.

5 Le type de l'immigration m'a demandé **mon nom, et quand je le lui ai dit, il a manifesté son mépris et a décidé que je m'appellerais Jack.**

35 Texte et énonciation — Appliquer la concordance des temps

1 Je **forme** une entreprise qui n'eut jamais d'exemple et dont l'exécution n'aura point d'imitateur. [...] Je **sens** mon cœur et je **connais** les hommes.
Je ne **suis fait** comme aucun de ceux que j'ai vus ; j'**ose** croire n'être fait comme aucun de ceux qui **existent**. Si je ne **vaux** pas mieux, au moins je **suis** autre.

1. « qui existent », « si je ne vaux pas mieux » – verbe au présent de l'indicatif • **2.** « dont l'exécution n'aura point d'imitateur » – verbe au futur de l'indicatif • **3.** « qui n'eut jamais d'exemple » – verbe au passé simple ; « que j'ai vus » – verbe au passé composé • **4.** Je formais une entreprise qui n'avait jamais eu d'exemple et dont l'exécution n'aurait point d'imitateur.

2 **1.** Il imaginait qu'à sa publication prochaine, son livre n'*(avoir)* **aurait** aucun succès.

2. Quand il *(s'ennuyer)* **s'ennuyait**, il écrivait ses souvenirs.

3. Je sortirai la voiture quand tu *(ouvrir)* **auras ouvert** la porte du garage.

3 Depuis que mon papa est mort, il a soin de la famille : de ma mère, de moi et de ma petite soeur. Avant que maman *(être)* **fût** malade, il la recommandait aux riches pour qu'on lui *(donner)* **donnât** de l'ouvrage. Le maire me donne une robe tous les ans, et le curé me montre le catéchisme et à lire depuis que mon oncle leur a parlé.

4 **1.** courût • **2.** voyions • **3.** aimât • **4.** paraisse

5 À travers les fenêtres, il vit que la pluie *(cesser)* **avait cessé** depuis un moment. Il fallait maintenant qu'il *(sortir)* **sortît** s'il ne *(vouloir)* **voulait** pas rater son train. Bien qu'il *(hésiter)* **hésitât** encore un peu, il se dirigea vers la porte et l'ouvrit. Quelle ne fut pas sa surprise quand il *(apercevoir)* **aperçut** sur son paillasson un panier contenant un chiot endormi ! Il souleva délicatement le colis pour que l'animal ne *(se réveiller)* **se réveillât** pas. Il se mit à le contempler, oubliant l'heure qui *(passer)* **passait**. Le train ne comptait plus à présent pour lui !

36 Texte et énonciation — Les connecteurs

1 Le sentier, **d'abord**, montait entre des terrains vallonnés comme la pelouse d'un parc, **puis** arrivait sur un plateau où alternaient des pâturages et des champs en labour. **Çà et là**, un grand arbre mort faisait sur l'air bleu des zigzags avec ses branches.

Presque toujours on se reposait dans un pré, ayant Deauville **à gauche**, Le Havre **à droite** et en **face** la pleine mer.

2 **1.** La couche d'ozone diminue, si bien que certains États s'inquiètent. • **2.** Tu redoutes la chaleur, de sorte que tu es venu de bon matin.

3 **Cause** : car – en effet – car • **Conséquence** : ainsi • **Opposition** : or – mais – mais • **Addition** : pas de connecteurs d'addition.

4 Ce bon geôlier [...], c'est la prison incarnée [...]. Tout est prison autour de moi ; **en effet**, je retrouve la prison sous toutes les formes, sous la forme humaine comme sous la forme de grille ou de verrou. Ce mur **d'abord**, c'est de la prison en pierre ; cette porte **ensuite**, de la prison en bois ; ces guichetiers **enfin**, c'est de la prison en chair et en os. La prison est une espèce d'être horrible, complet, indivisible, moitié maison, moitié homme. **Or** je suis sa proie, elle me couve, elle m'enlace de tous ses replis. **C'est pourquoi** elle m'enferme dans ses murailles de granit, me cadenasse sous ses serrures de fer, **et** me surveille avec ses yeux de geôlier.

37 Texte et énonciation — Analyser un texte argumentatif

1 La notion de « beau » est très relative.

2 **1.** Un avocat. • **2.** **si elle a bien commis un vol, elle n'en est pas pour autant coupable, car le véritable coupable est la société !** – « Ce que j'ai à vous dire est simple » • **3.** **[En effet, personne ne naît voleur ou assassin, mais on le devient, à force de souffrances.]** • **4.** Un argument d'autorité. • **5.** La pitié.

3 **1.** Robert Badinter (ministre de la Justice de 1981 à 1986). • **2.** Aux députés. • **3.** R. Badinter prononce un discours à l'Assemblée nationale. • **4.** Convaincre les députés de voter l'abolition de la peine de mort. • **5.** Sur une anaphore. • **6.** Un oxymore.

4 **1.** **En premier lieu**, l'école permet de s'initier aux règles de vie en société. • **2.** Les élèves apprennent à respecter les autres, à écouter et prendre la parole de manière constructive... • **3.** **Par ailleurs**, l'école transmet de nombreux savoirs. • **4.** Les différentes matières enseignées – maths, français, sciences, histoire, géographie, langues... – sont l'occasion d'acquérir des connaissances diversifiées. • **5.** **Enfin**, les compétences générales acquises à l'école sont indispensables. • **6.** Parmi elles, la curiosité et l'esprit critique facilitent l'adaptation à un monde toujours en évolution.

1. Voir ci-dessus. • **2.** Aller à l'école est utile et indispensable.

BREVET BLANC N°1 Vers le brevet

Texte de Victor Hugo

Questions

1. Les mots « geôlier », « cellule », « menottes », « prison » appartiennent au champ lexical du monde carcéral.

2. a. Le rapport logique est la conséquence : L'air vif du matin me ranima si bien que je levai la tête.
b. Le narrateur paraît reprendre vie.

3. a. On relève les adjectifs qualificatifs suivants : « bleu », « chauds », « longues », « grands », « hauts », « sombres ».
b. Le narrateur voit la lumière du ciel. Cette clarté contraste avec l'obscurité de la prison.

4. a. Les « menottes » et leur « petite serrure compliquée » forment une machine, c'est-à-dire un appareil qui agit de manière automatique. Le narrateur s'identifie lui aussi à une machine, car il agit mécaniquement comme un robot et non plus comme un être humain.
b. Il se sent « le centre auquel se rattachaient les fils qui faisaient mouvoir toutes les faces béantes et penchées ».

5. L'accumulation des termes et la répétition de « puis » produisent le sentiment de marche sans fin.

6. Le narrateur se laisse manipuler comme un objet, perdant toute conscience de ce qui lui arrive.

7. a. Les trois verbes sont « claquaient », « tremblaient », « trébuchai ».
b. Il s'agit d'une comparaison.
c. Le narrateur a sans doute froid mais il a surtout peur.

8. Les gens sont bruyants, se bousculent et poussent pour voir le prisonnier, comme en témoignent les expressions « deux masses de peuple murées de soldats », « toutes les faces béantes et penchées » ; puis au contraire tous se taisent : « il se fit un grand silence », preuve que quelque chose de grave se prépare.

9. a. Le pronom « il » remplace « tumulte ».
b. Jusqu'à la salle, le narrateur se laisse mener et n'a que quelques impressions fugitives (air, bruit...). Ce qu'il a refusé durant le trajet devient réalité avec le silence.

10. a. Le texte est pathétique car l'attitude physique du condamné, l'évocation de sa souffrance et sa solitude provoquent l'émotion et la compassion du lecteur face à une situation inhumaine.
b. En décrivant la souffrance du condamné dans tout ce long cheminement qui va de l'arrestation à la mort, Victor Hugo veut montrer au lecteur le manque d'humanité du monde carcéral et de la justice. Or un être humain reste un être humain, quoi que l'on puisse lui reprocher.

Réécriture

En cet instant, il s'aperçoit qu'il est sans chaîne ; mais il ne peut se rappeler ni où ni quand on la lui a ôtée.

Dictée

Tout à coup l'un des valets m'a enlevé ma veste, et l'autre a pris mes deux mains qui pendaient, les a ramenées derrière mon dos, et j'ai senti les nœuds d'une corde se rouler lentement autour de mes poignets rapprochés. En même temps, l'autre détachait ma cravate. Ma chemise de batiste, seul lambeau qui me restât du moi d'autrefois, l'a fait en quelque sorte hésiter un moment ; puis il s'est mis à en couper le col.
À cette précaution horrible, au saisissement de l'acier qui touchait mon cou, mes coudes ont tressailli, et j'ai laissé échapper un rugissement étouffé. La main de l'exécuteur a tremblé.

Victor Hugo, *Le Dernier Jour d'un condamné*, 1829.

Rédaction

2. Plan détaillé

Il est vrai que :
– à l'heure actuelle, quelques pays appliquent encore la peine de mort comme certains États des États-Unis ; ce n'est plus le cas en France ;
– le désir de châtier le coupable, d'obtenir vengeance est très vif quand les faits sont révoltants ;
– les défenseurs de la peine de mort clament la nécessité de faire des exemples pour faire peur et décourager les futurs délinquants.

Mais il est préférable de penser que :
– la justice humaine peut s'exercer sans forcément rendre coup pour coup ;
– un homme n'est pas criminel à vie. Il peut s'amender, se racheter. Quand il a purgé sa peine, il peut avoir évolué et on doit lui permettre de se réinsérer socialement, avec, s'il le faut, une période de mise à l'essai ;
– l'erreur judiciaire existe. Comment peut-on être certain en effet, quand l'accusé clame son innocence, qu'il est le coupable, au risque de le faire mourir pour découvrir par la suite qu'il était vraiment innocent ?

BREVET BLANC N°2 Vers le brevet

Texte d'Ida Grinspan

Questions

1. a. Le rapport logique est l'opposition.
b. Même si ma fille m'encourageait sans cesse (subordonnée), je remettais à plus tard (principale).

2. Ida prévoyait « qu'il serait douloureux de revivre certains souvenirs [qu'elle avait] enfouis ».

3. Le verbe est au subjonctif, car il est précédé de la conjonction de subordination « sans que ».

4. En avril 2001, Wanda meurt. Ida a alors le sentiment d'une dette envers celle qui lui a sauvé la vie et qu'elle n'a jamais pu remercier. Elle sent que seul son témoignage peut lui permettre de se racheter et elle se décide à écrire.

5. préfixe : *dés* / radical : *human* / suffixe : *isation*

6. On peut choisir trois éléments parmi ceux que cite Ida : « n'être qu'un numéro », « ne rien posséder de personnel qu'une gamelle et une cuillère », « avoir constamment faim », avoir « toujours froid durant les longs hivers », « être épuisée », être « battue », « craindre le pire à chaque instant ».

7. Le procédé de style utilisé est l'accumulation (ou énumération).

8. La proposition subordonnée de cause qui donne l'unique explication, d'après Ida, de la Shoah est « parce qu'ils étaient nés ».

9. Les événements historiques évoqués par l'auteur sont « le nazisme et ses méthodes » à Auschwitz durant la Seconde Guerre mondiale et les massacres au Cambodge et au Rwanda.

10. Ida veut témoigner auprès des jeunes « pour qu'ils sachent ce que des hommes ont été capables de faire à d'autres hommes [...] les jeunes doivent être préparés à préserver les libertés des tentations totalitaires ». En racontant les horreurs qu'elle a vécues, Ida veut mettre en garde les jeunes et leur montrer la valeur de la liberté.

11. L'auteur utilise le présent à valeur de vérité générale « doivent » pour insister sur la nécessité d'informer les jeunes.

12. Ida met en avant la chance que nous avons de vivre en République, en Démocratie. C'est important car nous avons la liberté de pensée, la liberté de parole, la liberté d'action. Ce sont de précieux trésors qu'il faut à tout prix garder.

Réécriture

Elle juge nécessaire de raconter tout ce qu'elle a vu et vécu elle-même. Sa fille l'encourage sans cesse, mais elle remet à plus tard. Elle prévoit qu'il sera douloureux de revivre certains souvenirs qu'elle a enfouis.

Dictée

« Si nous ralentissons le pas, les coups de crosse pleuvent. Celles qui tombent sont abattues. Le talus de la petite route est jonché de cadavres. [...]

« Au bout de soixante-dix kilomètres parcourus en trois jours et trois nuits, nous sommes arrivées dans une ville dont le nom m'a échappé. [...] C'est là qu'on nous fait monter dans des wagons à plate-forme, découverts, et qui servent probablement au transport du charbon. [...] Seul intérêt du manque de toit : pendant le trajet d'au moins deux jours vers Ravensbrück, nous n'avons rien à manger, nous devons nous contenter d'ouvrir la bouche pour happer des flocons de neige. »

Ida Grinspan et Bertrand Poirot-Delpech, *J'ai pas pleuré*, p. 116-117 © Robert Laffont, 2002.

Rédaction

1. Corrigé rédigé

J'adore le sport, je suis passionné d'athlétisme. Je rêve secrètement de participer aux Jeux olympiques. Je suis allé en voyage en Grèce avec ma classe et j'ai vécu là-bas un événement imprévu que je n'oublierai jamais. Nous étions arrivés ce jour-là à Olympie pour visiter le stade antique. Beaucoup de policiers vérifiaient les sacs. Notre professeur de grec ne semblait pas très étonné. Très vite, nous comprîmes ce qui se préparait. Nous allions être témoins de l'allumage de la flamme olympique, à Olympie même, cette flamme qui allait faire le tour du monde avant d'arriver à Londres où elle brûlerait pendant toute la durée des Jeux.

J'étais littéralement pétrifié, submergé par une joie si forte que j'avais à la fois besoin de rire et de pleurer. J'étais ébahi et en même temps surpris d'être là ! Tout me fascinait, l'énorme loupe pour capter les rayons du soleil et allumer la flamme, les jeunes femmes en vêtement antique, la foule. Le ciel était bleu, l'air semblait plus léger. J'aurais voulu que le temps s'arrêtât. Et puis chacun se tut, il y eut un silence recueilli ; je voyais, à côté de moi, mes camarades retenir leur souffle, comme s'il s'agissait d'un rituel religieux. Nous sentions que nous vivions et partagions tous la même émotion, mélange d'excitation et de recueillement. Et enfin toutes les bouches en même temps jetèrent un énorme cri de joie quand l'étincelle jaillit dans un tonnerre d'applaudissements, que je ne suis pas près d'oublier.

BREVET BLANC N°3 — Vers le brevet

Texte de Véronique Tadjo

Questions

1. Champ lexical de la misère : « fouilleurs de poubelles », « moignons crasseux », « hommes rampants », « taudis », « mangeurs de restes », « sans-logis », « sans-abri ».

2. a. Il s'agit d'une énumération (ou accumulation) avec une gradation, pour donner l'impression d'un grand nombre.
b. Les gens sont privés d'un bras (« moignons »), d'un œil (« borgnes ») ou de leurs jambes (« hommes rampants »).

3. Elle « n'enfante des jumeaux que pour les séparer » : les êtres humains, qui naissent pourtant semblables, n'ont pas tous le même sort. Puis elle « n'élève des buildings que pour vous écraser sous les tonnes de béton et d'asphalte fumant » : les villes, au lieu d'apporter le bien-être aux humains, les détruisent dans des conditions de vie inhumaines.

4. a. Il s'agit d'une métaphore.
b. Les « plaies » de la ville sont tous les êtres humains qu'elle malmène parce qu'ils n'y trouvent que souffrance et misère.

5. a. Il signifie « sale », « abject ».
b. Le monde décrit est un monde de misère physique et morale, de souffrance, un monde qui n'est ni beau ni propre. L'adjectif épithète « immonde » le qualifie bien.

6. Il s'agit d'un poème contemporain disposé en vers, sans rime ni mesure constante.

7. a. Le narrateur s'exprime à la 1re personne du singulier.
b. Les destinataires sont désignés par la 2e personne du pluriel.

8. a. Les verbes sont au présent.
b. Il s'agit du présent de narration.

9. a. Il s'agit de phrases interrogatives. On attend des réponses que nous n'avons pas ici.
b. Véronique Tadjo veut que le lecteur formule lui-même les réponses.

10. a. Cette expression prise au sens propre signifie qu'un feu s'est déclaré dans le lointain.
b. On peut considérer que l'être humain détruit toujours plus loin ce que la nature lui a donné de bon, rendant ainsi la terre incapable de l'accueillir.

11. a. Les reprises nominales de « vous » sont les « mangeurs de restes », les « sans-logis », les « sans-abri ».
b. Ces métaphores frappent l'esprit car elles sont violentes et sans concession.
c. Le terme « pauvres » ou « SDF » pourrait toutes les regrouper.

12. Véronique Tadjo s'adresse à nous, lecteurs. Elle veut nous faire réagir face à la misère que cache l'urbanisme en pleine expansion du monde moderne, que souvent nous faisons semblant d'ignorer pour ne pas chercher de solution.

Réécriture

Je demandais quelle puissance les liait à cette terre frigide qui n'enfantait des jumeaux que pour les séparer, quel regard elles portaient sur l'horizon en feu.

Dictée

Cosette était maigre et blême. Elle avait près de huit ans, on lui en eût donné à peine six. Ses grands yeux enfoncés dans une sorte d'ombre étaient presque éteints à force d'avoir pleuré. […] Comme elle grelottait toujours, elle avait pris l'habitude de serrer ses deux genoux l'un contre l'autre. Tout son vêtement n'était qu'un haillon qui eût fait pitié l'été et qui faisait horreur l'hiver. Elle n'avait sur elle que de la toile trouée ; pas un chiffon de laine. […] Ses jambes nues étaient rouges et grêles. Le creux de ses clavicules était à faire pleurer. Toute la personne de cette enfant, son allure, son attitude, le son de sa voix, ses intervalles entre un mot et l'autre, son regard, son silence, son moindre geste exprimaient et traduisaient une seule idée : la crainte.

Victor Hugo, *Les Misérables*, 1862.

Rédaction

1. Corrigé rédigé

Cher Manuel,

Je viens de lire ta lettre et je me trouve stupéfait. Entre ta vie et la mienne, il se trouve vraiment peu de points communs. Seule ta soif d'apprendre nous rapproche vraiment. Ton cadre de vie m'effraie : les buildings, le béton, rien de végétal, rien de naturel. Les arbres et les oiseaux semblent avoir déserté ton univers.

Je voudrais que tu voies où j'habite. Ce n'est pas une grande ville, pourtant nous ne manquons de rien. Mais surtout les maisons sont basses et nous permettent de voir le ciel et la lumière sans nous tordre le cou ! Quand je pars au collège, je traverse un parc fleuri. Chez moi, les pièces sont claires et spacieuses et nous avons chacun – j'ai trois frères – une chambre.

Si cela te paraît possible, j'aimerais que tu viennes chez moi en France au cours des prochaines vacances d'hiver. Je pourrais te montrer ma région. Nous ne sommes pas très loin d'une station de sports d'hiver. Nous ferions du ski, de la luge, du patin à glace. As-tu déjà vu la neige ? Tu partagerais ma vie, mes activités, mes passions. Je suis sûr que nous nous entendrions bien.

Ne te fais pas de souci pour le voyage. Mon père est pilote de ligne et peut facilement tout organiser. Il te faut seulement un passeport.

J'espère que ma proposition ne te paraîtra pas saugrenue ou effrayante.

J'attends ta réponse avec impatience et t'envoie un salut très amical.

XX

BREVET BLANC N°4 — Vers le brevet

Texte d'Alain-Fournier

Questions

1. On apprend que Meaulnes se trouve sans l'avoir fait exprès dans le même bateau que Mlle de Galais.

2. a. Verbes dont le sujet est le jeune homme : « se retrouva », « s'accouda », « put » sont au passé simple. Verbes dont le sujet est la jeune fille : « s'était assise » est au plus-que-parfait ; « regardait », « répondait », « souriait », « posait » sont à l'imparfait.

b. Le passé simple est utilisé pour une action achevée de premier plan, alors que l'imparfait indique l'action inachevée, qui se répète, de second plan. On comprend que Meaulnes est dans l'action, il conduit les événements, alors que la jeune fille donne l'impression de répéter ses gestes, de faire durer le moment et de prendre plaisir à être regardée par Meaulnes.

3. a. Il y a échange de regards.

b. L'adverbe « doucement » rend l'idée d'un geste calculé pour profiter de l'instant et séduire en même temps.

4. Verbe : émouvoir ; nom : émotion.

5. a. L'« émoi » de Meaulnes vient du souvenir de la proximité de son propre visage avec celui de Mlle de Galais.

b. Le déterminant exclamatif « quel » permet de renforcer la portée de cet émoi.

6. Il s'agit d'une comparaison.

7. Les mots du champ lexical du regard sont : « Il avait regardé », « de tous ses yeux », « larmes », « avoir vu ».

8. Il est plein d'admiration et séduit par la beauté de la jeune fille. Il lui dit : « Vous êtes belle ».

9. a. Les verbes sont au conditionnel.

b. Ce sont des hypothèses formulées par Meaulnes qui imagine, comme en plein rêve.

10. Tout s'arrange exactement comme il faut pour que les jeunes gens se retrouvent ensemble : « Meaulnes s'avança dans une allée, où, dix pas devant lui, marchait la jeune fille. Il se trouva près d'elle sans avoir le temps de réfléchir ».

11. a. Le texte commence par « sans savoir comment » et finit par « sans avoir le temps de réfléchir ».

b. Tout se passe comme si Meaulnes était le jouet du destin et que les événements, y compris ses propres actes, lui échappaient.

12. La rencontre amoureuse est soudaine et spontanée. Les deux personnages se laissent très rapidement submerger par leurs émotions et ne contrôlent plus le cours des événements. Tout se fait comme par magie, comme dans un rêve.

Réécriture

Sans savoir comment, je me retrouvai dans le même yacht que les jeunes châtelaines. Je m'accoudai sur le pont, tenant d'une main mon chapeau battu par le grand vent, et je pus regarder à l'aise les jeunes filles, qui s'étaient assises à l'abri.

Dictée

Ils arrivaient en vue de l'embarcadère. Elle s'arrêta soudain et dit pensivement :
« Nous sommes deux enfants ; nous avons fait une folie. Il ne faut pas que nous montions cette fois dans le même bateau. Adieu, ne me suivez pas. »
Meaulnes resta un instant interdit, la regardant partir. Puis il se reprit à marcher. Et alors la jeune fille, dans le lointain, au moment de se perdre à nouveau dans la foule des invités, s'arrêta et, se tournant vers lui, pour la première fois le regarda longuement. Était-ce pour lui défendre de l'accompagner ? Ou peut-être avait-elle quelque chose encore à lui dire ?...

Alain-Fournier, *Le Grand Meaulnes*, 1913.

Rédaction

2. Pistes de réflexion pour un dialogue argumenté

• Interlocuteur 1 : Je ne crois pas au coup de foudre, cela n'existe que dans les films. En effet pour aimer quelqu'un vraiment, il faut le connaître, savoir qui il est, ce qu'il pense, comment il vit... ce qui exclut la soudaineté du coup de foudre. On peut avoir tout au plus de la sympathie au premier coup d'œil.

• Interlocuteur 2 : C'est une erreur, l'amour est un sentiment inexplicable : pourquoi deux êtres sont attirés l'un par l'autre, se sentent en harmonie alors que parfois ils ont eu des éducations très différentes, exercent des activités sans rapport entre elles... ?

• Interlocuteur 1 : C'est de toute façon, même si je t'en concède l'existence, une situation trop idéale sans rapport avec la réalité et surtout sans lendemain. Son nom est révélateur : « coup de foudre », c'est rapide, violent et éphémère.

• Interlocuteur 2 : Au contraire, un coup de foudre est une boule de feu qui laisse la trace de son passage. On peut donc être marqué pour toujours par ce moment magique et il faut tout faire pour le prolonger à l'infini.

MATHS

Cette partie te propose un entraînement guidé à l'épreuve de maths du brevet.

- Tu y trouveras des rappels de cours et des exercices sur toutes les **notions** mises en œuvre dans les sujets. Ils sont classés par partie du programme : nombres et calculs (→ page 80), gestion de données (→ page 110), géométrie et mesures (→ page 116).
- La partie comprend aussi :
  – des **sujets de brevet blanc** (→ page 134) ;
  – les **unités de mesure**, un **formulaire de géométrie** et les **mots clés** (→ page 138) ;
  – tous les **corrigés détaillés** (→ page 141).

Développer une expression

Avec la distributivité

Pour tous nombres a, b, c, d et k, on a :

$k \times (a + b) = ka + kb$; $k \times (a - b) = ka - kb$.

$(a + b)(c + d) = ac + ad + bc + bd$.

Exemple

Développer et simplifier l'expression $A = (x + 3)(x + 2)$.

$A = (x + 3)(x + 2) = x^2 + 2x + 3x + 3 \times 2 = x^2 + 5x + 6$.

Avec les égalités remarquables

Pour tous nombres a et b, on a :

$(a + b)^2 = a^2 + 2ab + b^2$
$(a - b)^2 = a^2 - 2ab + b^2$
$(a + b)(a - b) = a^2 - b^2$

$2ab$ s'appelle double produit.

Exemples

Développer $(x + 3)^2$, $(x - 7)^2$ et $(x + 4)(x - 4)$.

$(x + 3)^2 = x^2 + 2 \times x \times 3 + 3^2 = x^2 + 6x + 9$.

$(x - 7)^2 = x^2 - 2 \times x \times 7 + 7^2 = x^2 - 14x + 49$.

$(x + 4)(x - 4) = x^2 - 4^2 = x^2 - 16$.

1 Pour réviser

Développer puis simplifier les expressions suivantes.

$A = 3x(x + 1) + 2x =$ ....

$B = (x + 7)(x - 2) =$ ....

$C = (5x + 6)(2x - 1) =$ ....

$D = (x + 2)(x - 5) + (x - 3)(x + 4) =$ ....

$E = 3(x - a) + a(3 - x) + x(a - 3) =$ ....

$F = (x - 6)(x + 1) - (x + 6)(x - 1) =$ ....

2 À compléter par des nombres entiers

Remplace les pointillés par des nombres entiers. Travaille au brouillon et recopie le résultat.

a. $(3x + 8)(7x +$ ....$) =$ .... $x^2 +$ .... $x + 16$

b. $(2a + b)(4a + 3) =$ .... $a^2 +$ .... $a +$ .... $ab +$ .... b

c. $(4x -$ ....$)(6x + 3) =$ .... $x^2 -$ .... $x - 15$

3 Les cas sûrs !

Développer.

$A = (x + 8)^2 =$ ....

$B = (x - 1)^2 =$ ....

$C = (h - 5)^2 =$ ....

$D = (t + 3)(t - 3) =$ ....

$E = (2x + 9)^2 =$ ....

$F = (y + 2)^2 =$ ....

Utilise les égalités remarquables.

4 Les cas rosses !

Remplacer les pointillés par des nombres entiers.

a. $(3x + 7)^2 =$ .... $x^2 +$ .... $x +$ ....

b. $(5a +$ ....$)(5a - 2) =$ .... $a^2 - 4$

c. $(2x + 3y)^2 =$ .... $x^2 +$ .... $xy +$ .... y^2

d. $(1 -$ .... $x)^2 =$ .... $-$ .... $x + 36x^2$

e. $(9a + 1)(9a - 1) =$ .... $a^2 -$ ....

Un conseil : cherche d'abord au brouillon !

5 Vrai ou faux ?

Rayer les égalités qui sont fausses.

a. $(x + 1)^2 = 1 + x^2 + 2x$

b. $(x + 5)^2 = x^2 + 25$

c. $(2x - 3)^2 = 4x^2 - 9$

d. $(a + 0{,}5)^2 = a^2 + a + 0{,}25$

e. $x^2 - y^2 = (x - y)^2$

Il y a erreur si, par exemple, on oublie le double produit.

6 Des sommes et des produits

Développer et réduire les expressions suivantes.

$A = (x + 4)^2 - 8(x + 2) =$ ....

$B = (a - 7)^2 + (a + 7)^2 =$ ....

$C = (2x + 3)^2 - (2x - 3)^2 =$ ....

$D = (3b - 5)^2 + 30b =$ ....

$E = 121 + (2x - 11)(2x + 11) =$ ....

7 Compléter sans calculatrice et sans poser les opérations

$32^2 = (30 + 2)^2 = 30^2 + 2 \times 30 \times 2 + 2^2 =$ .... + ... + ... = ...

$21^2 = (20 + 1)^2 =$ ....

$103^2 =$ ....

$19^2 = (20 - 1)^2 =$ ....

$98^2 = (100 -$ ....$)^2 =$ ....

$81 \times 79 = (80 +$ .... $) \times (80 -$ .... $) =$ ....

Très commode pour le calcul mental !

Factoriser une expression

Usage d'un facteur commun

Pour tous nombres *a*, *b* et *k*, on a :

$$ka + kb = k(a + b)$$

On a mis *k* en facteur.

k est un facteur commun.

Exemple : $7x + 21 = 7x + 7 \times 3 = 7(x + 3)$.

Usage d'égalités remarquables

Pour tous nombres *a* et *b* on a :

$$a^2 + 2ab + b^2 = (a + b)^2$$
$$a^2 - 2ab + b^2 = (a - b)^2$$
$$a^2 - b^2 = (a + b)(a - b)$$

Les trois expressions de droite sont des produits de facteurs.

Exemples : Factoriser $x^2 + 8x + 16$ puis $y^2 - 25$.

$x^2 + 8x + 16 = x^2 + 2 \times x \times 4 + 4^2 = (x + 4)^2$

$y^2 - 25 = y^2 - 5^2 = (y + 5)(y - 5)$

Ces deux expressions sont des produits de facteurs.

1 Avec un facteur commun (1)

Factoriser les expressions suivantes.

$A = 9a + 18 =$ ....

$B = 7x - 7y =$ ....

$C = 2a + ax =$ ....

$D = 4x^2 - x =$ ....

$E = i - i^2 =$ ....

$F = 6x - 18y + 12 =$ ....

2 Avec un facteur commun (2)

Factoriser les expressions suivantes.

$A = (x - 2)(2x + 1) + (x - 2)(x + 4) =$ ....

$B = (a + 1)(a - 3) + (a + 1)^2 =$ ....

$C = x(x + 8) - 2(x + 8) =$ ....

$D = (3x - 2)(4x + 5) - 5(3x - 2) =$ ....

Dans le calcul de *B*, $(a + 1)^2 = (a + 1) \times (a + 1)$.

3 Le bon grain de l'ivraie

Rayer les expressions qui ne sont pas des produits de facteurs.

$A = (x + 2)^2$ $B = a^2 + 1$ $C = 2x + 3x$ $D = x^2 + 2x$ $E = (2x - 3)(3 + 2x)$

$F = 3 + 4x(3 + 4x)$ $G = x(x + 3) + 3$ $H = 4x^2 \times (x + 1)^2$ $I = 2x(x + 3) \times (x + 3)^2$

4 Classique

Factoriser en utilisant les égalités remarquables.

$A = x^2 - 6x + 9 =$ ....

$B = x^2 + 2x + 1 =$ ....

$C = a^2 - 9 =$ ....

$D = a^2 - 2a + 1 =$ ....

$E = x^2 + 10x + 25 =$ ....

5 Égalités à trous

Compléter.

$A = 4x^2 - 49 = (\ldots\ldots)^2 - (\ldots\ldots)^2 = (\ldots\ldots + \ldots\ldots)(\ldots\ldots - \ldots\ldots)$

$B = 25x^2 + 30x + 9 = (\ldots\ldots\ x)^2 + 2 \times 5x \times \ldots\ldots + (\ldots\ldots)^2 = (\ldots\ldots + \ldots\ldots)^2$

$C = 9x^2 - 6x + 1 = (\ldots\ldots - \ldots\ldots)^2$

$D = 81 - 36x^2 = (\ldots\ldots)^2 - (\ldots\ldots)^2 = (\ldots\ldots + \ldots\ldots)(\ldots\ldots - \ldots\ldots)$

6 Avec des égalités remarquables

Factoriser les expressions suivantes.

$A = 16x^2 + 24x + 9 =$ ....

$B = 4x^2 - 4x + 1 =$ ....

$C = 9x^2 - 64 =$ ....

$D = 100r^2 - 1\,000r + 2\,500 =$ ....

$E = 25x^2 - 10x + 1 =$ ....

$F = 49 - 81x^2 =$ ....

$G = (3x + 4)^2 - 9 =$ ....

Pour C, F, et G, utilise la formule $a^2 - b^2 = (a + b)(a - b)$.

7 Marions-les !

Chaque expression de la première colonne est égale à une expression de la seconde colonne. Indiquer ces égalités.

$a = 4x^2 - 9$	$A = (2x - 3)^2$	$a =$ ....
$b = 16x^2 + 8x + 1$	$B = (2x + 3)^2$	$b =$ ....
$c = 4x^2 - 12x + 9$	$C = (1 - 4x)^2$	$c =$ ....
$d = 16x^2 - 8x + 1$	$D = (2x - 3)(2x + 3)$	$d =$ ....
$e = 4x^2 + 12x + 9$	$E = (4x + 1)(4x - 1)$	$e =$ ....
$f = 16x^2 - 1$	$F = (1 + 4x)^2$	$f =$ ....

3 Résoudre des équations (révision)

Première situation

On peut **ajouter ou retrancher** un même nombre aux deux membres d'une égalité.

Exemple 1 : Si $x - 5 = 7$
alors $x = 7 + 5$
donc $x = 12$.

On trouve x en ajoutant 5 aux deux membres.

Exemple 2 : Si $3x = 3 + 2x$
alors $3x - 2x = 3$
donc $x = 3$

On isole les x en retranchant $2x$ aux deux membres.

Seconde situation

On peut **multiplier ou diviser** les deux membres d'une égalité par un même nombre (non nul).

Exemple 1 : Si $3x = 24$
alors $x = \frac{24}{3}$
donc $x = 8$.

On trouve x en divisant les deux membres par 3.

Exemple 2 : Si $\frac{5x}{2} = \frac{7}{2}$
alors $5x = 7$
donc $x = \frac{7}{5}$.

On supprime le dénominateur commun 2, en multipliant les deux membres par 2.

1 Résoudre

a. $x + 5 = 3$ b. $x + 12 = 0$ c. $x - 4 = 5$ d. $x - 7 = -5$

2 Résoudre

a. $2x = 12$ b. $3x = 7{,}5$ c. $5x = -8$ d. $4x = 0$

3 Résoudre

a. $4x = 1$ b. $7x = 1$ c. $-2x = 5$ d. $-8x = -16$

4 Résoudre

a. $2x + 3 = 5$

b. $7x - 4 = 11$

c. $3x - 15 = 0$

5 Résoudre

a. $8x + 12 = 0$

b. $-3x + 1{,}5 = 6$

c. $-2x - 30 = 20$

6 Résoudre

a. $2x + \pi = 5\pi$

b. $11x + 5 = 5$

c. $1 + 499x = 500$

7 Résoudre

a. $\frac{3x}{7} = \frac{9}{14}$

b. $\frac{1}{4} + \frac{x}{2} = \frac{5}{2}$

c. $\frac{x}{3} = \frac{1}{2} + \frac{x}{6}$

Réduis d'abord tous les termes au même dénominateur.

8 Résoudre

a. $\frac{1}{2} = \frac{1}{3} + x$

b. $\frac{x}{5} + 1 - \frac{3}{10} = 0$

c. $\frac{7}{3} - \frac{x}{9} = -2$

b. et c. Isole x après avoir réduit au même dénominateur.

9 Résoudre

a. $x - \frac{2}{3} = 11 \times \frac{2}{3}$

b. $ax = 2a$

c. $x + a = a$

d. $\frac{x}{7} - 7 = 0$

- Dans ces équations, l'inconnue est x.
- Pour **b.**, $a \neq 0$.

Résoudre des problèmes avec une équation

Pour résoudre un problème à l'aide d'une équation, on suit le plan suivant.

- **Choix de l'inconnue.** On lui donne un **nom** (c'est souvent x) et on la définit.
Exemple : Soit x le nombre de personnes qui...

- **Mise en équation.** On traduit le texte sous forme d'une équation.

- **Résolution de l'équation.** On cherche la (ou les) **solution(s)** de l'équation.

- **Conclusion.** On ne retient que les solutions qui ont un **sens** vis-à-vis du problème (par exemple, on élimine les valeurs négatives lorsque x est une longueur).

1 À la recherche d'un nombre x

Trouver x tel que sa moitié augmentée de 25 soit égale à son double diminué de 8.

L'inconnue est toute choisie.

2 Problème d'âges

Émilie a 12 ans ; son frère Jérôme en a 28.
Dans combien d'années l'âge de Jérôme sera-t-il le double de celui d'Émilie ?

Soit x le nombre d'années cherché.

3 Moyenne trimestrielle

Au cours du trimestre, Gaby a obtenu cinq notes dont la moyenne est 12.
Quelle note doit-elle avoir au sixième devoir pour que sa moyenne monte à 13 ?

Quel est le total des cinq premières notes ?

4 Côtés d'un triangle

BC est le double de AB.
AC est égal à une fois et demie AB.
La longueur totale des trois demi-cercles est 9π. Combien mesure AB ?

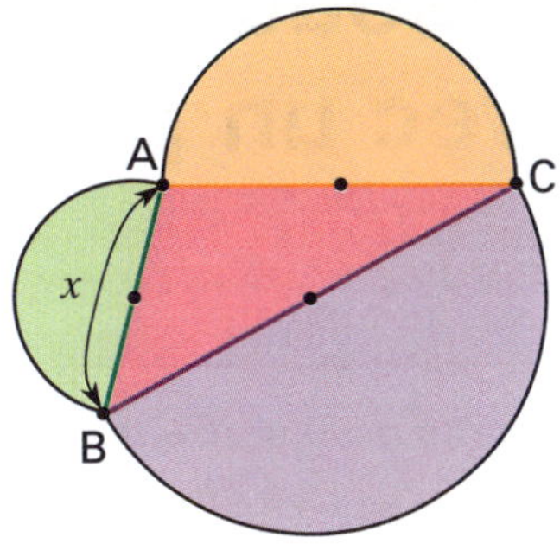

Exprime la longueur des trois demi-cercles en fonction de x.

....

....

....

....

....

....

....

5 Terrain de sport

Le terrain de sport ci-contre mesure 430 m de périmètre.
Calculer la longueur x (en mètres).
On donnera une valeur approchée de x en remplaçant π par $\frac{22}{7}$.

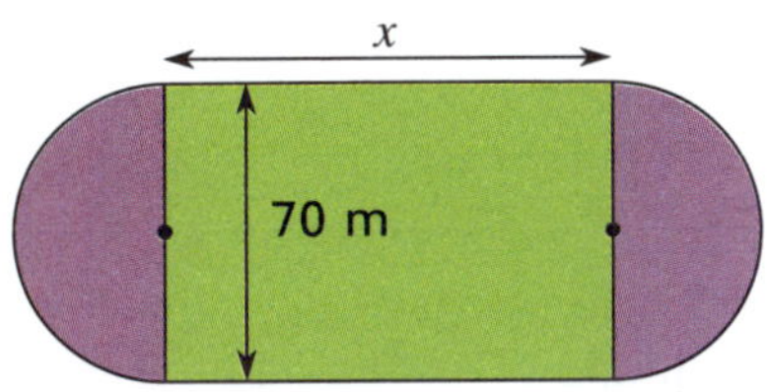

Exprime le périmètre en fonction de x.

....

....

....

....

....

6 Aire d'un triangle

AB = 12, AC = 15, CH = 10.
Calculer la hauteur BK.

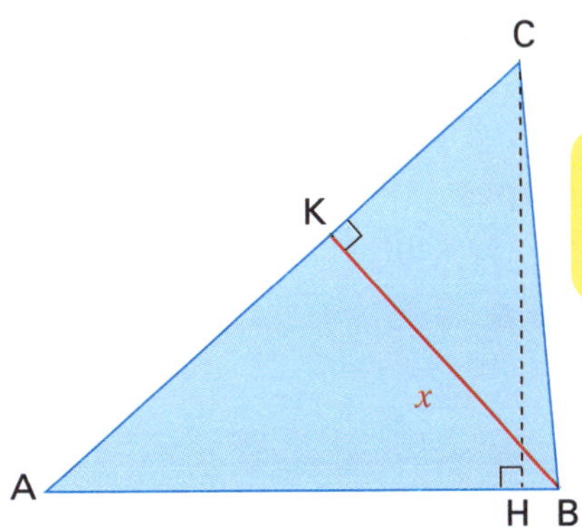

Exprime de deux façons l'aire de ABC.

....

....

....

....

....

....

....

....

5 Résoudre des équations avec un produit nul

Propriétés

Soit a et b deux nombres.

Si $ab = 0$ alors $a = 0$ ou $b = 0$.
Si $a = 0$ ou $b = 0$ alors $ab = 0$.

Dire qu'un produit est nul revient à dire qu'un de ses facteurs est nul.

Application à la résolution d'équations avec produit nul

Résoudre l'équation $(x - 3)(x + 4) = 0$.

• Si $(x - 3)(x + 4) = 0$ alors $x - 3 = 0$ ou $x + 4 = 0$
d'où $x = 3$ ou $x = -4$.

On applique la propriété : si $ab = 0$ alors $a = 0$ ou $b = 0$.

• Vérifions que 3 est solution : $(3 - 3)(3 + 4) = 0 \times 7 = 0$.
Vérifions que -4 est solution : $(-4 - 3)(-4 + 4) = (-7) \times 0 = 0$.
Donc les solutions de l'équation sont 3 et -4.

1 Premiers pas

a. Résoudre l'équation $(x - 1)(x + 5) = 0$.

b. Résoudre l'équation $(2x - 3)(x - 6) = 0$.

c. Résoudre l'équation $x(5x + 9) = 0$.

a. Fais la vérification sur ton brouillon.
b. Si $ax - b = 0$ alors $x = \frac{b}{a}$.
c. Si $ax + b = 0$ alors $x = \frac{-b}{a}$.

2 En deux étapes

On pose $E = (3x + 5)(x - 1) + (4x + 9)(x - 1)$.

a. Factoriser E.

b. Résoudre l'équation $E = 0$.

Révise éventuellement le chapitre 2.

3 Avec une différence de deux carrés (1)

a. Factoriser l'expression $4x^2 - 121$.

b. Résoudre l'équation $4x^2 - 121 = 0$.

b. Utilise l'expression factorisée.

4 Avec le carré d'une somme

a. Factoriser l'expression $25x^2 + 30x + 9$.

b. En déduire la solution de l'équation $25x^2 + 30x + 9 = 0$.

a. Tu dois reconnaître une égalité remarquable.

5 Avec une différence de deux carrés (2)

a. Factoriser l'expression $(3x + 5)^2 - 4$.

b. Résoudre l'équation $(3x + 5)^2 - 4 = 0$.

$(3x + 5)^2 - 4$
$= (3x + 5)^2 - 2^2$

6 Développement et factorisation

a. Développer l'expression $(2x - 7)(x + 8)$.

b. Résoudre l'équation $2x^2 + 9x - 56 = 0$.

Utilise le **a.** pour faire le **b.**

Résoudre des inéquations

Additions, soustractions et inégalités

Si $a \leqslant b$ alors $a + c \leqslant b + c$ et $a - c \leqslant b - c$.

> On ne change pas le sens de l'inégalité.

Exemple : Si $2x - 7 \leqslant 5$ alors $(2x - 7) + 7 \leqslant 5 + 7$
donc $2x \leqslant 12$.

> On a ajouté 7 aux deux membres.

Multiplications, divisions et inégalités

Si $a \leqslant b$ et $c > 0$ alors $ac \leqslant bc$ et $\frac{a}{c} \leqslant \frac{b}{c}$.

Si $a \leqslant b$ et $c < 0$ alors $ac \geqslant bc$ et $\frac{a}{c} \geqslant \frac{b}{c}$.

> On change le sens de l'inégalité quand c est négatif.

Exemple : Si $-4x \leqslant 12$ alors $\frac{-4x}{-4} \geqslant \frac{12}{-4}$
donc $x \geqslant -3$.

> L'inégalité a changé de sens, car on a divisé les deux membres par un nombre strictement négatif.

1 Une inéquation résolue (ou presque)

a. Compléter les pointillés.

$\frac{5x+4}{3} - \frac{x}{2} \leqslant 8 + \frac{5x}{2}$

$\frac{\dots\dots}{6} - \frac{\dots\dots}{6} \leqslant \frac{\dots\dots}{6} + \frac{\dots\dots}{6}$

> On réduit tous les termes au même ....

$10x + 8 - 3x \leqslant 48 + 15x$

$7x + 8 \leqslant 48 + 15x$

> On supprime les dénominateurs en multipliant les deux membres par ....

....

....

> On retranche 8 puis $15x$ aux deux membres.

$-8x \leqslant 40$

x .... $\frac{40}{-8}$

> On divise les deux membres par – 8 (qui est négatif).

x ....

> On achève le travail.

b. Colorier sur cette droite graduée l'ensemble des solutions.

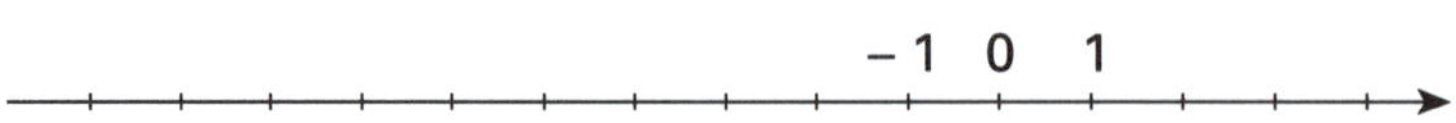

2 Solution ou pas solution ?

a. Est-ce que 5 est solution de l'inéquation $3x - 5 < 9$?

....

Et 4 ? ....

Et 0 ? ....

• Remplace x par 5 et compare les deux membres.

b. Cocher les cases lorsque le nombre est solution de l'inéquation.

Nombre / Inéquation	5	4	0	– 2
$3x - 5 < 9$				
$2 - 5x \leqslant - 2$				
$- 3x \geqslant 0$				
$4 - 2x > 1$				

3 Résoudre $9x + 8 \geqslant 5x + 2$

Résous et représente sur la droite graduée l'ensemble des solutions.

....

....

4 Résoudre $2(x - 11) > 5(x - 8)$

Attention ! Si on divise par un nombre négatif...

....

....

5 Résoudre $3x + \frac{4 - x}{2} < \frac{5x}{3}$

Commence par réduire au même dénominateur.

....

....

....

MATHS

Calculer avec des puissances

Rappels

Soit a un nombre non nul et n un entier positif.

$a^n = \underbrace{a \times \ldots \times a}_{n \text{ facteurs}}$	$a^{-n} = \dfrac{1}{a^n}$	$a^1 = a$	$a^0 = 1$	$a^{-1} = \dfrac{1}{a}$

exposant

- a^2 se lit : « a au carré » ; a^3 se lit : « a au cube » ; a^n se lit : « a puissance n ».
- a^{-1} est l'inverse de a.
- On a aussi : $0^n = 0 \times \ldots \times 0 = 0$.

1 Calculs avec des exposants positifs

$2^5 =$ .... $4^2 =$ .... $3^3 =$ .... $(-3)^2 =$ .... $(-3)^3 =$ ....

$1\,000^2 =$ .... $100^3 =$ .... $10^6 =$ .... $(-10)^3 =$ .... $(-10)^4 =$ ....

Exemples :
- $2^3 = 2 \times 2 \times 2 = 8$.
- $(-4)^3 = (-4) \times (-4) \times (-4) = -64$.

2 Calculs avec des exposants négatifs

Écrire les puissances suivantes sous forme d'une fraction puis d'un nombre décimal (ou entier).

$2^{-4} =$ .... $4^{-1} =$ .... $5^{-2} =$ ....

$10^{-3} =$ .... $25^{-1} =$ .... $(-10)^{-2} =$ ....

Exemples :
- $2^{-3} = \dfrac{1}{2^3} = \dfrac{1}{8} = 0{,}125$.
- $(-1)^{-2} = \dfrac{1}{(-1)^2} = \dfrac{1}{1} = 1$.

3 Produit et quotient de deux puissances d'un même nombre

En suivant les exemples, écrire les expressions données sous la forme d'une seule puissance.

Exemples : $2^3 \times 2^4 = (2 \times 2 \times 2) \times (2 \times 2 \times 2 \times 2) = 2^7$; $\dfrac{2^2}{2^5} = \dfrac{\cancel{2} \times \cancel{2}}{2 \times 2 \times 2 \times \cancel{2} \times \cancel{2}} = \dfrac{1}{2^3} = 2^{-3}$.

a. $3^2 \times 3^5 =$ .... $10^5 \times 10^3 =$ .... $2 \times 2^4 =$ ....

b. $\dfrac{3^4}{3^2} =$ .... $\dfrac{10^5}{10^4} =$ .... $\dfrac{7^3}{7^5} =$ ....

4 Puissance d'une puissance

Même consigne qu'à l'exercice 3.

Exemple : $(2^3)^2 = (2^3) \times (2^3) = (2 \times 2 \times 2) \times (2 \times 2 \times 2) = 2^6$.

$(3^2)^2 =$ .... $(5^2)^3 =$ .... $(10^2)^4 =$ ....

5 Puissance d'un produit ou d'un quotient

En suivant les exemples, transformer les expressions données.

Exemples : $(3a)^2 = (3a) \times (3a) = (3 \times 3) \times (a \times a) = 9a^2$;

$$\left(\frac{2}{5}\right)^3 = \frac{2}{5} \times \frac{2}{5} \times \frac{2}{5} = \frac{2 \times 2 \times 2}{5 \times 5 \times 5} = \frac{2^3}{5^3} = \frac{8}{125}.$$

Tu peux sauter certains calculs intermédiaires si tu les vois bien « dans ta tête ».

a. $(5x)^2 =$ .... $(2y)^3 =$ .... $(3\pi)^3 =$ ....

b. $\left(\frac{5}{3}\right)^2 =$ .... $\left(\frac{-4}{5}\right)^3 =$ .... $\left(\frac{a}{b}\right)^4 =$ ....

■ Formules de calcul

Les calculs effectués dans les exercices 3, 4 et 5 nous amènent aux formules générales suivantes.

- Produit de deux puissances d'un même nombre : $a^m \times a^n = a^{m+n}$
- Quotient de deux puissances d'un même nombre : $\frac{a^m}{a^n} = a^{m-n}$
- Puissance d'une puissance : $(a^m)^n = a^{m \times n}$
- Puissance d'un produit : $(a \times b)^n = a^n \times b^n$
- Puissance d'un quotient : $\left(\frac{a}{b}\right)^n = \frac{a^n}{b^n}$

où a et b sont des nombres non nuls et où les exposants m et n sont des entiers relatifs.

6 Mise en forme (1)

Écrire sous la forme d'une seule puissance.

a. $3^4 \times 3^2 =$ .... $9^5 \times 9^{-3} =$ .... $2^6 \times 2^5 =$ ....

$(-4)^{-2} \times (-4)^5 =$ .... $10^5 \times 10^7 =$ .... $10^{-1} \times 10^{-3} =$ ....

b. $\frac{7^5}{7^3} =$ .... $\frac{2^{12}}{2^{15}} =$ .... $\frac{3^4}{3^{-2}} =$ ....

$\frac{(-5)^{-3}}{(-5)^4} =$ .... $\frac{10^5}{10^{-3}} =$ .... $\frac{10^6}{10^7} =$ ....

c. $(4^2)^2 =$ .... $(a^5)^3 =$ .... $(x^{-2})^3 =$ ....

Tu peux utiliser des formules ou détailler les calculs comme aux exercices 3 et 4.

7 Mise en forme (2)

Écrire sans parenthèses les expressions suivantes.

a. $(10x)^5 =$ .... $(3x^2)^3 =$ .... $\left(2 \times \frac{a}{b}\right)^4 =$ ....

b. $\left(\frac{3}{7}\right)^2 =$ .... $\left(-\frac{2}{3}\right)^3 =$ .... $\left(\frac{a^2}{b^3}\right)^4 =$ ....

Tu peux utiliser des formules ou détailler les calculs comme à l'exercice 5.

MATHS

Connaître les racines carrées

Définition

La racine carrée d'un nombre positif a est le nombre positif, noté $\sqrt{a}$, dont le carré est a.

On a donc $\boxed{\left(\sqrt{a}\right)^2 = a \text{ et } \sqrt{a} \geqslant 0 \text{ et, en conséquence, } \sqrt{a^2} = a \text{ si } a \text{ est positif.}}$

Exemples : $\sqrt{9} = 3$; $\sqrt{0} = 0$; $\sqrt{1} = 1$; $\sqrt{(-3)^2} = \sqrt{9} = 3$.

L'équation $x^2 = A$

– si $A > 0$ l'équation a deux solutions : $-\sqrt{A}$ et $\sqrt{A}$;
– si $A = 0$ l'équation a une solution : 0 ;
– si $A < 0$ l'équation n'a aucune solution.

Exemples

• Résoudre l'équation $x^2 = 5$.
Comme $5 > 0$ alors $\sqrt{5}$ et $-\sqrt{5}$ sont les solutions de l'équation.

• Résoudre l'équation $x^2 + 2 = 0$.
Résoudre l'équation $x^2 + 2 = 0$ revient à résoudre $x^2 = -2$.
Comme $-2 < 0$ cette équation n'a pas de solution.

1 Pour prendre racine

Compléter.

a. $\sqrt{121} =$ .... b. $\sqrt{1} =$ .... c. $\sqrt{0} =$ ....

d. $\sqrt{0{,}0001} =$ .... e. $\sqrt{256} =$ .... f. $\sqrt{49} =$ ....

g. $\sqrt{2{,}56} =$ .... h. $\sqrt{25} =$ .... i. $\sqrt{16} =$ ....

Essaie de trouver le résultat de tête avant de prendre la calculatrice.

2 Exercice à trous

Remplir $\square$ avec un nombre positif.

a. $\sqrt{\square} = 11$ b. $\sqrt{144} = \square$ c. $\sqrt{\square}^2 = 15$

d. $-\sqrt{\square} = -7$ e. $\sqrt{\square} = 0$ f. $\left(\sqrt{\square}\right)^2 = 64$

g. $\sqrt{169} = \square$ h. $\sqrt{\dfrac{9}{4}} = \square$ i. $\sqrt{\square} = \dfrac{1}{2}$

Prends une calculatrice pour le **h.**

3 Chercher les erreurs

Rayer les égalités fausses.

a. $\sqrt{36} = 6$ b. $\sqrt{0{,}4} = 0{,}2$ c. $\sqrt{0{,}09} = 0{,}3$

d. $\left(\sqrt{3}\right)^2 = 3$ e. $\sqrt{(-11)^2} = -11$ f. $\sqrt{20} = 10$

g. $\sqrt{2{,}25} = 1{,}5$ h. $\sqrt{169} = 13^2$ i. $\left(\sqrt{4}\right)^2 = 4$

4 Tableau (1)

Compléter le tableau suivant.

x	9		0,64		25		$(-3)^2$	0,16	
$\sqrt{x}$		9		7		25			1

5 Tableau (2)

Compléter le tableau suivant par des nombres positifs.

x									
x^2	1,21	0,01	10^6	0,04	144	0,36	1	0	2

6 Une première méthode pour résoudre l'équation $2x^2 - 72 = 0$

a. Compléter la phrase suivante.

Résoudre $2x^2 - 72 = 0$ revient à résoudre $2x^2 =$ .... ou encore $x^2 =$ ....

b. Résoudre cette dernière équation en utilisant les informations de la page 94.

....

....

....

7 Une seconde méthode pour résoudre l'équation $2x^2 - 72 = 0$

Compléter.

Si $2x^2 - 72 = 0$ alors 2(............... – ....) = 0

d'où 2(............... + ...)(............... – ....) = 0

soit (............... + ...) = 0 ou (............... – ....) = 0

alors $x =$ .... ou $x =$ ....

Vérification : 2 × (...............)² – 72 = ...

2 × (...............)² – .... = ...

donc .... et .... sont les solutions de cette équation.

• Pense aux égalités remarquables.
• Si $ab = 0$ alors $a = 0$ ou $b = 0$.

8 Résoudre les équations suivantes

a. $x^2 = 4$ ....

b. $x^2 = 3$ ....

c. $x^2 = 0$ ....

d. $x^2 = 1$ ....

e. $x^2 + 4 = 0$ ....

Revois le cours si tu hésites.

Multiplier et diviser des racines carrées

Formules

Pour tous nombres positifs a et b :

$$\sqrt{a \times b} = \sqrt{a} \times \sqrt{b} \text{ ; si } b \neq 0, \sqrt{\frac{a}{b}} = \frac{\sqrt{a}}{\sqrt{b}}.$$

La racine d'un produit est égale au produit des racines. Et la racine d'un quotient est égale au quotient des racines.

Exemples

$\sqrt{2} \times \sqrt{11} = \sqrt{22}$; $\sqrt{12} = \sqrt{4 \times 3} = \sqrt{4} \times \sqrt{3} = 2\sqrt{3}$; $\dfrac{\sqrt{14}}{\sqrt{7}} = \sqrt{\dfrac{14}{7}} = \sqrt{2}$.

Mais attention !

- $\sqrt{9 + 16} \neq \sqrt{9} + \sqrt{16}$, en effet $\sqrt{9 + 16} = \sqrt{25} = 5$ et $\sqrt{9} + \sqrt{16} = 3 + 4 = 7$.
- $\sqrt{100 - 36} \neq \sqrt{100} - \sqrt{36}$, en effet $\sqrt{100 - 36} = \sqrt{64} = 8$ et $\sqrt{100} - \sqrt{36} = 10 - 6 = 4$.

Applications

- Écrire le nombre $A = \sqrt{45}$ sous la forme $a\sqrt{b}$ où a et b sont des entiers et b le plus petit possible.

$A = \sqrt{45} = \sqrt{9 \times 5} = \sqrt{9} \times \sqrt{5} = 3\sqrt{5}$.

- Réduire la somme $B = 9\sqrt{2} + 3\sqrt{2} - \sqrt{8}$.

$B = 9\sqrt{2} + 3\sqrt{2} - \sqrt{8} = 9\sqrt{2} + 3\sqrt{2} - \sqrt{4 \times 2} = 9\sqrt{2} + 3\sqrt{2} - \sqrt{4} \times \sqrt{2}$

$= 9\sqrt{2} + 3\sqrt{2} - 2\sqrt{2} = (9 + 3 - 2)\sqrt{2} = 10\sqrt{2}$.

- Écrire le nombre $C = \dfrac{\sqrt{2}}{\sqrt{3}}$ avec un dénominateur entier.

$C = \dfrac{\sqrt{2}}{\sqrt{3}} = \dfrac{\sqrt{3} \times \sqrt{2}}{\sqrt{3} \times \sqrt{3}} = \dfrac{\sqrt{6}}{3}$.

car $\dfrac{a}{b} = \dfrac{k \times a}{k \times b}$

1 Exercice à trous

Placer des entiers dans □ et ○, avec le plus grand entier possible dans ○.

a. $\sqrt{12} = \bigcirc\sqrt{\square}$ b. $\sqrt{72} = \bigcirc\sqrt{\square}$ c. $\sqrt{40} = \bigcirc\sqrt{\square}$

d. $\sqrt{98} = \bigcirc\sqrt{\square}$ e. $\sqrt{50} = \bigcirc\sqrt{\square}$ f. $3\sqrt{8} = \bigcirc\sqrt{\square}$

Fais les calculs au brouillon.

2 Résultats entiers

Écrire sous forme d'un entier.

a. $\sqrt{18} \times \sqrt{2}$ = ...

b. $\sqrt{27} \times \sqrt{3}$ = ...

c. $\sqrt{5} \times \sqrt{20}$ = ...

d. $\sqrt{2} \times \sqrt{14} \times \sqrt{7}$ = ...

e. $\sqrt{20} \times \sqrt{45}$ = ...

f. $\sqrt{12} \times \sqrt{27}$ = ...

Il y a plusieurs manières d'opérer. On peut utiliser :
18 = 9 × 2
27 = 3 × 9
20 = 5 × 4
etc.

3 Réduire des sommes

Simplifier les sommes suivantes.

a. $5\sqrt{3} - 4\sqrt{3} + 2\sqrt{3} - 3\sqrt{3} =$ ……

b. $13\sqrt{5} + \sqrt{20} - 6\sqrt{5} =$ ……

c. $\sqrt{28} + \sqrt{63} - \sqrt{7} =$ ……

d. $3\sqrt{3} + \sqrt{300} - 2\sqrt{75} =$ ……

$\sqrt{20} = \sqrt{4 \times 5}$
$28 = 4 \times 7$
$75 = 25 \times 3$

4 Sous forme d'une fraction

Écrire sous forme d'une fraction.

a. $\sqrt{\dfrac{25}{16}} =$ ……

b. $\dfrac{2\sqrt{3}}{\sqrt{27}} =$ ……

c. $\dfrac{\sqrt{80}}{\sqrt{5}} =$ ……

d. $\sqrt{\dfrac{169}{144}} =$ ……

e. $\dfrac{7\sqrt{20}}{3\sqrt{5}} =$ ……

f. $\dfrac{\sqrt{75}}{\sqrt{147}} =$ ……

Une fraction est un quotient de nombres entiers.

5 Dénominateur entier

Écrire les quotients suivants avec des dénominateurs entiers.

a. $\dfrac{3}{\sqrt{2}} =$ ……

b. $\dfrac{\sqrt{5}}{\sqrt{7}} =$ ……

c. $\dfrac{3\sqrt{2}}{\sqrt{5}} =$ ……

d. $\dfrac{33}{\sqrt{11}} =$ ……

Il suffit ici de multiplier le numérateur et le dénominateur par le dénominateur.

6 Avec des égalités remarquables

Développer et réduire.

a. $(3 + \sqrt{2})^2 =$ ……

b. $(\sqrt{5} - \sqrt{2})^2 =$ ……

c. $(\sqrt{6} + \sqrt{5})(\sqrt{6} - \sqrt{5}) =$ ……

d. $(3\sqrt{5} + 2)^2 =$ ……

Attention aux doubles produits.

7 Vrai ou faux ?

Rayer les égalités qui sont fausses.

a. $\sqrt{1\,681} = \sqrt{1\,600} + \sqrt{81}$

b. $(\sqrt{7} + \sqrt{6})(\sqrt{7} - \sqrt{6}) = 1$

c. $\sqrt{169 - 25} = \sqrt{169} - \sqrt{25}$

d. $\sqrt{8} + \sqrt{18} = \sqrt{50}$

e. $\sqrt{99} - \sqrt{44} = \sqrt{55}$

f. $(\sqrt{3} + \sqrt{2})^2 = 5$

Les plus « évidentes » peuvent être les plus fausses.

MATHS

10 Utiliser une fonction linéaire

Exemple de fonction linéaire

Considérons deux suites de nombres proportionnels.

x	– 3	0	1	2	5
y	– 7,5	0	2,5	5	12,5

× 2,5

• Si on appelle x les nombres de la 1re ligne et y ceux de la 2de ligne, on a $y = 2{,}5 \times x$.
On dit qu'on passe de x à y par la fonction linéaire dont le **coefficient directeur** est 2,5.
Cette fonction linéaire se note $x \mapsto 2{,}5x$.

• Si on appelle f cette fonction linéaire, on écrit : $f(-3) = -7{,}5$
$f(0) = 0$ $f(1) = 2{,}5$ $f(2) = 5$ et plus généralement $f(x) = 2{,}5x$.

$f(-3)$ se prononce « f de – 3 ».

• On dit que – 7,5 est l'**image** de – 3 et, de façon plus générale, que $2{,}5x$ est l'image de x.
On dit aussi que – 7,5 a pour **antécédent** – 3.

Représentation graphique d'une fonction linéaire

On représente les x sur l'axe des abscisses et les images y sur l'axe des ordonnées.

Propriété

> La représentation graphique d'une fonction linéaire est une droite passant par l'origine.

La droite ci-contre représente la fonction linéaire $x \mapsto 2{,}5x$.
Son coefficient directeur est 2,5.

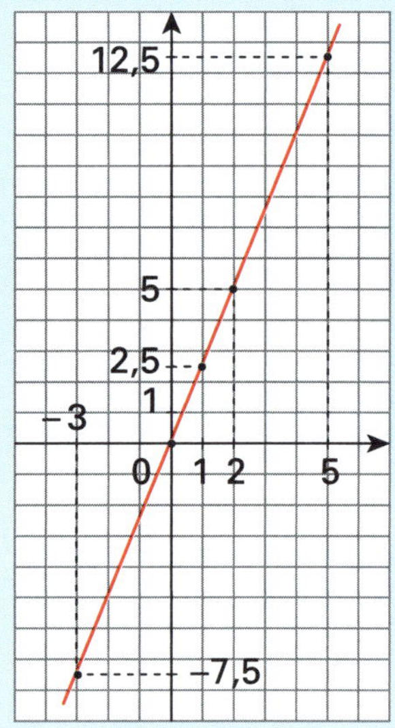

Augmentations et diminutions en pourcentage

Règle de calcul

> Pour augmenter de 5 %, on multiplie par 1,05.
> Pour diminuer de 3%, on multiplie par 0,97.

Ainsi, pour augmenter 150 de 6 %, on calcule $150 \times 1{,}06 = 159$.
Et, pour diminuer 250 de 12 %, on calcule $250 \times 0{,}88 = 220$.

1 Questions sur la fonction linéaire étudiée ci-dessus

a. Sur le graphique, lire l'image de 4 : $f(4)$ = ...

Puis l'image de 3 : $f(3)$ = ... Et l'image de – 2 : $f(-2)$ = ...

b. Calculer les images suivantes :

$f(0{,}3)$ = ... $f(2{,}5)$ = ... $f(12)$ = ...

c. Le point de coordonnées (– 1 ; – 2,5) est-il sur la droite représentant la fonction linéaire $x \mapsto 2{,}5x$? ....

Pourquoi ? ....

d. Même question avec le point de coordonnées (2,5 ; 6).

....

c. A-t-on $f(-1) = -2{,}5$?
d. A-t-on $f(2{,}5) = 6$?

2 Étude d'une fonction linéaire

On considère la fonction linéaire $x \mapsto -\frac{1}{2}x$.

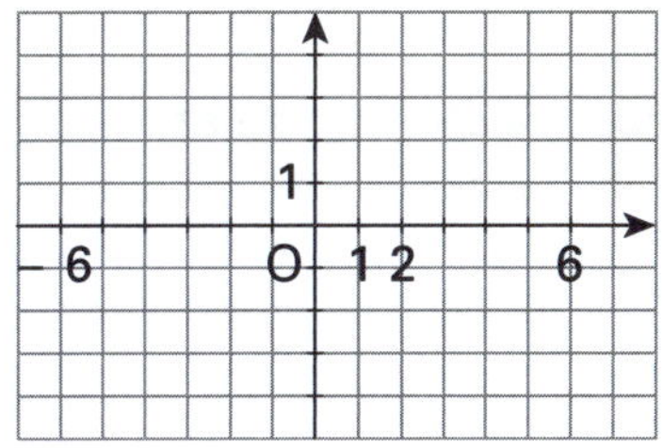

a. Compléter le tableau de valeurs.

x	0	1	2	6	– 1	– 3	– 6
$-\frac{1}{2}x$							

b. Dessiner la représentation graphique de cette fonction.

c. Lire sur le graphique : l'image de 4 : .... l'image de – 2 : ....

l'antécédent de 2 : .... l'antécédent de 3 : ....

d. Calculer : l'image de 3,6 : .... l'image de –1,6 : ....

l'image de 26 : .... l'image de –15 : ....

3 Marions-les !

Voici, dans le désordre, les représentations graphiques des quatre fonctions linéaires f, g, h, k suivantes : $f : x \mapsto 2x$, $g : x \mapsto \frac{1}{2}x$, $h : x \mapsto -x$, $k : x \mapsto -2x$.

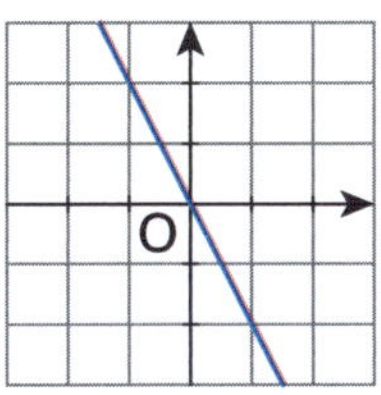

......

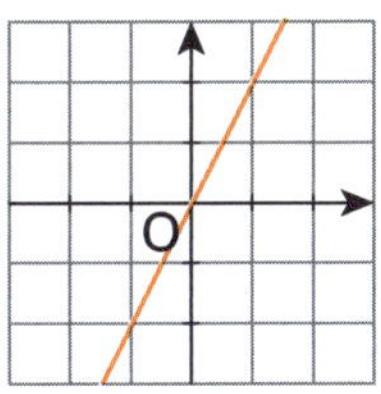

......

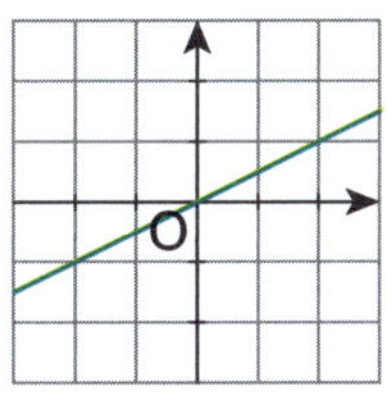

......

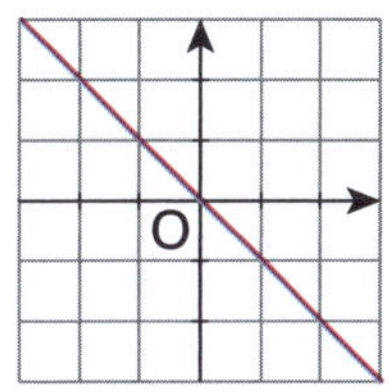

......

Inscrire, sur les pointillés, le nom de la fonction linéaire correspondant au dessin.

4 Contre-exemples

Pourquoi les fonctions représentées ci-dessous ne sont-elles pas linéaires ?

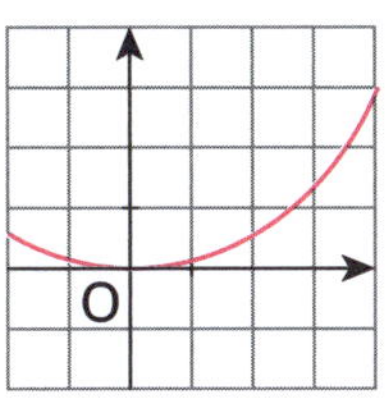

....
....

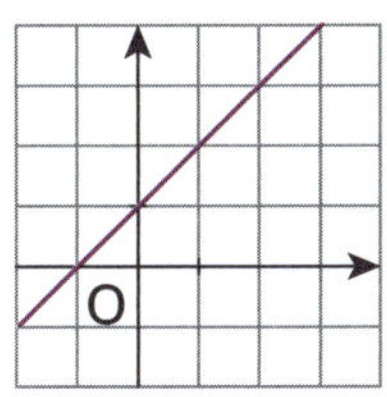

....
....

5 Variations en pourcentage

a. J'arrive trop tard ! Un DVD qui valait 23 € jusqu'à hier coûte maintenant 10 % de plus.

Son nouveau prix est : ....

b. J'ai bien fait d'attendre ! Un pantalon affiché 35 € est maintenant 15 % moins cher.

Son nouveau prix est : ....

c. L'an passé, il y avait 550 élèves au collège. Cet effectif a augmenté de 20 % cette année et il va diminuer de 25 % l'année prochaine. Le nombre d'élèves sera alors : ....

Utiliser une fonction affine

Définition et exemple

Étant donné deux nombres fixés a et b, la fonction $x \mapsto ax + b$ est appelée fonction affine.

Exemple : Voici un tableau de valeurs de la fonction affine $x \mapsto -2x + 3$.

x	1	0	4	– 1	– 2	3
y	1	3	– 5	5	7	– 3

x

Image de x

Si on appelle f cette fonction affine, on peut écrire : $f(1) = 1$, $f(0) = 3$, $f(4) = -5$...
« L'image de 4 est – 5 » peut s'écrire « $f(4) = -5$ ».
On dit aussi que 4 est un **antécédent** de – 5.

Représentation graphique d'une fonction affine

À partir du tableau de valeurs précédent, on place des points de coordonnées (x ; y) et on trace la droite ci-contre.

Propriété

La représentation graphique d'une fonction affine est une droite.

Exemple : La droite ci-contre représente la fonction affine $x \mapsto -2x + 3$.
Son **coefficient directeur** est – 2.
Son **ordonnée à l'origine** est 3.

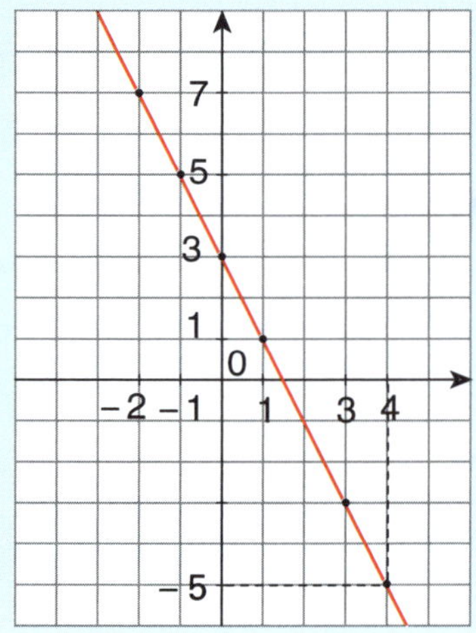

1 Questions sur la fonction affine étudiée ci-dessus

a. Sur le graphique, lire l'image de 2 : $f(2)$ = ...

Puis l'image de 0,5 : $f(0,5)$ = ... Et l'image de –1,5 : $f(-1,5)$ = ...

b. Calculer les images suivantes.

$f(2,4)$ = ... $f(0,3)$ = ... $f(-7)$ = ...

c. Le point de coordonnées (2,4 ; – 1,7) est-il sur la droite représentant la fonction affine $x \mapsto -2x + 3$? ....

Pourquoi ? ....

d. Mêmes questions pour le point de coordonnées (0,3 ; 2,4).

....

e. La droite passe-t-elle par le point de coordonnées (10 ; – 17) ? ....

Pourquoi ? ....

f. Mêmes questions pour le point de coordonnées (– 7 ; 18).

....

c. A-t-on $f(2,4) = -1,7$?
d. A-t-on $f(0,3) = 2,4$?

2 Étude d'une fonction affine

On considère la fonction affine $x \mapsto x - 2$.

a. Compléter le tableau de valeurs.

x	0	1	2	4	5	– 1	– 2
$x - 2$							

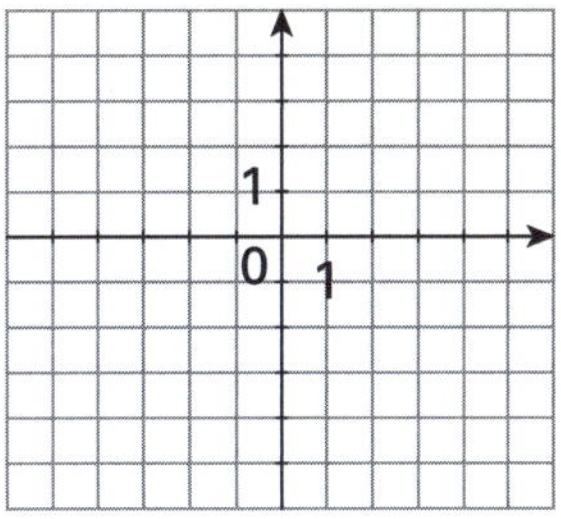

b. Dessiner la représentation graphique.

c. Lire sur le graphique :

l'image de 3 : .... l'image de 6 : ....

l'antécédent de – 5 : .... l'antécédent de 2 : ....

d. Calculer :

l'image de 1,5 : .... l'image de – 0,5 : ....

l'image de 50 : .... l'image de – 20 : ....

3 On recherche *a* (coefficient directeur)

Une fonction affine f est définie par $x \mapsto ax + 3$. D'autre part, $f(-1) = 7$.

Calculer le coefficient a. ....

....

Résous une petite équation.

4 On recherche *b* (ordonnée à l'origine)

Une fonction affine g est définie par $x \mapsto -2x + b$. D'autre part, $g(-1) = 7$. Calculer b.

....

5 On recherche *a* et *b*

Une fonction affine h est définie par $x \mapsto ax + b$.

D'autre part $h(0) = 5$ et $h(3) = 2$. Déterminer b puis a. ....

....

Fonctions affines particulières

Le nombre *b* est nul.

Une fonction **linéaire** est une fonction affine définie par $x \mapsto ax$.

Le coefficient *a* est nul.

Une fonction **constante** est une fonction affine définie par $x \mapsto b$.

6 Fonctions linéaires, fonctions constantes

Parmi les fonctions affines suivantes, indiquer les fonctions linéaires par un « L » et les fonctions constantes par un « C ».

$x \mapsto 3 - x$ .... $x \mapsto 3x$ .... $x \mapsto -5$ ....

$x \mapsto \frac{4}{11}$ .... $x \mapsto 2 + 2x$ .... $x \mapsto -\frac{4}{5}x$ ....

Résoudre des systèmes à deux inconnues

Une première méthode de résolution d'un système (par substitution)

Résoudre le système (S) : $\begin{cases} 3x - 5y = 11 & (E_1) \\ 4x + 3y = 5 & (E_2) \end{cases}$

- De l'équation (E_1), on tire $3x = 11 + 5y$, soit $x = \dfrac{11 + 5y}{3}$ (E_3)
- En remplaçant dans (E_2), on obtient : $4 \times \left(\dfrac{11 + 5y}{3}\right) + 3y = 5$

On multiplie les deux membres par 3.

d'où $4 \times (11 + 5y) + 3 \times 3y = 3 \times 5$,

d'où $44 + 20y + 9y = 15$; soit $29y = 15 - 44$ d'où $y = -\dfrac{29}{29} = -1$.

- En remplaçant y par -1 dans l'équation (E_3), on obtient $x = 2$.

Vérification :

Dans (E_1) : $3 \times 2 - 5 \times (-1) = 6 + 5 = 11$; dans (E_2) : $4 \times 2 + 3 \times (-1) = 8 - 3 = 5$.
Donc le couple $(2 ; -1)$ est la solution du système (S).

Une autre méthode (par élimination)

Résoudre le système suivant : $\begin{cases} 2x - 3y = -4 & (E_1) \\ 3x + y = 5 & (E_2) \end{cases}$

- On multiplie par 3 « l'équation (E_2) ». On obtient $\begin{cases} 2x - 3y = -4 \\ 9x + 3y = 15 \end{cases}$
- On ajoute membre à membre les deux équations et on obtient $11x = 11$, d'où $x = 1$.
- En remplaçant x par 1 dans (E_2), on obtient $y = 2$ et on vérifie comme ci-dessus.

1 Être ou ne pas être solution

Déterminer si les couples ci-dessous sont solutions du système

$$\begin{cases} 2x - y = 3 & (E_1) \\ x - 3y = 1 & (E_2) \end{cases}$$

(0 ; 4) : ....

(1 ; – 1) : ....

(– 4 ; – 1) : ....

(1,6 ; 0,2) : ....

- Un couple est solution d'un système quand il est solution des deux équations du système.
- Par exemple : (3 ; 4) est-il solution de (E_1) ?
$2 \times 3 - 4 = 2 \neq 3$.
Donc (3 ; 4) n'est pas solution de (E_1).

2 Système à compléter

Compléter les cases de façon que le couple (3 ; 5) soit solution du système

$$\begin{cases} 4x + 2y = \square \\ 7x - 3y = \square \end{cases}$$

3 Il faut s'y résoudre (1)

Résoudre le système $\begin{cases} 3x - y = -1 & (E_1) \\ 6x - 3y = 3 & (E_2) \end{cases}$

....

Vérification : ....

....

4 Il faut s'y résoudre (2)

Résoudre le système $\begin{cases} 2x - 3y = 12 & (E_1) \\ 5x + 2y = 11 & (E_2) \end{cases}$

....

....

....

....

Vérification : ....

....

5 Que choisir ?

Choisir une méthode de résolution et résoudre chaque système.

a. $\begin{cases} x + y = 7 & (E_1) \\ x - y = 9 & (E_2) \end{cases}$

....

....

....

Vérification : ....

....

b. $\begin{cases} 6x - 4y = 4 & (E_1) \\ 2x + 3y = 36 & (E_2) \end{cases}$

....

....

....

Vérification : ....

....

6 Autres exemples

Résoudre les systèmes suivants.

a. $\begin{cases} 4x + 5y = 13 & (E_1) \\ x - y = 1 & (E_2) \end{cases}$

....

....

....

....

....

Vérification : ....

....

b. $\begin{cases} 8x - 7y = 0 & (E_1) \\ x + y = 1 & (E_2) \end{cases}$

....

....

....

....

....

Vérification : ....

....

MATHS

Résoudre des problèmes à deux inconnues

Pour résoudre un problème où intervient un système d'équations, on peut suivre le plan suivant.

■ **Choix des inconnues :** en général x et y, mais d'autres choix sont possibles.

■ **Mise en équations.** On traduit le texte sous forme d'équations. On obtient un système d'équations.

■ **Résolution du système :** voir page 102.

■ **Conclusion.** On ne donne que les solutions qui ont un sens vis-à-vis du problème posé (par exemple : on élimine les valeurs négatives, si on recherche une distance !).

1 À la pâtisserie

Hier, Carole a acheté 3 glaces et 5 éclairs au café pour 11,4 €. Ce matin, elle a acheté 5 glaces et 3 éclairs au café pour 9,4 €. Quel est le prix d'une glace ? D'un éclair au café ?

a. Choix des inconnues.

Soit x le prix .... ; soit y ....

b. Mise en équations.

....

....

c. Résolution du système.

....

....

....

Vérification : ....

....

d. Conclusion.

....

....

2 Une fonction affine

Déterminer la fonction affine f sachant que $f(1) = 1$ et $f(2) = 8$.

....

....

....

....

....

Détermine les coefficients a et b de la fonction affine : $x \mapsto ax + b$.

3 Au cirque

Au cirque de Chouette-Ville, un adulte paie x € et un enfant y €. Lundi, pour 20 adultes et 10 enfants, la recette était de 140 €. Le lendemain, pour 30 adultes et 60 enfants, la recette était de 300 €. Combien paie un adulte ? Et un enfant ?

a. Écrire un système d'équations et résoudre ce problème.

Vérification et conclusion : ......

b. Modifier le système précédent pour obtenir

$$\begin{cases} y = \ldots\ldots\ x + \ldots\ldots \\ y = \ldots\ldots\ x + \ldots\ldots \end{cases}$$

On a fait ainsi apparaître deux fonctions affines.
Tracer les droites (D_1) et (D_2) représentant les deux fonctions affines.

c. Sur le dessin, on peut lire la solution de notre problème.

x = ... ;

y = ...

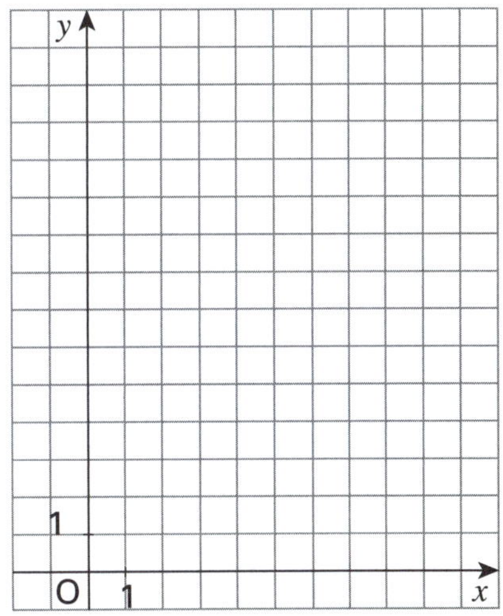

Bravo !
Tu viens de résoudre graphiquement le problème.

4 Champêtre

Dans la cour de la ferme, des lapins et des canards gambadent joyeusement.
On compte 28 têtes et 82 pattes. Calculer le nombre de canards et le nombre de lapins.

Vérification et conclusion : ......

Rechercher des diviseurs communs

■ Diviseurs

7 est un diviseur de 56 car 7 × 8 = 56. De même 8 est un diviseur de 56.

■ Critères de divisibilité

- Un nombre entier est divisible par 2 si son chiffre des unités est 0 ; 2 ; 4 ; 6 ou 8.
- Un nombre entier est divisible par 5 si son chiffre des unités est 0 ou 5.
- Un nombre entier est divisible par 3 si la somme de ses chiffres est divisible par 3.
- Un nombre entier est divisible par 9 si la somme de ses chiffres est divisible par 9.
- Un nombre entier est divisible par 10 si son chiffre des unités est 0.

1 Avec les critères de divisibilité

Parmi les nombres 1 356 ; 3 172 ; 103 ; 129 ; 200 ; 45 ; 628 ; 3 162 ; 1 515 ;
quels sont ceux divisibles :

a. par 2 ? ……………………………………………………………………

b. par 3 ? ……………………………………………………………………

c. par 5 ? ……………………………………………………………………

2 Listes de diviseurs

a. Dresser la liste des douze diviseurs de 60 puis celle des huit diviseurs de 105.

{1 ; ……………………… ; 60} ; {1 ; ……………………… ; 105}.

b. Donner les diviseurs communs à 60 et à 105.

……………………………………………………………………

1 et 60 sont des diviseurs de 60.

■ PGCD (plus grand commun diviseur)

Les nombres 12 et 18 ont pour diviseurs communs {1 ; 2 ; 3 ; 6} et 6 est le plus grand de ces diviseurs. On dit que 6 est le PGCD de 12 et de 18.

■ Nombres premiers entre eux

Les diviseurs de 21 sont {1 ; 3 ; 7 ; 21} et ceux de 10 : {1 ; 2 ; 5 ; 10}.
Le seul diviseur commun à 21 et 10 est 1. Donc le PGCD de 21 et de 10 est 1.
On dit alors que 21 et 10 sont premiers entre eux.

> Deux nombres sont premiers entre eux si leur PGCD est 1.

3 Trouver le PGCD (1)

a. Dresser la liste des diviseurs de 36 puis de 24.

……………………………………… ; ………………………………………

b. Donner le PGCD de 36 et de 24. ……………………………………

4 Trouver le PGCD (2)

En dressant la liste des diviseurs de 42 et de 56, déterminer le PGCD de 42 et de 56.

....

....

5 Vrai ou faux ?

Répondre par vrai ou faux.

a. Deux nombres entiers qui ont un diviseur commun plus grand que 1 ne sont pas premiers entre eux. ....

b. Un nombre entier et 1 sont toujours premiers entre eux. ....

c. Un nombre et un de ses diviseurs autre que 1 sont toujours premiers entre eux. ....

6 Nombres premiers entre eux ou non

a. Les nombres 30 et 100 sont-ils premiers entre eux ? .... Pourquoi ? ....

....

b. Mêmes questions avec 123 et 111. ....

c. Mêmes questions avec 15 et 14. ....

Méthode des divisions euclidiennes successives

Pour obtenir le PGCD de 430 et 213.
On divise 430 par 213 :
$430 = 213 \times 2 + 4$.
On divise 213 par 4 :
$213 = 4 \times 53 + 1$.
De même
$53 = 1 \times 53 + 0$.
➜ Le PGCD de 430 et 213 est le dernier reste non nul : 1.

Pour obtenir le PGCD de 343 et 91.
On divise 343 par 91 :
$343 = 91 \times 3 + 70$.
On divise 91 par 70 :
$91 = 70 \times 1 + 21$.
De même $70 = 21 \times 3 + 7$
$21 = 7 \times 3 + 0$.
➜ Le PGCD de 343 et 91 est le dernier reste non nul : 7.

7 Trouver le PGCD (3)

En utilisant la méthode des divisions successives, déterminer le PGCD de
257 et 126 puis de 2 431 et 247

....

....

....

Tu peux poser les divisions au brouillon.

8 Nombres premiers entre eux ?

En utilisant la méthode des divisions successives, dire si 1 436 et 513 sont premiers entre eux. ....

....

Fais tes calculs au brouillon.

Rendre une fraction irréductible

Définition

Une fraction est irréductible si son **numérateur** et son **dénominateur** sont **premiers entre eux**.

Exemples

• La fraction $\frac{22}{9}$ est irréductible car 22 et 9 sont premiers entre eux.

En effet, les diviseurs de 22 sont {1 ; 2 ; 11 ; 22} et ceux de 9 : {1 ; 3 ; 9}, et 1 est leur seul diviseur commun.

• La fraction $\frac{10}{14}$ n'est pas irréductible car 10 et 14 sont divisibles par 2.

Propriété

> Si on simplifie une fraction par le PGCD de son numérateur et de son dénominateur, on obtient une fraction irréductible.

Exemple : Simplifions la fraction $\frac{26}{65}$ pour la rendre irréductible.

26 a pour diviseurs {1 ; 2 ; **13** ; 26} et 65 a pour diviseurs {1 ; 5 ; **13** ; 65}.
Donc 13 est le PGCD de 26 et 65.

On a $\frac{26}{65} = \frac{2 \times 13}{5 \times 13} = \frac{2}{5}$ et la fraction $\frac{2}{5}$ est irréductible.

1 Simplification avec les critères de divisibilité

Simplifier les fractions suivantes et vérifier que la fraction obtenue est irréductible.

a. $\frac{720}{630}$ = ...

b. $\frac{1\,050}{875}$ = ...

c. $\frac{660}{924}$ = ...

d. $\frac{5\,400}{4\,050}$ = ...

Observe que si le numérateur et le dénominateur sont deux nombres entiers consécutifs, alors la fraction est irréductible.

2 Simplification avec le PGCD (1)

a. Déterminer les diviseurs de 175 puis ceux de 63.

....

b. Quel est le PGCD de 175 et de 63 ? ....

c. Simplifier la fraction $\frac{175}{63}$ pour la rendre irréductible.

....

a. 175 et 63 ont six diviseurs chacun.
c. Tu dois simplifier en une seule étape.

3 Simplification avec le PGCD (2)

a. Déterminer les diviseurs de 52, puis ceux de 351 pour en déduire leur PGCD.

a. 52 a six diviseurs et 351 en a huit.

b. La fraction $\frac{52}{351}$ est-elle irréductible ?

Sinon, la rendre irréductible.

4 Fractions irréductibles ou non (1)

a. Pourquoi la fraction $\frac{1\,045}{1\,235}$ n'est-elle pas irréductible ?

b. Simplifier cette fraction par 5.

c. Déterminer, par la méthode des divisions successives, le PGCD de 247 et 209.

c. Vois le chapitre précédent.

d. La fraction $\frac{209}{247}$ est-elle irréductible ?

Sinon, la rendre irréductible.

5 Fractions irréductibles ou non (2)

Ces fractions sont-elles irréductibles ? Si oui le justifier, sinon les rendre irréductibles.

a. $\frac{1\,097}{263}$

Détermine le PGCD du numérateur et du dénominateur par la méthode des divisions successives.

b. $\frac{1\,771}{920}$

16 Jongler avec les unités

Dans certains calculs de mesure, on utilise des grandeurs quotients. C'est le cas dans les problèmes de vitesse.

Formules et unités

Si v désigne la vitesse, d la distance parcourue et t la durée du parcours,

on a alors $d = v \times t$

On en déduit $v = \dfrac{d}{t}$ et $t = \dfrac{d}{v}$

Si d est en km et t en h alors v est en km/h (ou $km \cdot h^{-1}$).
Si d est en m et t en s alors v est en m/s (ou $m \cdot s^{-1}$).

Exemple : Un scooter se déplace à 52 km/h.

Pour parcourir 78 km, il met : $\dfrac{78}{52} = 1{,}5$ soit une heure et demie.

En deux heures et demie, il aura parcouru : $52 \times 2{,}5 = 130$ km.

Changements d'unités

Une voiture roule à 81 km/h. En une seconde elle parcourt :
$81 \div 3\,600 = 0{,}0225$ km, soit 22,5 m. Sa vitesse est donc de : 22,5 m/s (ou $m \cdot s^{-1}$).
Un avion se déplace à 240 m/s. En 1 h il parcourt :
$240 \times 3\,600 = 864\,000$ m, soit 864 km. Sa vitesse est donc de 864 km/h (ou $km \cdot h^{-1}$).
Le débit d'une pompe est de 2,5 L/s (ou $L \cdot s^{-1}$) ; en une minute elle débite
$2{,}5 \times 60 = 150$ L. Son débit est donc de 150 L/min (ou $L \cdot min^{-1}$).

1 En voiture

Une voiture roule à 72 km/h.

a. Calculer sa vitesse en m/s. ....

b. En combien de secondes parcourt-elle 100 m ? ....

c. Quelle distance a-t-elle parcourue en une minute ? ....

On peut écrire km/h ou bien $km \cdot h^{-1}$; de même m/s ou $m \cdot s^{-1}$.

2 Chemin de fer

Un train parcourt 581 km en trois heures et demie.

a. Calculer sa vitesse en km/h. ....

b. Calculer sa vitesse en m/s. ....

c. Combien de temps met-il pour parcourir 332 km ? ....

3 La fusée

La vitesse d'une fusée est de 561 m/s.

a. Donner sa vitesse en km/h. ....

b. Fait-elle plus de 30 km par minute ? ....

4 Débit d'eau

Au mois de janvier, il s'écoule dans la Seine environ 30 000 m^3 d'eau par minute.

a. Calculer le débit moyen de la Seine en m^3/s. ....

b. Combien s'écoule-t-il de m^3 d'eau en 1 h, en 1 jour ? ....

On peut écrire m^3/s ou $m^3 \cdot s^{-1}$.

5 Consommation d'essence

Une voiture a consommé 15 litres d'essence pour parcourir 350 km.

a. Calculer sa consommation d'essence en litres pour 100 km. ....

b. Quelle distance peut-elle parcourir avec un plein de 45 litres ? ....

6 Densité de population

Une commune de 16 830 habitants s'étend sur 51 km^2.

a. Calculer sa densité de population en habitant/km^2.

b. Calculer la superficie moyenne par habitant en ha/habitant.

1 hectare = 1 ha = 1 hm^2.

7 Régime de moteur

Un moteur de moto tourne à 6 900 tours/min.

Calculer le nombre de tours de ce moteur par seconde. ....

8 Masse volumique

Un solide en cuivre de 65 cm^3 pèse 0,58 kg.

Calculer sa masse volumique en g/cm^3. ....

La masse volumique d'un corps est la masse par unité de volume.

Connaître les notions de médiane et de quartiles

Voici la répartition des notes d'un devoir donné dans la classe de 3e A.

Q_1 (entre 7 et 9) — M_e (entre 10 et 11) — Q_3 (entre 14 et 17)

Note	5	6	7	9	10	11	12	14	17	19
Effectif	1	1	4	5	1	2	3	1	4	2
Effectif cumulé	1	2	6	11	12	14	17	18	22	24

L'effectif de la classe est 24.

6 élèves ont moins de 8 — 6 élèves ont entre 8 et 10,5 — 6 élèves ont entre 10,5 et 15 — 6 élèves ont plus de 15

12 élèves ont moins de 10,5 — 12 élèves ont plus de 10,5

- Une note **médiane** permet de séparer la classe en deux moitiés de même effectif. On peut choisir 10,5 comme note médiane : $M_e = 10,5$.
- Le **premier quartile** (noté Q_1) est une note telle que le quart des élèves sont en dessous et les trois quarts au-dessus. On peut choisir 8 comme premier quartile : $Q_1 = 8$.
- Le **troisième quartile** (noté Q_3) est une note telle que les trois quarts des élèves sont en dessous et le quart au-dessus. On peut choisir 15 comme troisième quartile : $Q_3 = 15$.

Remarque 1 : La moitié des élèves ont entre 8 et 15.

Remarque 2 : Le second quartile est la médiane ; $Q_2 = 10,5$.

1 Ne pas confondre

a. Calculer la moyenne des notes données dans l'exemple ci-dessus.

....

b. Cette moyenne peut-elle être une note médiane ? ....

....

2 Chiffres d'affaires

Voici les chiffres d'affaires quotidiens (en milliers d'euros) réalisés par un magasin, sur une période de 100 jours.

Chiffre d'affaires	1,3	1,4	1,6	1,8	1,9	2	2,1	2,2	2,3	2,5
Nombre de jours	3	9	13	12	6	7	5	20	15	10
Effectif cumulé										

a. Compléter le tableau avec les effectifs cumulés.

b. Donner un chiffre d'affaires médian. ....

c. Calculer la moyenne des chiffres d'affaires. ....

Cette moyenne peut-elle être une valeur médiane ? ....

....

d. Indiquer les quartiles Q_1 et Q_3. ....

Observe l'exemple donné en haut de page.

3 Série statistique

Voici une série statistique :

12 ; 15 ; 20 ; 14 ; 16 ; 18 ; 12 ; 21 ; 13 ; 14 ; 16 ; 20.

a. Compléter le tableau en ordonnant par ordre croissant les valeurs données.

Valeur	12	13						
Effectif	2	1						
Effectif cumulé	2	3						

b. Proposer une valeur pour la médiane, puis pour le premier et le troisième quartile.

Médiane = ... Q_1 = ... Q_3 = ...

c. Calculer la moyenne de cette série.

....

....

d. Cette moyenne peut-elle être choisie comme médiane ?

....

....

4 Un peu de finesse

a. Compléter le tableau suivant.

Valeur	9	11	12	13	15	17
Effectif	2	5	6	4	2	1
Effectif cumulé						

Q_1, Q_2 et Q_3 sont, dans ce cas, des nombres de la série.

b. Proposer une valeur médiane Q_2.

....

c. Proposer une valeur pour Q_1 et pour Q_3.

Q_1 = ... Q_3 = ...

5 Tailles d'enfants

On a relevé les tailles de 40 enfants de 5 à 7 ans (exprimées en cm).

104	107	107	107	108	108	108	109	111	111
112	112	112	113	113	114	114	114	114	115
115	115	116	116	117	117	118	118	118	118
119	120	120	120	121	121	122	122	123	124

Dans le tableau, les tailles sont rangées dans l'ordre croissant. Regarde bien le tableau.

Indiquer une taille médiane Q_2, un premier quartile Q_1 et un troisième quartile Q_3.

Q_2 = ... Q_1 = ... Q_3 = ...

Gestion de données

18 Calculer ses chances

Un premier exemple

Le jeu consiste à jouer à pile ou face avec une pièce. On a 1 chance sur 2 d'obtenir pile et, bien sûr, 1 chance sur 2 d'obtenir face.
On dit que « La **probabilité** d'obtenir pile est $\frac{1}{2}$ ». Celle d'obtenir face aussi.

Un second exemple

On tire une carte au hasard dans un jeu de 32 cartes.
On a 1 chance sur 32 d'obtenir le roi de cœur. La probabilité d'obtenir le roi de cœur est $\frac{1}{32}$.
On a aussi 4 chances sur 32 d'obtenir un as, c'est-à-dire 1 chance sur 8.
La probabilité d'obtenir un as est donc $\frac{4}{32} = \frac{1}{8}$.

$$\frac{4}{32} = \frac{\text{nombre d'as}}{\text{nombre de cartes}} = \frac{\text{nombre de cas favorables}}{\text{nombre de cas possibles}}$$

Événement

Dans l'exemple ci-dessus, « Obtenir un as » est un événement de probabilité $\frac{1}{8}$.
« Obtenir le roi de cœur » est un événement de probabilité $\frac{1}{32}$.

1 Lancer d'un dé

On lance un dé à 6 faces.

a. Quelle est la probabilité d'obtenir un 2 ? ....

b. Quelle est la probabilité d'obtenir un nombre pair ? ....

c. Quelle est la probabilité d'obtenir un 1 ou un 6 ? ....

2 L'astragale romain

Pour jouer aux dés, les Romains utilisaient des osselets d'agneau appelés astragales. Un astragale comporte 4 faces numérotées I, II, III, IV, mais les quatre faces sont différentes et n'ont pas la même probabilité d'apparaître. On lance un astragale.

La somme des probabilités de tous les cas possibles est égale à 1.

Compléter le tableau.

Obtenir	I	II	III	IV
Probabilité	$\frac{4}{10}$	$\frac{4}{10}$	$\frac{1}{10}$	…

3 Dans l'urne

Dans une urne, on dispose de 2 boules rouges, 4 boules blanches et 1 boule noire.
On prend une boule au hasard.

Quelle est la probabilité d'obtenir :

a. une boule blanche ? ....

b. la boule noire ? ....

c. une boule qui n'est pas blanche ? ....

a. $\frac{\text{nombre de boules blanches}}{\text{nombre total de boules}} = …$

4 Dans ma classe

a. Compléter le tableau suivant.

	Garçons	Filles	Total
Pratiquent l'informatique	6	12	
Ne pratiquent pas l'informatique	4	8	
Total			

b. On choisit un élève au hasard.
On note E_1 l'événement « Choisir une fille qui pratique l'informatique »,
E_2 l'événement « Choisir un garçon »,
et E_3 l'événement « Choisir un élève qui ne pratique pas l'informatique ».

Calculer la probabilité de E_1, puis celle de E_2, puis celle de E_3 ....

....

5 À la loterie

Dans un carnet de 100 billets de tombola, 1 billet permet de gagner 100 €, 9 autres 10 €, 20 autres 2 €. Les billets restants ne rapportent rien.
On choisit au hasard un billet dans le carnet.

a. Quelle est la probabilité de gagner une somme supérieure à 5 € ? ....

b. Quelle est la probabilité de ne rien gagner ? ....

6 MP3 défectueux

On achète deux lecteurs MP3. Il y a 1 chance sur 100 que les deux lecteurs présentent des défauts et 18 chances sur 100 qu'un seul des lecteurs présente un défaut.
Quelle est la probabilité d'acheter deux lecteurs ne présentant aucun défaut ?

....

....

7 Faire un carton

On choisit au hasard 2 cartons parmi 3 cartons dont 1 est rouge et les 2 autres jaunes.

a. En notant R, J_1 et J_2 les cartons, écrire toutes les possibilités.

....

b. Quelle est la probabilité d'obtenir 2 cartons jaunes ? ....

a. Attention, « R et J_1 » ou « J_1 et R », c'est pareil !

8 Pile ou face

On jette une pièce deux fois de suite.

a. Compléter le tableau.

b. Quelle est la probabilité d'obtenir :
- 2 fois pile ? ....
- 2 fois face ? ....
- 1 fois pile et 1 fois face ? ....

1er jet / 2e jet	Pile	Face
Pile		FP
Face		

Utiliser des racines carrées en géométrie

- **Propriété de Pythagore**

Si ABC est un triangle rectangle en A alors $AB^2 + AC^2 = BC^2$.

- **Réciproque**

Soit ABC un triangle. Si $BC^2 = AB^2 + AC^2$ alors ABC est un triangle rectangle en A.

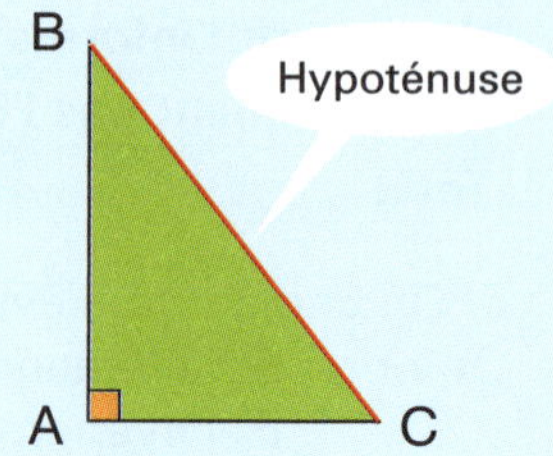

Exemple

Soit ABC un triangle tel que AB = 1, AC = 2 et BC = $\sqrt{5}$.

Montrer que ABC est rectangle en A.

On a $AB^2 = 1$ et $AC^2 = 4$; $BC^2 = (\sqrt{5})^2 = 5$.

Comme $AB^2 + AC^2 = 1 + 4 = BC^2$ alors ABC est rectangle en A d'après la réciproque de la propriété de Pythagore.

1 Calcul de l'hypoténuse

Dans les deux cas suivants, calculer l'hypoténuse du triangle ABC rectangle en A.

a. AB = 12 et AC = 5 ....

....

b. AB = $\sqrt{5}$ et AC = $\sqrt{11}$ ....

....

Applique directement la propriété de Pythagore.

2 Diagonale d'un carré

Calculer la longueur de la diagonale d d'un carré de 7 m de côté (valeur exacte, puis valeur approchée à 0,01 m près).

....

....

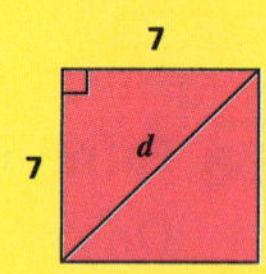

3 Périmètre d'un carré

Déterminer le périmètre d'un carré d'aire 72,25 cm².

....

....

Aire du carré = côté × côté.

4 Est-il rectangle ?

Soit ABC un triangle tel que AB = $2\sqrt{3}$, AC = $\sqrt{13}$ et BC = 5.

Ce triangle est-il rectangle ? ....

....

....

5 Triangle isocèle ?

Les points A, B et C sont sur les nœuds d'un quadrillage à mailles carrées.
Le côté de chaque petit carré mesure 1 unité.

a. Calculer AB (à l'aide du triangle ADB).

....

b. Calculer AC (à l'aide du triangle AEC).

....

c. Le triangle ABC est-il isocèle ?

....

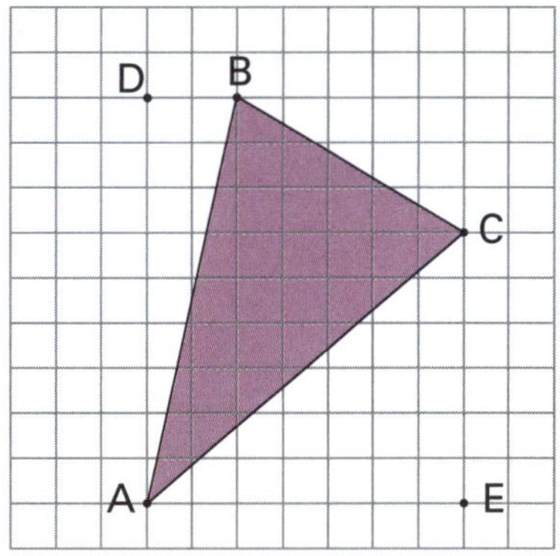

Inutile de chercher une valeur approchée de ces distances. On peut les laisser sous la forme $\sqrt{\ldots}$.

6 Hauteurs d'un triangle

a. Combien mesurent la base [CB] et la hauteur [AH] du triangle CAB ?
(Le côté d'un carré du quadrillage mesure 1 unité.)

CB = ... AH = ...

b. Calculer l'aire du triangle CAB.

....

c. Calculer la longueur du côté [AB].

AB^2 = ... Donc AB = ...

d. En déduire la longueur de la hauteur [CK] (valeur exacte et valeur arrondie à 0,01 près).

....

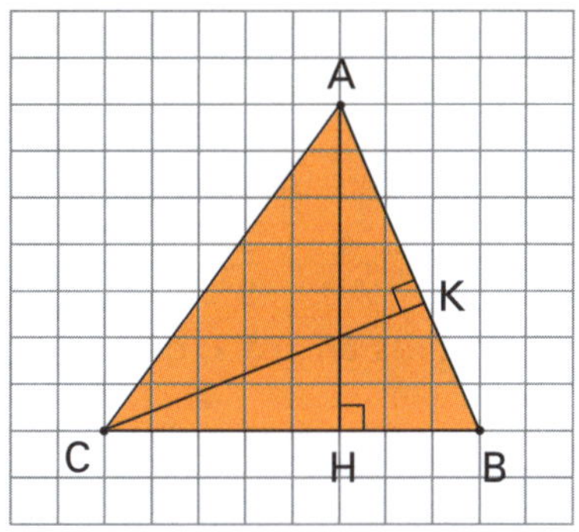

b. Consulte éventuellement le formulaire de géométrie.
d. Utilise les résultats des questions **b.** et **c.**

7 Calcul de la hauteur d'un triangle équilatéral

On donne le triangle équilatéral RAS de côté 8 cm.
Calculer la hauteur AH (valeur exacte et valeur arrondie à 0,01 cm près).

....

....

....

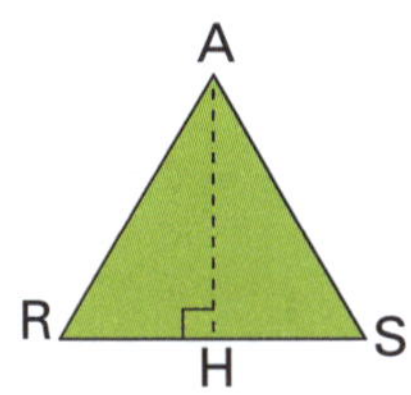

Étudie le triangle rectangle ARH et utilise les propriétés du triangle équilatéral.

8 Triangle équilatéral dans un cube

Dans un cube de côté 5 cm, on considère le triangle équilatéral ABC (voir figure).
Calculer le côté AB du triangle équilatéral ABC.
(Donner une valeur arrondie à 0,01 près.)

....

....

....

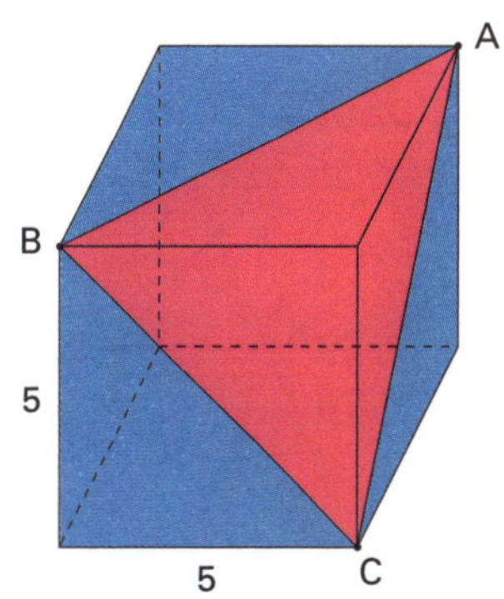

Calculer des longueurs avec la propriété de Thalès

Propriété de Thalès

Si les droites (EF) et (BC) sont parallèles, alors
$$\frac{AE}{AB} = \frac{AF}{AC} = \frac{EF}{BC}.$$

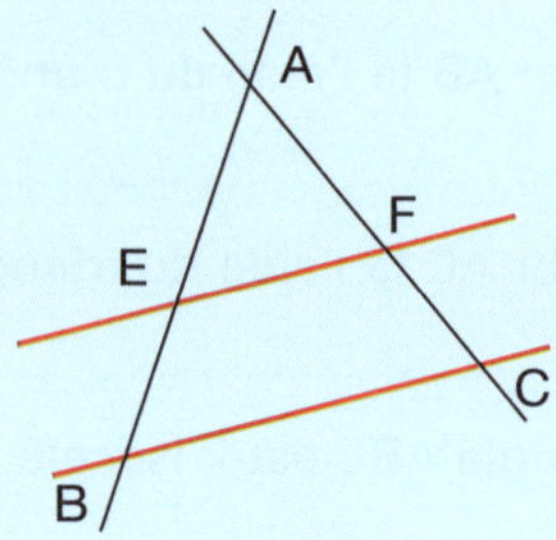

Un exemple de calcul

Sachant que :
(EF) // (BC)
AE = 4
AF = 3
AC = 9
calculer AB.

- D'après la propriété de Thalès, on a : $\frac{AE}{AB} = \frac{AF}{AC}$ et donc $\frac{4}{AB} = \frac{3}{9}$.
- Avec les produits en croix, on obtient :
  $4 \times 9 = 3 \times AB$
  et donc $3 \times AB = 36$.
- D'où $AB = \frac{36}{3} = 12$.

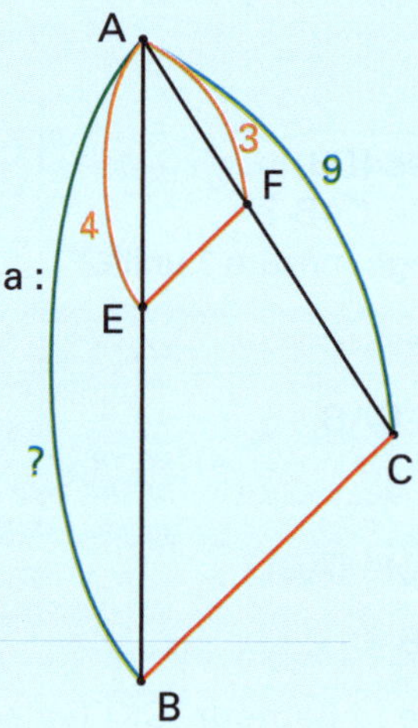

Rappel : si $\frac{a}{b} = \frac{c}{d}$ alors $a \times d = b \times c$.
Quand deux quotients sont égaux, les produits en croix sont égaux.
Exemple : $\frac{8}{12} = \frac{2}{3}$ et on constate que $8 \times 3 = 12 \times 2$.

1 Dans un triangle ABC

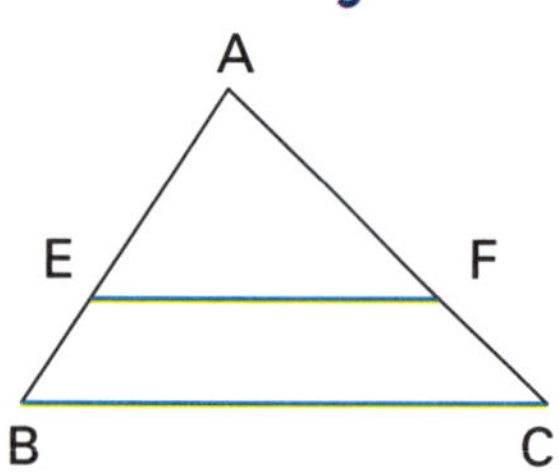

Hypothèses :
- (EF) // (BC)
- AE = 3
- AF = 4
- AC = 6
- BC = 7

a. Calculer AB. ....

....

....

b. Calculer EF. ....

....

....

La figure n'est pas à l'échelle.

2 Dans un autre triangle

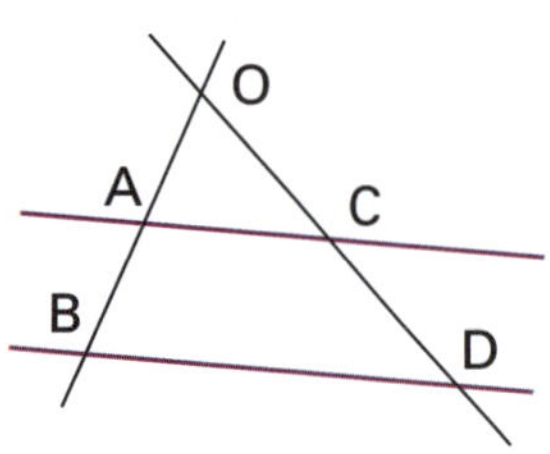

Hypothèses :
- (AC) // (BD)
- OA = 3
- OB = 9
- OC = 2
- AC = 4

a. Calculer OD. ....

....

....

b. Calculer BD. ....

....

....

La figure ne représente pas le vrai triangle.

3 Avec un X

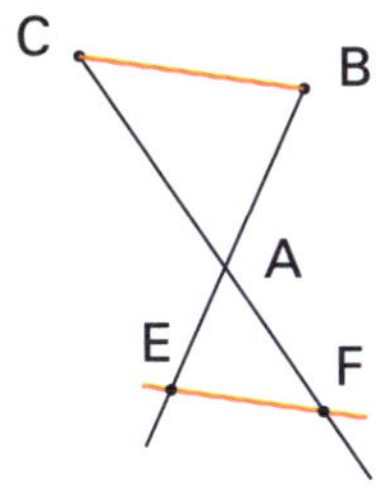

Hypothèses :
- (EF) // (BC)
- AB = 3
- EF = 2
- AC = 4
- BC = 3

a. Calculer AE. ....

....

....

b. Calculer AF. ....

....

....

Sous ces hypothèses on a : $\frac{AE}{AB} = \frac{AF}{AC} = \frac{EF}{BC}$.

4 Avec un tableau

Sachant que les droites en couleur sont parallèles, compléter le tableau.

t	*h*	*a*	*ℓ*	*e*	*s*
5		2	3		7
12	8		5	4	
	28	30		36	45

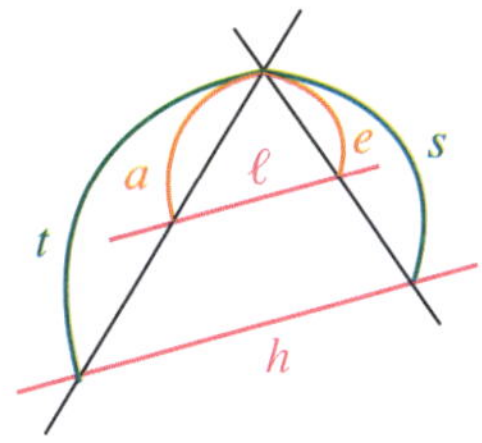

Fais les calculs au brouillon.

5 Un jour à la montagne

Calculer la hauteur du sapin.

....

....

....

....

....

....

Soit *s* la hauteur du sapin.

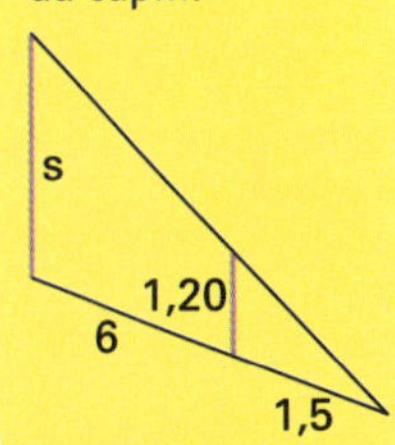

6 Un autre jour près d'un donjon

Calculer la hauteur du donjon.

....

....

....

....

....

....

....

Soit *d* la hauteur du donjon.

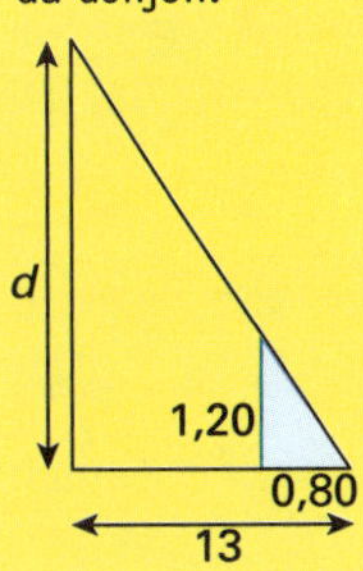

MATHS

Démontrer que deux droites sont parallèles

Propriété réciproque de Thalès

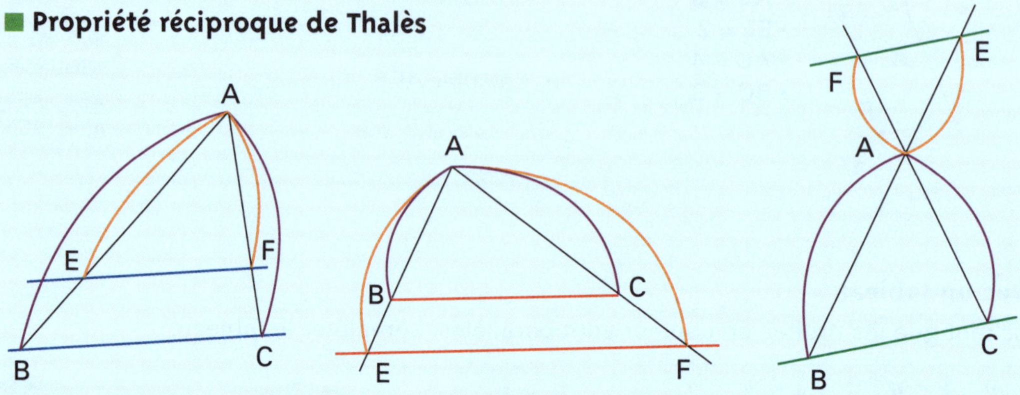

Cas ①   Cas ②   Cas ③

Dans chacun des cas de figures ①, ② et ③ on a :

Si $\frac{AE}{AB} = \frac{AF}{AC}$ alors les droites (EF) et (BC) sont parallèles.

1 Parallèles ou non ? (1)

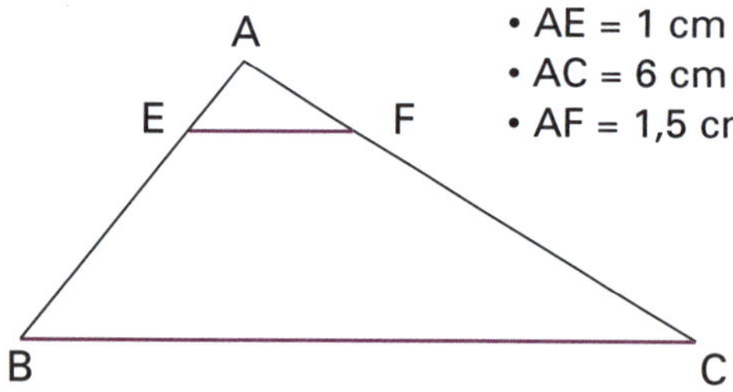

Hypothèses :
- AB = 4 cm
- AE = 1 cm
- AC = 6 cm
- AF = 1,5 cm

a. Calculer.

$\frac{AE}{AB}$ = ...

$\frac{AF}{AC}$ = ...

b. Compare les fractions $\frac{AE}{AB}$ et $\frac{AF}{AC}$.

b. Les droites (EF) et (BC) sont-elles parallèles ?

Pourquoi ? ....

....

2 Parallèles ou non ? (2)

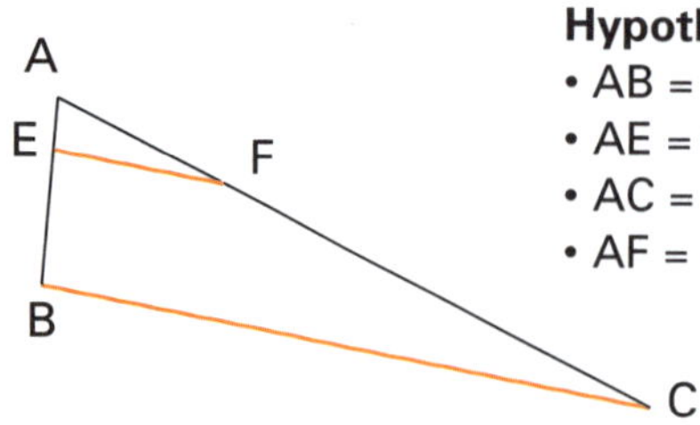

Hypothèses :
- AB = 1,4 cm
- AE = 0,4 cm
- AC = 5 cm
- AF = 1,4 cm

a. Si les droites (EF) et (BC) étaient parallèles, on aurait $\frac{AE}{\ldots\ldots} = \frac{\ldots\ldots}{AC}$.

C'est la propriété de Thalès.

b. Or :

$\frac{AE}{AB}$ = ...

$\frac{AF}{AC}$ = ...

c. Conclure. ....

....

3 Parallèles ou non ? (3)

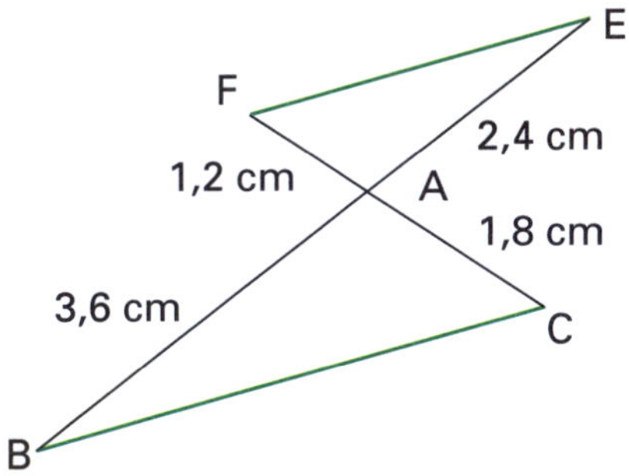

a. Calculer.

$\frac{AE}{AB}$ = ... $\frac{AF}{AC}$ = ...

b. Les droites (BC) et (EF) sont-elles parallèles ? Pourquoi ? ....

....

....

Compare les fractions $\frac{AE}{AB}$ et $\frac{AF}{AC}$.

4 Dans un carré

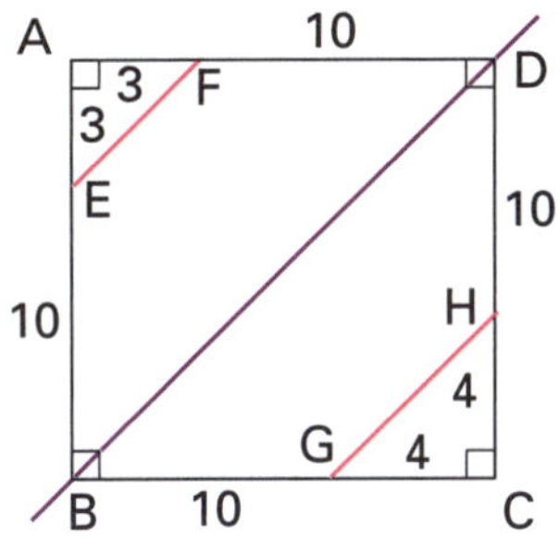

a. Démontrer que les droites (EF) et (BD) sont parallèles.

....

b. En est-il de même pour les droites (GH) et (BD) ?

....

c. Que peut-on dire des droites (EF) et (GH) ?

....

5 Dans un rectangle

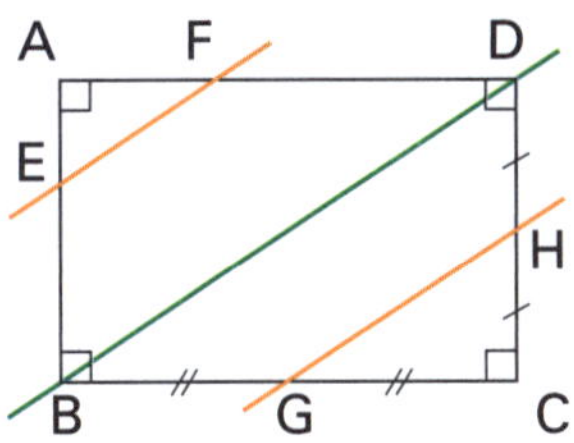

Hypothèses :
AD = 9 cm
AF = 3 cm
AB = 6 cm
AE = 2 cm

a. Démontrer que (GH) // (BD).

....

....

b. Calculer $\frac{AF}{AD}$ puis $\frac{AE}{AB}$ ....

....

c. Les droites (EF) et (GH) sont-elles parallèles ?

Pourquoi ? ....

....

6 À compléter

On suppose (BD) // (EG) et (DC) // (GF). On va démontrer que (BC) // (EF). Pour cela compléter :

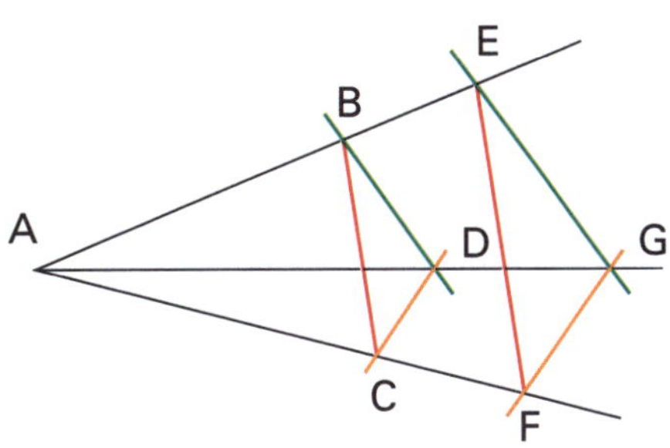

Comme (BD) // (EG) alors $\frac{\dots\dots}{\dots\dots} = \frac{\dots\dots}{\dots\dots}$.

De même, comme (DC) // (GF) alors

$\frac{\dots\dots}{\dots\dots} = \frac{\dots\dots}{\dots\dots}$.

Donc $\frac{AB}{AE} = \frac{\dots\dots}{\dots\dots}$.

Donc .... // ....

Utilise le théorème de Thalès, puis sa réciproque.

Agrandir et réduire

Agrandissement et réduction

- Au cours d'un agrandissement ou d'une réduction, les dimensions d'une figure sont toutes multipliées par un même nombre k positif.
- Ce nombre k est appelé **« rapport »** de l'agrandissement (ou de la réduction).
- Pour un agrandissement : $k > 1$. Pour une réduction : $k < 1$.

Propriété (k, k^2, k^3)

Dans un agrandissement ou une réduction de rapport k
– l'aire d'une surface est multipliée par k^2 ;
– le volume d'un solide est multiplié par k^3.

Exemples

Réduction

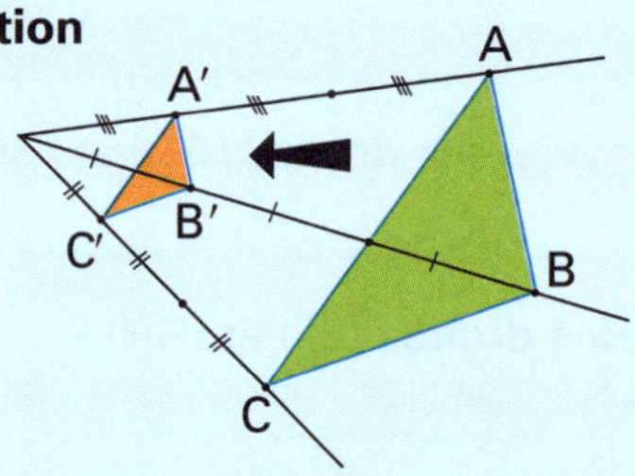

Les dimensions sont multipliées par $\frac{1}{3}$.

$$\text{Aire (A'B'C')} = \text{Aire (ABC)} \times \left(\frac{1}{3}\right)^2$$
$$= \text{Aire (ABC)} \times \frac{1}{9}$$

Agrandissement

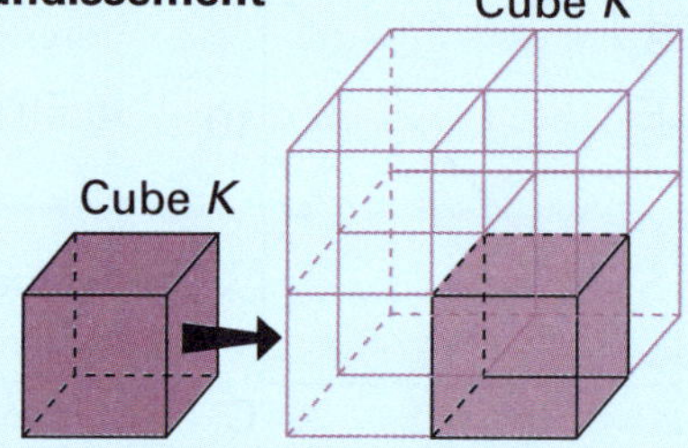

Les dimensions sont multipliées par 2.

$$\text{Volume } (K') = \text{Volume } (K) \times 2^3$$
$$= \text{Volume } (K) \times 8$$

1 Élémentaire !

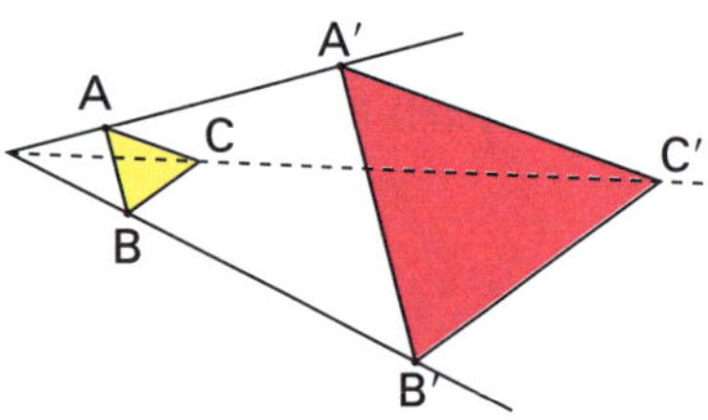

On suppose que A′B′C′ est un agrandissement de ABC et que l'aire de A′B′C′ vaut 16 fois l'aire de ABC.

Alors : A′B′ = ... × AB

et AC = ... × A′C′

2 Vous avez dit agrandissement ?

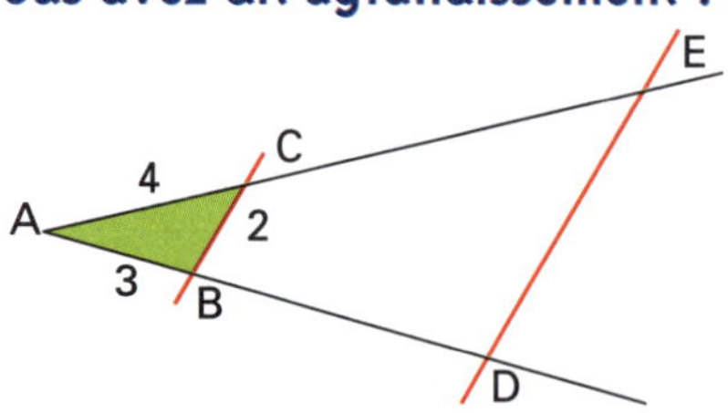

(BC) // (DE) et AD = 9.

a. Calculer AE et ED.

....

....

....

a. Utilise le théorème de Thalès.
b. Pour cela, montre que AE = 3AC, AD = 3AB, et DE = 3BC.

b. Montrer que ADE est un agrandissement de ABC. ....

....

3 Dans un cube

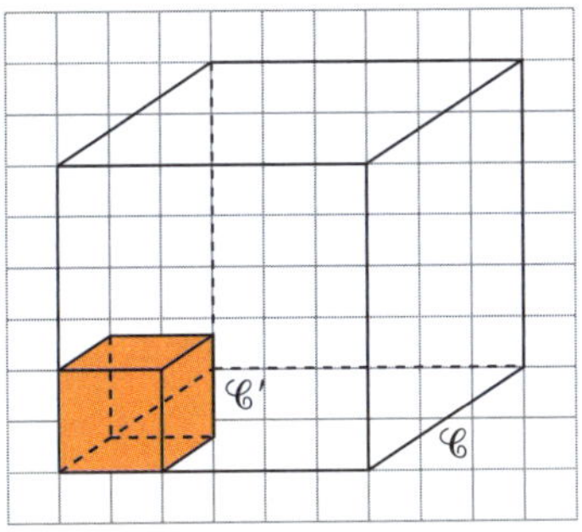

Le cube colorié $\mathscr{C}'$ est une réduction du cube $\mathscr{C}$. Compléter.

a. Les dimensions de $\mathscr{C}'$ sont celles de $\mathscr{C}$ multipliées

par ....

b. L'aire d'une face de $\mathscr{C}'$ est l'aire d'une face de $\mathscr{C}$ multipliée

par ....

c. volume ($\mathscr{C}'$) = ... × volume ($\mathscr{C}$).

4 Pyramides d'Égypte

Les trois pyramides de Giseh, dédiées aux pharaons Khéops, Khéphren et Mykérinos, sont des pyramides à base carrée.
La plus petite est celle de Mykérinos : sa base mesure 105 m de côté et sa hauteur 66 m.
La plus grande est celle de Khéops : sa base mesure 231 m de côté.
On suppose dans ce problème qu'elle est un agrandissement de celle de Mykérinos.

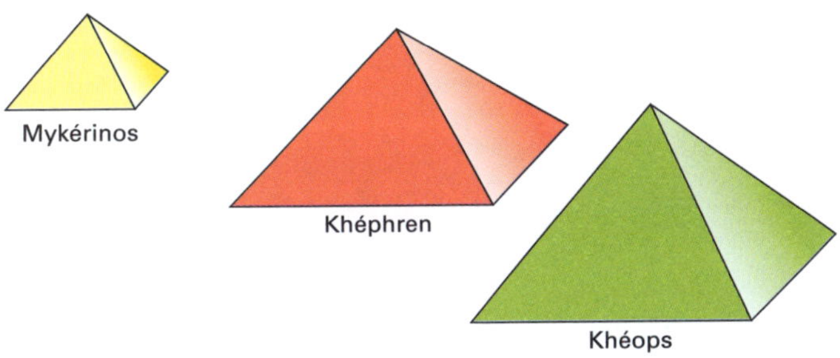

a. Calculer, à 0,1 m près, la hauteur de la pyramide de Khéops.

....

....

....

a. Calcule d'abord le rapport d'agrandissement.

b. On prétend que le volume de la pyramide de Khéops est environ dix fois plus grand que celui de la pyramide de Mykérinos. Vérifier cette affirmation sans calculer les volumes.

....

....

b. Pense à la propriété (k, k^2, k^3).

c. Même consigne qu'en b., mais en calculant les volumes des deux pyramides.

....

....

....

....

....

c. Consulte le formulaire en page 139.

Utiliser la trigonométrie

Dans un triangle ABC rectangle en C, on a :

$AC = AB \times \cos(\widehat{A})$ $BC = AB \times \sin(\widehat{A})$ $BC = AC \times \tan(\widehat{A})$

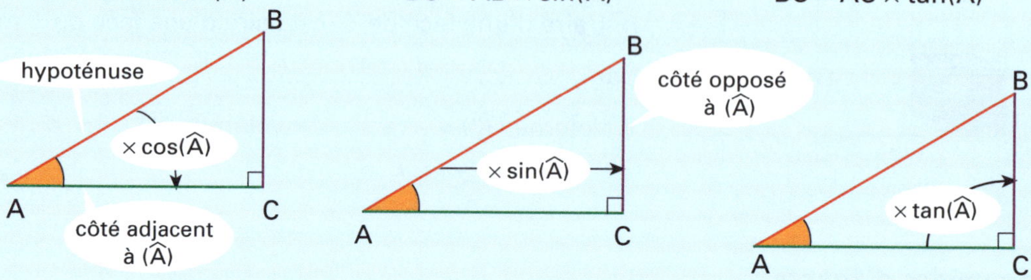

$\cos(\widehat{A}) = \dfrac{AC}{AB}$ $\sin(\widehat{A}) = \dfrac{BC}{AB}$ $\tan(\widehat{A}) = \dfrac{BC}{AC}$

cosinus = $\dfrac{\textbf{côté adjacent}}{\textbf{hypoténuse}}$ sinus = $\dfrac{\textbf{côté opposé}}{\textbf{hypoténuse}}$ tangente = $\dfrac{\textbf{côté opposé}}{\textbf{côté adjacent}}$

1 Sinus, cosinus et tangente (1)

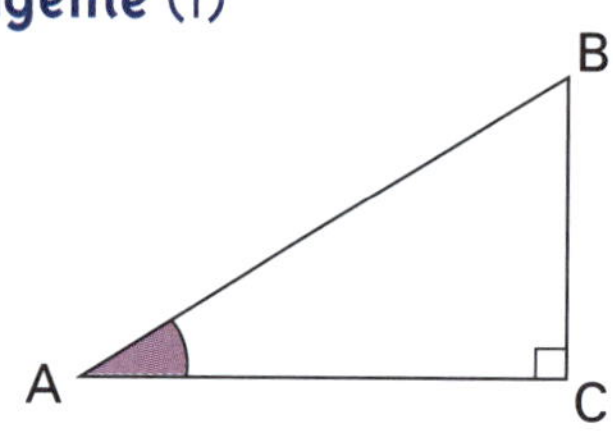

Pour les trois questions :
- raye les mentions inutiles parmi les trois proposées ;
- donne les valeurs exactes.

a. Sachant que AC = 5 et BC = 4, je peux immédiatement calculer :
$\left\{\begin{array}{l}\cos(\widehat{A})\\ \sin(\widehat{A})\\ \tan(\widehat{A})\end{array}\right.$ qui est égal à ....

b. Sachant que AC = 6 et AB = 7, je peux immédiatement calculer :
$\left\{\begin{array}{l}\cos(\widehat{A})\\ \sin(\widehat{A})\\ \tan(\widehat{A})\end{array}\right.$ qui est égal à ....

c. Sachant que AB = 8 et BC = 3, je peux immédiatement calculer :
$\left\{\begin{array}{l}\cos(\widehat{A})\\ \sin(\widehat{A})\\ \tan(\widehat{A})\end{array}\right.$ qui est égal à ....

2 Sinus, cosinus et tangente (2)

Calculer :

$\cos(\widehat{A})$ = ...

$\sin(\widehat{A})$ = ...

$\tan(\widehat{A})$ = ...

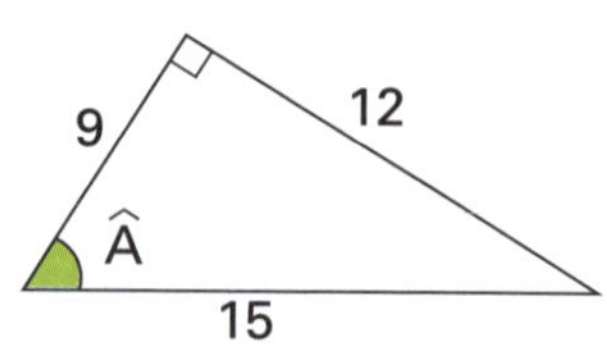

3 Avec la calculatrice

Calculer, à 0,01 près : cos(33°) ≈ .... ; sin(1°) ≈ .... ; tan(10°) ≈ ....

La calculatrice doit être en mode degré.

4 Calculs dans un triangle rectangle

On donne sin($\widehat{A}$) = 0,16.

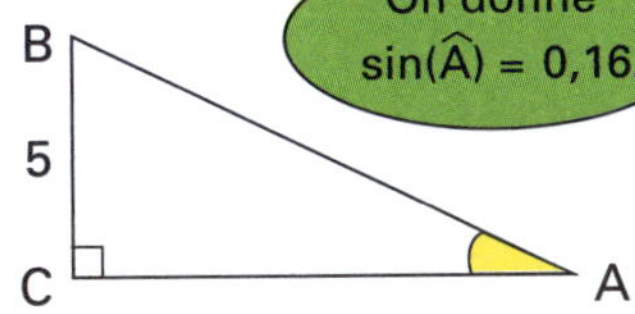

Par Pythagore !

a. Calculer AB.

....

....

....

b. Calculer AC à 0,01 près.

....

....

c. Calculer à 0,01 près :

cos($\widehat{A}$) = ...

5 De tous côtés

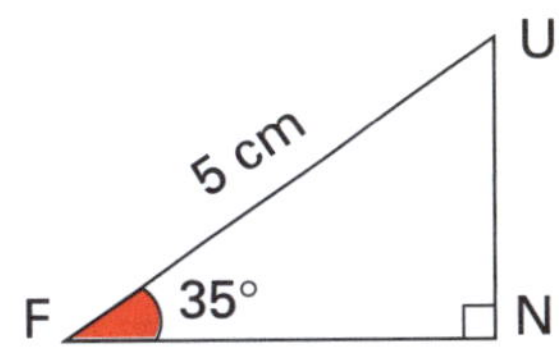

a. Calculer à 0,01 cm près :

NF = ...

UN = ...

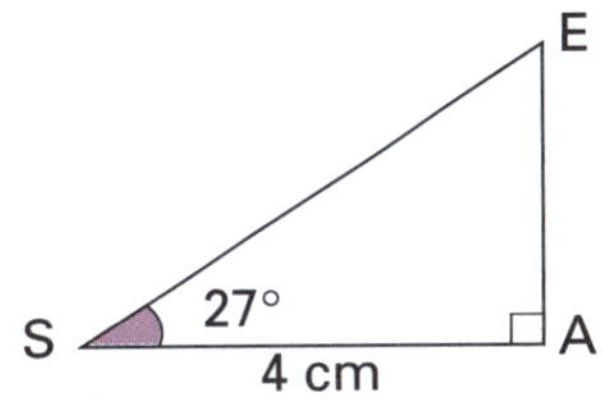

b. Calculer à 0,01 cm près EA et SE.

....

....

....

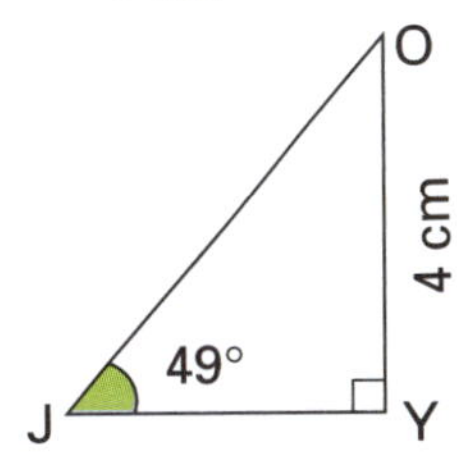

c. Calculer à 0,01 cm près JO et YJ.

....

....

....

....

6 Calculs dans un pentagone

Le pentagone régulier PENTA est inscrit dans un cercle de rayon 3 (les longueurs seront calculées à 0,001 près).

a. Calculer :

$\widehat{POE}$ = ...

$\widehat{POH}$ = ...

b. Calculer les longueurs OH, PH et PE.

....

....

....

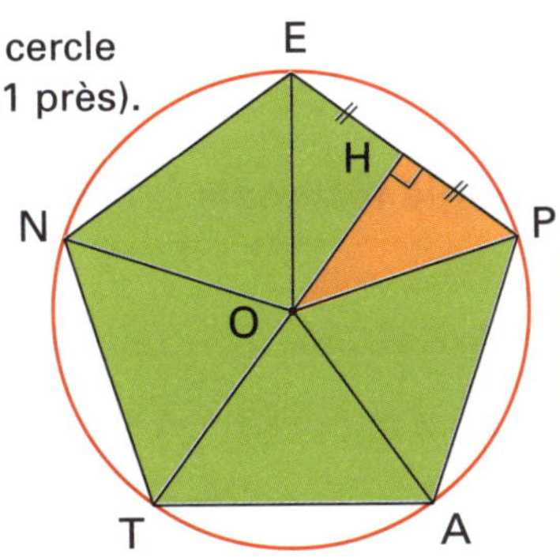

- Un angle plein mesure 360°.
- (OH) est la bissectrice de l'angle $\widehat{POE}$.

Calculer des angles

■ Calcul de la mesure d'un angle aigu dont le sinus est connu

Exemple. Sachant que $\sin(x) = 0{,}3$, on tape sur une calculatrice scientifique :

(0) (·) (3) (sin⁻¹) ou bien (sin⁻¹(0,3))

et on lit $x \approx 17{,}457\ 6°$.

Mettre la calculatrice en mode degré.

On procède de façon analogue avec le cosinus et la tangente.

■ Formules de trigonométrie

Avec $\cos(\widehat{A}) \neq 0$, on a : $\tan(\widehat{A}) = \dfrac{\sin(\widehat{A})}{\cos(\widehat{A})}$

Avec tout angle $\widehat{A}$, on a : $\cos^2(\widehat{A}) + \sin^2(\widehat{A}) = 1$

$\cos^2(\widehat{A})$ signifie $(\cos(\widehat{A}))^2$.

1 Avec la calculatrice

La lettre x désigne la mesure en degrés d'un angle aigu.
Compléter chaque ligne du tableau suivant.

x (en degrés)	$\cos(x)$	$\sin(x)$	$\tan(x)$
5			
	0,3		
		0,2	
			3,1

• Donne les résultats à 0,001 près.
• Pour les trois dernières lignes, commence par évaluer x.

2 Dans un triangle rectangle (1)

Compléter :

$\tan(\widehat{A}) =$ ....

$\widehat{A} \approx$ ....

$\cos(\widehat{A}) \approx$ ....

$\sin(\widehat{A}) \approx$ ....

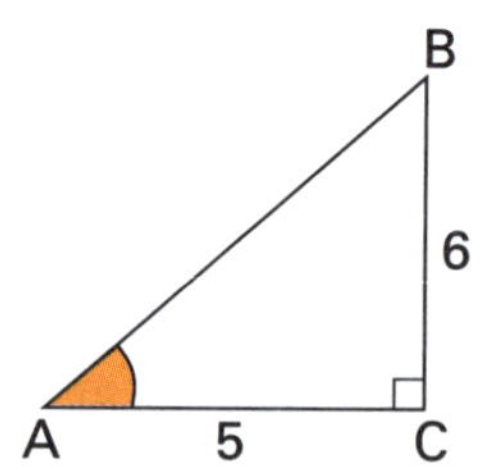

Donne les résultats à 0,001 près.

3 Dans un triangle rectangle (2)

Compléter :

$\sin(\widehat{A}) =$ ....

$\widehat{A} \approx$ ....

$\cos(\widehat{A}) \approx$ ....

$\tan(\widehat{A}) \approx$ ....

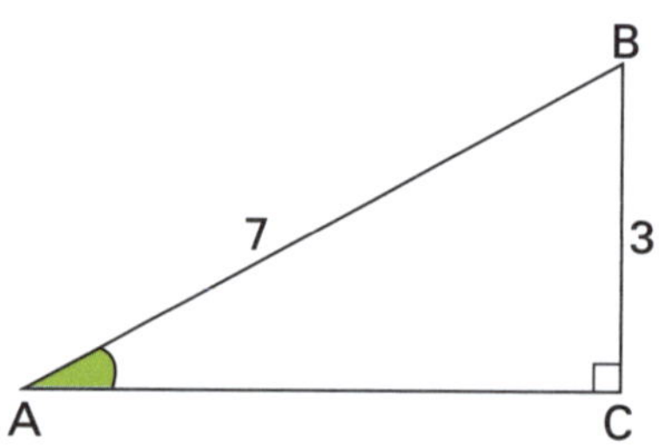

Donne les résultats à 0,001 près.

4 Le triangle 3-4-5

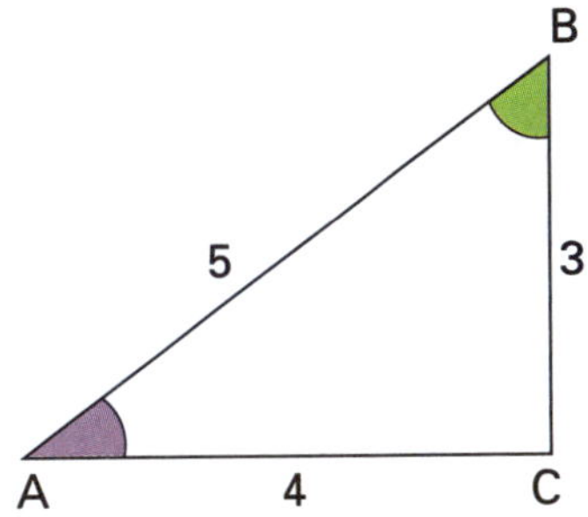

a. Vérifier que ABC est rectangle en C.

b. $\sin(\widehat{A}) =$

En déduire la mesure de $\widehat{A}$, puis celle de $\widehat{B}$ (à 0,01° près).

5 Dans un quadrillage à maille carrée

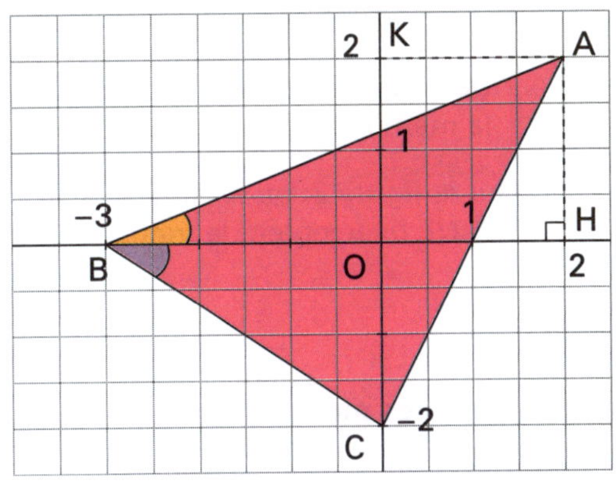

a. Calculer $\tan(\widehat{ABO})$ et en déduire la mesure de $\widehat{ABO}$ à 0,01° près.

b. Calculer $\tan(\widehat{OBC})$ et en déduire les mesures de $\widehat{OBC}$ puis de $\widehat{ABC}$.

a. Dans le triangle rectangle ABH, …
b. Dans le triangle rectangle OBC, …

c. En s'inspirant des questions **a.** et **b.**, calculer à 0,01° près la mesure de l'angle $\widehat{C}$ du triangle ABC.

d. En déduire une valeur approchée de la mesure de l'angle $\widehat{A}$ du triangle ABC.

6 Sans connaître $\widehat{A}$

$\widehat{A}$ est un angle aigu. On donne $\sin(\widehat{A}) = 0{,}352$. Sans déterminer la mesure de $\widehat{A}$, calculer $\cos(\widehat{A})$ puis $\tan(\widehat{A})$ à 0,000 001 près.

Utilise les relations $\cos^2(\widehat{A}) + \sin^2(\widehat{A}) = 1$ et $\tan(\widehat{A}) = \dfrac{\sin(\widehat{A})}{\cos(\widehat{A})}$

Connaître les angles inscrits

Vocabulaire

Dans le cercle de centre O :
- l'angle $\widehat{AMB}$ est un angle **inscrit** qui intercepte l'arc $\overset{\frown}{AB}$;
- l'angle $\widehat{AOB}$ est l'angle **au centre** qui intercepte l'arc $\overset{\frown}{AB}$.

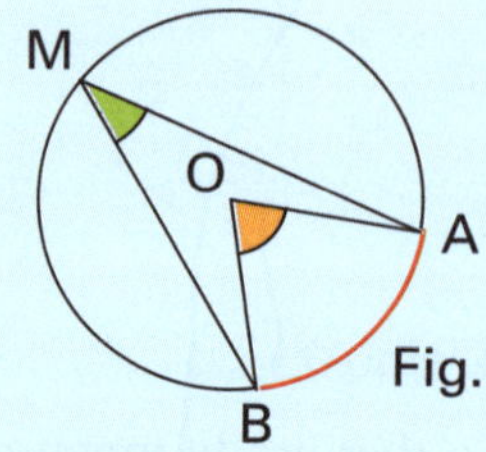

Fig. 1

Propriété

> Un angle inscrit mesure la moitié de l'angle au centre qui intercepte le même arc.

Avec la figure 1, on a : $\widehat{AMB} = \frac{1}{2} \times \widehat{AOB}$.

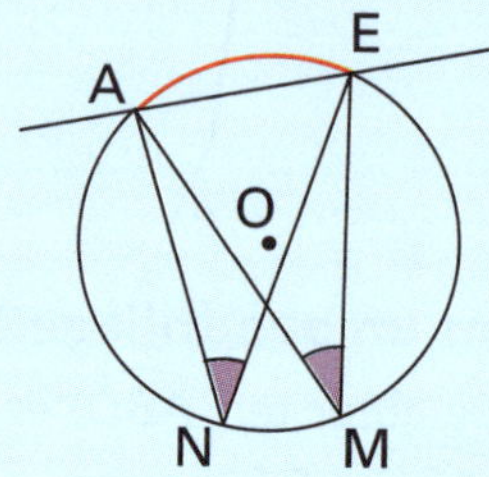

Fig. 2

Conséquence

> Deux angles inscrits qui interceptent le même arc ont la même mesure.

Sur la figure 2, on a $\widehat{AME} = \widehat{ANE}$ car les angles inscrits $\widehat{AME}$ et $\widehat{ANE}$ interceptent le même arc $\overset{\frown}{AE}$.

M et N sont du même côté de la corde [AE].

1 Donner les mesures

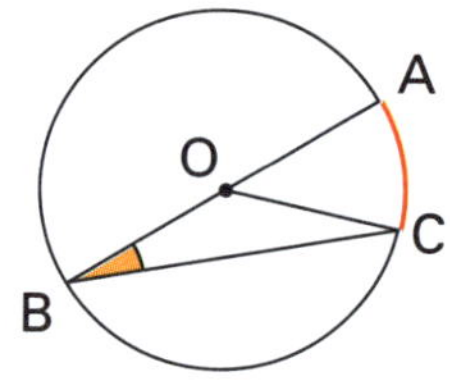

a. Sachant que $\widehat{ABC} = 20°$, compléter :

$\widehat{AOC}$ = ...

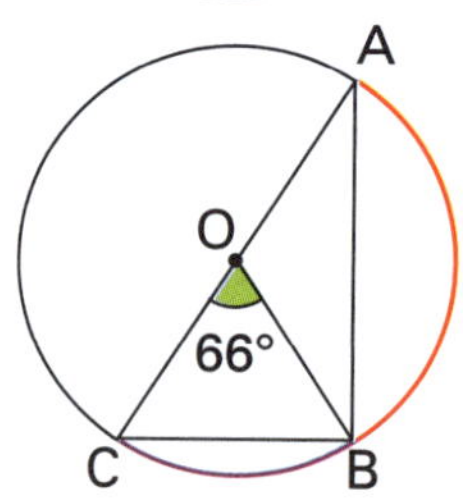

b. Compléter :

$\widehat{BAC}$ = ...

$\widehat{AOB}$ = ...

$\widehat{ACB}$ = ...

Pour les exercices 1 à 4, utilise la première propriété.

2 Avec un triangle équilatéral

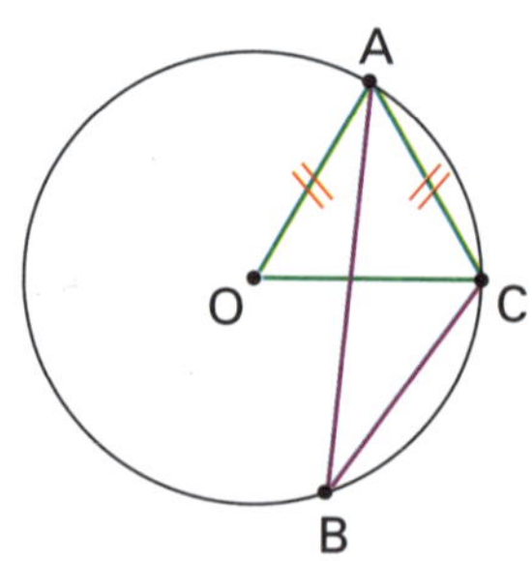

a. Démontrer que le triangle AOC est équilatéral.

....

....

....

b. En déduire la mesure de $\widehat{AOC}$ puis celle de $\widehat{ABC}$.

....

....

....

3 Dans tous les coins

a. Calculer la mesure de $\widehat{ACB}$.

b. En considérant le triangle BOC, calculer la mesure de $\widehat{BOC}$.

c. En déduire les mesures de $\widehat{BAC}$ et $\widehat{ABC}$.

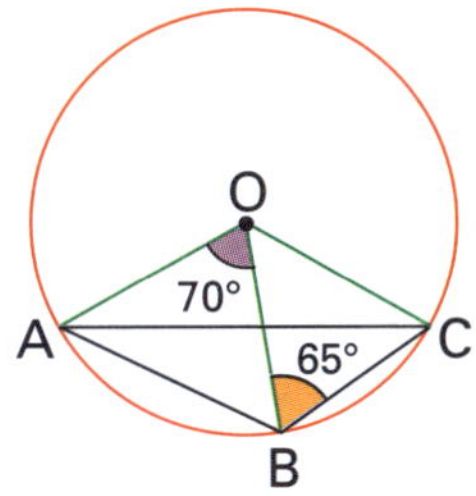

b. BOC n'est-il pas isocèle ?
La somme des mesures des angles d'un triangle est …

4 Un triangle isocèle ?

Deux cercles de centres A et B et de même rayon se coupent en C et D.
Une droite passant par C coupe le cercle de centre A en E et celui de centre B en F.

a. Montrer que ACBD est un losange.
En déduire que $\widehat{CAD} = \widehat{CBD}$.

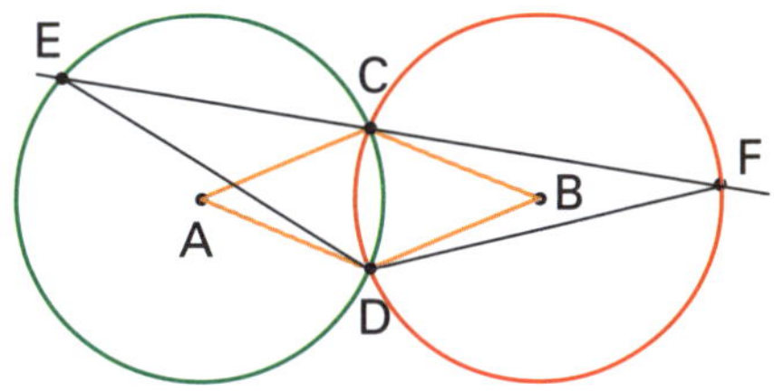

b. Démontrer que $\widehat{CED} = \widehat{CFD}$. En déduire la nature du triangle DEF.

5 Angle droit inscrit

Soit A et B deux points d'un cercle de centre O. La perpendiculaire à (AB) passant par A recoupe le cercle en C. Démontrer de deux façons que B, O et C sont alignés :

a. à l'aide d'une propriété des triangles rectangles.

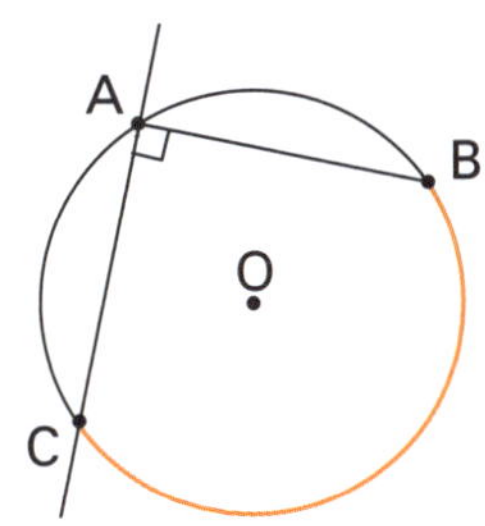

b. Que dire de l'angle au centre qui intercepte l'arc $\overset{\frown}{BC}$ ne contenant pas A ?

b. à l'aide d'une propriété des angles inscrits.

26 Résoudre des problèmes de sphère

Définitions

- La sphère de centre O et de rayon r est l'ensemble des points M de l'espace tels que $OM = r$.
- Deux points A et B de la sphère sont **diamétralement opposés** si [AB] est un diamètre de la sphère.

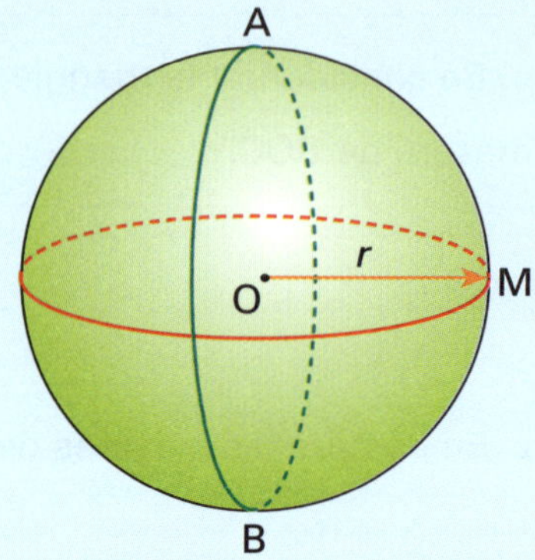

Aire de la sphère de rayon r : $\mathcal{A} = 4\pi r^2$

Exemple : Une sphère de rayon 5 cm a pour aire (en cm^2) :

$\mathcal{A} = 4 \times \pi \times (5)^2 = 100\pi \approx 314.$

Volume de la boule de rayon r : $V = \frac{4}{3}\pi r^3$

Exemple : Une boule de rayon 3 m a pour volume (en m^3) :

$V = \frac{4}{3} \times \pi \times (3)^3 = 36\pi \approx 113.$

Section d'une sphère par un plan

En coupant une sphère par un plan, on obtient un cercle. Lorsque ce plan passe par le centre de la sphère, on dit que la section est un **grand cercle**.

Exemple de calcul

- Un plan coupe une sphère de centre O et de rayon 17 cm selon un cercle $\mathcal{C}$ de centre H. La distance OH du centre de la sphère au plan mesure 8 cm. Calculer le rayon du cercle $\mathcal{C}$.
- Soit A un point de $\mathcal{C}$: le triangle OHA étant rectangle en H, on a :

$OA^2 = OH^2 + HA^2$, d'où $HA^2 = OA^2 - OH^2$ soit $HA^2 = 17^2 - 8^2 = 225$.

Donc $HA = \sqrt{225} = 15$. Le rayon du cercle $\mathcal{C}$ mesure 15 cm.

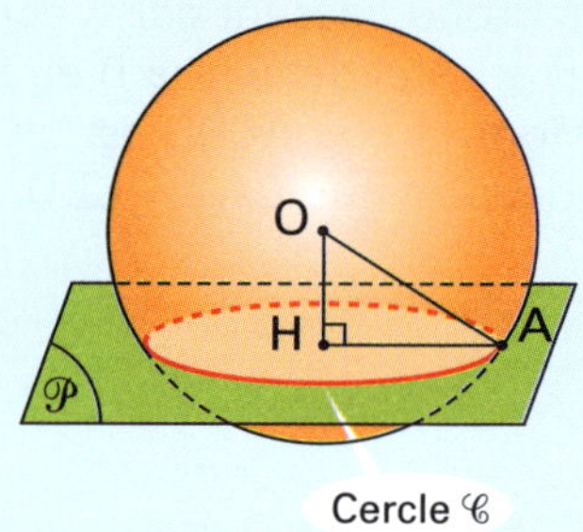

1 Dessin à main levée

Sur le dessin de la sphère ci-contre, dessiner deux grands cercles passant par le point A. Sur la sphère, placer deux points B et C diamétralement opposés.

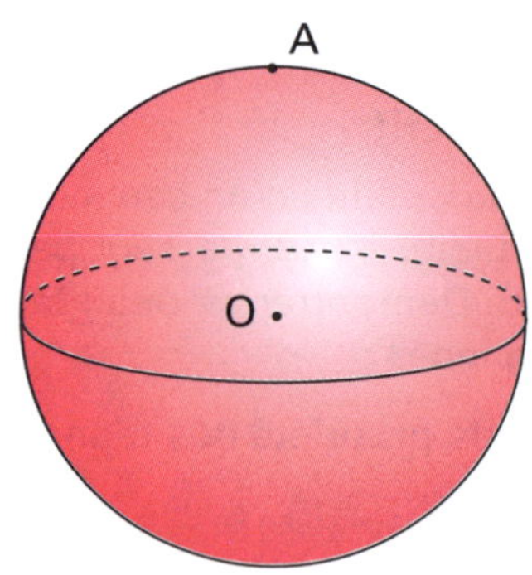

En perspective, un cercle est représenté par une ellipse.

2 À la bonne aire

Calculer l'aire des sphères de rayons suivants. (Préciser les unités.)

a. 6 m ....

b. 5 cm ....

c. 13 km ....

Donne la valeur exacte, puis une valeur approchée à 0,01 près.

3 Calcul de volumes

Calculer le volume des boules de rayons suivants. (Préciser les unités.)

Donne la valeur exacte, puis une valeur approchée à 0,001 près.

a. 12 mm

....

....

b. 9 cm

....

....

c. 15 m

....

....

4 Tableau

a. Compléter le tableau suivant, en précisant l'unité.

Donne une valeur approchée à 0,01 près.

Sphère	$\mathscr{A}$	$\mathscr{B}$	$\mathscr{C}$	$\mathscr{D}$
Rayon	4 cm	8 cm		3 cm
Diamètre			10 m	
Aire de la sphère				
Volume de la boule				

b. Le rayon de la sphère $\mathscr{B}$ est le double du rayon de la sphère $\mathscr{A}$.

L'aire de $\mathscr{B}$ est égale à .... fois l'aire de $\mathscr{A}$.

Le volume de $\mathscr{B}$ est égal à .... fois le volume de $\mathscr{A}$.

5 Notre planète

En admettant que la Terre soit une boule de 6 400 km de rayon, calculer son aire

(à un million de km^2 près) ....

et son volume (à un milliard de km^3 près). ....

6 Un réservoir

a. Calculer le volume (à 1 m^3 près) du réservoir représenté sur la figure ci-contre.

....

....

....

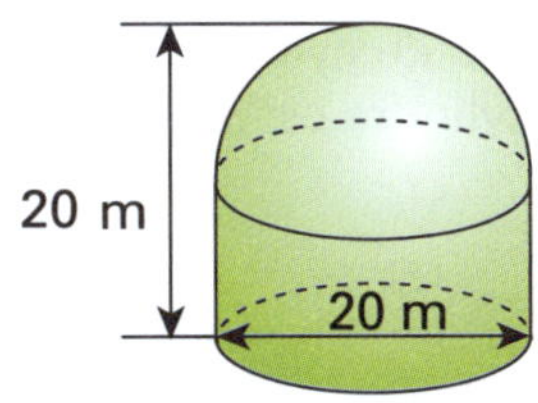

Le volume du réservoir est la somme de deux volumes. Voir le formulaire page 139.

b. Calculer l'aire de la surface visible (sans le fond horizontal) du réservoir (à 1 m^2 près).

....

7 Plan et sphère

La section d'une sphère de centre O et de 13 cm de rayon, par un plan $\mathscr{P}$, situé à une distance de 5 cm du centre O (OH = 5 cm) est un cercle $\mathscr{C}$.

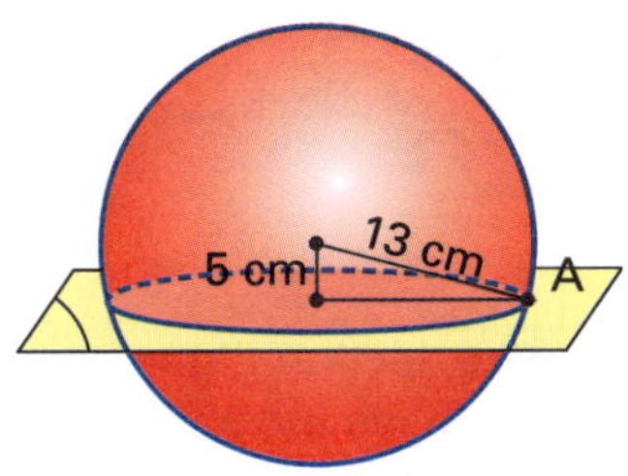

a. Placer sur le dessin les lettres $\mathscr{P}$, O, H et $\mathscr{C}$.

b. Calculer le rayon du cercle $\mathscr{C}$. ....

....

Couper un solide par un plan

■ **Propriétés**

• La section d'un cube ou d'un parallélépipède rectangle par un plan parallèle à une face est un rectangle de mêmes dimensions que la face.

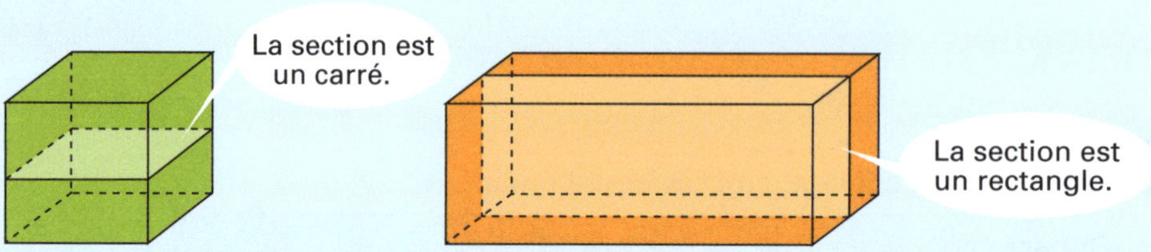

• La section d'un cube ou d'un parallélépipède rectangle par un plan parallèle à une arête est un rectangle.

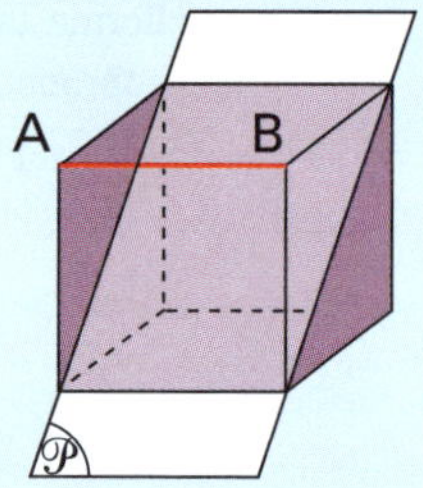

Dans les deux exemples, le plan 𝒫 est parallèle à l'arête [AB].

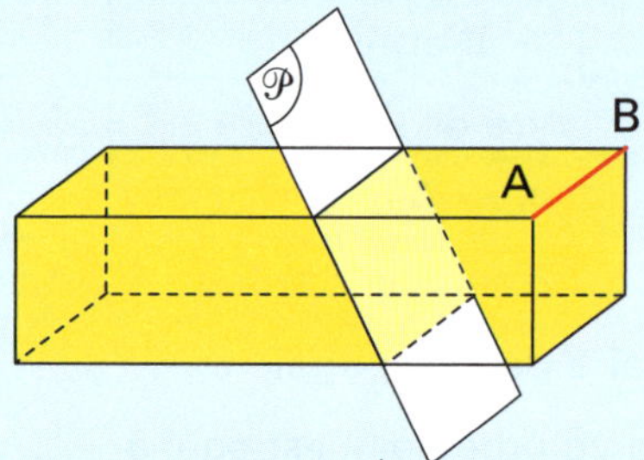

• La section d'un cylindre par un plan perpendiculaire à l'axe du cylindre est un disque de même rayon que celui des bases du cylindre.

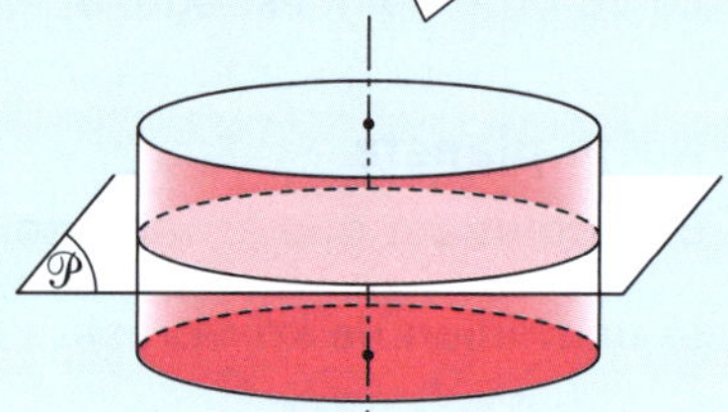

• La section d'un cylindre par un plan parallèle à l'axe du cylindre est un rectangle.

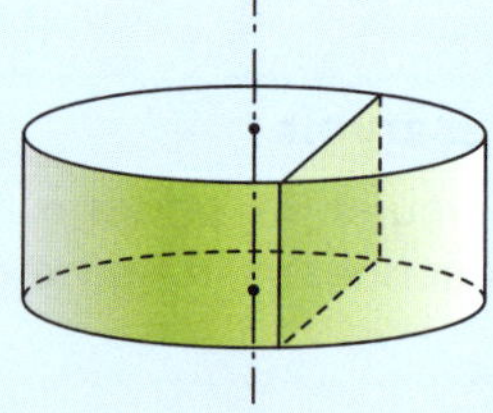

• La section d'un cône par un plan parallèle à la base est un disque qui est une réduction du disque de base.

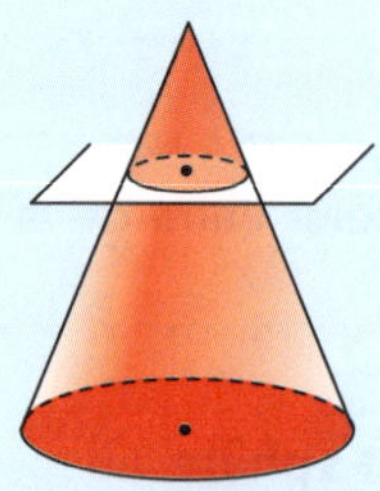

• La section d'une pyramide par un plan parallèle à la base est un polygone qui est une réduction du polygone de base.

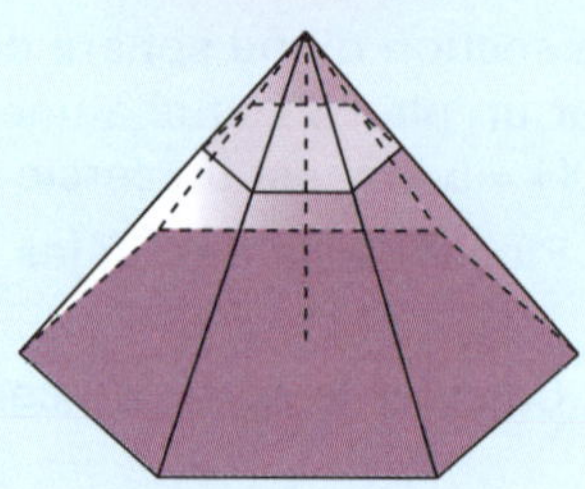

1 Section d'un cube

HAUTFOND est un cube de 8 cm de côté.

a. Tracer et colorier la section de ce cube par le plan parallèle à la face FOND, passant par le point Z.

b. Quelle est la nature de cette section ? ....

Calculer son aire. ....

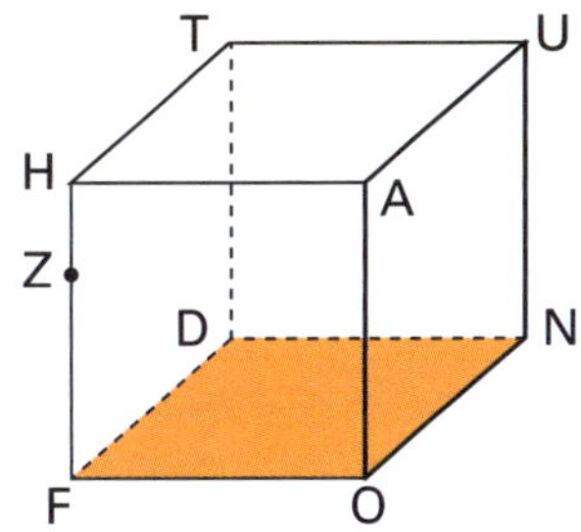

2 Section d'un parallélépipède rectangle

a. Tracer la section du parallélépipède par le plan parallèle à l'arête [AB] et passant par les points C et D.
Quelle est la nature de cette section ?

....

b. Donner les dimensions de cette section.

....

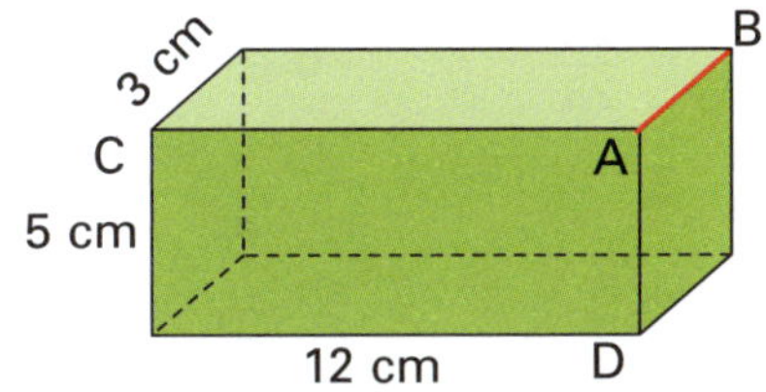

3 Section d'un cylindre (1)

a. Dessiner la section du cylindre par le plan $\mathscr{P}$ perpendiculaire à l'axe du cylindre et passant par les points A et B.

Que dire de cette section ? ....

b. Le cylindre a 10 cm de haut et 3 cm de rayon.
Calculer le périmètre de la section.

....

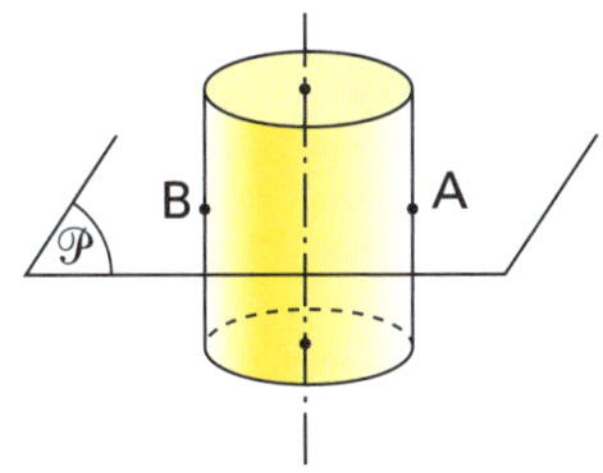

4 Section d'un cylindre (2)

a. Dessiner la section du cylindre par le plan passant par A et contenant l'axe du cylindre. Que dire de cette section ?

....

b. Calculer son aire. ....

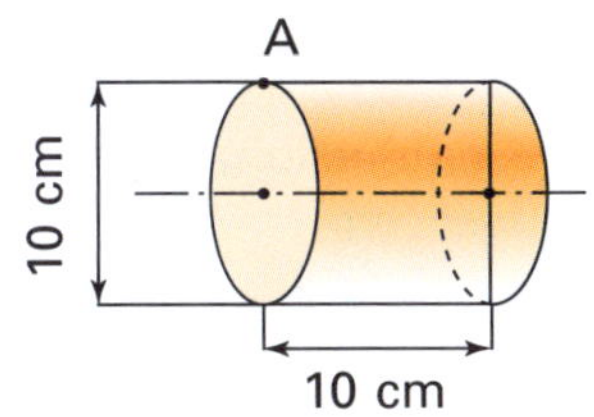

5 Section d'une pyramide

La pyramide HELAS est inscrite dans un cube de 6 cm de côté.

a. Placer le milieu I de [HE].

b. Représenter sur le dessin la section de la pyramide HELAS par le plan parallèle à SALE et passant par I.

c. Que dire de cette section ? ....

....

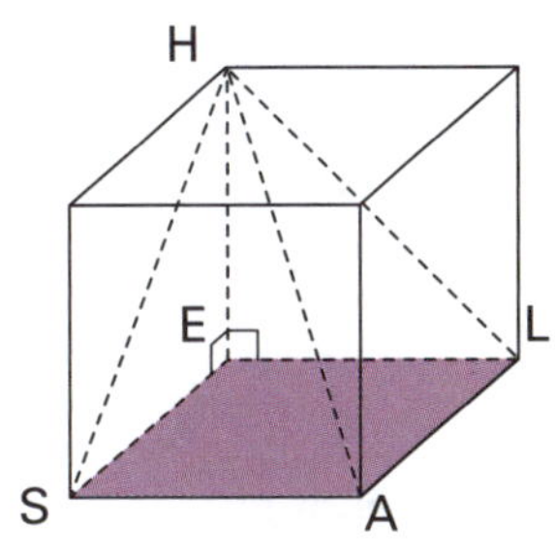

6 Section d'un cône

a. Placer le milieu M de [AS].

b. Représenter la section du cône par le plan parallèle à la base et passant par M.

c. On sait que $r = 10$ cm. Que dire de cette section ?

....

....

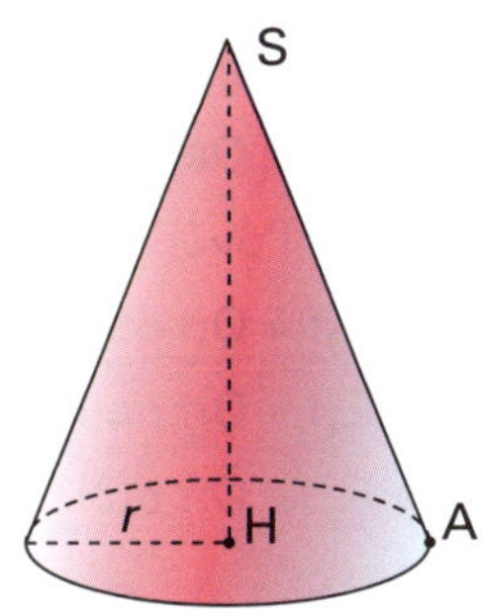

MATHS

BREVET BLANC N°1

1 Pour chaque question, choisir la bonne réponse.

1. Le nombre $\sqrt{12}$ est égal à :

a. 6 b. 3,46 c. $2\sqrt{3}$

2. L'expression $\frac{7}{4} - \frac{3}{4} \times \frac{2}{7}$ est égale à :

a. $\frac{43}{28}$ b. $\frac{2}{7}$ c. 1,5357

3. L'expression $\frac{3^4 \times 3^3}{3^8}$ est égale à :

a. 3 b. $\frac{1}{3}$ c. 3^4

4. $(2x - 3)^2$ est égal à :

a. $4x^2 - 9$ b. $2x^2 - 9$ c. $4x^2 - 12x + 9$

5. $(1 + \sqrt{5})^2$ est égal à :

a. $6 + 2\sqrt{5}$ b. 6 c. 10,47

2 On considère un rectangle de côtés x et 4 et un triangle équilatéral de côté x.

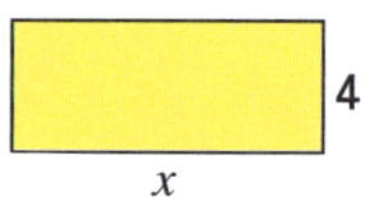

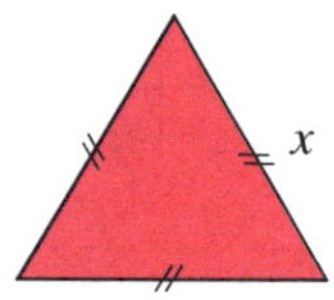

Pour quelles valeurs de x, ces deux figures ont-elles le même périmètre ?

Pour ce petit problème, on ne te donne aucune indication.

3 La droite d est la représentation graphique d'une fonction affine f.

1. La fonction f est-elle linéaire ? Justifier.

2. Lire sur le graphique l'image de 3 par la fonction f.

3. Lire sur le graphique l'antécédent de 1 par la fonction f.

4. À l'aide du graphique, déterminer la solution de l'équation $f(x) = 0$.

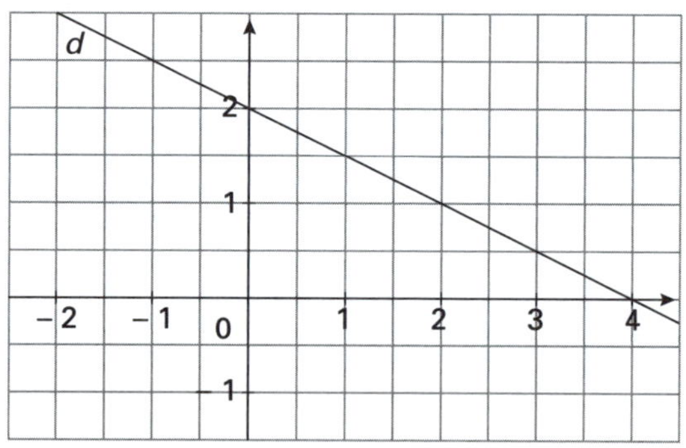

Lecture graphique.

4 On écrit sur les faces d'un dé équilibré à six faces, chacune des lettres du mot : BREVET.
On lance le dé et on regarde la lettre inscrite sur la face supérieure.
Déterminer la probabilité de chacun des événements :

- E_1 : « On obtient la lettre E. »
- E_2 : l'événement contraire de E_1.
- E_3 : « On obtient une consonne. »
- E_4 : « On obtient une lettre du mot MAISON. »
- E_5 : « On obtient une lettre du mot BRAVE. »

Probabilités.

5 La liste suivante donne le prix d'un kilogramme de merlu pendant une période de 20 jours consécutifs.

8 € – 10 € – 12 € – 8 € – 15 € – 10 € – 8 € – 7 € – 12 € – 11 € – 16 € – 10 € – 16 € – 12 € – 7 € – 7 € – 15 € – 9 € – 17 € – 11 €

1. Compléter un tableau comme le suivant en rangeant les prix par ordre croissant.

Prix	7 €	8 €	....
Effectifs	3	....	....

2. Calculer le prix moyen *m* du kilogramme de merlu pour cette période.

3. Trouver un prix médian du kilogramme de merlu.

4. Trouver le premier et le troisième quartile.

Statistiques.

6 Deux cercles $\mathscr{C}$ et $\mathscr{C}'$ de centre O et O′ se coupent en C et D.
[CF] et [EC] sont des diamètres respectifs de $\mathscr{C}$ et $\mathscr{C}'$.

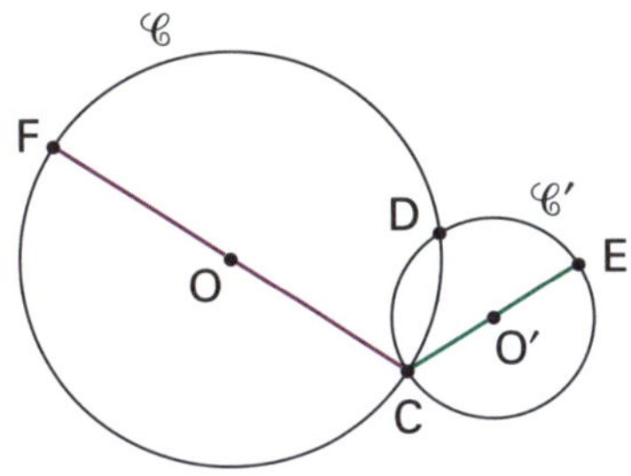

Pour chacune des questions de ce problème, on ne te donne aucune indication.

1. Démontrer que le triangle FCD est rectangle.

2. Démontrer que les points F, D et E sont alignés.

3. Démontrer que (OO′) est perpendiculaire à (DC).

4. Sachant que les rayons des cercles $\mathscr{C}$ et $\mathscr{C}'$ mesurent 5 cm et 3 cm et que CD = 2 cm, démontrer que $FE = 4(\sqrt{6} + \sqrt{2})$ cm.

7 **1.** Vérifier que 9 et 11 sont des diviseurs communs à 1 287 et 1 683.

2. Voici la liste des diviseurs communs de 1 287 et 1 683 :
$\mathscr{D}$ = {11 ; 3 ; 99 ; 33 ; 9 ; 1}. Donner le PGCD de 1 287 et 1 683.

3. Écrire la fraction $\dfrac{1\,287}{1\,683}$ sous forme irréductible.

4. Sophie a 1 287 perles bleues et 1 683 perles blanches. Elle souhaite vendre toute sa collection en réalisant des lots identiques constitués de perles bleues et de perles blanches.
Quel est le nombre maximum de lots qu'elle pourra réaliser ?

Arithmétique.

8 **1.** Résoudre le système $\begin{cases} x + 4y = 24 \\ x + y = 12 \end{cases}$.

2. Théa achète 12 livres à 10 € chacun. Elle s'apprête à donner 120 € au libraire. Celui-ci s'aperçoit alors que les prix affichés sont faux. En fait certains livres valent 5 € et les autres 20 €. Le libraire refait ses calculs et demande (heureusement pour Théa) 120 €.
Combien Théa a-t-elle acheté de livres à 5 € et de livres à 20 € ?

MATHS

1 Pour chaque question, choisir la bonne réponse.

1. La diagonale d'un carré de côté 3 mesure :

a. 6 b. $3\sqrt{2}$ c. 4,24

2. Un triangle a une aire de 36 cm². On le réduit en divisant ses côtés par 3. Le triangle obtenu a pour aire :

a. 12 cm² b. 6 cm² c. 4 cm²

3. Sachant que (ED) // (BC) alors AC est égal à :

a. $\frac{10}{3}$ b. $\frac{8}{3}$ c. 2

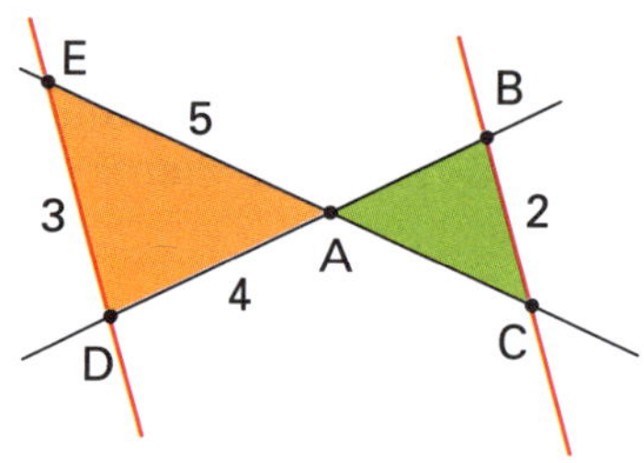

4. Un triangle ABC a pour côtés : AB = 40 ; AC = 41 ; BC = 9. Ce triangle…

a. est rectangle en A b. est rectangle en B c. n'est pas rectangle

5. Le triangle ABC est rectangle en A. Son hypoténuse mesure 12 cm et son angle $\widehat{B}$ mesure 37°. Alors le côté AC mesure à 0,01 cm près :

a. 9,58 cm b. 7,22 cm c. 19,94 cm

2 **1.** Développer :

$A = (3x + 1)^2$ $B = (y - 5)^2$ $C = (a + 4)(a - 4)$

2. Factoriser :

$D = 9 + 6x + x^2$ $E = y^2 - 4y + 4$ $F = 49 - 9x^2$

Calcul littéral.

3 On donne ici les représentations graphiques $\mathscr{C}_1$, $\mathscr{C}_2$ et $\mathscr{C}_3$ de trois fonctions f_1, f_2 et f_3.

1. Quelle est la fonction linéaire ? (Justifier.)

2. Quelle est la fonction qui n'est pas affine ? (Justifier.)

3. Lire graphiquement les coordonnées du point A.

4. Quel est le nombre qui la même image par f_1 et par f_2 ?

5. Par lecture graphique, trouver les antécédents de 0 par f_3.

6. La fonction f_2 est définie par $x \mapsto \frac{1}{2}x + 7$.
Déterminer, par le calcul, l'antécédent de 0 par f_2.

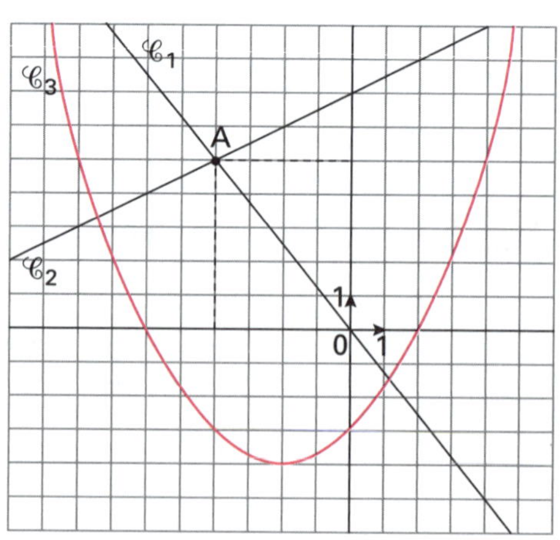

4 Pour tondre une pelouse, un micro-tracteur avance à la vitesse de 3 km/h.
Sa largeur de coupe est 1,10 m.

Quelle surface, en m², aura-t-il tondue en 1 h 20 min ?

Pour ce petit problème, on ne te donne aucune indication.

5 Une urne contient 3 boules rouges, 6 boules blanches et 1 boule verte. On tire une boule au hasard dans cette urne.

On appelle E_1 l'événement « Tirer une boule rouge » et E_2 l'événement « Tirer une boule qui n'est pas blanche ».

1. Quelle est la probabilité de l'événement E_1 ?

2. Quelle est la probabilité de l'événement E_2 ?

Probabilités.

6 La figure est composée de trois triangles rectangles.

On sait que AB = 10 cm, $\widehat{a} = 40°$, $\widehat{b} = 25°$ et $\widehat{c} = 50°$.

Calculer BC, BD et BE à 0,01 cm près.

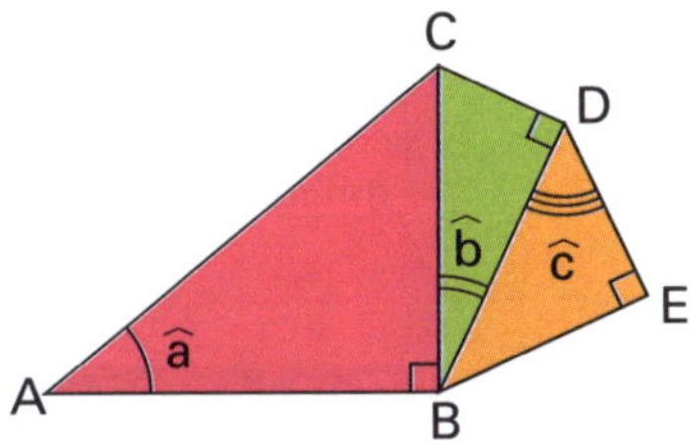

Trigonométrie.

7 La figure représente un cône inclus dans un cube de 4 cm d'arête.

1. Calculer la longueur SA.

2. Calculer le volume du cône.

3. Le cône occupe un certain pourcentage du volume du cube.
Calculer ce pourcentage à 1 % près.

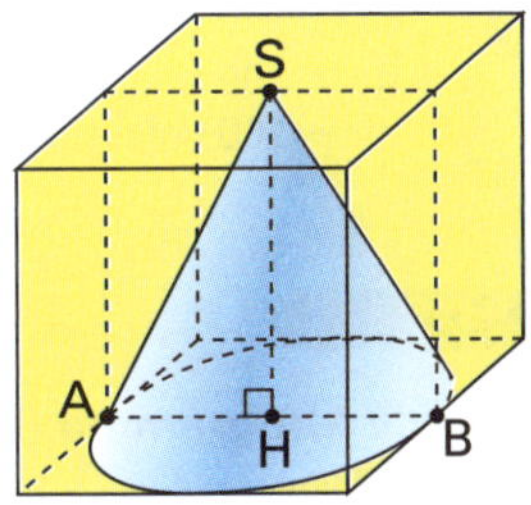

Géométrie dans l'espace.

8 Le triangle ABC est inscrit dans le cercle de diamètre [AC].

De plus AB = 3 cm et l'angle $\widehat{C}$ mesure 25 °.
Déterminer à 0,001 cm près le rayon du cercle.

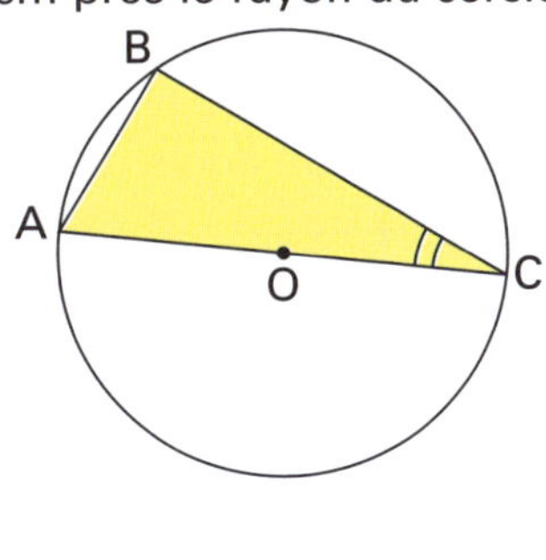

Pour ce petit problème, on ne te donne aucune indication.

Unités de mesure

Longueurs

L'unité de référence est le **mètre (m).**

Unité	Symbole
kilomètre	km
hectomètre	hm
décamètre	dam
mètre	**m**
décimètre	dm
centimètre	cm
millimètre	mm

1 km = 1 000 m
1 hm = 100 m
1 dam = 10 m

1 dm = 0,1 m
1 cm = 0,01 m
1 mm = 0,001 m

Les unités de longueur vont de 10 en 10.

Aires

- L'unité de référence est le **mètre carré (m^2).**

Unité	Symbole
kilomètre carré	km^2
hectomètre carré	hm^2
décamètre carré	dam^2
mètre carré	**m^2**
décimètre carré	dm^2
centimètre carré	cm^2
millimètre carré	mm^2

1 hm^2 = 10 000 m^2
1 dam^2 = 100 m^2

1 dm^2 = 0,01 m^2
1 cm^2 = 0,0001 m^2

Les unités d'aire vont de 100 en 100.

- En agriculture, on utilise aussi :

Unité	Symbole
hectare	ha
are	a

1 ha = 100 a = 10 000 m^2
1 a = 100 m^2

Masses

- L'unité de référence est le **kilogramme (kg).**

Unité	Symbole
kilogramme	**kg**
hectogramme	hg
décagramme	dag
gramme	g
décigramme	dg
centigramme	cg
milligramme	mg

1 kg = 1 000 g
1 hg = 100 g
1 dag = 10 g

1 dg = 0,1 g
1 cg = 0,01 g
1 mg = 0,001 g

- On utilise aussi :
  - la tonne (t) ; 1 t = 1 000 kg
  - le quintal (q) ; 1 q = 100 kg.

Volumes

- L'unité de référence est le **mètre cube (m^3).**

Unité	Symbole
kilomètre cube	km^3
hectomètre cube	hm^3
décamètre cube	dam^3
mètre cube	**m^3**
décimètre cube	dm^3
centimètre cube	cm^3
millimètre cube	mm^3

1 dam^3 = 1 000 m^3

1 dm^3 = 0,001 m^3

Les unités de volume vont de 1 000 en 1 000.

- Dans la vie courante, on utilise aussi :

Unité	Symbole
hectolitre	hL
décalitre	daL
litre	**L**
décilitre	dL
centilitre	cL
millilitre	mL

1 hL = 100 L = 0,1 m^3
1 daL = 10 L = 0,01 m^3
1 L = 1 dm^3
1 dL = 0,1 L
1 cL = 0,01 L
1 mL = 0,001 L = 1 cm^3

Durées

L'unité de référence est la **seconde (s).**

Unité	Symbole
seconde	**s**
minute	m
heure	h
jour	j

1 min = 60 s
1 h = 60 min = 3 600 s
1 j = 24 h = 86 400 s

On utilise aussi les divisions décimales de l'heure.
Exemple : 3,5 h = 3 h 30 min.

Angles

Unité	Symbole
degré	°

Exemple :
Un angle droit mesure 90 °.
Un angle plat mesure 180°.
Un angle plein mesure 360°.

Formulaire de géométrie

Quadrilatères

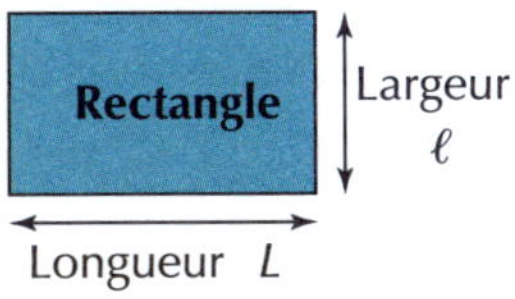

Aire $= L \times \ell$

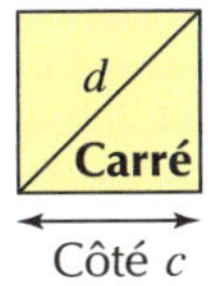

Aire $= c^2$

$d = c\sqrt{2}$

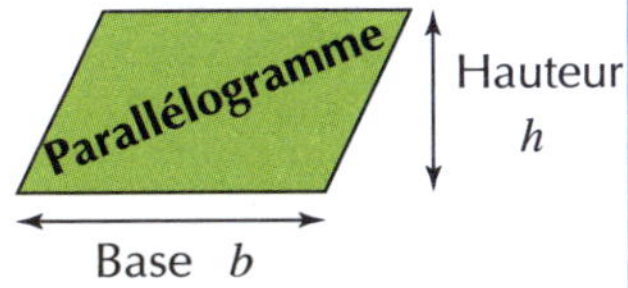

Aire $= b \times h$

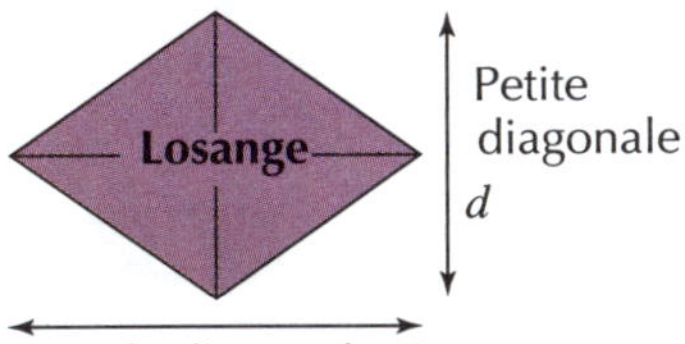

Aire $= \dfrac{D \times d}{2}$

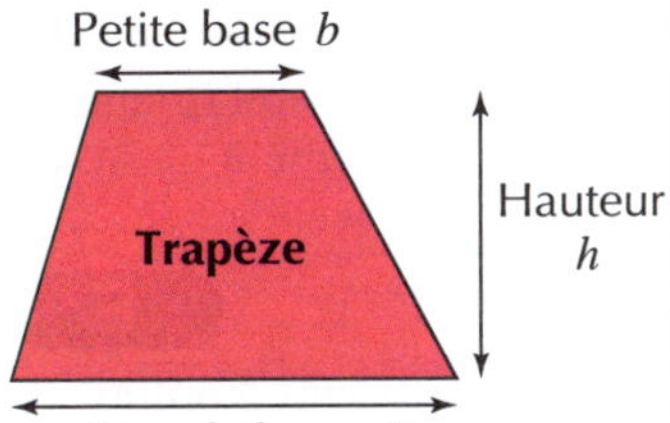

Aire $= \dfrac{(B + b) \times h}{2}$

Cercles et disques

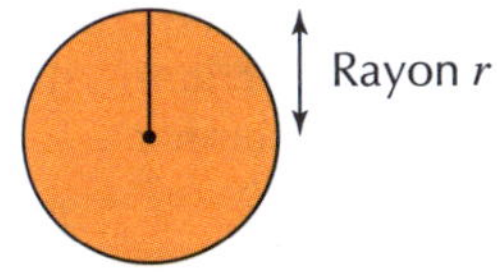

Périmètre $= 2\pi \times r$

Aire $= \pi \times r^2$

Sphères et boules

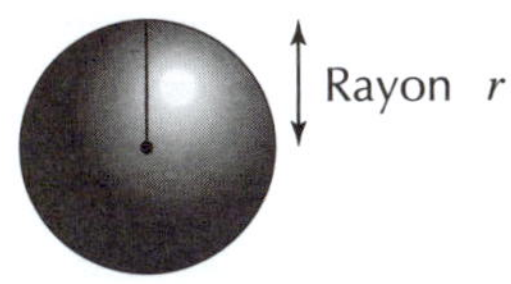

Aire $= 4\pi \times r^2$

Volume $= \dfrac{4}{3}\pi \times r^3$

Triangles

Triangle quelconque

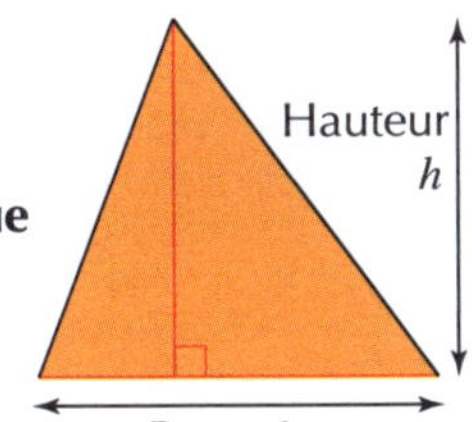

Aire $= \dfrac{b \times h}{2}$

Somme des angles $= 180°$

Triangle équilatéral

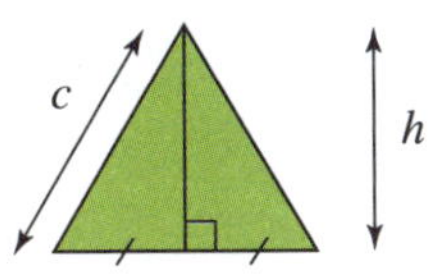

$h = \dfrac{c\sqrt{3}}{2}$

Triangle rectangle

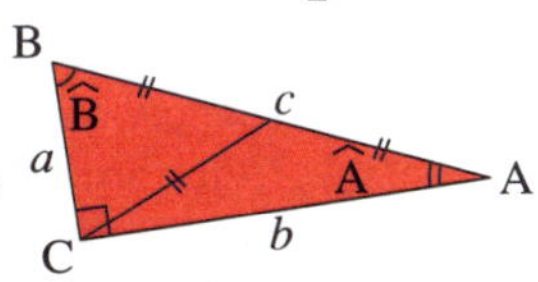

Aire $= \dfrac{a \times b}{2}$

Médiane $= \dfrac{1}{2}$ hypoténuse $= \dfrac{c}{2}$

Propriété de Pythagore : $c^2 = a^2 + b^2$

$\cos(\widehat{A}) = \dfrac{b}{c}$ $\sin(\widehat{A}) = \dfrac{a}{c}$ $\tan(\widehat{A}) = \dfrac{a}{b}$

Prismes et cylindres

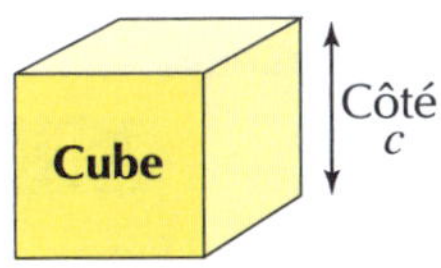

Volume $= c^3$

Aire totale $= 6 \times c^2$

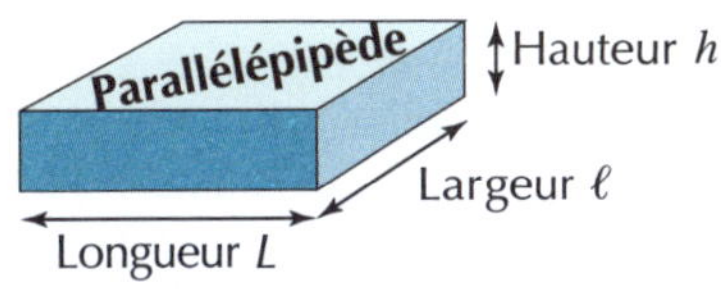

Volume $= L \times \ell \times h$

Aire totale $= 2(L \times \ell + L \times h + \ell \times h)$

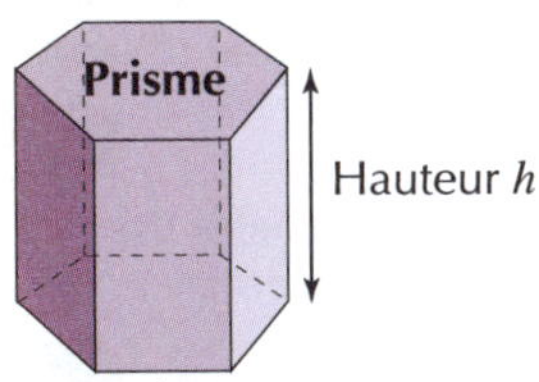

Base d'aire B et de périmètre p

Volume $= B \times h$

Aire latérale $= p \times h$

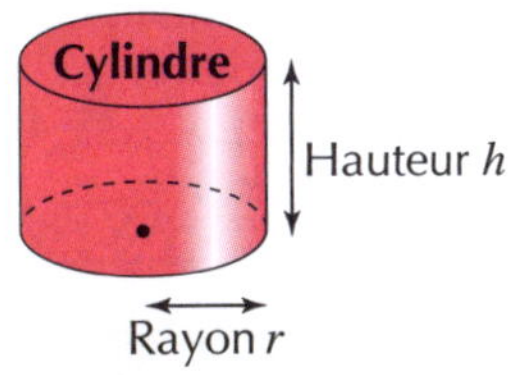

Aire de la base $= \pi \times r^2$

Volume $= \pi \times r^2 \times h$

Aire latérale $= 2\pi \times r \times h$

Pyramides et cônes

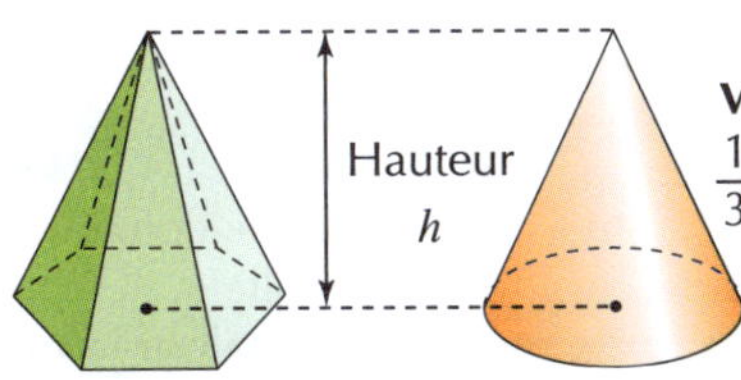

Volume $= \dfrac{1}{3} \times$ (aire de base) $\times h$

Symboles géométriques

// : parallèle
⊥ : perpendiculaire
[AB] : segment
(AB) : droite
[AB) : demi-droite
AB : longueur

Mots clés

Développer une expression

1 $A = 3x(x+1) + 2x = 3x^2 + 3x + 2x = 3x^2 + 5x$

$B = (x+7)(x-2) = x^2 - 2x + 7x - 14 = x^2 + 5x - 14$

$C = (5x+6)(2x-1) = 10x^2 - 5x + 12x - 6$
$= 10x^2 + 7x - 6$

$D = (x+2)(x-5) + (x-3)(x+4)$
$= (x^2 - 3x - 10) + (x^2 + x - 12) = 2x^2 - 2x - 22$

$E = 3(x-a) + a(3-x) + x(a-3)$
$= 3x - 3a + 3a - ax + ax - 3x = 0$

$F = (x-6)(x+1) - (x+6)(x-1)$
$= (x^2 - 5x - 6) - (x^2 + 5x - 6) = -10x$

● Les calculs de D et F ne sont pas totalement détaillés.

2 a. $(3x+8)(7x+2) = 21x^2 + 62x + 16$

● On trouve d'abord le 2 (car $8 \times 2 = 16$) puis on complète en développant.

b. $(2a+b)(4a+3) = 8a^2 + 6a + 4ab + 3b$

c. $(4x-5)(6x+3) = 24x^2 - 18x - 15$

● On trouve d'abord le 5 (car $5 \times 3 = 15$).

3 $A = (x+8)^2 = x^2 + 2 \times 8x + 8^2 = x^2 + 16x + 64$

$B = (x-1)^2 = x^2 - 2 \times x \times 1 + 1^2 = x^2 - 2x + 1$

$C = (h-5)^2 = h^2 - 2 \times h \times 5 + 5^2 = h^2 - 10h + 25$

$D = (t+3)(t-3) = t^2 - 3^2 = t^2 - 9$

$E = (2x+9)^2 = (2x)^2 + 2 \times (2x) \times 9 + 9^2$
$= 4x^2 + 36x + 81$

● Prendre garde : $(2x)^2 = (2x) \times (2x) = 4x^2$ (et non pas $2x^2$).

$F = (y+2)^2 = y^2 + 2 \times y \times 2 + 2^2 = y^2 + 4y + 4$

4 a. $(3x+7)^2 = 9x^2 + 42x + 49$

● $(3x)^2 = 9x^2$ et le double produit est $2 \times 3x \times 7 = 42x$.

b. $(5a+2)(5a-2) = 25a^2 - 4$

● On trouve d'abord le 2 (car $2 \times 2 = 4$) et on développe.

c. $(2x+3y)^2 = 4x^2 + 12xy + 9y^2$

d. $(1-6x)^2 = 1 - 12x + 36x^2$

e. $(9a+1)(9a-1) = 81a^2 - 1$

5 Les égalités fausses sont b., c. et e.

● **b.** $(x+5)^2 = x^2 + 10x + 25.$
● **c.** $(2x-3)^2 = 4x^2 - 12x + 9$
ou bien $(2x+3)(2x-3) = 4x^2 - 9.$
● **e.** $x^2 - y^2 = (x-y)(x+y)$
ou bien $x^2 - 2xy + y^2 = (x-y)^2.$

6 $A = (x+4)^2 - 8(x+2)$
$= (x^2 + 8x + 16) - (8x + 16) = x^2$

$B = (a-7)^2 + (a+7)^2$
$= (a^2 - 14a + 49) + (a^2 + 14a + 49) = 2a^2 + 98$

$C = (2x+3)^2 - (2x-3)^2$
$= (4x^2 + 12x + 9) - (4x^2 - 12x + 9) = 24x$

$D = (3b-5)^2 + 30b$
$= 9b^2 - 30b + 25 + 30b = 9b^2 + 25$

$E = 121 + (2x-11)(2x+11)$
$= 121 + (4x^2 - 121) = 4x^2$

● Pour A et C : avant de réduire, il faut supprimer les parenthèses précédées du signe moins.

7 Compléter sans calculatrice et sans poser les opérations

$32^2 = (30+2)^2 = 30^2 + 2 \times 30 \times 2 + 2^2$
$= 900 + 120 + 4 = 1\,024$

$21^2 = (20+1)^2 = 400 + 40 + 1 = 441$

$103^2 = (100+3)^2 = 10\,000 + 600 + 9 = 10\,609$

$19^2 = (20-1)^2 = 400 - 40 + 1 = 361$

$98^2 = (100-2)^2 = 10\,000 - 400 + 4 = 9\,604$

$81 \times 79 = (80+1) \times (80-1) = 80^2 - 1^2 = 6\,400 - 1$
$= 6\,399$

● On peut faire ces calculs mentalement, avec un peu d'entraînement.

Factoriser une expression

1 $A = 9a + 18 = 9a + 9 \times 2 = 9(a + 2)$

$B = 7x - 7y = 7(x - y)$

$C = 2a + ax = a(2 + x)$

$D = 4x^2 - x = x(4x - 1)$

$E = i - i^2 = i(1 - i)$

$F = 6x - 18y + 12 = 6x - 6 \times 3y + 6 \times 2$
$= 6(x - 3y + 2)$

- Pour D et E : penser que $4x^2 = 4x \times x$ et que $i^2 = i \times i$.
- Pour A et F, on a fait apparaître un facteur commun : 9 pour A puis 6 pour F.

2 $A = (x - 2)(2x + 1) + (x - 2)(x + 4)$
$= (x - 2)[(2x + 1) + (x + 4)] = (x - 2)(3x + 5)$

$B = (a + 1)(a - 3) + (a + 1)^2$
$= (a + 1)[(a - 3) + (a + 1)] = (a + 1)(2a - 2)$

$C = x(x + 8) - 2(x + 8) = (x + 8)(x - 2)$

$D = (3x - 2)(4x + 5) - 5(3x - 2)$
$= (3x - 2)(4x + 5 - 5) = 4x(3x - 2)$

- Parfois, au cours de la factorisation, une expression entre crochets apparaît. On doit alors la réduire.

3 Les expressions à rayer sont : B, C, D, F, G.

- Ces expressions rayées sont des sommes.

4 $A = x^2 - 6x + 9 = x^2 - 2 \times x \times 3 + 3^2 = (x - 3)^2$

$B = x^2 + 2x + 1 = (x + 1)^2$

$C = a^2 - 9 = (a + 3)(a - 3)$

$D = a^2 - 2a + 1 = (a - 1)^2$

$E = x^2 + 10x + 25 = x^2 + 2 \times x \times 5 + 5^2 = (x + 5)^2$

- Repérer des carrés (x^2, a^2,... ou 9, 25, 36, ...) puis utiliser les égalités remarquables.

5 $A = 4x^2 - 49 = (2x)^2 - (7)^2 = (2x + 7)(2x - 7)$

$B = 25x^2 + 30x + 9 = (5x)^2 + 2 \times 5x \times 3 + (3)^2$
$= (5x + 3)^2$

$C = 9x^2 - 6x + 1 = (3x - 1)^2$

$D = 81 - 36x^2 = (9)^2 - (6x)^2 = (9 + 6x)(9 - 6x)$

- On repère des carrés : $4x^2 = (2 \times 2) \times x^2$ puis on utilise une égalité remarquable.

6 $A = 16x^2 + 24x + 9 = (4x)^2 + 2 \times 4x \times 3 + 3^2$
$= (4x + 3)^2$

$B = 4x^2 - 4x + 1 = (2x)^2 - 2 \times 2x \times 1 + 1^2 = (2x - 1)^2$

$C = 9x^2 - 64 = (3x)^2 - 8^2 = (3x + 8)(3x - 8)$

$D = 100r^2 - 1\,000r + 2\,500$
$= (10r)^2 - 2 \times 10r \times 50 + 50^2 = (10r - 50)^2$

$E = 25x^2 - 10x + 1 = (5x)^2 - 2 \times 5x \times 1 + 1^2$
$= (5x - 1)^2$

$F = 49 - 81x^2 = 7^2 - (9x)^2 = (7 + 9x)(7 - 9x)$

$G = (3x + 4)^2 - 9 = (3x + 4)^2 - 3^2$
$= (3x + 4 + 3)(3x + 4 - 3) = (3x + 7)(3x + 1)$

- On peut vérifier en développant le résultat.

7 $a = D$; $b = F$; $c = A$; $d = C$; $e = B$; $f = E$.

- Pour b, $(1 + 4x)^2$ est la même chose que $(4x + 1)^2$.

Résoudre des équations (révision)

1 a. $x + 5 = 3$
$x = 3 - 5$
$x = -2$

b. $x + 12 = 0$
$x = -12$

c. $x - 4 = 5$
$x = 5 + 4$
$x = 9$

d. $x - 7 = -5$
$x = -5 + 7$
$x = 2$

2 a. $2x = 12$
$x = \frac{12}{2}$
$x = 6$

b. $3x = 7{,}5$
$x = \frac{7{,}5}{3}$
$x = 2{,}5$

c. $5x = -8$
$x = -\frac{8}{5}$
$x = -1{,}6$

d. $4x = 0$
$x = \frac{0}{4}$
$x = 0$

3 a. $4x = 1$
$x = \frac{1}{4}$

b. $7x = 1$
$x = \frac{1}{7}$

c. $-2x = 5$
$x = \frac{5}{-2} = -2{,}5$

d. $-8x = -16$
$x = \frac{-16}{-8} = 2$

4 a. $2x + 3 = 5$
$2x = 5 - 3$
$2x = 2$
$x = 1$

b. $7x - 4 = 11$
$7x = 11 + 4$
$7x = 15$
$x = \frac{15}{7}$

c. $3x - 15 = 0$
$3x = 15$
$x = 5$

5 a. $8x + 12 = 0$
$8x = -12$
$x = -\frac{12}{8}$
$x = -1{,}5$

b. $-3x + 1{,}5 = 6$
$-3x = 6 - 1{,}5$
$-3x = 4{,}5$
$x = \frac{4{,}5}{-3} = -1{,}5$

c. $-2x - 30 = 20$
$-2x = 20 + 30$
$-2x = 50$
$x = \frac{50}{-2} = -25$

6 a. $2x + \pi = 5\pi$
$2x = 5\pi - \pi$
$2x = 4\pi$
$x = 2\pi$

- On calcule avec la lettre π et non avec une valeur approchée.

b. $11x + 5 = 5$
$11x = 0$
$x = 0$

c. $1 + 499x = 500$
$499x = 500 - 1$
$499x = 499$
$x = 1$

7 a. $\frac{3x}{7} = \frac{9}{14}$
$\frac{6x}{14} = \frac{9}{14}$
$6x = 9$
$x = \frac{9}{6} = 1{,}5$

b. $\frac{1}{4} + \frac{x}{2} = \frac{5}{2}$
$\frac{1}{4} + \frac{2x}{4} = \frac{10}{4}$
$1 + 2x = 10$
$2x = 9$
$x = 4{,}5$

c. $\frac{x}{3} = \frac{1}{2} + \frac{x}{6}$
$\frac{2x}{6} = \frac{3}{6} + \frac{x}{6}$
$2x = 3 + x$
$2x - x = 3$
$x = 3$

- Dénominateur commun :
14 pour **a.**
4 pour **b.**
6 pour **c.**

8 a. $\frac{1}{2} = \frac{1}{3} + x$
$\frac{1}{2} - \frac{1}{3} = x$
$\frac{3}{6} - \frac{2}{6} = x$
$x = \frac{1}{6}$

b. $\frac{x}{5} + 1 - \frac{3}{10} = 0$
$\frac{2x}{10} + \frac{10}{10} - \frac{3}{10} = \frac{0}{10}$
$2x + 10 - 3 = 0$
$2x = -7$
$x = -3{,}5$

c. $\frac{7}{3} - \frac{x}{9} = -2$
$\frac{21}{9} - \frac{x}{9} = -\frac{18}{9}$
$21 - x = -18$
$-x = -39$
$x = 39$

- **b.** $1 = \frac{10}{10}$ et $0 = \frac{0}{10}$.
- **c.** $-2 = \frac{-18}{9}$.

9 a. $x - \frac{2}{3} = 11 \times \frac{2}{3}$
$x = \frac{22}{3} + \frac{2}{3}$
$x = \frac{24}{3}$
$x = 8$

b. $ax = 2a$
$x = \frac{2a}{a}$
$x = 2$
(car $a \neq 0$)

c. $x + a = a$
$x = a - a$
$x = 0$

d. $\frac{x}{7} - 7 = 0$
$\frac{x}{7} = 7$
$x = 49$

Résoudre des problèmes avec une équation

1

- L'équation est véritablement une traduction de l'énoncé en langage mathématique.

Équation : $\frac{x}{2} + 25 = 2x - 8$

$\frac{x}{2} + \frac{50}{2} = \frac{4x}{2} - \frac{16}{2}$

$x + 50 = 4x - 16$

$x - 4x = -16 - 50$

$-3x = -66$

$x = \frac{-66}{-3} = 22$

Le nombre cherché est 22.

- **Vérification :** $\frac{22}{2} + 25 = 36$ et $2 \times 22 - 8 = 36$.

2 Soit x le nombre d'années cherché.

- Ici l'inconnue est donnée de manière indirecte : « combien d'années ? ».

Équation : $2(12 + x) = 28 + x$

Donc $24 + 2x = 28 + x$ donc $x = 4$.

Dans 4 ans, l'âge de Jérôme sera le double de celui d'Émilie.

- À la fin, on répond par une phrase à la question posée.
- **Vérification :** $2(12 + 4) = 32$ et $28 + 4 = 32$.

3 Soit x la sixième note. Le total des cinq premières notes est $5 \times 12 = 60$.

D'où l'équation :

$60 + x = 6 \times 13$

$60 + x = 78$

$x = 78 - 60$

$x = 18$.

Gaby doit obtenir 18.

- **Vérification :** $78 \div 6 = 13$.

4 Soit $x = \text{AB}$.

- La longueur d'un demi-cercle de diamètre d est $\frac{\pi d}{2}$.

Longueur totale des trois demi-cercles :

$\frac{\pi x}{2} + \frac{\pi \times 1{,}5x}{2} + \frac{\pi \times 2x}{2} = 9\pi$.

D'où $\frac{4{,}5\pi x}{2} = 9\pi$. Donc $4{,}5\pi x = 18\pi$

et $x = \frac{18\pi}{4{,}5\pi} = \frac{18}{4{,}5} = 4$. Donc AB = 4.

- **Vérification :**

$\frac{\pi \times 4}{2} + \frac{\pi \times 6}{2} + \frac{\pi \times 8}{2} = 2\pi + 3\pi + 4\pi = 9\pi$.

5 La longueur totale des deux demi-cercles est $\pi \times 70$ (en m).

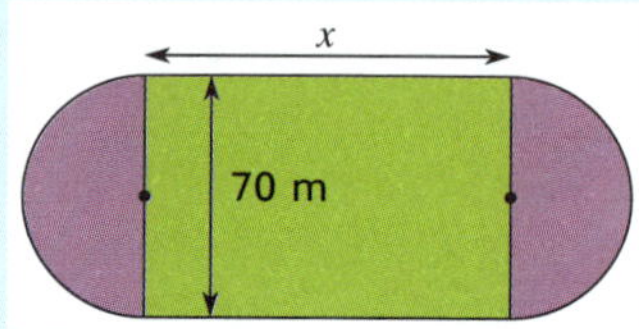

Périmètre du terrain :

$2x + 70\pi = 430$ d'où $2x = 430 - 70\pi$.

D'où $x = 215 - 35\pi \approx 215 - 35 \times \frac{22}{7}$

$= 215 - 5 \times 22 = 105$.

La longueur cherchée est d'environ 105 m.

- La valeur exacte de x est : $215 - 35\pi$ (en m).

6

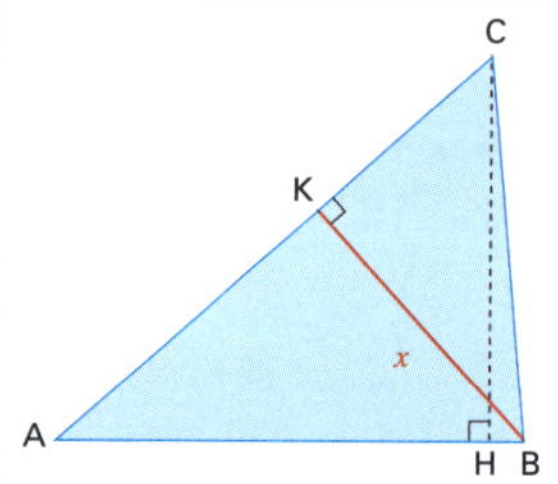

Hypothèses :
- AB = 12
- AC = 15
- CH = 10

Soit $x = \text{BK}$.

Aire du triangle ABC :

$\frac{\text{AB} \times \text{CH}}{2} = \frac{12 \times 10}{2} = 60$.

Mais c'est aussi : $\frac{\text{AC} \times \text{BK}}{2} = \frac{15 \times x}{2}$.

D'où $\frac{15x}{2} = 60$.

Donc $15x = 120$ et $x = 8$.

Finalement, BK = 8.

- Aire d'un triangle $= \frac{\text{base} \times \text{hauteur}}{2}$.

Mais il y a trois choix possibles pour le tandem base-hauteur.

5 Nombres et calculs

Résoudre des équations avec un produit nul

1 a. On a $(x-1)(x+5)=0$. Donc $x-1=0$ ou $x+5=0$. Donc $x=1$ ou $x=-5$.

> Vérifions que 1 est solution : $(1-1)(1+5)=0\times(1+5)=0$.
> Vérifions que -5 est solution : $(-5-1)(-5+5)=(-5-1)\times 0=0$.

b. On a $(2x-3)(x-6)=0$.
$2x-3=0$ ou $x-6=0$. Donc $2x=3$ ou $x=6$.
Donc $x=\frac{3}{2}$ ou $x=6$.

c. On a $x(5x+9)=0$. Donc $x=0$ ou $5x+9=0$.
Donc $x=0$ ou $x=-\frac{9}{5}$.

> Pour vérifier on remplace x par les valeurs trouvées et on doit obtenir 0.

2 a. $E=(3x+5)(x-1)+(4x+9)(x-1)$
$=(x-1)[(3x+5)+(4x+9)]=(x-1)(7x+14)$

> $(x-1)$ est le facteur commun aux deux termes de l'expression E.

b. Résoudre l'équation $E=0$ revient à résoudre $(x-1)(7x+14)=0$.
Donc $x-1=0$ ou $7x+14=0$.
Donc $x=1$ ou $x=-2$.

3 a. $4x^2-121=(2x)^2-11^2=(2x+11)(2x-11)$

> On utilise $a^2-b^2=(a+b)(a-b)$, avec $a=2x$ et $b=11$.

b. $4x^2-121=0$. Donc $(2x+11)(2x-11)=0$.
Donc $2x+11=0$ ou $2x-11=0$.
Donc $x=-\frac{11}{2}$ ou $x=\frac{11}{2}$.

4 a. $25x^2+30x+9=(5x)^2+2\times 5x\times 3+3^2$
$=(5x+3)^2$

> On utilise $a^2+2ab+b^2=(a+b)^2$, avec $a=5x$ et $b=3$.

b. $25x^2+30x+9=0$. Donc $(5x+3)^2=0$,
soit $(5x+3)\times(5x+3)=0$.
Donc $5x+3=0$ ou $5x+3=0$.
Finalement $5x+3=0$. Et donc $x=-\frac{3}{5}$.

> À l'avenir, on écrira : $(5x+3)^2=0$ donc $5x+3=0$.

5 a. $(3x+5)^2-4=(3x+5)^2-2^2$
$=(3x+5+2)(3x+5-2)=(3x+7)(3x+3)$

> On applique $a^2-b^2=(a+b)(a-b)$ avec $a=3x+5$ et $b=2$.

b. $(3x+5)^2-4=0$. Donc $(3x+7)(3x+3)=0$.
Donc $3x+7=0$ ou $3x+3=0$.
Donc $x=-\frac{7}{3}$ ou $x=-1$.

6 a. $(2x-7)(x+8)=2x^2+16x-7x-56$
$=2x^2+9x-56$.

> La factorisation de $2x^2+9x-56$ permet de répondre à la question **b.**

b. $2x^2+9x-56=0$. Donc $(2x-7)(x+8)=0$.
Donc $2x-7=0$ ou $x+8=0$.
Donc $x=\frac{7}{2}$ ou $x=-8$.

6 Nombres et calculs

Résoudre des inéquations

1 a. $\frac{5x+4}{3}-\frac{x}{2}\leqslant 8+\frac{5x}{2}$

$\frac{10x+8}{6}-\frac{3x}{6}\leqslant\frac{48}{6}+\frac{15x}{6}$

> On réduit tous les termes au même dénominateur.

$10x+8-3x\leqslant 48+15x$

> On supprime les dénominateurs en multipliant les deux membres par 6. Ceci ne change pas le sens de l'inégalité car $6>0$.

CORRIGÉS MATHS

$7x + 8 \leqslant 48 + 15x$

$7x \leqslant 48 + 15x - 8$

$7x - 15x \leqslant 40$

$-8x \leqslant 40$

$x \geqslant \frac{40}{-8}$

● On change le sens de l'inégalité car on divise par – 8.

$x \geqslant -5$

b.

● Sur la droite, le gros point signifie que – 5 fait partie de l'ensemble des solutions.

2 a. Si $x = 5$, alors $3x - 5 = 15 - 5 = 10$.
Or $10 > 9$.
Donc 5 n'est pas solution de cette inéquation.
Et 4 ? $7 < 9$ donc oui. Et 0 ? $-5 < 9$ donc oui.

● Il est inutile de résoudre une inéquation (ou une équation) quand on veut seulement savoir si tel ou tel nombre est solution.

b.

Inéquation \ Nombre	5	4	0	– 2
$3x - 5 < 9$		×	×	×
$2 - 5x \leqslant -2$	×	×		
$-3x \geqslant 0$			×	×
$4 - 2x > 1$			×	×

3 $9x + 8 \geqslant 5x + 2$.

$9x - 5x \geqslant 2 - 8$

$4x \geqslant -6$

$x \geqslant -\frac{6}{4}$

● On obtient x en divisant par 4 (qui est strictement positif). Donc on ne change pas le sens.

$x \geqslant -\frac{3}{2}$ (ou $x \geqslant -1{,}5$)

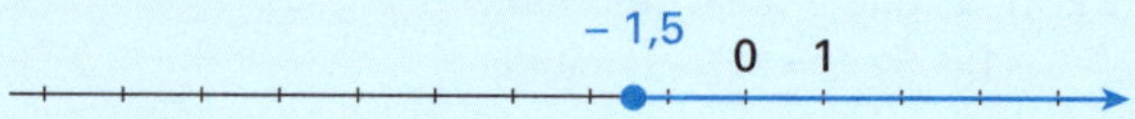

4 $2(x - 11) > 5(x - 8)$.

$2x - 22 > 5x - 40$

$2x - 5x > 22 - 40$

$-3x > -18$

$x < \frac{-18}{-3}$ donc $x < 6$.

● On obtient x en divisant par – 3 (qui est strictement négatif). Donc on change le sens.

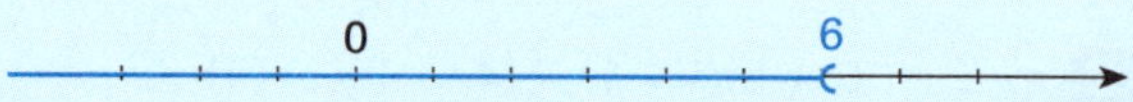

● Ici, le nombre 6 n'est pas solution.

5 $3x + \frac{4 - x}{2} < \frac{5x}{3}$.

$\frac{18x}{6} + \frac{12 - 3x}{6} < \frac{10x}{6}$

$18x + 12 - 3x < 10x$

$18x - 3x - 10x < -12$

$5x < -12$

$x < -\frac{12}{5}$ (ou $x < -2{,}4$)

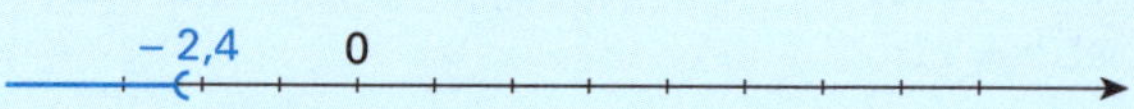

7 Nombres et calculs — Calculer avec des puissances

1 $2^5 = 32$ $4^2 = 16$ $3^3 = 27$
$(-3)^2 = 9$ $(-3)^3 = -27$ $1\,000^2 = 1\,000\,000$

$100^3 = 1\,000\,000$ $10^6 = 1\,000\,000$
$(-10)^3 = -1\,000$ $(-10)^4 = 10\,000$

● 10^n s'écrit avec un 1 suivi de n zéros.

2 $2^{-4} = \frac{1}{2^4} = \frac{1}{16} = 0{,}0625$

$4^{-1} = \frac{1}{4} = 0{,}25$ $5^{-2} = \frac{1}{5^2} = \frac{1}{25} = 0{,}04$

$10^{-3} = \frac{1}{10^3} = \frac{1}{1\,000} = 0{,}001$

$25^{-1} = \frac{1}{25} = 0{,}04$

$(-10)^{-2} = \frac{1}{(-10)^2} = \frac{1}{100} = 0{,}01$

• Il n'est pas toujours possible de donner un résultat décimal.

Exemple : $3^{-1} = \frac{1}{3}$ n'est pas décimal.

3 a. $3^2 \times 3^5 = (3 \times 3) \times (3 \times 3 \times 3 \times 3 \times 3) = 3^7$

$10^5 \times 10^3$

$= (10 \times 10 \times 10 \times 10 \times 10) \times (10 \times 10 \times 10) = 10^8$

$2 \times 2^4 = 2 \times (2 \times 2 \times 2 \times 2) = 2^5$

b. $\frac{3^4}{3^2} = \frac{3 \times 3 \times \cancel{3} \times \cancel{3}}{\cancel{3} \times \cancel{3}} = 3^2$

$\frac{10^5}{10^4} = \frac{10 \times \cancel{10} \times \cancel{10} \times \cancel{10} \times \cancel{10}}{\cancel{10} \times \cancel{10} \times \cancel{10} \times \cancel{10}} = 10$

$\frac{7^3}{7^5} = \frac{\cancel{7} \times \cancel{7} \times \cancel{7}}{7 \times 7 \times \cancel{7} \times \cancel{7} \times \cancel{7}} = \frac{1}{7^2} = 7^{-2}$

4 $(3^2)^2 = 3^2 \times 3^2 = (3 \times 3) \times (3 \times 3) = 3^4$.

$(5^2)^3 = 5^2 \times 5^2 \times 5^2 = (5 \times 5) \times (5 \times 5) \times (5 \times 5) = 5^6$.

$(10^2)^4 = 10^2 \times 10^2 \times 10^2 \times 10^2 = 10^{2+2+2+2} = 10^8$.

5 a. $(5x)^2 = (5x) \times (5x) = 25x^2$;

$(2y)^3 = 2y \times 2y \times 2y = 8y^3$;

$(3\pi)^3 = 3\pi \times 3\pi \times 3\pi = 27\pi^3$.

b. $\left(\frac{5}{3}\right)^2 = \frac{5}{3} \times \frac{5}{3} = \frac{5 \times 5}{3 \times 3} = \frac{5^2}{3^2} = \frac{25}{9}$;

$\left(\frac{-4}{5}\right)^3 = \left(\frac{-4}{5}\right) \times \left(\frac{-4}{5}\right) \times \left(\frac{-4}{5}\right) = \frac{(-4)^3}{5^3} = \frac{-64}{125}$;

$\left(\frac{a}{b}\right)^4 = \frac{a}{b} \times \frac{a}{b} \times \frac{a}{b} \times \frac{a}{b} = \frac{a^4}{b^4}$.

6 a. $3^4 \times 3^2 = 3^{4+2} = 3^6$;

$9^5 \times 9^{-3} = 9^{5-3} = 9^2$; $2^6 \times 2^5 = 2^{6+5} = 2^{11}$;

$(-4)^{-2} \times (-4)^5 = (-4)^{-2+5} = (-4)^3$;

$10^5 \times 10^7 = 10^{5+7} = 10^{12}$;

$10^{-1} \times 10^{-3} = 10^{-1-3} = 10^{-4}$.

b. $\frac{7^5}{7^3} = 7^{5-3} = 7^2$; $\frac{2^{12}}{2^{15}} = 2^{12-15} = 2^{-3}$;

$\frac{3^4}{3^{-2}} = 3^{4-(-2)} = 3^6$; $\frac{(-5)^{-3}}{(-5)^4} = (-5)^{-3-4} = (-5)^{-7}$;

$\frac{10^5}{10^{-3}} = 10^{5-(-3)} = 10^8$; $\frac{10^6}{10^7} = 10^{6-7} = 10^{-1}$.

c. $(4^2)^2 = 4^{2\times2} = 4^4$; $(a^5)^3 = a^{5\times3} = a^{15}$;

$(x^{-2})^3 = x^{-2\times3} = x^{-6}$.

7 a. $(10x)^5 = 10^5 \times x^5$;

$(3x^2)^3 = 3^3 \times (x^2)^3 = 27x^6$;

$\left(2 \times \frac{a}{b}\right)^4 = 2^4 \times \left(\frac{a}{b}\right)^4 = \frac{16a^4}{b^4}$.

b. $\left(\frac{3}{7}\right)^2 = \frac{3^2}{7^2} = \frac{9}{49}$; $\left(\frac{-2}{3}\right)^3 = \frac{(-2)^3}{3^3} = \frac{-8}{27}$;

$\left(\frac{a^2}{b^3}\right)^4 = \frac{(a^2)^4}{(b^3)^4} = \frac{a^8}{b^{12}}$.

8 Nombres et calculs — Connaître les racines carrées

1 a. $\sqrt{121} = 11$ b. $\sqrt{1} = 1$

c. $\sqrt{0} = 0$ d. $\sqrt{0,0001} = 0,01$

e. $\sqrt{256} = 16$ f. $\sqrt{49} = 7$

g. $\sqrt{2,56} = 1,6$ h. $\sqrt{25} = 5$

i. $\sqrt{16} = 4$.

• Il est utile de bien connaître les tables de multiplication et les carrés de 11, 12, 13, 14, 15 et 16.

2 a. $\sqrt{\boxed{121}} = 11$ b. $\sqrt{144} = \boxed{12}$

c. $\sqrt{\boxed{15}^2} = 15$ d. $-\sqrt{\boxed{49}} = -7$

e. $\sqrt{\boxed{0}} = 0$ f. $\left(\sqrt{\boxed{64}}\right)^2 = 64$

g. $\sqrt{169} = \boxed{13}$ h. $\sqrt{\frac{9}{4}} = \boxed{1,5}$

i. $\sqrt{\boxed{\frac{1}{4}}} = \frac{1}{2}$

• Pour **h.** $\frac{9}{4} = \left(\frac{3}{2}\right)^2$ donc $\sqrt{\frac{9}{4}} = \frac{3}{2}$.

• Pour **i.** $\frac{1}{4} = \left(\frac{1}{2}\right)^2$ donc $\sqrt{\frac{1}{4}} = \frac{1}{2}$.

3 Les égalités à rayer sont b., e., f., h.

• Corrections :

b. $\sqrt{0,04} = 0,2$.

e. $\sqrt{(-11)^2} = 11$.

f. $\sqrt{100} = 10$.

h. $\sqrt{169} = 13$.

4

x	9	81	0,64	49	25	625	$(-3)^2$	0,16	1
$\sqrt{x}$	3	9	0,8	7	5	25	3	0,4	1

5

x	1,1	0,1	10^3	0,2	12	0,6	1	0	$\sqrt{2}$
x^2	1,21	0,01	10^6	0,04	144	0,36	1	0	2

6 a. Résoudre $2x^2 - 72 = 0$ revient à résoudre $2x^2 = 72$ ou encore $x^2 = 36$.

b. Comme $36 > 0$, l'équation a deux solutions : $\sqrt{36}$ et $-\sqrt{36}$, soit 6 et − 6.

7 Si $2x^2 - 72 = 0$ alors $2(x^2 - 36) = 0$
d'où $2(x + 6)(x - 6) = 0$
soit $(x + 6) = 0$ ou $(x - 6) = 0$
alors $x = -6$ ou $x = 6$.

Vérification :

$2 \times (-6)^2 - 72 = 2 \times 36 - 72 = 72 - 72 = 0$

$2 \times (6)^2 - 72 = 2 \times 36 - 72 = 0$

Donc − 6 et 6 sont les solutions de cette équation.

8 a. $x^2 = 4$. Comme $4 > 0$, il y a 2 solutions : $\sqrt{4}$ et $-\sqrt{4}$, donc 2 et − 2.

b. $x^2 = 3$. Comme $3 > 0$, il y a 2 solutions : $\sqrt{3}$ et $-\sqrt{3}$.

c. $x^2 = 0$. Il y a une seule solution : 0.

d. $x^2 = 1$. Comme $1 > 0$, il y a 2 solutions : $\sqrt{1}$ et $-\sqrt{1}$, donc 1 et − 1.

e. $x^2 + 4 = 0$.
Soit $x^2 = -4$. Comme $-4 < 0$, il n'y a aucune solution.

9 Nombres et calculs

Multiplier et diviser des racines carrées

1 a. $\sqrt{12} = \sqrt{4 \times 3} = \sqrt{4} \times \sqrt{3} = 2\sqrt{3}$.

b. $\sqrt{72} = \sqrt{36 \times 2} = \sqrt{36} \times \sqrt{2} = 6\sqrt{2}$.

c. $\sqrt{40} = \sqrt{4 \times 10} = 2\sqrt{10}$.

d. $\sqrt{98} = \sqrt{49 \times 2} = 7\sqrt{2}$.

e. $\sqrt{50} = \sqrt{25 \times 2} = 5\sqrt{2}$.

f. $3\sqrt{8} = 3\sqrt{4 \times 2} = 3 \times 2\sqrt{2} = 6\sqrt{2}$.

2 a. $\sqrt{18} \times \sqrt{2} = 3\sqrt{2} \times \sqrt{2} = 3 \times 2 = 6$.

b. $\sqrt{27} \times \sqrt{3} = 3\sqrt{3} \times \sqrt{3} = 3 \times 3 = 9$.

c. $\sqrt{5} \times \sqrt{20} = \sqrt{5} \times 2\sqrt{5} = 2 \times 5 = 10$.

d. $\sqrt{2} \times \sqrt{14} \times \sqrt{7} = \sqrt{2} \times \left(\sqrt{2} \times \sqrt{7}\right) \times \sqrt{7} = 2 \times 7 = 14$.

e. $\sqrt{20} \times \sqrt{45} = 2\sqrt{5} \times 3\sqrt{5} = 2 \times 3 \times 5 = 30$.

f. $\sqrt{12} \times \sqrt{27} = 2\sqrt{3} \times 3\sqrt{3} = 2 \times 3 \times 3 = 18$.

- Autre méthode :
a. $\sqrt{18 \times 2} = \sqrt{36} = 6$. **b.** $\sqrt{27 \times 3} = \sqrt{81} = 9$.
c. $\sqrt{5 \times 20} = \sqrt{100} = 10$. **d.** $\sqrt{2 \times 14 \times 7} = \sqrt{196} = 14$.
e. $\sqrt{20 \times 45} = \sqrt{900} = 30$. **f.** $\sqrt{12 \times 27} = \sqrt{324} = 18$.

3 a. $5\sqrt{3} - 4\sqrt{3} + 2\sqrt{3} - 3\sqrt{3}$
$= (5 - 4 + 2 - 3)\sqrt{3} = 0 \times \sqrt{3} = 0$.

b. $13\sqrt{5} + \sqrt{20} - 6\sqrt{5} = 13\sqrt{5} + 2\sqrt{5} - 6\sqrt{5} = 9\sqrt{5}$.

c. $\sqrt{28} + \sqrt{63} - \sqrt{7} = 2\sqrt{7} + 3\sqrt{7} - \sqrt{7} = 4\sqrt{7}$.

d. $3\sqrt{3} + \sqrt{300} - 2\sqrt{75} = 3\sqrt{3} + 10\sqrt{3} - 2 \times 5\sqrt{3} = 3\sqrt{3}$.

4 a. $\sqrt{\dfrac{25}{16}} = \dfrac{\sqrt{25}}{\sqrt{16}} = \dfrac{5}{4}$.

b. $\dfrac{2\sqrt{3}}{\sqrt{27}} = \dfrac{2\sqrt{3}}{3\sqrt{3}} = \dfrac{2}{3}$.

c. $\dfrac{\sqrt{80}}{\sqrt{5}} = \dfrac{4\sqrt{5}}{\sqrt{5}} = 4$.

d. $\sqrt{\dfrac{169}{144}} = \dfrac{\sqrt{169}}{\sqrt{144}} = \dfrac{13}{12}$.

e. $\dfrac{7\sqrt{20}}{3\sqrt{5}} = \dfrac{7 \times 2\sqrt{5}}{3\sqrt{5}} = \dfrac{14}{3}$.

f. $\dfrac{\sqrt{75}}{\sqrt{147}} = \dfrac{5\sqrt{3}}{7\sqrt{3}} = \dfrac{5}{7}$.

- Pour **a.** et **d.** on applique $\sqrt{\dfrac{a}{b}} = \dfrac{\sqrt{a}}{\sqrt{b}}$.

5 a. $\dfrac{3}{\sqrt{2}} = \dfrac{3 \times \sqrt{2}}{\sqrt{2} \times \sqrt{2}} = \dfrac{3\sqrt{2}}{2}$.

- On applique $\dfrac{a}{b} = \dfrac{a \times k}{b \times k}$.

b. $\dfrac{\sqrt{5}}{\sqrt{7}} = \dfrac{\sqrt{5} \times \sqrt{7}}{\sqrt{7} \times \sqrt{7}} = \dfrac{\sqrt{35}}{7}$.

c. $\dfrac{3\sqrt{2}}{\sqrt{5}} = \dfrac{3\sqrt{2} \times \sqrt{5}}{\sqrt{5} \times \sqrt{5}} = \dfrac{3\sqrt{10}}{5}$.

d. $\dfrac{33}{\sqrt{11}} = \dfrac{33\sqrt{11}}{\sqrt{11} \times \sqrt{11}} = \dfrac{33\sqrt{11}}{11} = \dfrac{11 \times 3\sqrt{11}}{11}$
$= 3\sqrt{11}$.

6 a. $(3+\sqrt{2})^2 = 3^2 + 2\times 3\times\sqrt{2} + (\sqrt{2})^2$
$= 9 + 6\sqrt{2} + 2 = 11 + 6\sqrt{2}.$

b. $(\sqrt{5}-\sqrt{2})^2 = (\sqrt{5})^2 - 2\times\sqrt{5}\times\sqrt{2} + (\sqrt{2})^2$
$= 5 - 2\sqrt{10} + 2 = 7 - 2\sqrt{10}.$

c. $(\sqrt{6}+\sqrt{5})(\sqrt{6}-\sqrt{5}) = (\sqrt{6})^2 - (\sqrt{5})^2 = 6 - 5 = 1.$

d. $(3\sqrt{5}+2)^2 = (3\sqrt{5})^2 + 2\times 3\sqrt{5}\times 2 + 2^2$
$= 45 + 12\sqrt{5} + 4 = 49 + 12\sqrt{5}.$

7 a., c., e. et f. sont fausses car :

a. $\sqrt{1\,681} = 41$ et $\sqrt{1\,600} + \sqrt{81} = 40 + 9 = 49.$

c. $\sqrt{169-25} = \sqrt{144} = 12$ et $\sqrt{169} - \sqrt{25} = 13 - 5 = 8.$

e. $\sqrt{99} - \sqrt{44} = 3\sqrt{11} - 2\sqrt{11} = \sqrt{11} \neq \sqrt{55}.$

f. Le double produit a été oublié.

Remarque : d. $\sqrt{8} = 2\sqrt{2}$ et $\sqrt{18} = 3\sqrt{2}$ et $5\sqrt{2} = \sqrt{50}.$

10 Nombres et calculs — Utiliser une fonction linéaire

1 a. $f(4) = 10$. $f(3) = 7{,}5$. $f(-2) = -5$.

b. $f(0{,}3) = 2{,}5 \times 0{,}3 = 0{,}75$;
$f(2{,}5) = 2{,}5 \times 2{,}5 = 6{,}25$; $f(12) = 2{,}5 \times 12 = 30$.

● 12 a une image que l'on sait calculer, même si le graphique est trop petit pour la représenter.

c. $2{,}5 \times (-1) = -2{,}5$ donc ce point est sur la droite.

d. $2{,}5 \times 2{,}5 = 6{,}25$ et $6{,}25 \neq 6$ donc ce point n'est pas sur la droite.

2 a.

x	0	1	2	6	– 1	– 3	– 6
$-\frac{1}{2}x$	0	$-\frac{1}{2}$	– 1	– 3	$\frac{1}{2}$	$\frac{3}{2}$	3

b. On marque des points dont les coordonnées sont dans le tableau, par exemple (– 6 ; 3) et on trace la droite passant par tous ces points.

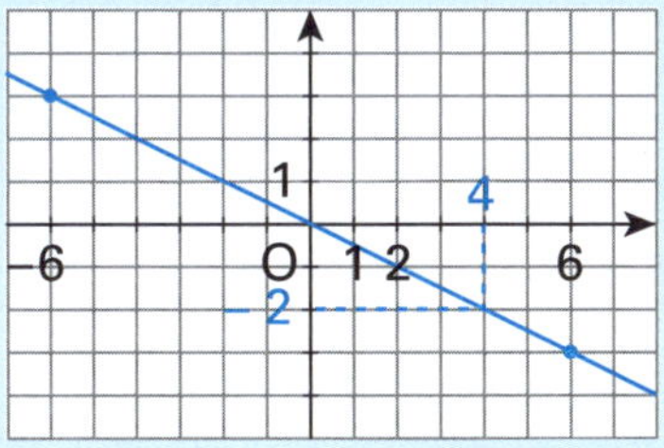

c. image de 4 : – 2 image de – 2 : 1

● On vise 4 sur l'axe des abscisses, on trace un segment vertical juqu'à la droite bleue, suivi d'un segment horizontal jusqu'à l'axe des ordonnées. On peut alors lire l'image de 4.

antécédent de 2 : – 4 antécédent de 3 : – 6

d. image de 3,6 : $-\frac{1}{2} \times 3{,}6 = -1{,}8$

image de –1,6 : $-\frac{1}{2} \times (-1{,}6) = 0{,}8$

image de 26 : $-\frac{1}{2} \times 26 = -13$

image de –15 : $-\frac{1}{2} \times (-15) = 7{,}5$

● Comme $f(x) = -\frac{1}{2}x$, $f(3{,}6) = -\frac{1}{2} \times 3{,}6$, etc.

3 De gauche à droite : k, f, g, h.

● Par exemple, $f(1) = 2$ donc f est représentée par le deuxième graphique, etc.

4

● Une fonction linéaire est représentée par une droite passant par l'origine.

À gauche, la courbe de la fonction n'est pas une droite.

À droite, la fonction est certes représentée par une droite, mais celle-ci ne passe pas par l'origine.

5 a. Pour ajouter 10 %, on multiplie par 1,10 :
$23 \times 1{,}10 = 25{,}30$ €.

● C'est plus rapide que de calculer d'abord l'augmentation pour l'ajouter ensuite à 23.

b. Pour ôter 15 %, on multiplie par 0,85 :
$35 \times 0{,}85 = 29{,}75$ €.

c. On multiplie d'abord par 1,20 puis par 0,75 :
$550 \times 1{,}20 \times 0{,}75 = 495$.

11 Nombres et calculs

Utiliser une fonction affine

1 a. $f(2) = -1$, $f(0,5) = 2$, $f(-1,5) = 6$.

b. $f(2,4) = -2 \times (2,4) + 3 = -1,8$,
$f(0,3) = -2 \times 0,3 + 3 = 2,4$,
$f(-7) = -2 \times (-7) + 3 = 17$.

c. Le point de coordonnées (2,4 ; – 1,7) n'est pas sur la droite car $-2 \times 2,4 + 3 = -1,8$ donc $f(2,4) \neq -1,7$.

d. Comme $-2 \times 0,3 + 3 = 2,4$, le point est sur la droite.

e. La droite passe donc par le point de coordonnées (10 ; – 17) car $-2 \times 10 + 3 = -17$, c'est-à-dire $f(10) = -17$.

f. Comme $-2 \times (-7) + 3 = 17$ et $17 \neq 18$, la droite ne passe pas par ce point.

2 a.

x	0	1	2	4	5	– 1	– 2
$x - 2$	– 2	– 1	0	2	3	– 3	– 4

b.

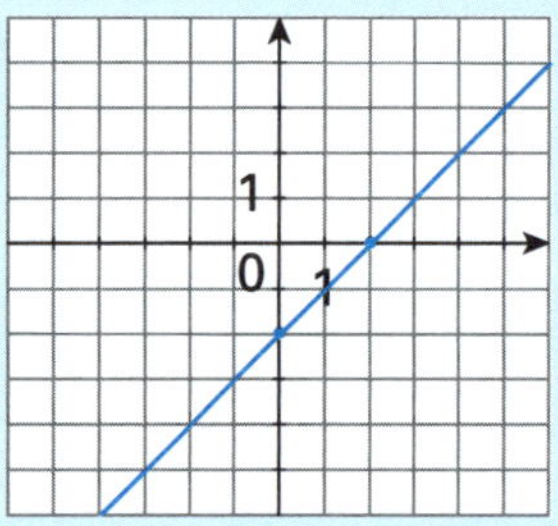

● On marque des points dont les coordonnées sont dans le tableau (par exemple (0 ; – 2), (2 ; 0),...) puis on trace la droite passant par ces points.

c. image de 3 : 1, image de 6 : 4
antécédent de – 5 : – 3, antécédent de 2 : 4

d. image de 1,5 : 1,5 – 2 soit – 0,5
image de – 0,5 : – 0,5 – 2 soit – 2,5
image de 50 : 50 – 2 soit 48
image de –20 : – 20 – 2 soit – 22

3 Comme $f(-1) = 7$ alors $a \times (-1) + 3 = 7$ donc $-a = 7 - 3 = 4$. D'où $a = -4$.

4 Comme $g(-1) = 7$ alors $-2 \times (-1) + b = 7$ donc $2 + b = 7$ d'où $b = 5$.

5 Comme $h(0) = 5$ alors $a \times 0 + b = 5$ donc $b = 5$.

Comme $h(3) = 2$ alors $a \times 3 + 5 = 2$ donc $3a = 2 - 5 = -3$. D'où $a = -1$.

6 $x \mapsto 3 - x$ $x \mapsto 3x$ **L** $x \mapsto -5$ **C**

$x \mapsto \frac{4}{11}$ **C** $x \mapsto 2 + 2x$ $x \mapsto -\frac{4}{5}x$ **L**

● $x \mapsto 3 - x$ est de la forme $ax + b$ avec $a = -1$ et $b = 3$.
Elle n'est donc ni linéaire ni constante.
Idem avec $x \mapsto 2 + 2x$ où $a = b = 2$.

12 Nombres et calculs

Résoudre des systèmes à deux inconnues

1 $\begin{cases} 2x - y = 3 & (E_1) \\ x - 3y = 1 & (E_2) \end{cases}$

● Le couple proposé est solution du système s'il est solution de (E_1) **et** de (E_2).

• (0 ; 4) : $2 \times 0 - 4 = -4 \neq 3$ donc (0 ; 4) n'est pas solution de (E_1).
• (1 ; – 1) : $2 \times 1 - (-1) = 2 + 1 = 3$; $1 - 3 \times (-1) = 4 \neq 1$.
Donc (1 ; – 1) n'est pas solution de (E_2).
• (– 4 ; – 1) : $2 \times (-4) - (-1) = -7 \neq 3$ donc (– 4 ; – 1) n'est pas solution de (E_1).
• (1,6 ; 0,2) : $2 \times (1,6) - 0,2 = 3$; $1,6 - 3 \times 0,2 = 1$.
Donc (1,6 ; 0,2) est solution du système.

2 Donc $\begin{cases} 4x + 2y = \boxed{22} \\ 7x - 3y = \boxed{6} \end{cases}$

● $(4 \times 3) + (2 \times 5) = 22$ et $(7 \times 3) - (3 \times 5) = 6$.

3 $\begin{cases} 3x - y = -1 & (E_1) \\ 6x - 3y = 3 & (E_2) \end{cases}$

À partir de (E_1), on obtient $y = 3x + 1$. En remplaçant dans (E_2), on a $6x - 3(3x + 1) = 3$ soit $-3x - 3 = 3$ soit $-3x = 6$ d'où $x = -2$.
D'où $y = 3 \times (-2) + 1 = -5$.

Vérification : $(-2\ ;-5)$ est solution du système car : $3 \times (-2) - (-5) = -6 + 5 = -1$
et $6 \times (-2) - 3 \times (-5) = -12 + 15 = 3$.

● Comme pour les systèmes qui suivent, on peut procéder de plusieurs façons. Nous avons choisi la première méthode exposée (p. 102) appelée « méthode par substitution ».

4 $\begin{cases} 2x - 3y = 12 & (E_1) \\ 5x + 2y = 11 & (E_2) \end{cases}$

(E_1) donne $x = \dfrac{12 + 3y}{2}$.

En remplaçant dans (E_2), $5 \times \dfrac{12 + 3y}{2} + 2y = 11$.

Soit $5(12 + 3y) + 4y = 22$.
$60 + 15y + 4y = 22$ donc $19y = 22 - 60 = -38$ d'où $y = -2$.

Alors $x = \dfrac{12 + 3 \times (-2)}{2} = 3$.

Vérification : $(3\ ;-2)$ est solution du système car $2 \times 3 - 3 \times (-2) = 12$
et $5 \times 3 + 2 \times (-2) = 15 - 4 = 11$.

5 **a.** $\begin{cases} x + y = 7 & (E_1) \\ x - y = 9 & (E_2) \end{cases}$

En ajoutant membre à membre (E_1) et (E_2) : $2x = 16$ d'où $x = 8$.
Avec (E_1), $8 + y = 7$ donc $y = -1$.
Vérification : $(8\ ;-1)$ est solution du système car $8 + (-1) = 7$ et $8 - (-1) = 9$.

b. $\begin{cases} 6x - 4y = 4 & (E_1) \\ 2x + 3y = 36 & (E_2) \end{cases}$

Avec (E_2), on a : $x = \dfrac{36 - 3y}{2}$.

En remplaçant dans (E_1), on a
$6\left(\dfrac{36 - 3y}{2}\right) - 4y = 4$ soit $108 - 9y - 4y = 4$.
$13y = 104$ donc $y = 8$.

$x = \dfrac{36 - 3 \times 8}{2} = 6$. D'où $x = 6$.

Vérification : $(6\ ;8)$ est solution du système car $6 \times 6 - 4 \times 8 = 4$ et $2 \times 6 + 3 \times 8 = 36$.

6

● Pour ces deux systèmes, on adopte aussi la méthode par substitution.

a. $\begin{cases} 4x + 5y = 13 & (E_1) \\ x - y = 1 & (E_2) \end{cases}$

Avec (E_2), $y = x - 1$. Dans (E_1), $4x + 5(x - 1) = 13$ donc $9x - 5 = 13$. D'où $9x = 13 + 5 = 18$.
D'où $x = 2$.
Puis $y = x - 1 = 2 - 1 = 1$.
Vérification : $(2\ ;1)$ est solution du système car $4 \times 2 + 5 \times 1 = 13$ et $2 - 1 = 1$.

b. $\begin{cases} 8x - 7y = 0 & (E_1) \\ x + y = 1 & (E_2) \end{cases}$

Avec (E_2), $y = 1 - x$. Dans (E_1), $8x - 7(1 - x) = 0$ donc $8x + 7x - 7 = 0$ soit $15x = 7$.

On a $x = \dfrac{7}{15}$ et $y = 1 - \dfrac{7}{15} = \dfrac{15 - 7}{15} = \dfrac{8}{15}$.

Vérification : $\left(\dfrac{7}{15}\ ;\dfrac{8}{15}\right)$ est solution du système

car $8 \times \dfrac{7}{15} - 7 \times \dfrac{8}{15} = 0$ et $\dfrac{7}{15} + \dfrac{8}{15} = \dfrac{15}{15} = 1$.

13 Nombres et calculs — Résoudre des problèmes à deux inconnues

1 **a.** Soit x le prix **d'une glace** ; soit y **le prix d'un éclair au café.**

b. $\begin{cases} 3x + 5y = 11{,}4 & (E_1) \\ 5x + 3y = 9{,}4 & (E_2) \end{cases}$

c. Avec (E_1), $y = \dfrac{11{,}4 - 3x}{5}$. En remplaçant dans (E_2), on trouve : $5x + 3\left(\dfrac{11{,}4 - 3x}{5}\right) = 9{,}4$.

Donc $25x + 3 \times 11{,}4 - 9x = 5 \times 9{,}4 = 47$.

On a $16x = 12{,}8$, donc $x = 0{,}8$

et $y = \dfrac{11{,}4 - 3 \times 0{,}8}{5} = 1{,}8$.

Vérification : $3 \times 0{,}8 + 5 \times 1{,}8 = 2{,}4 + 9 = 11{,}4$
et $5 \times 0{,}8 + 3 \times 1{,}8 = 4 + 5{,}4 = 9{,}4$.
Donc $(0{,}8\ ;1{,}8)$ est solution du système.

● On procède ici par substitution.

d. Le prix d'une glace est 0,8 € et celui d'un éclair au café est 1,8 €.

2 $f(x) = ax + b$. $f(1) = 1$ donc $a \times 1 + b = 1$ et $f(2) = 8$ donc $a \times 2 + b = 8$. On obtient le système :

$$\begin{cases} a + b = 1 & (E_1) \\ 2a + b = 8 & (E_2) \end{cases}$$

En soustrayant membre à membre (E_1) de (E_2), on obtient $a = 7$ et comme $7 + b = 1$ alors $b = -6$. Donc $f(x) = 7x - 6$.

- Dans cet exercice, les inconnues sont a et b.
- Vérifions que $x \mapsto 7x - 6$ convient :
$7 \times 1 - 6 = 1$ et $7 \times 2 - 6 = 8$.

3 a. $\begin{cases} 20x + 10y = 140 & (E_1) \\ 30x + 60y = 300 & (E_2) \end{cases}$

« Divisons » (E_1) par 10 et (E_2) par 30.

- Quand on peut simplifier les équations, on en profite.

On obtient $\begin{cases} 2x + y = 14 & (E'_1) \\ x + 2y = 10 & (E'_2) \end{cases}$.

Avec (E'_2), $x = 10 - 2y$.
En remplaçant dans (E'_1), $2(10 - 2y) + y = 14$.
D'où $20 - 3y = 14$.
On a donc $3y = 20 - 14$
soit $y = 2$.
D'où $x = 10 - 2y = 10 - 2 \times 2 = 6$.

- Pour changer de méthode, on peut aussi multiplier (E'_1) par (-2), puis ajouter membre à membre.

Vérification et conclusion :
$20 \times 6 + 10 \times 2 = 120 + 20 = 140$
et $30 \times 6 + 60 \times 2 = 180 + 120 = 300$.
Donc un adulte paie 6 € et un enfant 2 €.

b. $\begin{cases} y = -2x + 14 \\ y = -0{,}5x + 5 \end{cases}$

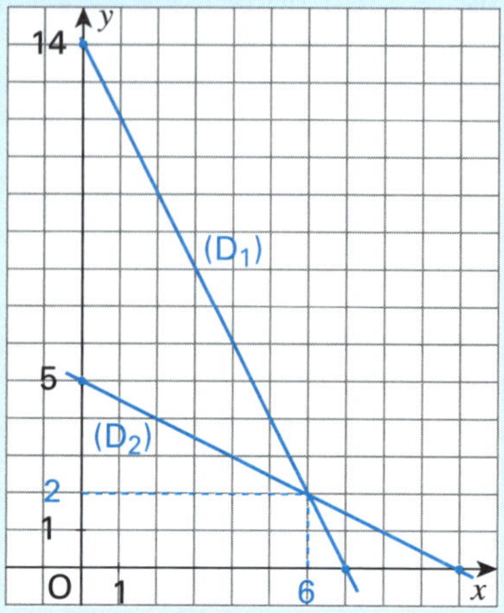

c. $x = 6$; $y = 2$.

4

- Choisir d'abord les inconnues x et y. Ne pas oublier que x et y doivent être des nombres entiers positifs.
- Il faut de solides connaissances en zoologie pour résoudre ce problème !!!

Soit x le nombre de lapins et y le nombre de canards.

On a : $\begin{cases} x + y = 28 & (E_1) \\ 4x + 2y = 82 & (E_2) \end{cases}$. Avec (E_1), $y = 28 - x$.

En remplaçant dans (E_2), on a $4x + 2(28 - x) = 82$
soit $4x - 2x + 56 = 82$.
Donc $2x = 82 - 56 = 26$: $x = 13$ et $y = 28 - 13 = 15$.
Vérification et conclusion : $13 + 15 = 28$
et $4 \times 13 + 2 \times 15 = 52 + 30 = 82$.
Il y a donc 13 lapins et 15 canards dans la cour.

14 Nombres et calculs — Rechercher des diviseurs communs

1 a. 1 356 ; 3 172 ; 200 ; 628 ; 3 162 sont divisibles par 2.

b. 1 356 ; 129 ; 45 ; 3 162 ; 1 515 sont divisibles par 3.

c. 200 ; 45 ; 1 515 sont divisibles par 5.

- Application directe des critères de divisibilité.

2 a. {1 ; 2 ; 3 ; 4 ; 5 ; 6 ; 10 ; 12 ; 15 ; 20 ; 30 ; 60} sont les diviseurs de 60.
{1 ; 3 ; 5 ; 7 ; 15 ; 21 ; 35 ; 105} sont ceux de 105.

- Les diviseurs vont par deux. Par exemple, pour 60, on a : 1 et 60 ; 2 et 30 ; 3 et 20, etc.

b. {1 ; 3 ; 5 ; 15} sont les diviseurs communs à 60 et 105.

3 a. Voici la liste des diviseurs de 36 :
{1 ; 2 ; 3 ; 4 ; 6 ; 9 ; 12 ; 18 ; 36}.
Voici celle de 24 : {1 ; 2 ; 3 ; 4 ; 6 ; 8 ; 12 ; 24}.

b. Le PGCD de 36 et de 24 est 12.

4 Voici la liste des diviseurs de 42 :
{1 ; 2 ; 3 ; 6 ; 7 ; 14 ; 21; 42}.
Voici celle de 56 : {1 ; 2 ; 4 ; 7 ; 8 ; 14 ; 28 ; 56}.
Le PGCD de 42 et 56 est donc 14.

5 a. Vrai. b. Vrai. c. Faux, car par exemple : 9 est un diviseur de 36 ; et cependant 9 et 36 ne sont pas premiers entre eux.

6 a. 30 et 100 ne sont pas premiers entre eux car, par exemple, 10 est diviseur commun de 30 et 100.

b. Non, car 3 est diviseur de 123 et 111.

c. Oui, car 1 est le seul diviseur commun à 15 et 14.

7 • $257 = 126 \times 2 + 5$
$126 = 5 \times 25 + 1$
$5 = 1 \times 5 + 0$
Le PGCD de 257 et 126 est 1.
• $2\,431 = 247 \times 9 + 208$ et $247 = 208 \times 1 + 39$
$208 = 39 \times 5 + 13$
$39 = 13 \times 3 + 0$
Le PGCD de 2 431 et 247 est 13.

● Le PGCD est le dernier reste non nul dans la liste des divisions euclidiennes successives.

8 Le PGCD de 1 436 et 513 est 1.
1 436 et 513 sont donc premiers entre eux.

● Les divisions successives ne sont pas détaillées ici.

15 Nombres et calculs

Rendre une fraction irréductible

1 a. $\frac{720}{630} = \frac{72 \times 10}{63 \times 10} = \frac{72}{63} = \frac{8 \times 9}{7 \times 9} = \frac{8}{7}$.

b. $\frac{1\,050}{875} = \frac{210 \times 5}{175 \times 5} = \frac{210}{175} = \frac{42 \times 5}{35 \times 5} = \frac{42}{35} = \frac{6 \times 7}{5 \times 7} = \frac{6}{5}$.

c. $\frac{660}{924} = \frac{165 \times 4}{231 \times 4} = \frac{165}{231} = \frac{55 \times 3}{77 \times 3} = \frac{55}{77} = \frac{5 \times 11}{7 \times 11} = \frac{5}{7}$.

d. $\frac{5\,400}{4\,050} = \frac{540}{405} = \frac{108 \times 5}{81 \times 5} = \frac{108}{81} = \frac{12 \times 9}{9 \times 9} = \frac{12}{9} = \frac{4 \times 3}{3 \times 3} = \frac{4}{3}$

2 a. Diviseurs de 175 : {1 ; 5 ; 7 ; 25 ; 35 ; 175}.
Diviseurs de 63 : {1 ; 3 ; 7 ; 9 ; 21 ; 63}.

b. Le PGCD de 175 et de 63 est donc 7.

c. $\frac{175}{63} = \frac{25 \times 7}{9 \times 7} = \frac{25}{9}$.

3 a. Diviseurs de 52 : { 1 ; 2 ; 4 ; 13 ; 26 ; 52}.
Ceux de 351 : {1 ; 3 ; 9 ; 13 ; 27 ; 39 ; 117 ; 351}.
Le PGCD de 52 et de 351 est donc 13.

b. Donc la fraction $\frac{52}{351}$ n'est pas irréductible.
$\frac{52}{351} = \frac{4 \times 13}{27 \times 13} = \frac{4}{27}$.

4 a. La fraction $\frac{1\,045}{1\,235}$ n'est pas irréductible car 1 045 et 1 235 sont divisibles par 5.

b. $\frac{1\,045}{1\,235} = \frac{209 \times 5}{247 \times 5} = \frac{209}{247}$.

c. $247 = 209 \times 1 + 38$; $209 = 38 \times 5 + 19$;
$38 = 19 \times 2 + 0$;
donc le PGCD de 247 et de 209 est 19.

d. La fraction $\frac{209}{247}$ n'est pas irréductible car 209 et 247 ne sont pas premiers entre eux.
$\frac{209}{247} = \frac{11 \times 19}{13 \times 19} = \frac{11}{13}$.

5 a. $\frac{1\,097}{263}$
$1\,097 = 263 \times 4 + 45$.
$263 = 45 \times 5 + 38$.
$45 = 38 \times 1 + 7$.
$38 = 7 \times 5 + 3$.
$7 = 3 \times 2 + 1$.
$3 = 1 \times 3 + 0$.
Donc le PGCD de 1 097 et de 263 est 1.
Donc cette fraction est irréductible.

b. $\frac{1\,771}{920}$
$1\,771 = 920 \times 1 + 851$.
$920 = 851 \times 1 + 69$.
$851 = 69 \times 12 + 23$.
$69 = 23 \times 3 + 0$.
Donc le PGCD de 1 771 et de 920 est 23.
$\frac{1\,771}{920} = \frac{77 \times 23}{40 \times 23} = \frac{77}{40}$.

16 Gestion de données — Jongler avec les unités

1

● Rappel : 1 h = 3 600 s. 1 min = 60 s.

a. La vitesse en m/s : 72 ÷ 3 600 = 0,02 km/s soit 20 m/s.

b. Elle parcourt 100 m en 100 ÷ 20 = 5 s.

c. Elle parcourt en une minute :
20 × 60 = 1 200 m soit 1,2 km.

2 a. La vitesse du train est :

$$v = \frac{d}{t} = \frac{581}{3{,}5} = 166 \text{ soit } 166 \text{ km/h.}$$

● Trois heures et demie c'est 3,5 h.

b. Sa vitesse en m/s est :
166 ÷ 3 600 ≈ 0,046 km/s soit 46 m/s environ.

c. Il parcourt 332 km en : $t = \frac{d}{v} = \frac{332}{166} = 2$ soit 2 heures.

3 a. Elle parcourt 561 × 3 600 = 2 019 600 m en 1 h. Sa vitesse est donc 2 019,6 km/h.

b. Comme 561 × 60 = 33 660 m soit 33,66 km, alors elle fait plus de 30 km en une minute.

● On peut aussi calculer le temps mis sur 30 km.

4 a. Le débit moyen de la Seine est :
30 000 ÷ 60 = 500 soit 500 m^3/s.

● Rappel : 1 h = 60 min. 1 j = 24 h.

b. En 1 h, il s'écoule : 30 000 × 60 = 1 800 000 m^3.
En 1 jour, il s'écoule :
1 800 000 × 24 = 43 200 000 m^3.

5 a. Pour parcourir 1 km, il faut 15 ÷ 350 et pour 100 km, il faut 100 fois plus soit 15 ÷ 350 × 100 ≈ 4,30 c'est-à-dire environ 4,3 litres/100 km.

b. 45 litres c'est 3 fois 15 litres, donc elle peut parcourir 3 × 350 km = 1 050 km.

● On utilise ici la proportionnalité.

6 a. 16 830 ÷ 51 = 330 habitants/km^2.

● La densité de population est le nombre d'habitants par km^2.

b. 1 ha = 1 hm^2 donc 1 km^2 = 100 ha ;
donc 51 km^2 = 5 100 ha.
D'où la superficie moyenne par habitant :
5 100 ÷ 16 830 ≈ 0,3 ha/hab.

● La superficie moyenne par habitant est l'aire moyenne dont « dispose » chaque habitant.

7 Le nombre de tours par seconde est :
6 900 ÷ 60 = 115 t/s.

8 0,58 kg = 580 g, donc la masse volumique est égale à 580 ÷ 65 ≈ 8,9 soit environ 8,9 g/cm^3.

● Pour obtenir la masse volumique exprimée en g/cm^3 on divise la masse en g par le volume en cm^3.

17 Gestion de données — Connaître les notions de médiane et de quartiles

1 a. Appelons m la moyenne :

$$m = \frac{1\times5+1\times6+4\times7+5\times9+1\times10+2\times11+3\times12+1\times14+4\times17+2\times19}{1+1+4+5+1+2+3+1+4+2} = \frac{272}{24} \approx 11{,}33.$$

b. Dans cette série statistique, une note médiane doit être strictement comprise entre 10 et 11. D'où m n'est pas une note médiane.

2 a.

Chiffre d'affaires	1,3	1,4	1,6	1,8	1,9	2	2,1	2,2	2,3	2,5
Nombre de jours	3	9	13	12	6	7	5	20	15	10
Effectif cumulé	3	12	25	37	43	50	55	75	90	100

- Ce qu'on appelle communément le « chiffre d'affaires » est en réalité un nombre qui s'écrit avec des chiffres.

b. Un chiffre d'affaires médian : 2,05 par exemple.

- Au vu des effectifs cumulés, il faut $2 < M_e < 2{,}1$ où M_e désigne la médiane.

c. $\dfrac{3 \times 1{,}3 + \ldots + 10 \times 2{,}5}{100} = \dfrac{198{,}3}{100} = 1{,}983$.

Un chiffre d'affaires médian doit être strictement compris entre 2 et 2,1. Donc 1,983 n'est pas un chiffre d'affaires médian.

d. Par exemple, $Q_1 = 1{,}7$ et $Q_3 = 2{,}25$.

- $1{,}6 < Q_1 < 1{,}8$ et $2{,}2 < Q_3 < 2{,}3$.

3 **a.**

Valeur	12	13	14	15	16	18	20	21
Effectif	2	1	2	1	2	1	2	1
Effectif cumulé	2	3	5	6	8	9	11	12

b. médiane = 15,5, $Q_1 = 13{,}5$, $Q_3 = 19$.

c. Appelons m la moyenne :

$m = \dfrac{2 \times 12 + \ldots + 1 \times 21}{12} = \dfrac{191}{12} = 15{,}92$.

d. Une valeur médiane doit être strictement comprise entre 15 et 16.
m peut donc être une médiane.

4 **a.**

Valeur	9	11	12	13	15	17
Effectif	2	5	6	4	2	1
Effectif cumulé	2	7	13	17	19	20

b. 10 valeurs sont inférieures ou égales à 12 et 10 valeurs sont supérieures ou égales à 12 donc $Q_2 = 12$.

c. $Q_1 = 11$; $Q_3 = 13$.

- On procède comme pour Q_2.

5 $Q_2 = 115$; $Q_1 = 111{,}5$; $Q_3 = 118{,}5$.

- Les 20 plus petites valeurs sont inférieures ou égales à 115. Les 20 plus grandes sont supérieures ou égales à 115. Donc $Q_2 = 115$.
- Même raisonnement pour déterminer Q_1 et Q_3.

18 Gestion de données — Calculer ses chances

1 **a.** $\dfrac{1}{6}$. **b.** $\dfrac{3}{6} = \dfrac{1}{2}$. **c.** $\dfrac{2}{6} = \dfrac{1}{3}$.

- Il y a 6 possibilités qui ont chacune la même probabilité de sortir.

2 La probabilité d'obtenir I, II ou III est $\dfrac{9}{10}$.
Donc la probabilité d'obtenir IV est $\dfrac{1}{10}$.

3 **a.** $\dfrac{\text{nombre de boules blanches}}{\text{nombre total de boules}} = \dfrac{4}{7}$.

Donc la probabilité d'obtenir une boule blanche est $\dfrac{4}{7}$.

b. $\dfrac{1}{7}$. **c.** $\dfrac{3}{7}$.

- **b.** et **c.** Même type d'explication qu'en **a.**.

4 **a.**

	Garçons	Filles	Total
Pratiquent l'informatique	6	12	18
Ne pratiquent pas l'informatique	4	8	12
Total	10	20	30

- Il suffit de faire des additions.

b. La probabilité de E_1 est $\dfrac{12}{30} = \dfrac{2}{5}$.

La probabilité de E_2 est $\dfrac{10}{30} = \dfrac{1}{3}$.

La probabilité de E_3 est $\dfrac{12}{30} = \dfrac{2}{5}$.

- Les réponses se lisent dans le tableau.

5 **a.** Il y a 10 billets qui permettent de gagner plus de 5 € (celui qui fait gagner 100 € et les 9 qui font gagner 10 €).
Donc la probabilité de gagner une somme supérieure à 5 € est $\frac{10}{100} = \frac{1}{10}$.
b. Il y a 30 billets gagnants donc 70 billets perdants. Donc la probabilité de ne rien gagner est $\frac{70}{100} = \frac{7}{10}$.

6 Il y a 19 chances sur 100 qu'un lecteur au moins présente un défaut, donc 81 chances sur 100 d'avoir un lecteur ne présentant aucun défaut. La probabilité recherchée est donc $\frac{81}{100}$.

7 **a.** Trois possibilités : R et J_1, R et J_2, J_1 et J_2.
b. La probabilité d'obtenir deux cartons jaunes est $\frac{1}{3}$ (il faut, pour cela, tirer J_1 et J_2).

8 **a.**

2e jet \ 1er jet	Pile	Face
Pile	PP	FP
Face	PF	FF

b. La probabilité d'obtenir 2 fois Pile est $\frac{1}{4}$.
Celle d'obtenir 2 fois Face est $\frac{1}{4}$.
Celle d'obtenir 1 fois Pile et 1 fois Face est $\frac{2}{4} = \frac{1}{2}$.

● Les réponses se lisent dans le tableau.

19 Géométrie et mesures

Utiliser des racines carrées en géométrie

1 **a.** Comme AB = 12 et AC = 5
alors $BC^2 = 12^2 + 5^2 = 144 + 25 = 169$.
Donc $BC = \sqrt{169} = 13$.
b. Comme $AB = \sqrt{5}$ et $AC = \sqrt{11}$
alors $BC^2 = AB^2 + AC^2 = (\sqrt{5})^2 + (\sqrt{11})^2 = 5 + 11 = 16$.
Donc $BC = \sqrt{16} = 4$.

● ABC est rectangle en A, donc son hypoténuse est BC. On applique la propriété de Pythagore.

2 $d^2 = 7^2 + 7^2 = 49 + 49 = 98$.
Donc $d = \sqrt{98}$ m. Donc $d \approx 9,90$ m.

● La diagonale du carré est l'hypoténuse d'un triangle rectangle isocèle.

3 Côté du carré : $\sqrt{72,25} = 8,5$ cm.
Périmètre du carré : $4 \times 8,5 = 34$ cm.

● Le côté d'un carré est la racine carrée de son aire.

4 On a $AB^2 + AC^2 = (2\sqrt{3})^2 + (\sqrt{13})^2$
$= 4 \times 3 + 13 = 25$ et $BC^2 = 5^2 = 25$
d'où $AB^2 + AC^2 = BC^2$
donc ABC est rectangle en A d'après la réciproque de la propriété de Pythagore.

5

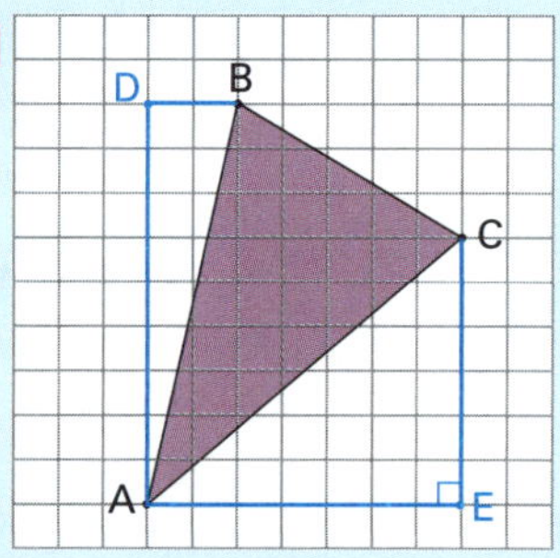

a. $AB^2 = AD^2 + DB^2 = 9^2 + 2^2 = 85$. Donc $AB = \sqrt{85}$.
b. $AC^2 = AE^2 + EC^2 = 7^2 + 6^2 = 85$. Donc $AC = \sqrt{85}$.
c. Comme AB = AC alors le triangle ABC est isocèle en A.

6

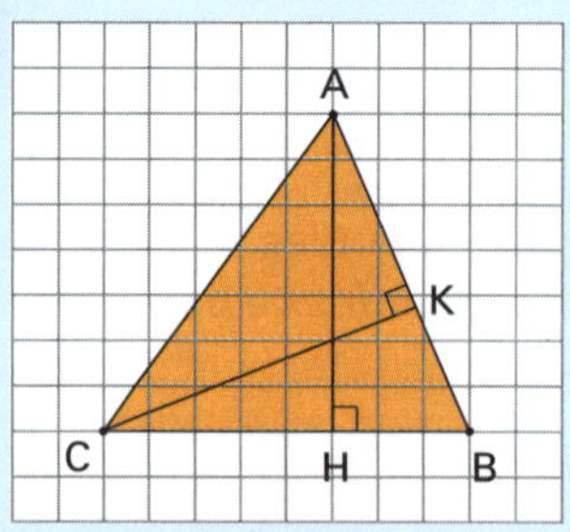

a. CB = 8 et AH = 7.

● **a.** On trouve CB et AH en comptant les carreaux.

b. L'aire du triangle CAB : (base × hauteur) ÷ 2 $= (CB \times AH) \div 2 = (8 \times 7) \div 2 = 28$.

c. $AB^2 = AH^2 + HB^2 = 7^2 + 3^2 = 58$. Donc $AB = \sqrt{58}$.

d. $\dfrac{\sqrt{58} \times CK}{2} = 28$, donc $\sqrt{58} \times CK = 56$, donc $CK = \dfrac{56}{\sqrt{58}} \approx 7{,}35$.

● On exprime l'aire de CAB en fonction de la base AB et de la hauteur CK. Ceci donne une équation d'inconnue CK.

7

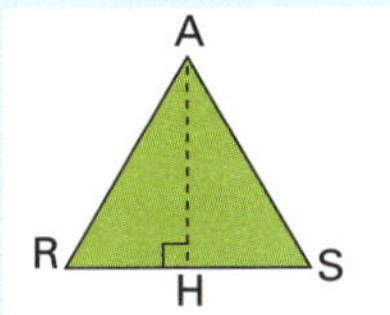

Hypothèses :
- RAS équilatéral
- RS = 8 cm

$AH^2 + RH^2 = AR^2$.
Donc $AH^2 = AR^2 - RH^2 = 8^2 - 4^2 = 64 - 16 = 48$.
Donc $AH = \sqrt{48} = \sqrt{16 \times 3} = 4\sqrt{3}$ cm.
Donc $AH \approx 6{,}93$ cm.

● Comme RAS est équilatéral, H est le milieu de [RS] et donc RH = 4 cm.

8

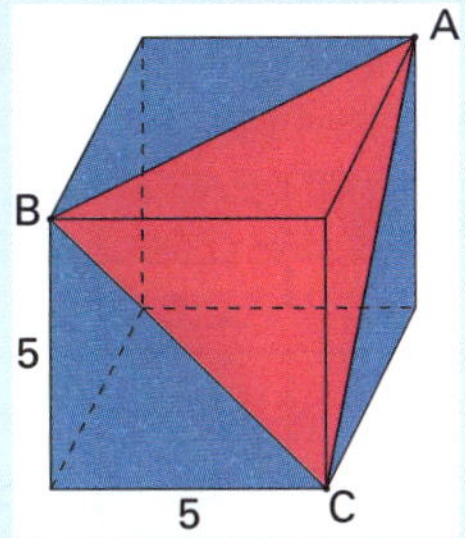

$AB^2 = 5^2 + 5^2 = 50$.
Donc $AB = \sqrt{50} = \sqrt{25 \times 2} = 5\sqrt{2}$.
Donc $AB \approx 7{,}07$ cm.

● Les côtés du triangle équilatéral ABC sont des diagonales de carrés.

20 Géométrie et mesures — Calculer des longueurs avec la propriété de Thalès

1

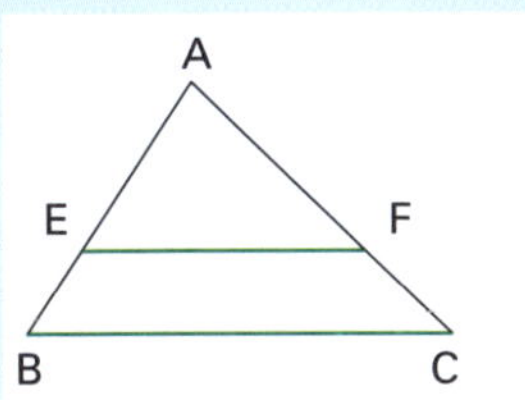

Hypothèses :
- (EF) // (BC)
- AE = 3
- AF = 4
- AC = 6
- BC = 7

a. Calcul de AB.
On a $\dfrac{AE}{AB} = \dfrac{AF}{AC}$ donc $\dfrac{3}{AB} = \dfrac{4}{6}$.
En utilisant les produits en croix, on a $4\ AB = 3 \times 6$ donc $4\ AB = 18$
d'où $AB = \dfrac{18}{4} = 4{,}5$.

b. Calcul de EF.
On a $\dfrac{EF}{BC} = \dfrac{AF}{AC} = \dfrac{4}{6}$ donc $\dfrac{EF}{7} = \dfrac{4}{6}$
donc $6\ EF = 4 \times 7$ soit $6\ EF = 28$
d'où $EF = \dfrac{28}{6} = \dfrac{14}{3}$ donc $EF = \dfrac{14}{3}$.

2

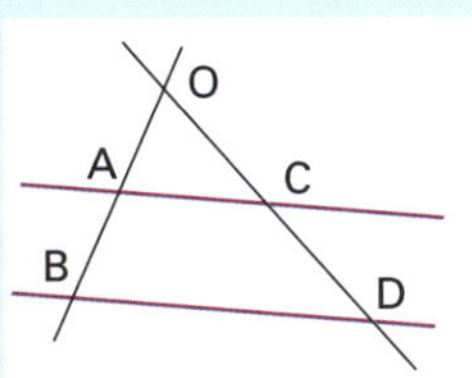

Hypothèses :
- (AC) // (BD)
- OA = 3
- OB = 9
- OC = 2
- AC = 4

a. Calcul de OD.
On a $\dfrac{OC}{OD} = \dfrac{OA}{OB}$ donc $\dfrac{2}{OD} = \dfrac{3}{9}$
donc $3\ OD = 2 \times 9$ donc $3\ OD = 18$
donc $OD = \dfrac{18}{3} = 6$.

b. Calcul de BD.
On a $\dfrac{AC}{BD} = \dfrac{OA}{OB}$ donc $\dfrac{4}{BD} = \dfrac{3}{9}$
donc $3\ BD = 4 \times 9$ d'où $3\ BD = 36$
donc $BD = \dfrac{36}{3} = 12$.

3

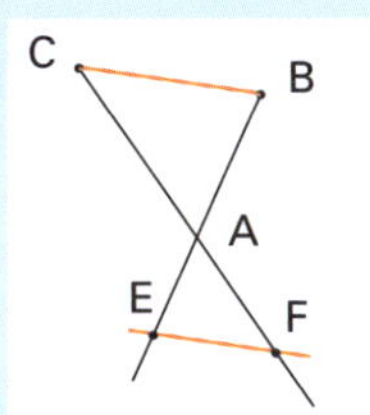

Hypothèses :
- (EF) // (BC)
- AB = 3
- EF = 2
- AC = 4
- BC = 3

a. Calcul de AE.
$\dfrac{AE}{AB} = \dfrac{EF}{BC}$ donc $\dfrac{AE}{3} = \dfrac{2}{3}$.
En multipliant les deux membres par 3, on obtient AE = 2.

b. Calcul de AF.
$\dfrac{AF}{AC} = \dfrac{AE}{AB}$ donc $\dfrac{AF}{4} = \dfrac{2}{3}$ et $AF = \dfrac{8}{3}$.

4

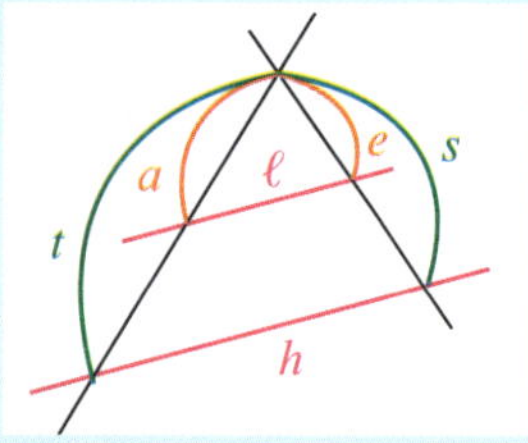

t	h	a	ℓ	e	s
5	7,5	2	3	2,8	7
12	8	7,5	5	4	6,4
37,5	28	30	22,4	36	45

- Comme les droites en couleur sont parallèles, on a : $\frac{a}{t} = \frac{e}{s} = \frac{\ell}{h}$.
Pour la 1re ligne du tableau $\frac{2}{5} = \frac{e}{7} = \frac{3}{h}$
d'où $e = \frac{2 \times 7}{5} = 2{,}8$ et $h = \frac{3 \times 5}{2} = 7{,}5$.

5 Comme le bâton est parallèle au sapin, on a : $\frac{1{,}20}{s} = \frac{1{,}5}{6 + 1{,}5}$ donc $\frac{1{,}20}{s} = \frac{1{,}5}{7{,}5}$
donc $1{,}5s = 1{,}20 \times 7{,}5$ d'où $s = \frac{1{,}20 \times 7{,}5}{1{,}5}$
donc $s = 6$. Le sapin mesure 6 m de haut.

- Bien que peu précis, ce procédé est tout à fait utilisable pour calculer la hauteur d'un pylône, d'un monument, etc.

6 On a $\frac{1{,}20}{d} = \frac{0{,}80}{13}$ donc $0{,}80d = 1{,}20 \times 13$
donc $d = \frac{1{,}20 \times 13}{0{,}80} = 19{,}5$. Le donjon mesure 19,5 m de haut.

21 Géométrie et mesures — Démontrer que deux droites sont parallèles

1

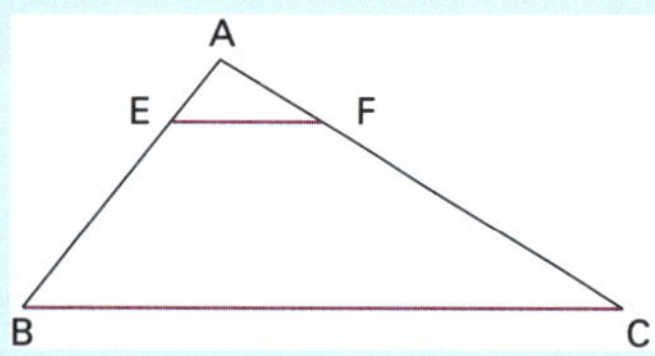

Hypothèses :
- AB = 4 cm
- AE = 1 cm
- AC = 6 cm
- AF = 1,5 cm

a. $\frac{AE}{AB} = \frac{1}{4}$;
$\frac{AF}{AC} = \frac{1{,}5}{6} = \frac{15}{60} = \frac{15 \times 1}{15 \times 4} = \frac{1}{4}$.

b. On a $\frac{AE}{AB} = \frac{AF}{AC}$ donc les droites (EF) et (BC) sont parallèles.

- Il s'agit du cas ① de la réciproque de la propriété de Thalès : (EF) et (BC) sont du même côté par rapport à A.

2

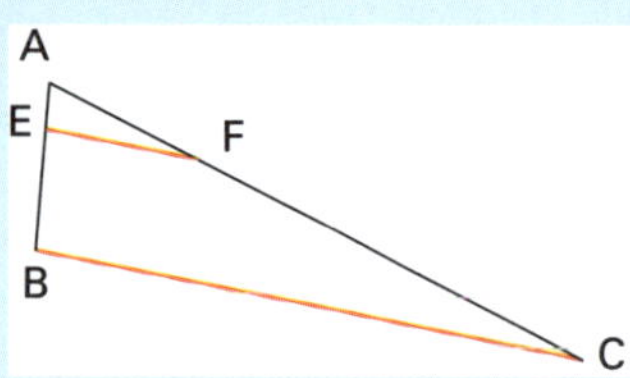

Hypothèses :
- AB = 1,4 cm
- AE = 0,4 cm
- AC = 5 cm
- AF = 1,4 cm

a. Si (EF) et (BC) étaient parallèles, on aurait $\frac{AE}{AB} = \frac{AF}{AC}$.

b. $\frac{AE}{AB} = \frac{0{,}4}{1{,}4} = \frac{4}{14} = \frac{2}{7}$.
$\frac{AF}{AC} = \frac{1{,}4}{5} = \frac{14}{50} = \frac{7}{25}$.

c. On a $2 \times 25 = 50$ et $7 \times 7 = 49$
donc $\frac{2}{7} \neq \frac{7}{25}$ et $\frac{AE}{AB} \neq \frac{AF}{AC}$.
Donc les droites (EF) et (BC) ne sont pas parallèles.

- On peut aussi observer que $\frac{0{,}4}{1{,}4} = 0{,}2857...$ et $\frac{1{,}4}{5} = 0{,}28$ à l'aide de la calculatrice.

3

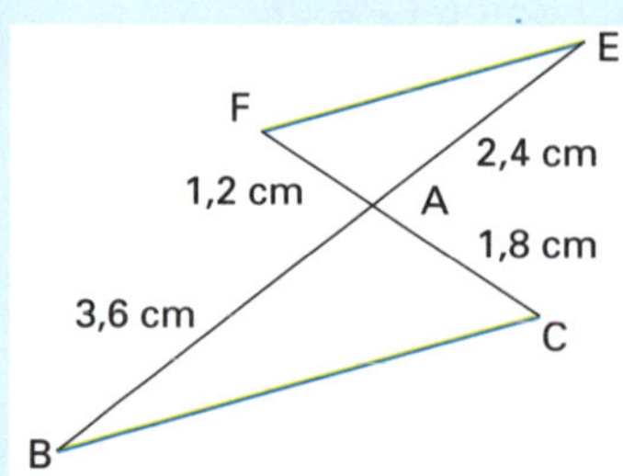

a. $\dfrac{AE}{AB} = \dfrac{2,4}{3,6} = \dfrac{24}{36} = \dfrac{2 \times 12}{3 \times 12} = \dfrac{2}{3}$.

$\dfrac{AF}{AC} = \dfrac{1,2}{1,8} = \dfrac{12}{18} = \dfrac{2 \times 6}{6 \times 3} = \dfrac{2}{3}$.

b. On a $\dfrac{AE}{AB} = \dfrac{AF}{AC}$ donc les droites (BC) et (EF) sont parallèles.

• Il s'agit du cas ③ de la réciproque du théorème de Thalès : (EF) et (BC) sont de part et d'autre du point A.

4

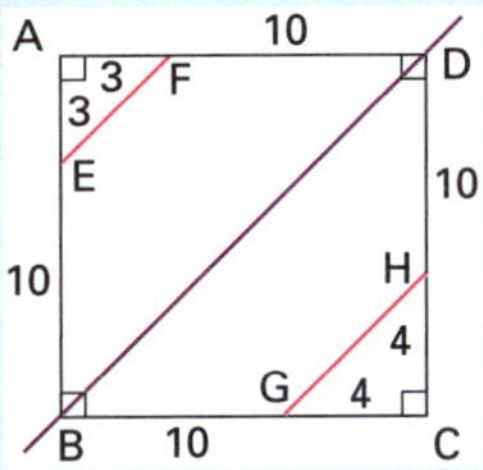

a. $\dfrac{AF}{AD} = \dfrac{3}{10} = \dfrac{AE}{AB}$

donc les droites (EF) et (BD) sont parallèles.

b. $\dfrac{CH}{CD} = \dfrac{4}{10} = \dfrac{CG}{CB}$

donc les droites (GH) et (BD) sont parallèles.

• **a.** et **b.** Il s'agit du cas ① de la réciproque du théorème de Thalès.

c. D'après **a.** et **b.**, (EF) et (GH) sont parallèles car deux droites parallèles à une même droite sont parallèles entre elles.

5

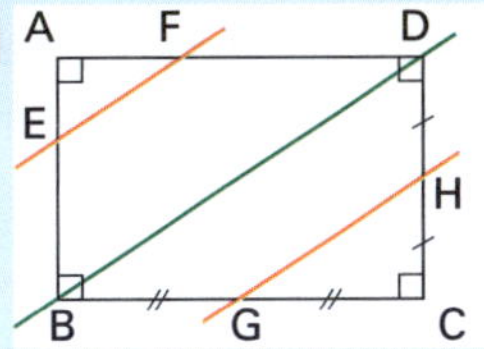

Hypothèses :
- AD = 9 cm
- AF = 3 cm
- AB = 6 cm
- AE = 2 cm

a. (GH) est une droite des milieux dans le triangle BCD, donc (GH) // (BD).

b. On a $\dfrac{AF}{AD} = \dfrac{3}{9} = \dfrac{1}{3}$ et $\dfrac{AE}{AB} = \dfrac{2}{6} = \dfrac{1}{3}$.

c. On a $\dfrac{AF}{AD} = \dfrac{AE}{AB}$ donc les droites (EF) et (BD) sont parallèles.

Mais on a aussi (GH) // (BD) d'après le **a.** donc (EF) // (GH).

• **b.** et **c.** Il s'agit du cas ① de la réciproque du théorème de Thalès.

6

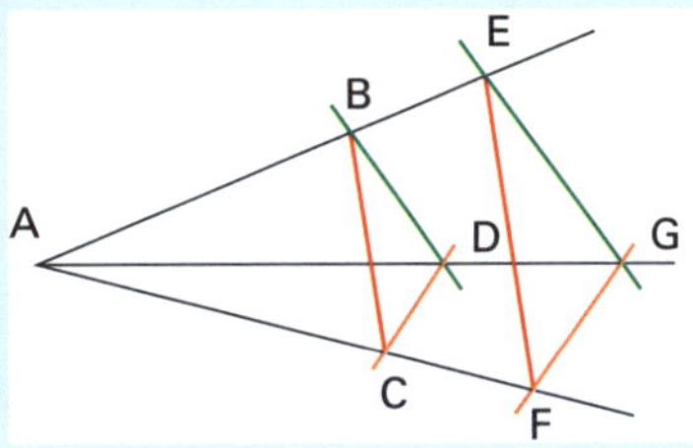

Hypothèses :
- (BD) // (EG)
- (DC) // (GF)

Comme (BD) // (EG) alors $\dfrac{AB}{AE} = \dfrac{AD}{AG}$.

De même, comme (DC) // (GF) alors $\dfrac{AD}{AG} = \dfrac{AC}{AF}$.

Donc $\dfrac{AB}{AE} = \dfrac{AC}{AF}$. Donc **(BC) // (EF)**.

• On a utilisé deux fois le théorème de Thalès, puis une fois sa réciproque pour conclure.

22 Géométrie et mesures — Agrandir et réduire

1

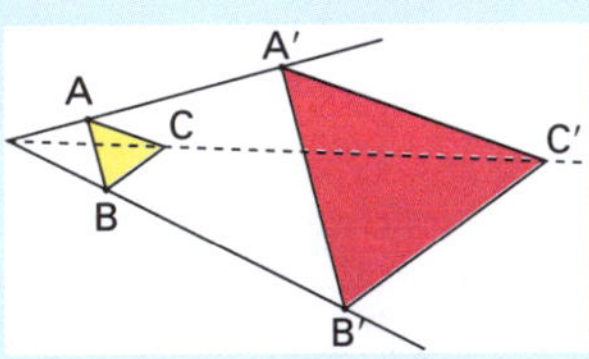

A'B' = **4** × AB et AC = $\dfrac{1}{4}$ × A'C'.

• Il suffit de remarquer que $4^2 = 16$.

2

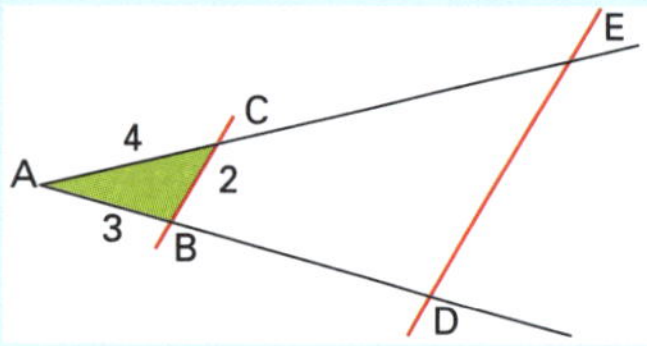

Hypothèses :
- (BC) // (DE)
- AD = 9

a. D'après le théorème de Thalès, on a $\frac{AC}{AE} = \frac{AB}{AD}$. Donc $\frac{4}{AE} = \frac{3}{9} = \frac{1}{3}$ donc $\frac{4}{AE} = \frac{1}{3}$ d'où AE = 3 × 4 = 12.

De même $\frac{BC}{ED} = \frac{3}{9}$ d'où $\frac{2}{ED} = \frac{1}{3}$, donc ED = 6.

b. On a ED = 3 × BC puis AE = 3 × AC et AD = 3 × AB. On obtient les dimensions du triangle ADE en multipliant celles de ABC par 3. Donc ADE est un agrandissement de ABC.

3

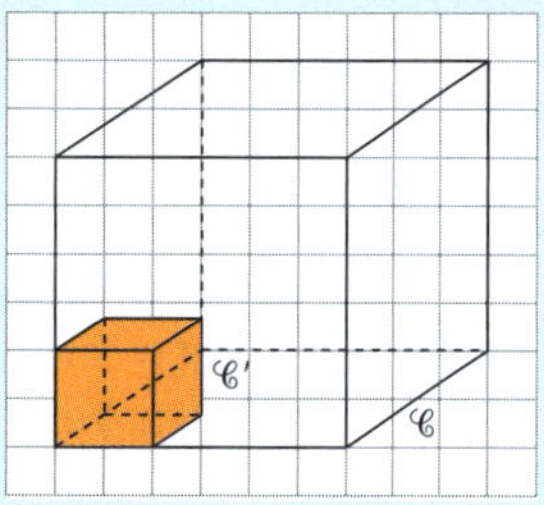

a. Les dimensions de 𝒞′ sont celles de 𝒞 multipliées par $\frac{1}{3}$.

b. L'aire d'une face de 𝒞′ est l'aire d'une face de 𝒞 multipliée par $\left(\frac{1}{3}\right)^2 = \frac{1}{9}$.

c. Volume (𝒞′) = $\frac{1}{27}$ × volume (𝒞) car $\left(\frac{1}{3}\right)^3 = \frac{1}{27}$.

4 **a.** Rapport d'agrandissement : $\frac{231}{105} = 2{,}2$.

Hauteur demandée : 66 × 2,2 = 145,2 m.

- En réalité, la pyramide de Khéops a été raccourcie d'une bonne dizaine de mètres par l'érosion.

b. Comme $2{,}2^3 = 10{,}648$, alors l'affirmation est vraie.

- « (k, k^2, k^3) », voilà une propriété bien commode !

c. Volume (Khéops) :

$\frac{231^2 \times 145{,}2}{3} = 2\,582\,672{,}4$ m³.

Volume (Mykérinos) = $\frac{105^2 \times 66}{3} = 242\,550$ m³.

On observe que :

Volume (Khéops) = Volume (Mykérinos) × 10,648.

23 Géométrie et mesures — Utiliser la trigonométrie

1 **a.** Sachant que AC = 5 et BC = 4, on peut immédiatement calculer :

$\tan(\widehat{A}) = \frac{BC}{AC} = \frac{4}{5}$.

b. Sachant que AC = 6 et AB = 7, on peut immédiatement calculer :

$\cos(\widehat{A}) = \frac{AC}{AB} = \frac{6}{7}$.

c. Sachant que AB = 8 et BC = 3, on peut immédiatement calculer :

$\sin(\widehat{A}) = \frac{BC}{AB} = \frac{3}{8}$.

- Dans le triangle rectangle, il faut bien repérer l'hypoténuse, le côté opposé et le côté adjacent à l'angle Â.

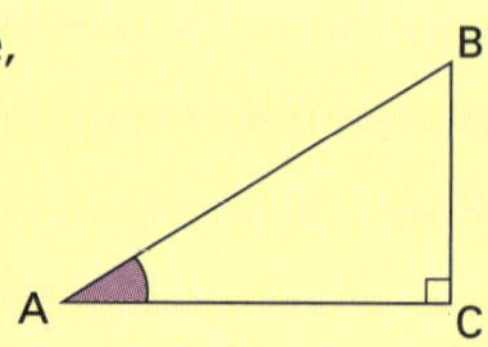

2

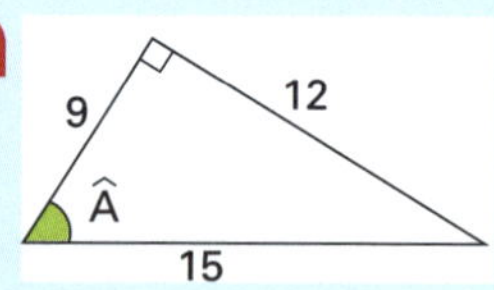

$\cos(\widehat{A}) = \frac{9}{15} = \frac{3 \times 3}{3 \times 5} = \frac{3}{5} = 0{,}6$.

$\sin(\widehat{A}) = \frac{12}{15} = \frac{3 \times 4}{3 \times 5} = \frac{4}{5} = 0{,}8$.

$\tan(\widehat{A}) = \frac{12}{9} = \frac{4}{3}$.

- Ne pas oublier de simplifier.

3 À 0,01 près : cos(33°) ≈ 0,84 ; sin(1°) ≈ 0,02 ; tan(10°) ≈ 0,18.

- Mettre la calculatrice en mode degré.

4

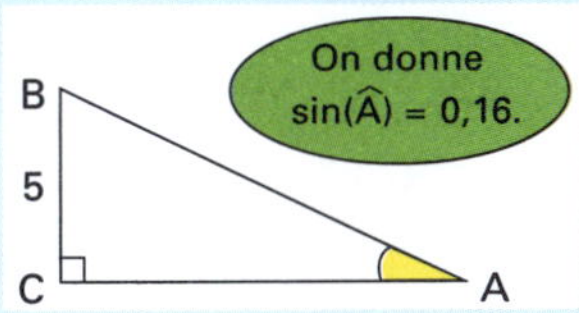

a. On a $\sin(\widehat{A}) = \dfrac{BC}{AB}$ donc $0{,}16 = \dfrac{5}{AB}$
d'où $AB \times 0{,}16 = 5$ et donc $AB = 5 \div 0{,}16$
donc $AB = 31{,}25$.

b. Comme le triangle ABC est rectangle en C, on a $AC^2 = AB^2 - BC^2$
donc $AC^2 = (31{,}25)^2 - 5^2 = 951{,}5625$
donc $AC = \sqrt{951{,}5625}$ soit $AC \approx 30{,}85$.

c. $\cos(\widehat{A}) = \dfrac{AC}{AB} \approx \dfrac{30{,}85}{31{,}25}$ donc $\cos(\widehat{A}) \approx 0{,}99$.

5 **a.**

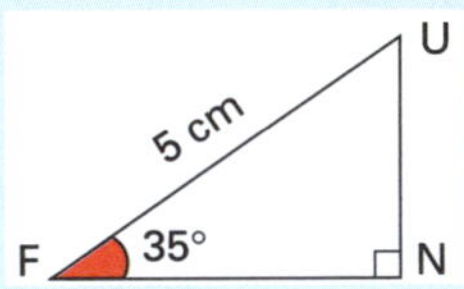

$NF = FU \times \cos(35°) = 5 \times \cos(35°) \approx 4{,}10$ cm.
$UN = FU \times \sin(35°) = 5 \times \sin(35°) \approx 2{,}87$ cm.

b.

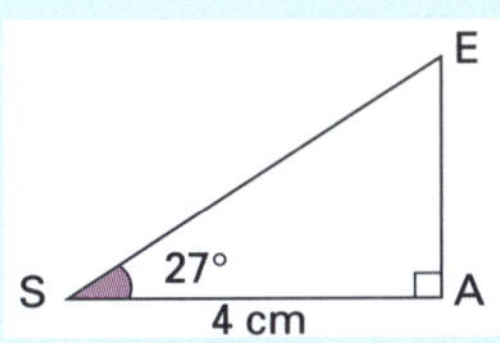

On a $\tan(27°) = \dfrac{EA}{SA}$ donc $\tan(27°) \times 4 = EA$
donc $EA \approx 2{,}04$ cm. De plus, $\dfrac{SA}{SE} = \cos(27°)$
donc $SE = \dfrac{SA}{\cos(27°)} = \dfrac{4}{\cos(27°)} \approx 4{,}49$ cm.

c.

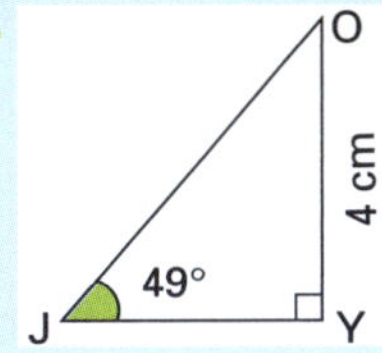

On a $\tan(49°) = \dfrac{YO}{JY}$ donc $\tan(49°) \times JY = 4$
donc $JY = \dfrac{4}{\tan(49°)} \approx 3{,}48$ cm.
De plus $\dfrac{YO}{JO} = \sin(49°)$ donc $\dfrac{YO}{\sin(49°)} = JO$
donc $JO = \dfrac{4}{\sin(49°)} \approx 5{,}30$ cm.

6

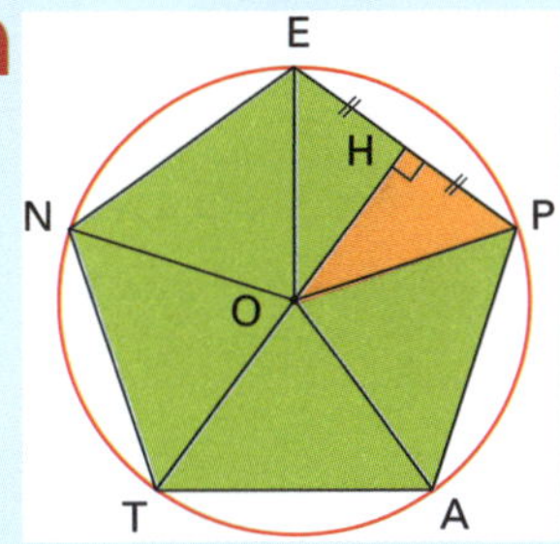

a. $\widehat{POE} = \dfrac{360°}{5} = 72°$. $\widehat{POH} = \dfrac{72°}{2} = 36°$.

b. On a $OH = OP \times \cos(36°) = 3 \times \cos(36°) \approx 2{,}427$.
$PH = OP \times \sin(36°) = 3 \times \sin(36°) \approx 1{,}763$.
$PE = 2 \times PH \approx 3{,}527$.

- Le triangle OPE est isocèle en O car OP = OE = 3 et comme H est le pied de la hauteur issue de O, alors H est le milieu de [EP]. De plus, (OH) est la bissectrice de l'angle $\widehat{POE}$.

24 Géométrie et mesures — Calculer des angles

1

x (en degrés)	$\cos(x)$	$\sin(x)$	$\tan(x)$
5	0,996	0,087	0,087
72,542°	0,3	0,954	3,180
11,537°	0,980	0,2	0,204
72,121°	0,307	0,952	3,1

- Sur certaines calculatrices, les touches $\sin^{-1}$, $\cos^{-1}$ et $\tan^{-1}$ sont dénommées asn, acs et atn.
- Pour déterminer x dans la seconde ligne, on tape $\cos^{-1}(0{,}3)$, et on obtient 72,542°. Pour les lignes suivantes, on utilise successivement $\sin^{-1}$ puis $\tan^{-1}$.

2 $\tan(\widehat{A}) = \dfrac{BC}{AC} = \dfrac{6}{5} = 1{,}2.$

Donc $\widehat{A} \approx 50{,}194°$.

$\cos(\widehat{A}) \approx 0{,}640$.

$\sin(\widehat{A}) \approx 0{,}768$.

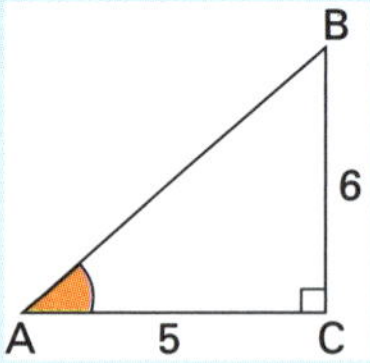

- $\tan^{-1}(1{,}2) \approx 50{,}194$.
- Quand $\widehat{A}$ est connu, on calcule directement $\sin(\widehat{A})$ et $\cos(\widehat{A})$.

3

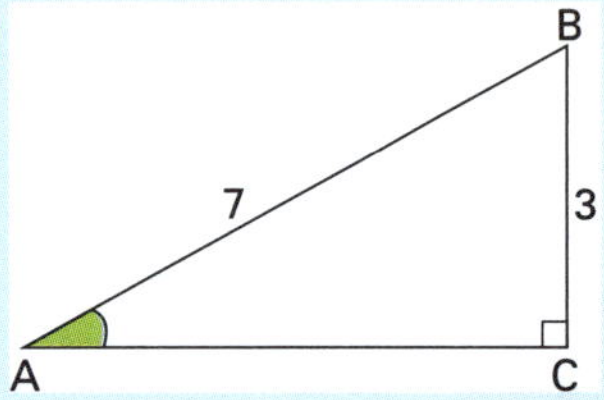

$\sin(\widehat{A}) = \dfrac{BC}{AB} = \dfrac{3}{7}$.

Donc $\widehat{A} \approx 25{,}377°$.

$\cos(\widehat{A}) \approx 0{,}904$.

$\tan(\widehat{A}) \approx 0{,}474$.

- $\sin^{-1}\left(\dfrac{3}{7}\right) \approx 25{,}377°$.

4 **a.** On a $AB^2 = 5^2 = 25$; $BC^2 = 9$ et $AC^2 = 16$.
Donc $AC^2 + BC^2 = 16 + 9 = 25 = AB^2$.
Donc ABC est rectangle en C.

- On a utilisé ici la réciproque du théorème de Pythagore.

b. $\sin(\widehat{A}) = \dfrac{BC}{AB} = \dfrac{3}{5} = 0{,}6$.

Donc $\widehat{A} \approx 36{,}87°$
et on a $\widehat{B} = 90° - \widehat{A}$
donc $\widehat{B} \approx 53{,}13°$.

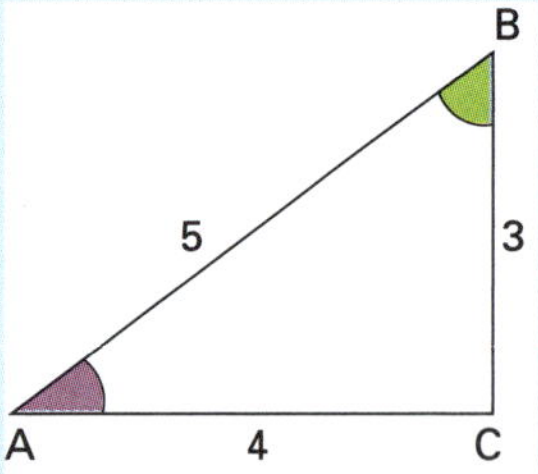

- Les angles aigus d'un triangle rectangle sont complémentaires, ce qui signifie que la somme de leurs mesures est 90°.

5

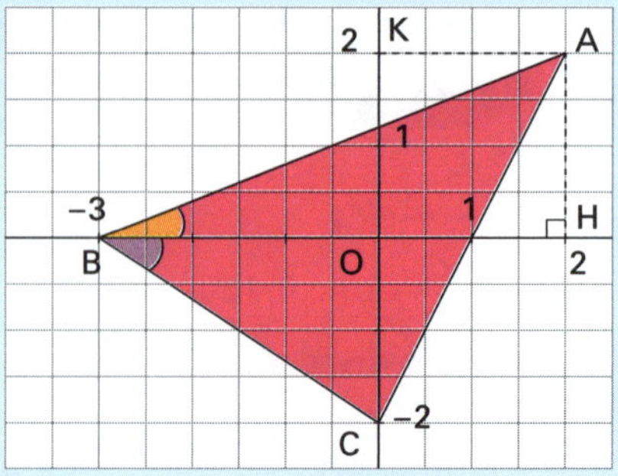

a. Dans le triangle rectangle AHB, on a :
$\tan(\widehat{ABO}) = \dfrac{AH}{BH} = \dfrac{2}{5} = 0{,}4$.

On obtient alors $\widehat{ABO} \approx 21{,}80°$.

- Détail : BH = BO + OH = 3 + 2 = 5.

b. Dans le triangle rectangle OBC, on a :
$\tan(\widehat{OBC}) = \dfrac{OC}{OB} = \dfrac{2}{3}$, d'où $\widehat{OBC} \approx 33{,}69°$.

$\widehat{ABC} = \widehat{ABO} + \widehat{OBC} \approx 21{,}80° + 33{,}69°$

d'où $\widehat{ABC} \approx 55{,}49°$.

c. Dans le triangle rectangle OBC, on a :
$\tan(\widehat{BCO}) = \dfrac{3}{2} = 1{,}5$ donc $\widehat{BCO} = 56{,}31°$.

Dans le triangle rectangle KCA, on a :
$\tan(\widehat{KCA}) = \dfrac{1}{2} = 0{,}5$ donc $\widehat{KCA} \approx 26{,}57°$.

$\widehat{C} = \widehat{BCO} + \widehat{KCA}$ d'où $\widehat{C} \approx 56{,}31° + 26{,}57°$

soit $\widehat{C} \approx 82{,}88°$.

d. On a $\widehat{A} = 180° - (\widehat{B} + \widehat{C})$ donc
$\widehat{A} \approx 180° - (55{,}49° + 82{,}88°)$ soit $\widehat{A} \approx 41{,}63°$.

- La somme des angles d'un triangle vaut 180°.

6 On a $\cos^2(\widehat{A}) + \sin^2(\widehat{A}) = 1$
donc $\cos^2(\widehat{A}) = 1 - \sin^2(\widehat{A}) = 1 - 0{,}352^2 = 0{,}876096$
d'où $\cos(\widehat{A}) = \sqrt{0{,}876096}$ et $\cos(\widehat{A}) = 0{,}936$.

De plus, $\tan(\widehat{A}) = \dfrac{\sin(\widehat{A})}{\cos(\widehat{A})} = \dfrac{0{,}352}{0{,}936} \approx 0{,}376068$.

- On peut calculer $\tan(\widehat{A})$ avec une grande précision car $\cos(\widehat{A})$ et $\sin(\widehat{A})$ sont connus exactement.

25 Géométrie et mesures — Connaître les angles inscrits

1 a. Comme $\widehat{ABC} = 20°$
alors $\widehat{AOC} = 2 \times \widehat{ABC} = 40°$.

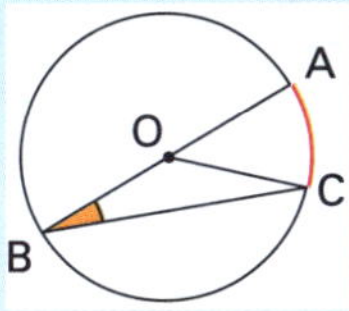

● Si l'angle inscrit est la moitié de l'angle au centre alors l'angle au centre est le double de l'angle inscrit.

b. $\widehat{BAC} = \frac{1}{2}\,\widehat{BOC} = 33°$.
$\widehat{AOB} = 180° - 66° = 114°$.
$\widehat{ACB} = \frac{1}{2}\,\widehat{AOB} = 57°$.

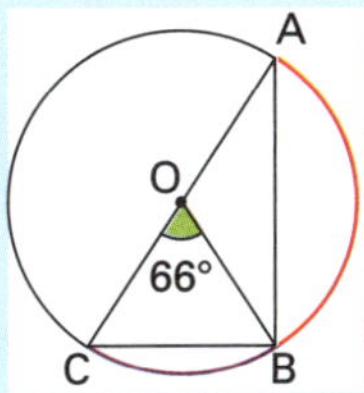

2

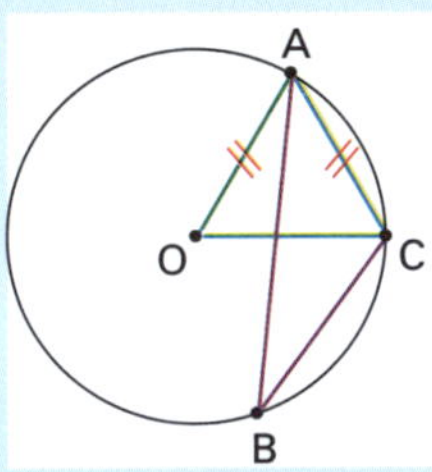

a. Comme OA et OC sont des rayons du cercle et OA = AC, alors chaque côté de AOC mesure un rayon. Donc AOC est équilatéral.

b. $\widehat{AOC} = 60°$. $\widehat{ABC} = \frac{1}{2}\,\widehat{AOC} = 30°$.

Remarque : Pour tout point B du grand arc $\overset{\frown}{AC}$, $\widehat{ABC} = 30°$.

3

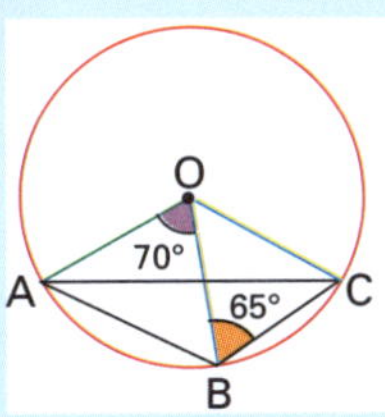

a. $\widehat{ACB} = \frac{1}{2}\widehat{AOB} = 35°$.

b. BOC est isocèle en O donc ses angles à la base sont égaux.
Donc $\widehat{BOC} = 180° - 2 \times 65° = 50°$.

c. $\widehat{BAC} = \frac{1}{2}\,\widehat{BOC} = 25°$.
$\widehat{ABC} = 180° - (\widehat{ACB} + \widehat{BAC}) = 180° - (35° + 25°)$
donc $\widehat{ABC} = 120°$.

● La somme des angles d'un triangle fait 180°. Cette propriété intervient à la fin du **b.** et à la fin du **c.**

4

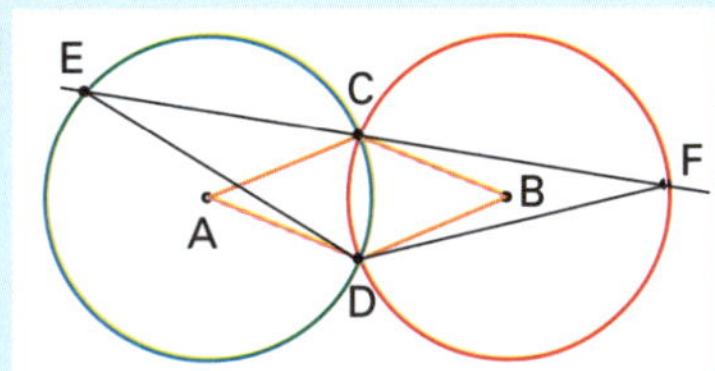

a. Les quatre côtés de ACBD sont des rayons des cercles. Ils ont donc la même longueur. Donc ACBD est un losange.
En conséquence, les angles opposés $\widehat{CAD}$ et $\widehat{CBD}$ sont égaux.

b. $\widehat{CED} = \frac{1}{2}\,\widehat{CAD}$ et $\widehat{CFD} = \frac{1}{2}\,\widehat{CBD}$.
Or $\widehat{CAD} = \widehat{CBD}$. Donc $\widehat{CED} = \widehat{CFD}$.
Donc le triangle DEF ayant deux angles égaux est isocèle en D.

5

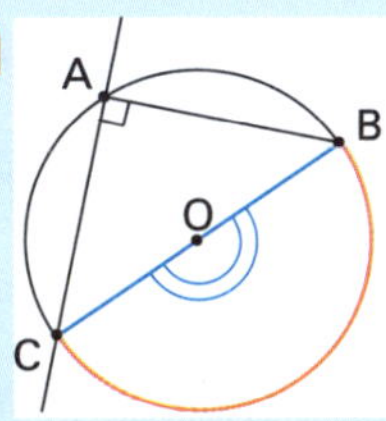

a. Le triangle rectangle ABC est inscriptible dans un demi-cercle de diamètre [BC].
Donc O est le milieu de l'hypoténuse [BC].
Il s'ensuit que B, O et C sont alignés.

b. L'angle au centre qui intercepte l'arc $\overset{\frown}{BC}$ (en orange sur la figure) est l'angle $\widehat{BOC}$ (marqué sur la figure). Il mesure le double de l'angle inscrit $\widehat{BAC}$. Donc $\widehat{BOC} = 90° \times 2 = 180°$. Donc B, O et C sont alignés.

Résoudre des problèmes de sphère

1

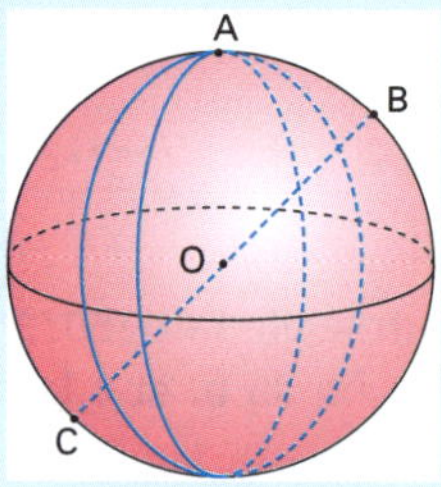

- Ne pas hésiter à en tracer d'autres, car le dessin à main levée nécessite un peu d'entraînement.
- [BC] est un diamètre de la sphère.

2 a. Aire $= 4 \times \pi \times 6^2 = 144\pi$ soit 452,39 m² à 0,01 près.

b. Aire $= 4 \times \pi \times 5^2 = 100\pi$ soit 314,16 cm² à 0,01 près.

c. Aire $4 \times \pi \times 13^2 = 676\pi$ soit 2 123,72 km² à 0,01 près.

- On donne la valeur exacte avant de donner une valeur approchée.

3 a. Volume $= \dfrac{4}{3} \times \pi \times 12^3 = 2\,304\pi \approx 7\,238{,}230$ mm³.

b. Volume $= \dfrac{4}{3} \times \pi \times 9^3 = 972\pi \approx 3\,053{,}628$ cm³.

c. Volume $= \dfrac{4}{3} \times \pi \times 15^3 = 4\,500\pi \approx 14\,137{,}167$ m³.

4 a.

Sphère	𝒜	ℬ	𝒞	𝒟
Rayon	4 cm	8 cm	**5 cm**	3 cm
Diamètre	**8 cm**	**16 cm**	10 m	**6 cm**
Aire de la sphère	**201,06 cm²**	**804,25 cm²**	**314,16 m²**	**113,10 cm²**
Volume de la boule	**268,08 cm³**	**2 144,66 cm³**	**523,60 m³**	**113,10 cm³**

b. L'aire de ℬ est égale à **4** fois l'aire de 𝒜.
Le volume de ℬ est égal à **8** fois le volume de 𝒜.

- Quand le rayon de la sphère double, l'aire de la sphère est multipliée par 2^2 et le volume par 2^3, c'est-à-dire par 8.

5 Aire $= 4 \times \pi \times (6\,400)^2 \approx 515$ millions de km².
Volume $= \dfrac{4}{3} \times \pi \times 6\,400^3 \approx 1\,098$ milliards de km³.

- Ces résultats sont impressionnants : 1 km³ est le volume d'un cube de 1 km de côté.

6

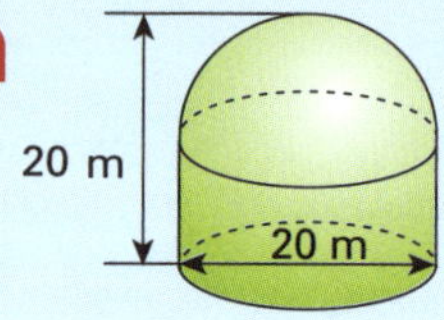

- Le réservoir se compose d'une demi-sphère posée sur un cylindre. Le rayon du cylindre et celui de la sphère sont de 10 m, la hauteur du cylindre aussi.

a. Volume du réservoir = volume du cylindre + volume de la demi-boule

$= \pi \times 10^2 \times 10 + \dfrac{1}{2} \times \dfrac{4}{3} \times \pi \times 10^3$

$= \pi \times 10^3 + \dfrac{2}{3}\pi \times 10^3 = \left(\pi + \dfrac{2}{3}\pi\right) \times 10^3$

$= \dfrac{5\pi}{3} \times 10^3 \approx 5\,236$ m³.

b. $\pi \times 20 \times 10 + \dfrac{1}{2} \times 4 \times \pi \times 10^2 = 400\pi$

soit 1 257 m² à 1 m² près.

- On ajoute l'aire latérale du cylindre et l'aire de la demi-sphère.

7 a.

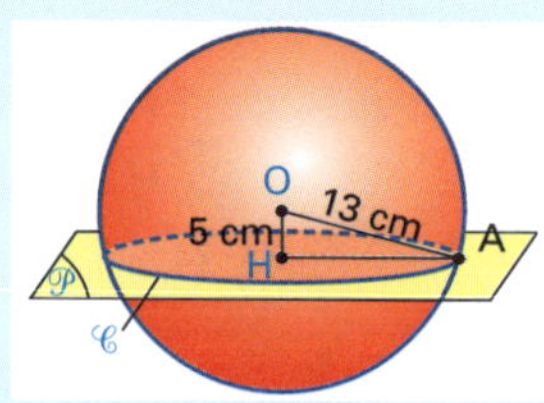

b. $HA^2 = OA^2 - OH^2 = 13^2 - 5^2 = 144$.
Donc $HA = \sqrt{144} = 12$.
Donc le rayon du cercle 𝒞 est 12 cm.

- On a appliqué le théorème de Pythagore dans le triangle OHA.

Couper un solide par un plan

1 a.

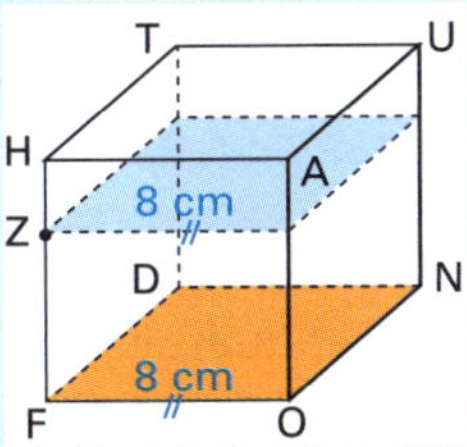

b. Cette section est un carré. Aire = $8^2 = 64$ cm^2.

● On applique les résultats du cours. Les côtés du carré à tracer sont parallèles à ceux du carré HAUT.

2 a.

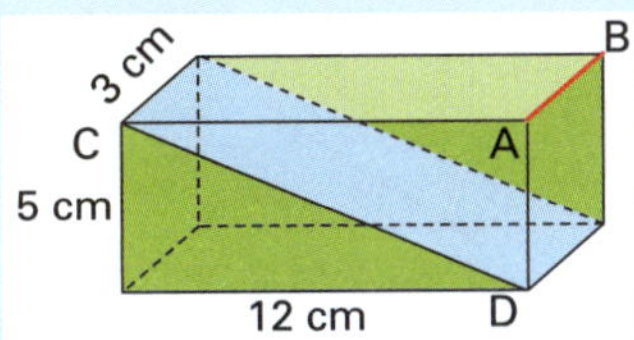

Cette section est un rectangle.

b. Le triangle CAD est rectangle en A ; on a donc : $CD^2 = AC^2 + AD^2 = 5^2 + 12^2 = 169$.
Donc $CD = \sqrt{169} = 13$. Les dimensions de cette section sont : 13 cm sur 3 cm.

3 a.

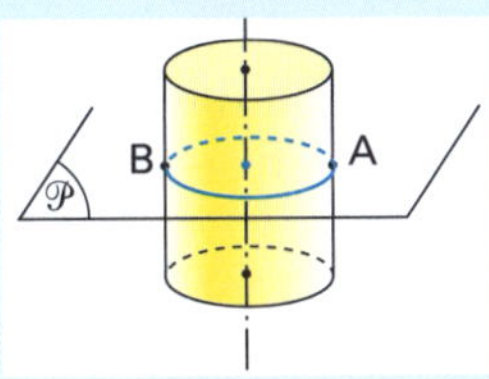

Cette section est un cercle.

b. Périmètre = $2 \times \pi \times 3 = 6\pi$
soit environ 18,8 cm.

● L'information « 10 cm de haut » n'intervient pas.

4 a.

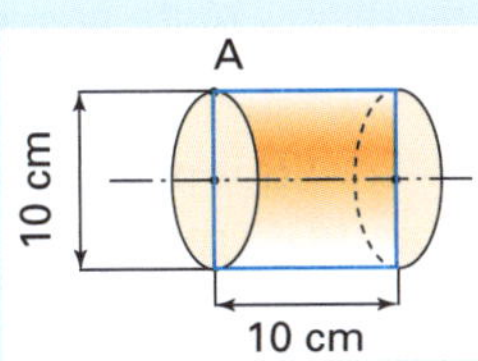

Cette section est un rectangle (et même un carré !).

b. Aire = 10^2 soit 100 cm^2.

● Quand le plan contient l'axe du cylindre, la section obtenue est un rectangle dont les dimensions sont la hauteur et le diamètre du cylindre.

5

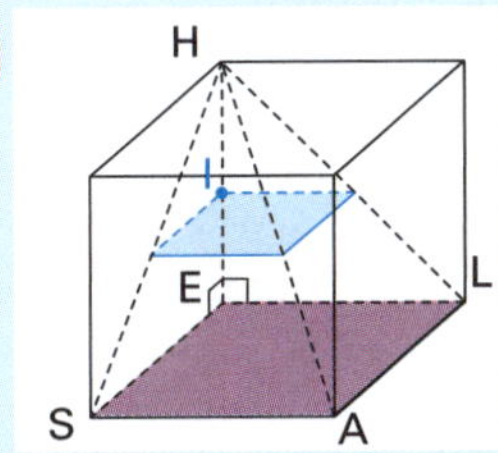

a. Voir figure ci-dessus.

b. Les côtés de la section sont parallèles aux côtés correspondants de la base.

c. Cette section est une réduction de la base carrée SALE ; c'est donc un carré.

● Le coefficient de réduction est $\frac{1}{2}$; la section est donc un carré de 3 cm de côté !

6

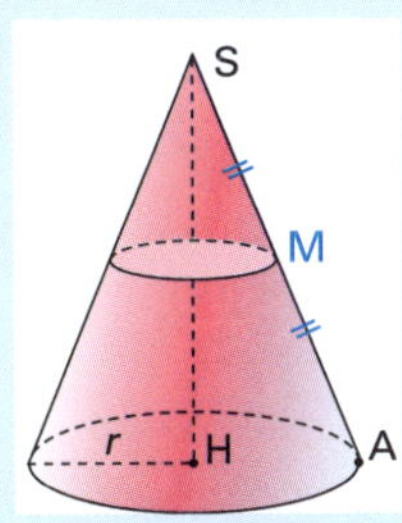

a. et b. Voir figure ci-dessus.

c. Cette section est une réduction de moitié du disque de base : c'est donc un disque de rayon 5 cm.

● Comme M est le milieu de [SA] alors $\frac{SM}{SA} = \frac{1}{2}$ et les dimensions du petit cône sont la moitié de celles du grand.

1 **1.** On a $\sqrt{12} = \sqrt{4 \times 3} = \sqrt{4} \times \sqrt{3} = 2\sqrt{3}$ donc **c.**

2. $\frac{7}{4} - \frac{3}{4} \times \frac{2}{7} = \frac{7}{4} - \frac{6}{28} = \frac{49}{28} - \frac{6}{28} = \frac{43}{28}$ donc **a.**

3. $\frac{3^4 \times 3^3}{3^8} = \frac{3^7}{3^8} = \frac{1}{3}$ donc **b.**

4. $(2x - 3)^2 = (2x)^2 - 2 \times 2x \times 3 + 3^2$
$= 4x^2 - 12x + 9$ donc **c.**

5. $(1 + \sqrt{5})^2 = 1^2 + 2\sqrt{5} + \sqrt{5}^2 = 1 + 2\sqrt{5} + 5$
$= 6 + 2\sqrt{5}$ donc **a.**

• Rappels : $\frac{a^n}{a^m} = a^{n-m}$; $(a - b)^2 = a^2 - 2ab + b^2$; $(a + b)^2 = a^2 + 2ab + b^2$.

2 On a $2(x + 4) = 3x$ soit $2x + 8 = 3x$ d'où $8 = x$. Donc les deux figures ont le même périmètre pour $x = 8$.

• Le périmètre du rectangle est $2(x + 4)$ et celui du triangle $3x$.

3 **1.** f n'est pas linéaire car d ne passe pas par l'origine du repère.

2. L'image de 3 est 0,5.

3. L'antécédent de 1 est 2.

4. $x = 4$ est la solution de l'équation $f(x) = 0$.

4 • Probabilité de $E_1 = \frac{2}{6} = \frac{1}{3}$.

• Probabilité de $E_2 = 1 - \frac{1}{3} = \frac{2}{3}$.

• Probabilité de $E_3 = \frac{4}{6} = \frac{2}{3}$.

• On remarque que $E_3 = E_2$.

• Probabilité de $E_4 = \frac{0}{6} = 0$.

• On dit que E_4 est un événement impossible.

• Probabilité de $E_5 = \frac{5}{6}$.

5 **1.**

Prix	7 €	8 €	9 €	10 €
Effectifs	3	3	1	3

3 + 3 + 1 + 3 = 10

Prix	11 €	12 €	15 €	16 €	17 €
Effectifs	2	3	2	2	1

2 + 3 + 2 + 2 + 1 = 10

2. $m = \frac{(3 \times 7) + (3 \times 8) + (1 \times 9) + (3 \times 10) + (2 \times 11) + (3 \times 12) + (2 \times 15) + (2 \times 16) + (1 \times 17)}{20}$

d'où $m = 11,05$ €.

3. 10,5 € est un prix médian.

4. Le 1er quartile est 8 ; le 3e quartile est 13,5.

• 5 prix dépassent 13,5 et 15 sont en dessous de 13,5.

6

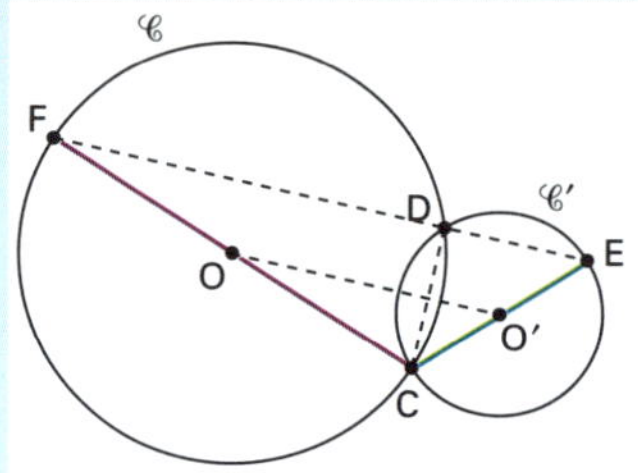

1. On joint le point D du cercle 𝒞 à F et C qui sont les extrémités du diamètre [FC]. Donc FCD est un triangle rectangle en D.

• Si on joint un point d'un cercle aux extrémités d'un de ses diamètres, on obtient un triangle rectangle.

2. Pour la même raison, le triangle CDE est rectangle en D. Donc l'angle $\widehat{FDE}$ est plat. Donc F, D et E sont alignés.

• L'angle $\widehat{FDE}$ mesure 90° + 90° = 180°. Donc $\widehat{FDE}$ est un angle plat.

3. (OO′) est une droite des milieux dans le triangle FCE. Donc (OO′) // (FE) et donc (OO′) // (FD). On a vu que FDC est rectangle en D, donc (FD) ⊥ (DC) et comme (OO′) // (FD) alors (OO′) ⊥ (DC).

• Si deux droites sont parallèles, toute perpendiculaire à l'une est perpendiculaire à l'autre.

4. On a FE = FD + DE. En appliquant le théorème de Pythagore au triangle FDC rectangle en D, on obtient $FC^2 = DC^2 + FD^2$. Or $FC = 2 \times 5$; donc $FD^2 = 10^2 - 2^2 = 100 - 4 = 96$; donc $FD = \sqrt{96} = \sqrt{16 \times 6} = 4\sqrt{6}$.
Dans le triangle CDE on a : $CD^2 + DE^2 = CE^2$. Or $CE = 2 \times 3$; donc $DE^2 = 6^2 - 2^2 = 36 - 4 = 32$; donc $DE = \sqrt{32} = \sqrt{16 \times 2} = 4\sqrt{2}$.
Finalement $FE = 4\sqrt{6} + 4\sqrt{2} = 4(\sqrt{6} + \sqrt{2})$.

• On applique deux fois le théorème de Pythagore.

7 **1.** La somme des chiffres de 1 287 est 18 donc elle est divisible par 9. De même la somme des chiffres de 1 683 est divisible par 9. Donc 9 est diviseur commun à 1 287 et 1 683.
On doit vérifier que 11 est aussi un diviseur de 1 287 et de 1 683.

- On a $1\,287 = 9 \times 143$ et $1\,683 = 9 \times 187$.
- On a $1\,287 = 11 \times 117$ et $1\,683 = 11 \times 153$.

2. 99 est le plus grand diviseur commun de 1 287 et 1 683 : c'est le PGCD.

3. $\frac{1\,287}{1\,683} = \frac{99 \times 13}{99 \times 17} = \frac{13}{17}$. La fraction obtenue est irréductible.

4. Le nombre de lots doit être un diviseur commun de 1 287 et 1 683, donc le nombre maximum de lots est le PGCD de 1 287 et 1 683. C'est 99.

- On peut aussi utiliser la méthode des divisions euclidiennes successives pour déterminer le PGCD.

8 **1.** $\begin{cases} x + 4y = 24 & (1) \\ x + y = 12 & (2) \end{cases}$

En soustrayant membre à membre les équations (1) et (2) on obtient : $3y = 24 - 12$ d'où $y = 4$.
Par suite en remplaçant y par 4 dans l'équation (2), on obtient $x + 4 = 12$ donc $x = 8$.

- En soustrayant membre à membre, on élimine l'inconnue x.

2. Soit x le nombre de livres à 5 € et y celui des livres à 20 €, alors $x + y = 12$ et $5x + 20y = 120$. Cette dernière équation peut aussi s'écrire $5(x + 4y) = 120$; donc $x + 4y = 24$.

On a donc le système $\begin{cases} x + 4y = 24 \\ x + y = 12 \end{cases}$. Ce système a été résolu au **1.** Théa a donc acheté 8 livres à 5 € et 4 livres à 20 €.

- **Vérification :**
$(8 \times 5) + (4 \times 20) = 120$ €.

BREVET BLANC N°2 — Vers le brevet

1 **1.** La diagonale d'un carré s'obtient en multipliant le côté par $\sqrt{2}$. Donc la réponse est **b**.

- On retrouve ce résultat en appliquant la propriété de Pythagore dans le triangle rectangle ayant pour hypoténuse la diagonale.
4,24 n'est pas la valeur exacte ; ce n'est qu'une valeur approchée à 0,01 près.

2. Si on divise les côtés par 3 alors l'aire est divisée par 3^2, donc par 9.
Donc la réponse est **c**.

3. $\frac{AC}{AE} = \frac{BC}{DE}$ donc $\frac{AC}{5} = \frac{2}{3}$ donc $AC = \frac{2}{3} \times 5 = \frac{10}{3}$.
Donc la réponse est **a**.

- On applique la propriété de Thalès.

4. $AC^2 = 41^2 = 1\,681$
et $AB^2 + BC^2 = 40^2 + 9^2 = 1\,681$.
Donc la réponse est **b**.

- On applique la réciproque de la propriété de Pythagore.

5.

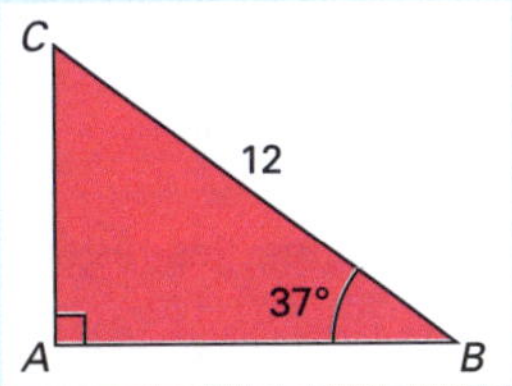

$AC = BC \times \sin(\widehat{B}) = 12 \times \sin(37°) \approx 7{,}22$ cm
Donc la réponse est **b**.

- $\sin(\widehat{B}) = \frac{AC}{BC} \left(= \frac{\text{côté opposé}}{\text{hypoténuse}}\right)$ donc $AC = BC \times \sin(\widehat{B})$.

2 **1.** $A = (3x)^2 + 2 \times 3x \times 1 + 1^2 = 9x^2 + 6x + 1$
$B = y^2 - 2 \times y \times 5 + 5^2 = y^2 - 10y + 25$
$C = a^2 - 4^2 = a^2 - 16$
2. $D = (3 + x)^2$. $E = (y - 2)^2$. $F = (7 + 3x)(7 - 3x)$.

- Rappels :
$(a + b)^2 = a^2 + 2ab + b^2$
$(a - b)^2 = a^2 - 2ab + b^2$
$(a + b)(a - b) = a^2 - b^2$

CORRIGÉS MATHS

3 **1.** La fonction f_1 est linéaire car $\mathscr{C}_1$ est une droite passant par l'origine.

2. La fonction f_3 n'est pas affine car sa représentation graphique n'est pas une droite.

3. A(– 4 ; 5).

4. – 4 a pour image 5 par f_1 et par f_2.

5. – 6 et 2.

● Ce sont les abscisses des points où $\mathscr{C}_3$ coupe l'axe des abscisses.

6. On résout l'équation $\frac{1}{2}x + 7 = 0$ et on obtient $x = -14$.

● Le calcul nous apprend ce que le dessin ne montre pas.

4 En 1 h, le microtracteur parcourt 3 km ; et 20 min, c'est le tiers de 1 h.
Donc en 1 h 20 min le microtracteur parcourt 3 + 1 = 4 km = 4 000 m.
La surface tondue est donc :
$4\,000 \times 1{,}1 = 4\,400$ m².

● On peut faire comme si cette surface était un rectangle.

5 **1.** Il y a 3 + 6 + 1 = 10 boules dans l'urne. Parmi elles, 3 boules sont rouges.
La probabilité de E_1 est donc $\frac{3}{10} = 0{,}3$.

● Le dénominateur 10 incite à donner les résultats sous forme décimale.
Mais les fractions sont toujours possibles.

2. Les boules qui ne sont pas blanches sont au nombre de 4 (les 3 rouges et la verte).
Donc la probabilité de E_2 est $\frac{4}{10} = 0{,}4$.

6 $BC = AB \times \tan(\widehat{a}) = 10 \times \tan(40°) \approx 8{,}39$ cm.

● $\tan(\widehat{a}) = \frac{BC}{AB}$, donc ...
La calculatrice calcule directement $10 \times \tan(40°)$.
Inutile de noter la valeur de $\tan(40°)$.

$BD = BC \times \cos(\widehat{b}) \approx 8{,}39 \times \cos(25°) \approx 7{,}60$ cm.

● $\cos(\widehat{b}) = \frac{BD}{BC}$, donc....

$BE = BD \times \sin(\widehat{c}) \approx 7{,}60 \times \sin(50°) \approx 5{,}82$ cm.

● $\sin(\widehat{c}) = \frac{BE}{BD}$, donc...
● Si on conserve en machine les valeurs trouvées pour BC et BD, on trouve BE ≈ 5,83 cm.

7 **1.** SA est l'hypoténuse du triangle SHA rectangle en H.
$SA = \sqrt{SH^2 + AH^2} = \sqrt{4^2 + 2^2} = \sqrt{20} = 2\sqrt{5}$ cm.

● Le rayon du cône est égal à la moitié de l'arête du cube. Donc AH = 2 cm. On utilise la propriété de Pythagore dans le triangle SHA.

2. Volume du cône $= \frac{(\pi \times 2^2) \times 4}{3} = \frac{16\pi}{3}$ cm³.

● Volume $= \frac{\text{(aire de base)} \times \text{hauteur}}{3}$.
Et la base est un disque de rayon 2 cm.

3. Volume du cube : $4^3 = 64$ cm³.
Volume approché du cône $= \frac{16\pi}{3} \approx 16{,}755$ cm³.

Calcul du pourcentage :

16,755	x
64	100

Donc $x \approx \frac{16{,}755 \times 100}{64} \approx 26$.
Donc le cône occupe environ 26 % du volume du cube.

8 Le triangle ABC est inscrit dans un demi-cercle de diamètre [AC]. Donc il est rectangle en B et ceci permet d'utiliser la trigonométrie.
$\sin(\widehat{C}) = \frac{AB}{AC}$; donc $AC \times \sin(\widehat{C}) = AB$;
donc $AC = \frac{AB}{\sin(\widehat{C})} = \frac{3}{\sin(25°)} \approx 7{,}099$ cm.
On obtient alors le rayon du cercle en divisant AC par 2. On trouve 3,549 cm à 0,001 cm près.

HISTOIRE-GÉOGRAPHIE ÉDUCATION CIVIQUE

C'est tout le programme d'histoire-géographie et d'éducation civique de ton année qui est récapitulé dans cette partie.

- Sur chacun des **25 thèmes clés** du programme te sont d'abord proposés un résumé de cours et des exercices de type brevet, pour des révisions progressives (→ page 170).
- Puis, tu trouveras :
  – des **sujets de brevet blanc** (→ page 195) ;
  – les **repères à mémoriser en histoire et en géographie** (→ page 201) ;
  – des **corrigés détaillés** (→ page 205).

1 Les grandes innovations du XXe siècle

- Le XXe siècle est marqué par de nombreux **progrès techniques et scientifiques**, dans tous les domaines. Ces progrès sont possibles grâce à la **recherche**, qui se voit dotée par les États et les entreprises d'importants **moyens financiers, humains et matériels.**
- La **médecine** est l'un des domaines qui progresse le plus. La connaissance du corps humain et les diagnostics sont affinés grâce aux techniques d'imagerie médicale (rayons X, scanner, IRM) ; des médicaments et des vaccins sont mis au point (pénicilline, vaccin contre le tétanos...).
- Les innovations médicales entraînent un **recul de la mortalité** – notamment infantile – et un **allongement de l'espérance de vie.** Néanmoins, les pays en voie de développement accèdent moins facilement aux traitements médicaux. Ces progrès suscitent par ailleurs des débats liés à l'utilisation de la science.

Chantier de l'Airbus A350 à Toulouse

1 Quels sont les bénéfices des innovations médicales pour les populations ?

....

....

....

....

....

Donne, en une réponse courte mais précise, la conséquence directe de ces innovations sur la mortalité et l'espérance de vie.

2 Comment les grandes innovations sont-elles possibles au XXe siècle ?

....

....

....

....

....

....

....

....

....

....

....

....

Cette question appelle un développement construit : tu dois énumérer les différents types de moyens mis au service de la recherche et les illustrer par des exemples précis.

L'évolution du système de production et ses conséquences sociales

- Au XXe siècle, l'**industrialisation** et les **progrès techniques** engendrent une **forte croissance économique**. Les techniques de production continuent d'évoluer : des **machines** de plus en plus perfectionnées sont utilisées, l'**informatique** et l'**automatisation** (robots) se développent. Il s'agit de **produire mieux et plus vite.**
- La manière de travailler évolue également. Le **travail à la chaîne** prévaut jusqu'aux années 1970, remplacé peu à peu par le **toyotisme.**
- Face à ces évolutions, la structure des entreprises se modifie. Souvent, le capital familial ne suffit plus. Des **sociétés anonymes par actions** sont créées. Les plus puissantes d'entre elles sont insérées dans la **mondialisation** et effectuent une partie de leurs activités hors de leur pays d'origine (firme transnationale ou FTN).
- Ces évolutions techniques modifient la répartition de la population active, engendrant une **forte hausse des emplois tertiaires.** De plus, les pays industrialisés doivent faire appel à des **travailleurs étrangers.**

1 Au XXe siècle, comment évolue la répartition de la population active dans les pays industrialisés ?

....

....

....

....

....

Attention, « évoluer » veut dire changer. Précise si la population active augmente ou diminue et délimite dans le temps, si besoin, les différentes périodes.

2 Observe le document et réponds aux questions au brouillon.

1. Présente le document.
2. Où se passe la scène ?
3. Que font les personnages ?
4. En quoi cette scène est-elle révélatrice de l'évolution de l'organisation du travail au XXe siècle ?

Image extraite du film *Les Temps modernes*, réalisé par Charlie Chaplin en 1936

Histoire

3 La Première Guerre mondiale : vers une guerre totale (1914-1918)

- La guerre débute en août 1914 et s'achève le 11 novembre 1918 (armistice). Trois grandes phases se succèdent : la **guerre de mouvement**, la **guerre de position** à partir de 1915, la reprise de la guerre de mouvement au début de l'année 1918.
- Cette guerre est : **mondiale** car elle concerne de nombreux pays européens, leurs colonies et les États-Unis par le biais des alliances ; **totale** car les gouvernements mobilisent toutes les ressources humaines et économiques ; **très brutale** car de grandes violences touchent autant les soldats dans les tranchées (Verdun, 1916) que les civils (brutalisations, déportations, génocide des Arméniens).
- Le bilan humain, matériel et financier est très lourd. La guerre entraîne une **vague révolutionnaire**, notamment en Russie où les bolcheviks de Lénine arrivent au pouvoir en 1917. Les traités de paix imposent un sort sévère à l'Allemagne et redessinent une nouvelle carte de l'Europe, source de tensions.

1 Quel est le bilan humain de la guerre ?

....

....

Donne le nombre de morts et explique qui sont les autres victimes de la guerre.

2 Observe le document et réponds aux questions au brouillon.

Carte de l'Europe après la guerre (1920-1923)

1. Présente le document.
2. Que deviennent les Empires russe et austro-hongrois après la guerre ?
3. Compare le territoire allemand en 1914 et en 1923.
4. Pourquoi peut-on dire que les traités de paix sont sources de nouvelles tensions ?

2. et **3.** Donne des exemples précis et significatifs de changements frontaliers. Observe bien les frontières de la Pologne.
4. Fais appel à tes connaissances sur le traité de Versailles et les rancœurs qu'il suscite.

4 Les régimes totalitaires dans les années 1930

- L'objectif d'un État totalitaire est d'**uniformiser** la société sur la base d'une **idéologie**.
- En URSS, **Lénine** (1917-1924) veut mettre en place une société **communiste** et exporter la **révolution**. Il s'assure le **contrôle de la vie politique** (police politique, parti unique) **et de l'économie** (confiscation des terres, nationalisation des industries). **Staline** (1924-1953) renforce le contrôle de l'économie (**planification, collectivisation**) et de la population (terreur, **propagande**).
- En Allemagne, **Hitler** arrive légalement au pouvoir en 1933. Il instaure rapidement une **dictature** (fin des libertés, parti, chef uniques) et soumet la population (propagande, culte du chef, terreur). **L'idéologie nazie est raciste, antisémite, nationaliste et expansionniste.** Hitler oriente l'économie vers la **guerre** et viole le traité de Versailles pour **remilitariser l'Allemagne**, ce qui mène au **déclenchement de la guerre.**

1 **Cite un moyen qu'utilisent les États totalitaires, soviétique et nazi, pour contrôler la population.**

....

....

2 **Pourquoi peut-on dire que l'Allemagne nazie est raciste et antisémite ?**

....

....

....

....

....

....

La réponse implique un développement construit.
Définis les notions de racisme et d'antisémitisme et montre, par des exemples (lois…), comment elles sont appliquées.

3 **Observe le document et réponds aux questions au brouillon.**

Caricature anglaise d'E. Schilling, 1936

1. Présente le document.
2. Qui est au centre ? Que sais-tu sur lui ?
3. Quel aspect du régime cette caricature dénonce-t-elle ? Justifie.

3. Compare Staline à ses voisins (place dans l'image, position des bras et des mains, visage…) et rappelle-toi des caractéristiques d'un régime totalitaire.

HISTOIRE

5 La Seconde Guerre mondiale, une guerre d'anéantissement (1939-1945)

- La guerre débute en septembre 1939. Elle oppose l'**Axe** (Allemagne, Italie, Japon) aux **Alliés** (Royaume-Uni, France, puis URSS et États-Unis) sur deux fronts principaux (Europe et Afrique du Nord, océan Pacifique). **1942** marque un **tournant** : après de nombreuses victoires, l'Axe recule. La guerre prend fin en Europe le **8 mai 1945**.
- Cette guerre mobilise tous les moyens matériels, humains et économiques des États, car il s'agit de **défendre des idéologies** : « l'espace vital » et la « supériorité de la race aryenne » pour l'Allemagne, la démocratie et la liberté pour les Alliés occidentaux.
- Cette guerre marque une **nouvelle étape dans la brutalité** tant envers les militaires (exécutions, mutilations) que les civils (répressions, bombardements massifs, déportations…). Un nouveau **génocide** est commis : celui des **Juifs** et des **Tziganes**. En 1945, le monde découvre qu'un système rationalisé a permis l'extermination de millions de personnes.

1 **Quelle arme est utilisée par les Américains pour faire plier le Japon ? Où et quand ?**

....

....

....

2 **Au brouillon, explique les différentes étapes de l'extermination des Juifs en Europe.**

Développe ta réponse en utilisant des mots de liaison (*d'abord, puis, enfin…*) pour montrer la succession des « étapes ». Donne les dates précises de ces étapes.

3 **Lis le document et réponds aux questions au brouillon.**

L'attaque de Pearl Harbor

« Hier, 7 décembre 1941 – une date qui restera à jamais marquée dans l'Histoire comme un jour d'infamie – les États-Unis d'Amérique ont été attaqués délibérément par les forces navales et aériennes de l'Empire du Japon. Les États-Unis étaient en paix avec le Japon et étaient même, à la demande de ce pays, en pourparlers avec son gouvernement et son empereur […]. J'ai demandé à ce que le Congrès déclare depuis l'attaque perpétrée par le Japon dimanche 7 décembre […] l'état de guerre contre le Japon. »

Discours du président Roosevelt au Congrès des États-Unis, le 8 décembre 1941.

1. Présente le document (nature, auteur, date, sujet, destinataire).
2. De quel événement Roosevelt parle-t-il ?
3. Quelle était, jusque-là, l'attitude des États-Unis dans la guerre ?
4. Pourquoi ce discours a-t-il une importance capitale dans la poursuite de la guerre ?

Tu dois connaître la chronologie de la Seconde Guerre mondiale pour pouvoir situer le document dans son contexte précis et en saisir les conséquences.

La guerre froide

- Face au désastre de la Seconde Guerre mondiale, les pays vainqueurs souhaitent assurer la **paix dans le monde**. Ils signent, le 26 juin 1945 à San Francisco, la charte qui crée l'**Organisation des Nations unies** (ONU).
- L'entente entre les Alliés se dégrade. Dès 1947, le monde est divisé en **deux blocs aux systèmes politiques et économiques opposés** : le bloc occidental dominé par les États-Unis, le bloc communiste dominé par l'URSS. C'est le début de la guerre froide. Il n'y a **pas d'affrontement direct** entre les deux Grands, mais de fortes tensions et des conflits par pays interposés (Allemagne, Corée, Cuba).
- Au milieu des années 1980, Gorbatchev renoue le dialogue avec les États-Unis et assouplit la dictature communiste. En Europe de l'Est, les régimes communistes disparaissent et le mur de Berlin tombe en 1989. **En 1991, l'URSS implose**. C'est la fin de la guerre froide.

1 Dans un court paragraphe, explique la crise qui a eu lieu à Berlin en 1961.

....

....

....

....

Explique les événements et montre en quoi cette crise est révélatrice d'un monde bipolaire.

2 Observe le document et réponds aux questions au brouillon.

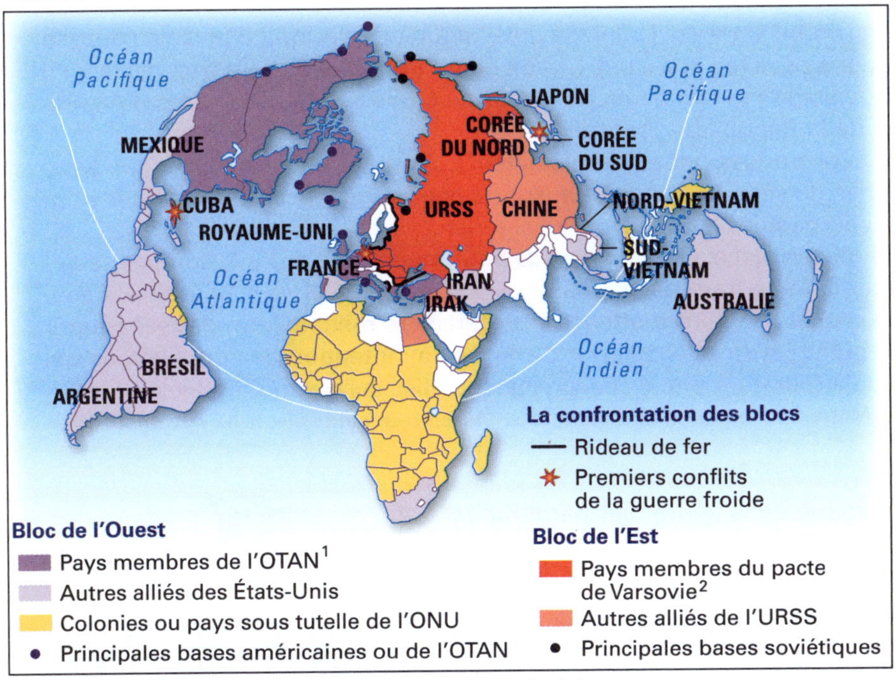

Le monde bipolaire et les crises de la guerre froide

1. Alliance militaire défensive créée par les États-Unis.
2. Alliance militaire défensive créée par l'URSS.

1. Présente le document.
2. Pourquoi peut-on dire que, durant la guerre froide, le monde est bipolaire ? Qui le domine ?
3. De quelle alliance militaire se dote chaque camp ?
4. De quelle manière les deux blocs s'opposent-ils ?

Observe attentivement la légende de la carte.
4. Aide-toi de la définition de la guerre froide.

7 Des colonies aux États nouvellement indépendants

- Après 1945, les **revendications d'indépendance** des colonies recueillent un **écho favorable**. L'ONU, mais aussi les deux Grands, soutiennent ces revendications sur la scène internationale. De plus, les métropoles européennes sortent affaiblies de la guerre.
- La principale phase de décolonisation a lieu de **1947** (indépendance de l'Inde) à **1962** (indépendance de l'Algérie). Elle touche d'abord l'Asie, puis l'Afrique. Ces décolonisations prennent plusieurs formes : **certaines sont obtenues par des négociations** (Inde, Afrique subsaharienne), **d'autres par la guerre** (Indochine, Algérie).
- Après leur indépendance, les anciennes colonies sont confrontées à des **difficultés économiques** (développement insuffisant) **et politiques** (guerres civiles ou contre d'autres États). Néanmoins, elles entendent bien **exister sur la scène internationale** en utilisant l'ONU, en étant solidaires et en refusant de s'impliquer dans la guerre froide (Bandung, Belgrade).

Les négociateurs de l'indépendance de l'Inde

1 Lis le document et réponds aux questions au brouillon.

Les débuts de la guerre d'Algérie

« Dans la nuit du 31 octobre au 1er novembre 1954, des attaques à main armée, des attentats à la bombe, des sabotages de lignes et de voies de communication, des incendies enfin ont eu lieu sur l'ensemble du territoire algérien. [...] Voilà donc qu'un peu partout, d'un seul coup, se répand le bruit que l'Algérie est à feu et à sang. [...] Eh bien ! non, cela ne sera pas, parce qu'il se trouve que l'Algérie, c'est la France, parce qu'il se trouve que les départements d'Algérie sont des départements de la République française. [...]

Les mesures que nous avons prises ont été immédiates. [...] En l'espace de trois jours, seize compagnies républicaines de sécurité ont été transportées en Algérie, ce qui a porté à vingt le nombre total de ces compagnies sur le territoire algérien.

En trois jours tout a été mis en place. On a dit : est-ce pour maintenir l'ordre ? Non pas seulement. Mais pour affirmer la force française et marquer notre volonté. Il ne s'agissait pas seulement de réprimer, de passer à la contre-offensive de caractère militaire afin de reconquérir un territoire qui n'était point perdu ! Il s'agissait d'affirmer, à l'intention des populations qui pouvaient s'inquiéter, qu'à tout moment, à chacun instant, elles seraient défendues. »

Discours de F. Mitterrand, ministre de l'Intérieur, à l'Assemblée nationale, le 12 novembre 1954.

1. Présente le document.
2. Quel événement est évoqué dans le premier paragraphe ? Quelle est sa portée ?
3. Comment le gouvernement considère-t-il l'Algérie ?
4. Quelles mesures ont été prises ?
5. Comment expliquer de telles mesures (alors que la France est en train de négocier l'indépendance du Maroc et de la Tunisie) ?

5. Tu dois connaître le statut colonial de l'Algérie pour comprendre qui sont les « populations » évoquées à la fin du document.

8 La construction européenne

● Après le traumatisme de la Seconde Guerre mondiale, l'idée de **favoriser la coopération entre États européens** ressurgit. L'objectif est triple : éviter une nouvelle guerre, se reconstruire économiquement et s'affirmer politiquement dans un monde bipolaire. Les États-Unis, désireux de contrer le communisme, encouragent leurs alliés d'Europe de l'Ouest (plan Marshall, création de l'OTAN). Dès **1951**, les productions de charbon et d'acier sont mises en commun au sein de la **CECA**.

● Les six pays de la CECA signent le traité de Rome en **1957** qui crée la **CEE**, un **marché commun** où les hommes, les marchandises et les capitaux circulent librement. Les succès économiques, tels que la PAC, entraînent l'adhésion d'autres démocraties d'Europe de l'Ouest dès les années 1970.

● Le **traité de Maastricht en 1992** crée l'**UE** et marque une nouvelle étape de l'**approfondissement** dans les domaines économique (monnaie unique), politique (PESC) et civique (citoyenneté européenne). **L'UE s'élargit**, notamment vers l'est. Ces élargissements amènent de **nouveaux défis** (assurer la cohésion des pays membres, décider à 27…).

1 Observe le document et réponds aux questions au brouillon.

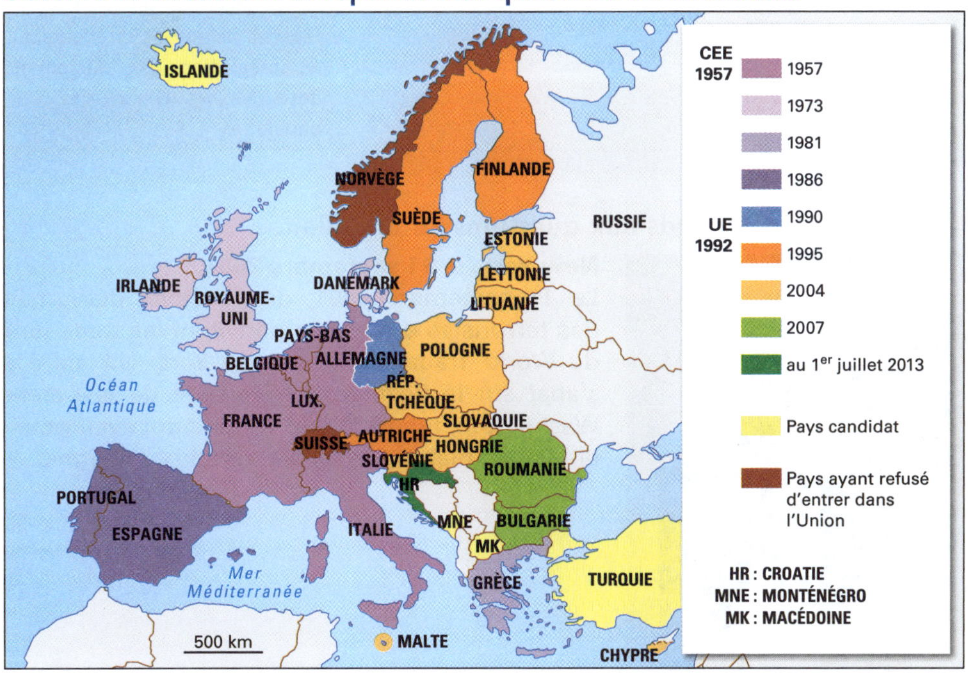

La construction européenne

1. Présente le document.
2. Cite deux membres fondateurs de la CEE.
3. Quelle partie de l'Europe est, au début, concernée par la construction européenne ? Pourquoi ?
4. Dans quelles directions s'étend l'UE dans les années 2000 ? Comment est-ce possible ?
5. Cite un pays candidat à l'adhésion et un pays qui n'appartient pas à l'UE.

3. et **4.** N'oublie pas que la construction européenne s'est faite dans un contexte international de guerre froide.

Histoire

9 Le monde depuis le début des années 1990

- L'**effondrement du bloc communiste** permet des changements politiques et économiques en Europe de l'Est. L'implosion de l'URSS et les conflits dans les Balkans font apparaître de nouveaux États, aujourd'hui intégrés à l'UE ou qui souhaitent l'être.
- À la fin de la guerre froide, **les États-Unis apparaissent comme l'unique superpuissance**. « Gendarmes du monde », ils multiplient les interventions militaires mais **leur impérialisme est de plus en plus contesté** par des puissances émergentes (Chine, Brésil), des pays communistes (Cuba, Corée du Nord) ou musulmans. Cette contestation culmine lors des **attentats du 11 septembre 2001**.
- La fin de la guerre froide ne signifie pas la fin des conflits : les guerres civiles se multiplient, surtout en Afrique, les **tensions au Moyen-Orient** restent très fortes et de **nouvelles menaces** apparaissent (terrorisme).

1 Quelles sont les trois grandes conséquences de l'effondrement du communisme en Europe de l'Est ?

....

....

....

....

....

Elles concernent les frontières, les régimes politiques et économiques, les intégrations dans des alliances des anciennes démocraties populaires.

2 Observe le document et réponds aux questions au brouillon.

New York, le 11 septembre 2001

Le 11 septembre 2001, deux avions détournés par des terroristes d'Al-Qaïda percutent les tours jumelles du World Trade Center à New York. Un autre avion s'abat sur le Pentagone (ministère de la Défense) à Washington, tandis que le dernier, qui avait pour cible la Maison-Blanche, s'écrase dans la campagne.

1. Que se passe-t-il aux États-Unis le 11 septembre 2001 ?
2. Qui sont les responsables ?
3. Montre que la superpuissance américaine est contestée par ces attentats.
4. Quel nouvel aspect des relations internationales est ici illustré ?

3. Aide-toi de la définition d'une superpuissance : c'est à la fois une puissance économique, militaire et politique.

La République de l'entre-deux-guerres : victorieuse et fragilisée

- **Depuis 1870**, la France vit sous le **régime parlementaire de la IIIe République**. Durant la guerre, la vie politique est perturbée : d'abord avec l'**Union sacrée**, puis en 1917 avec le **pouvoir fort exercé par Clémenceau.**
- Une vie politique normale reprend son cours après 1918. Mais les **troubles sociaux** persistent, alimentés par l'exemple de la révolution russe. De plus, la gauche se divise au **Congrès de Tours en 1920** sur l'adhésion à la IIIe Internationale. Le **Parti communiste** est alors créé.
- **Les années 1930** sont marquées par une **grave crise économique et sociale**, qui entraîne une **crise politique.** La République est menacée, notamment par les **ligues** d'extrême droite. Les partis de gauche s'unissent au sein du **Front populaire** et remportent les législatives de **1936**, le socialiste Léon Blum devenant chef du gouvernement. Ils permettent à la République de se maintenir et prennent des mesures qui marquent durablement le pays (accords de Matignon, lois sociales).

1 Explique ce que sont les accords de Matignon.

....

....

....

....

....

....

....

Précise la date et le contexte, les signataires, ainsi que les mesures prises.

2 Observe le document et réponds aux questions au brouillon.

Indicateurs socio-économiques de 1929 à 1935 en France

	1929	1930	1931	1932	1933	1934	1935
Production industrielle (Indice 100 en 1929)	100	98	85	72	81	75	72
Revenus agricoles (Indice 100 en 1929)	100	79	69	59	58	46	41
Salaires (Indice 100 en 1929)	100	106	101	92	88	81	75
Chômeurs secourus	1 000	1 700	45 000	260 000	275 000	335 000	426 000

1. Présente le document.
2. Comment évoluent les différents indicateurs ?
3. Comment peut-on expliquer ces évolutions ?
4. À quel type de crise le pays est-il confronté ?
5. Quelles sont les conséquences de cette crise sur le plan politique ?

3. Pense au contexte international.
5. Il faut bien prendre en compte la période concernée. On n'évoquera pas ce qui se passe après.

Effondrement et refondation républicaine (1940-1946)

- Au **printemps 1940**, les armées françaises sont battues et le pays est envahi. **Pétain** signe l'**armistice**, dont les conditions sont très sévères. Il reçoit les **pleins pouvoirs** et devient chef de l'État français : c'est la **fin de la IIIe République** et de la démocratie. Le **régime de Vichy** est un régime **autoritaire, antisémite** et qui **collabore** avec l'Allemagne nazie.
- **D'autres refusent la défaite et la collaboration.** L'appel du **général de Gaulle**, le **18 juin 1940**, marque le début de la **Résistance** extérieure. En France, des mouvements s'organisent pour harceler l'occupant. Ces mouvements sont rassemblés par Jean Moulin dans le Conseil national de la Résistance (CNR) en 1943.
- **La Résistance participe à la Libération.** La République et ses valeurs (libertés, égalité…) sont peu à peu rétablies.

1 Montre, avec des exemples, que le régime de Vichy collabore avec l'Allemagne.

....

....

....

....

....

....

La collaboration recouvre différents aspects : économiques, militaires et politiques.

2 Observe le document et réponds aux questions au brouillon.

Affiche de la droite nationaliste réalisée par R. Vachet en 1940

1. Présente le document.
2. Décris les deux parties de l'affiche.
3. Quels régimes sont associés à chaque partie de l'affiche ?
4. Quelle image du nouveau régime cette affiche montre-t-elle ?

- Observe avec attention les différents éléments qui composent l'affiche (couleurs, symboles, devise).
- Il faut également savoir ce qu'est la Révolution nationale.

12 De Gaulle et le nouveau système républicain (1958-1969)

- La **IVe République** souffre d'**instabilité ministérielle** et est affaiblie par les guerres de **décolonisation**. Le 13 mai 1958, les Français d'Algérie manifestent et réclament le retour du général de Gaulle.
- **De Gaulle** est rappelé au pouvoir avec les **pleins pouvoirs** et le droit de réviser la Constitution. Cette **nouvelle Constitution**, approuvée par référendum, crée la **Ve République**.
- La présidence de de Gaulle (1958-1969) est marquée par un **rôle accru du Président**, la volonté de **faire de la France une grande puissance dans le monde** (indépendance de l'Algérie, sortie de l'OTAN) et les **débuts de la construction européenne**.
- **La crise de mai 1968 montre l'essoufflement du régime.** C'est une crise étudiante, sociale et politique. Même si de Gaulle reprend la main, il ne paraît plus en phase avec les souhaits de la population. Il démissionne en 1969.

1 Observe les documents et réponds aux questions au brouillon.

Document 1
Discours du général de Gaulle

« Françaises, Français,
Étant le détenteur de la légitimité nationale et républicaine, j'ai envisagé, depuis vingt-quatre heures, toutes les éventualités, sans exception, qui me permettraient de la maintenir. [...] Dans les circonstances présentes, je ne me retirerai pas. J'ai un mandat du peuple, je le remplirai. [...] Je dissous aujourd'hui l'Assemblée nationale. [...]
Quant aux élections législatives, elles auront lieu dans les délais prévus par la Constitution, à moins qu'on entende bâillonner le peuple français tout entier, en l'empêchant de s'exprimer en même temps qu'on l'empêche de vivre [...]. Ces moyens, ce sont l'intimidation, l'intoxication et la tyrannie exercées par des groupes organisés de longue date en conséquence [...]. »

Discours du général de Gaulle à la radio, le 30 mai 1968.

Document 2
Affiche de mai 1968

1. Quel événement ces documents évoquent-ils ?
2. Par qui a été réalisée l'affiche ? Quelle double critique adresse-t-elle ?
3. De quoi le général de Gaulle accuse-t-il ses adversaires ? Comment veut-il sortir de la crise ?
4. Montre que ces deux documents expriment un point de vue contraire sur la crise de mai 1968.

Pour répondre aux questions, il faut bien connaître les événements qui agitent le pays en mai 1968 : les raisons, la réaction du pouvoir...

13 Histoire

La Ve République à l’épreuve de la durée

- De 1969 à 2012, **cinq présidents** de la République se succèdent. Les deux premiers, Georges Pompidou et Valéry Giscard d’Estaing, sont issus des partis de droite. Avec l’élection du socialiste François Mitterrand (1981-1995), la Ve République fait l’expérience de l’**alternance** et de la **cohabitation**, renouvelée sous Jacques Chirac (1995-2007). Nicolas Sarkozy (2007-2012) succède à Jacques Chirac.
- Ces présidents mènent une **action politique, économique et sociale** qui tient compte des demandes et des **évolutions de la société française**, mais aussi du **contexte international** (crise économique, fin de la guerre froide...).
- La vie politique française est marquée par une **opposition droite-gauche**, même si ce clivage traditionnel a parfois été dépassé lors de grands débats (abolition de la peine de mort).

1 Explique ce qu’est la cohabitation.

....

....

....

....

....

....

Il faut non seulement définir le terme, mais aussi expliquer ses conséquences sur l’exercice du pouvoir et donner des exemples précis.

2 Observe les documents et réponds aux questions au brouillon.

DOCUMENT 1

Affichage des résultats du 1er tour des élections présidentielles de 2002 à la télévision

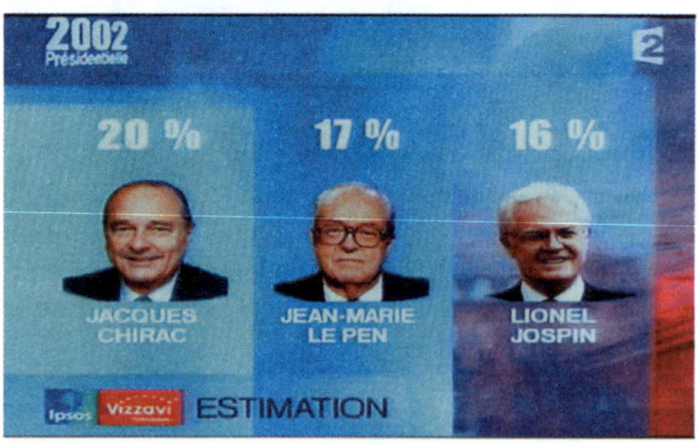

DOCUMENT 2

Résultats du Front national aux élections présidentielles depuis 1974

Années	Score (en % des voix exprimées)
1974	0,75 %
1981	Pas de candidat présenté
1988	14,38 %
1995	15 %
2002	16,86 %
2007	10,44 %
2012	17,9 %

1. De quelles élections est-il question dans ces documents ? Comment se déroulent-elles ?
2. Quel est l’événement marquant de la présidentielle de 2002 ?
3. Comment peut-on expliquer ces résultats ?

1. Réfère-toi à ton cours d’éducation civique sur le droit de vote.

De la ville à l'espace rural

- **La France est un pays majoritairement urbain**, mais il est parfois difficile de faire clairement la différence entre ce qui relève de l'espace urbain et ce qui appartient à l'espace rural. En effet, on assiste à un phénomène de **périurbanisation**, c'est-à-dire un étalement du tissu urbain qui grignote l'espace rural. Ce qui entraîne des migrations (notamment pendulaires), des pollutions et des conflits d'usage.
- L'État et les collectivités territoriales agissent pour **contrôler cet étalement et promouvoir un développement plus durable.** Dans les espaces urbains, il s'agit de maintenir une certaine **mixité sociale** et de limiter les pollutions. Dans les espaces ruraux, il convient de maintenir une activité économique et de préserver la **biodiversité**.

1 Comment évoluent les espaces périurbains ?

....

....

....

....

Explique comment les espaces périurbains s'étendent et qui vient y habiter.

2 Lis le document et réponds aux questions.

Un projet d'aménagement du Grand Lyon

« Axe majeur de la ville de Villeurbanne, le cours Émile-Zola est emprunté par près de 24 000 voitures chaque jour. Ponctué de feux tricolores et traversé par plusieurs grandes voies, il fait la part belle aux voitures, au détriment des cyclistes et des piétons. Le nombre d'accidents y est ainsi très élevé et implique, dans plus de 30 % des cas, un piéton.

Le projet de réaménagement consiste donc à diminuer le caractère routier de l'axe en donnant plus de place aux modes doux (piétons et cyclistes) et en améliorant la qualité urbaine et paysagère. L'objectif : diminuer les pollutions, baisser le nombre d'accidents et offrir un cadre de vie apaisé (moins de nuisances sonores).

Ce projet s'inscrit dans une démarche de concertation entre les habitants et les acteurs (Grand Lyon, ville et entreprise de maîtrise d'œuvre).

Il est donc prévu de réduire les voies de circulation de quatre à deux files, de construire une piste cyclable continue et de multiplier les espaces verts le long du tracé. »

D'après www.grandlyon.com

1. Quelles constatations sont à l'origine du projet ?

....

....

2. Qu'est-il prévu pour réduire la pollution ?

....

....

La politique d'aménagement urbain se veut respectueuse des trois piliers du développement durable : réussite économique, respect de l'environnement et bien-être social.

3. En quoi ce projet se préoccupe-t-il aussi du bien-être social ?

....

....

La région

- La France compte **27 régions** : 22 en métropole et 5 en outre-mer. Créées en 1955 pour **rapprocher l'État des citoyens**, les régions sont des **collectivités territoriales** qui ont vu leurs compétences augmenter au fil du temps : on parle de **décentralisation.** Leur action paraît cependant limitée par la faiblesse de leur budget.
- **La taille, la richesse, le poids économique et démographique varient très fortement d'une région à l'autre.** L'Île-de-France est la première région française du point de vue de la richesse et de la démographie, suivie par les régions Rhône-Alpes, PACA et Nord-Pas-de-Calais. La Corse, le Limousin et les régions d'outre-mer sont les moins peuplées et les moins dynamiques.

1 Rédige un court paragraphe décrivant le fonctionnement des régions.

....

....

....

....

....

Après avoir rappelé leur date de création, explique qui les gère et quelles sont leurs compétences.

2 Observe la carte de l'organisation régionale du Limousin et complète la légende.

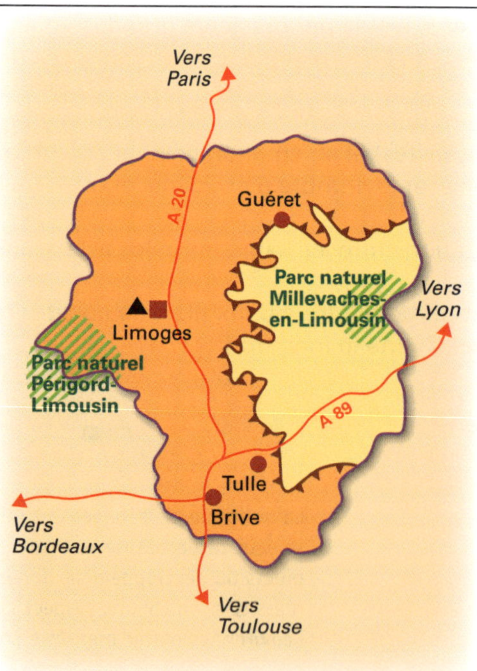

Légende

I - Un espace peu peuplé et enclavé

...... : Métropole régionale

...... : Autre agglomération

...... : Axe de communication

...... : Barrière montagneuse

II - Des espaces différenciés

...... : Espace moyennement peuplé, principalement tourné vers l'agriculture

...... : Espace peu peuplé et peu dynamique (région de montagne)

...... : Le développement par l'industrie : un technopôle

...... : Le développement par le tourisme

L'organisation de la région Limousin

La légende doit être réalisée avec soin, car c'est la clé de lecture de la carte.

Le territoire national et sa population

- La France s'étend sur **671 000 km²** (métropole et outre-mer). Sa situation et ses caractéristiques lui permettent de bénéficier de nombreux atouts. **Isthme** entre l'Europe du Nord et l'Europe du Sud, elle est également ouverte sur le monde grâce à ses **trois façades maritimes**. Elle offre une **grande variété de climats et de reliefs**, qui sont autant d'avantages pour l'**agriculture** et le **tourisme**.
- Mais le territoire français présente aussi certaines contraintes : risques, pauvreté en richesses énergétiques, façades maritimes et vallées fluviales mal exploitées.
- Au 1er janvier 2012, la France comptait **plus de 65,4 millions d'habitants**, inégalement répartis sur le territoire. Les **grandes aires urbaines** ainsi que les régions de l'Ouest, du Sud et de la Méditerranée sont particulièrement attractives. Les étrangers arrivant en France s'installent surtout en région parisienne ou dans le Sud.

1 Présente une des contraintes du territoire français.

....

....

....

Nomme cette contrainte, localise-la et explique ses conséquences.

2 Observe ce document statistique et réponds aux questions au brouillon.

L'évolution de la population française entre 1999 et 2009 : comparaisons régionales

Région	Population aux recensements		Taux de variation annuel moyen (en %)		
	1999	2009	Total	dû au solde naturel	dû au solde migratoire
Aquitaine	2 908 953	3 206 137	1,0	0,1	0,9
Auvergne	1 308 656	1 343 964	0,3	0,0	0,3
Bretagne	2 907 178	3 175 064	0,9	0,2	0,7
Champagne-Ardenne	1 342 202	1 337 953	– 0,03	0,3	– 0,3
Languedoc-Roussillon	2 296 357	2 310 890	1,3	0,2	1,1
Lorraine	2 310 023	2 350 112	0,2	0,3	– 0,1
Pays de la Loire	3 222 784	3 539 048	0,9	0,5	0,4
Picardie	1 857 105	1 911 157	0,3	0,4	– 0,1
Provence-Alpes-Côte d'Azur	4 506 253	4 889 053	0,8	0,2	0,6
Rhône-Alpes	5 645 847	6 174 040	0,9	0,5	0,4

Source : Insee.

1. Distingue trois groupes de régions en fonction de l'évolution de leur population.
2. Explique les raisons de ces évolutions.
3. Où sont situées les régions attractives en France ?

Pour étudier une population, il faut connaître les indicateurs démographiques (natalité, solde naturel, solde migratoire...), donner et expliquer des exemples chiffrés.

Géographie

17 Les espaces productifs

- Malgré la crise qui touche les industries traditionnelles dès les années 1960, puis le phénomène des délocalisations, la France reste performante dans les industries comme l'**automobile**. La production se concentre dans des **zones d'activités (ZA)** en dehors des villes, alors que le siège social reste en ville. Mais surtout, on assiste au développement des **industries de haute technologie** dans des parcs technologiques (aéronautique à Toulouse).
- L'agriculture française s'est modernisée dans les années 1960, grâce à la PAC et aux aides de l'État. Sa productivité a augmenté. On assiste à une forte **spécialisation des espaces agricoles.**
- La France est le **premier pays touristique**. L'État a joué un grand rôle dans le développement du tourisme en **montagne** et sur les **littoraux**, engendrant un phénomène de **bétonisation.**
- Pour ces activités, les pouvoirs publics (État et UE) légifèrent tant pour assurer la sécurité des populations que pour **préserver l'environnement** et assurer un développement plus durable.

1 Pourquoi parle-t-on d'une spécialisation des espaces agricoles ?

....

....

....

....

En géographie, n'oublie jamais de localiser les phénomènes dont tu parles.

2 Observe le document et réponds aux questions au brouillon.

1. Présente le document.
2. Décris la photo.
3. Quelle est l'activité dominante ? Justifie en t'appuyant sur les éléments de la photo.

- Décris la photo par étapes (1er plan, 2nd plan, arrière-plan), en utilisant un vocabulaire précis.
- Analyse les éléments de cette photo : que signifie leur présence ?

Vue de Menton (Alpes-Maritimes)

18 L'organisation du territoire français

- En 1963, la **DATAR** est créée pour faire face aux disparités du territoire français. Aujourd'hui, pourtant, les **contrastes territoriaux** persistent.
- On distingue plusieurs régions dynamiques : la **région parisienne** qui concentre les pouvoirs économique, politique, culturel et financier ; les **métropoles du Sud et de l'Ouest** qui abritent de nombreux technopôles ; les **littoraux**, où se concentrent le tourisme et l'industrie ; les **régions frontalières** qui bénéficient d'investissements européens et mondiaux.
- Les espaces qui appartiennent à la **« diagonale du vide »** restent en retrait.
- Plusieurs acteurs (État, collectivités territoriales, UE) agissent dans l'aménagement du territoire, soit pour **renforcer la compétitivité des régions dynamiques**, soit pour **augmenter l'attractivité des régions en retrait**.

1 Présente la « diagonale du vide ».

....

....

....

....

Il faut la localiser, expliquer pourquoi on parle de « vide » et enfin donner les trois causes de ce « vide » (économique, démographique et géographique).

2 Lis le document et complète ce croquis des espaces industriels en France.

DOCUMENT 1

Les espaces industriels en France

Deux régions dominent l'industrie française : l'Île-de-France et Rhône-Alpes. Les régions du Sud se sont peu à peu industrialisées et sont aujourd'hui spécialisées dans les industries de haute technologie. Au contraire, les régions du Nord et de l'Est ont subi la crise des industries traditionnelles et se reconvertissent lentement. Dans les régions de l'Ouest, l'industrie a progressé : en effet, ce sont ces régions qui ont le plus profité de la décentralisation industrielle, menée dans le cadre de la politique d'aménagement du territoire.

DOCUMENT 2

Les espaces industriels français

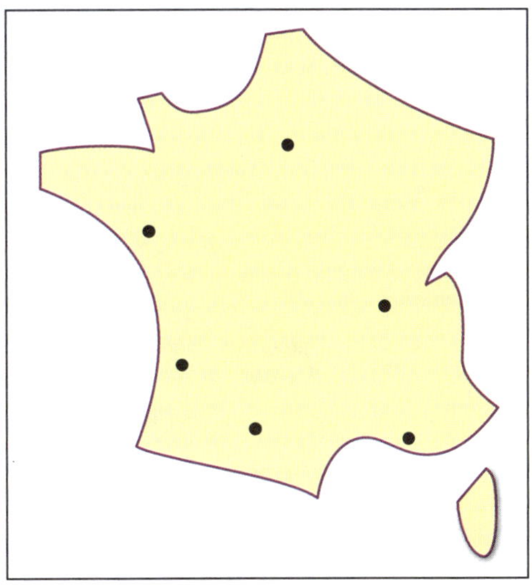

- Commence par sélectionner dans le texte les informations que tu souhaites représenter, puis choisis les couleurs et les figurés, enfin organise la légende qui doit comprendre trois parties.
- Hiérarchise les phénomènes : Île-de-France et Rhône-Alpes n'ont pas le même poids industriel. Place quelques villes repères.

Géographie

19 L'Union européenne, une union d'États

- L'UE, en permanente construction, compte aujourd'hui **27 membres**. C'est un **espace riche et développé**, où le PIB et l'IDH sont bien supérieurs à la moyenne mondiale. L'UE repose sur des **valeurs communes** comme la démocratie et la défense des droits de l'Homme. Pour fonctionner de manière démocratique, elle s'est dotée d'institutions communes et spécifiques. Le prix Nobel de la paix est attribué à l'UE en 2012.
- L'UE est une **association économique et monétaire**. Le traité de Rome en 1957 institue un **marché commun** où les marchandises, les capitaux et les hommes circulent librement. Ce marché commun est renforcé par les **accords Schengen** et la mise en circulation de l'**euro** en 2002.
- Mais de **forts contrastes territoriaux** existent, notamment entre l'Europe du Nord-Ouest et les nouveaux membres de l'Est. L'UE tente de gommer ces écarts par des **aides financières** aux régions en difficulté et le versement d'aides exceptionnelles aux pays en crise.

1 Quelle partie de l'UE semble la moins développée ? Justifie ta réponse.

....

....

....

....

L'IDH est l'indicateur qui mesure le niveau de développement d'un pays, mais tu peux aussi te servir du PIB/habitant ou de la mortalité infantile.

2 Complète le fond de carte ci-dessous en répondant au sujet suivant : « L'Union européenne, un territoire à plusieurs vitesses ».

- La légende doit comprendre deux parties.
- Délimite au crayon à papier les espaces à différencier.
- Représente les figurés ponctuels et colorie seulement ensuite au crayon de couleur. Fais des dégradés pour montrer les différences de dynamisme entre les régions.
- Pour terminer, note quelques noms (pays, mers) et n'oublie pas le titre de la carte.

La France intégrée dans l'Union européenne

● La France est située **à l'ouest de l'Union européenne**. Isthme entre l'Europe du Nord et l'Europe du Sud, elle occupe une **position privilégiée** au sein de l'UE.

● Les grandes infrastructures de transport (LGV, canaux, aéroports) sont maintenant pensées dans une logique européenne, pour faire de la France une **plaque tournante des échanges** (marchandises et hommes) dans l'UE.

● Le territoire français – sauf les possessions d'outre-mer – est **relativement épargné par les risques naturels**. Cependant, le pays a connu ces dernières années des catastrophes retentissantes (tempêtes, feux de forêts, pollutions maritimes...). La France s'associe donc de plus en plus à ses partenaires européens pour **s'informer, prévenir et lutter contre les risques tant naturels que technologiques**.

1 Quel grand aéroport français est un *hub* en Europe ?

....

....

Un *hub* est un point sur un réseau de transport international qui concentre et redistribue les voyageurs et les marchandises dans de nombreuses directions.

2 Donne un exemple de risque naturel et un exemple de risque technologique en France ou en Europe.

....

....

3 Observe le document et réponds aux questions au brouillon.

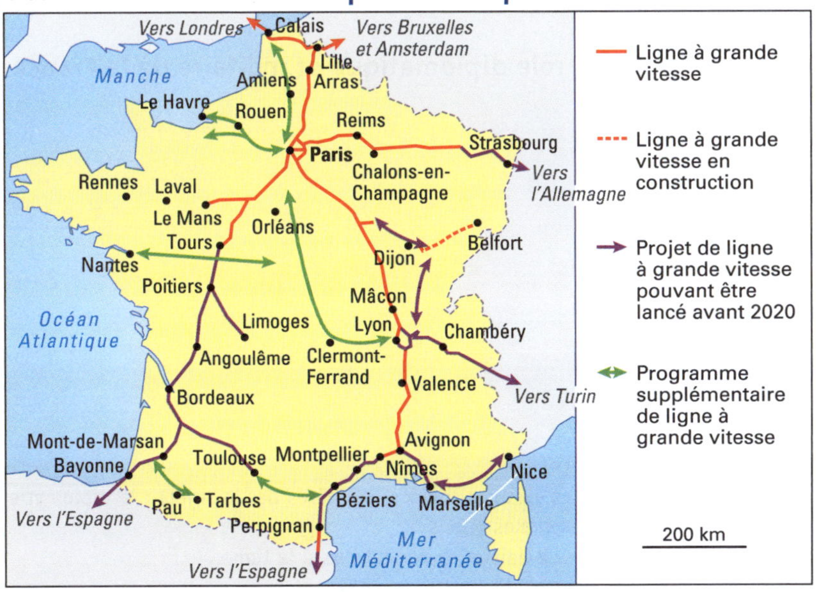

Les lignes à grande vitesse (LGV)

1. Présente le document.
2. Quelle ville polarise le réseau des LGV ? Justifie par des exemples précis.
3. Quels sont les deux objectifs des nouveaux tracés de LGV ? Justifie par des exemples précis.

2. Le réseau LGV « dessine » une sorte d'étoile : repère la ville qui en est le centre.
3. Repère les directions des nouvelles LGV.

21 La France, une influence mondiale

L'Oréal à Pékin (Chine)

- Malgré sa petite superficie, la France est une **puissance mondiale**. Son PIB (le 5e mondial en 2011) et la réputation de ses entreprises (BNP Paribas, Total, Carrefour, Axa, L'Oréal...) témoignent du **poids de son économie.** Grâce à ses possessions d'outre-mer, elle est **présente sur tous les continents et les océans** et bénéficie d'avantages géostratégiques et économiques : elle possède ainsi la 3e plus grande zone économique exclusive (ZEE) au monde.
- Le **rayonnement** de la France dans le monde s'affirme dans le **domaine culturel** : le français est parlé par plusieurs millions de personnes, son savoir-faire est reconnu en matière de luxe ou de gastronomie. Les expatriés, de plus en plus nombreux, participent à la diffusion linguistique et culturelle.
- La France exerce une **influence politique originale** sur la scène internationale. C'est une puissance militaire qui dispose de l'**arme nucléaire** et de nombreuses bases militaires. Elle est parfois une voix à part à l'**ONU** et favorise le développement dans le monde en participant à l'aide publique au développement (APD). De par son passé, elle se présente et apparaît comme la **patrie des droits de l'Homme.**

1 **Donne trois exemples de possessions ultramarines françaises.**

....

....

....

On attend un exemple de DROM, un exemple de COM, un exemple de POM. Tu dois connaître ces sigles et leur signification.

2 **Rédige un paragraphe organisé sur le rôle diplomatique et militaire de la France.**

....

....

....

....

....

....

- Au brouillon, note toutes tes idées. Organise-les en deux thèmes (suggérés par le sujet) : la diplomatie, le domaine militaire. N'oublie pas d'insérer des exemples précis.
- Organise ton paragraphe avec l'emploi de mots de liaison et des retours à la ligne.
- Une phrase d'introduction et une phrase de conclusion sont bienvenues.

22 Réalités et limites de la puissance européenne

- L'UE est une **puissance régionale** qui exerce une **forte influence sur son voisinage**. En effet, elle échange et coopère avec ses voisins dans le cadre de la politique européenne de voisinage et du partenariat EUROMED. L'UE est un **espace attractif** : cinq pays sont candidats à l'adhésion.
- Mais l'UE est aussi une **puissance mondiale**, membre de la **Triade**. Son agriculture et son industrie sont parmi les plus performantes au monde. Elle est également la première puissance commerciale mondiale et une grande puissance financière (euro, nombreux IDE, bourses).
- Néanmoins, **l'UE ne joue pas un rôle diplomatique et militaire à la hauteur de sa puissance économique**, notamment faute de positions communes entre les 27 États membres.

1 Observe les documents et réponds aux questions au brouillon.

Document 1

Sur quoi repose l'identité européenne ?

« En aucun cas sur la religion. Une communauté humaine se définit par deux éléments : son histoire et la volonté de vivre ensemble. De ces points de vue, la Turquie est pleinement européenne.

La Turquie a été le dépositaire […] de la civilisation européenne antique : l'Empire romain d'Orient. Quant à la Turquie européenne, […] elle s'est mise en conformité progressive avec l'évolution de l'Europe occidentale. Les Turcs sont européens aussi par leur volonté de vivre en Européens. Depuis 1999, la métamorphose est impressionnante : un tiers de la Constitution a été modifiée et des réformes sont déjà votées pour se mettre en conformité avec les acquis communautaires. La Turquie apportera de nouveaux atouts à l'Europe : puissance démographique, puissance stratégique, puissance économique. »

D'après Michel Rocard et Olivier Ferrand, *Libération*, le 13 novembre 2009.

Document 2

L'adhésion de la Turquie en débat

Dessin de P. Schrank, *The Economist*, 14 mai 2005.

- Attention : sur le dessin, EU signifie *European Union* donc « Union européenne » ; *human rights* signifie « droits de l'Homme », *Cyprus* « Chypre ».
- Confronte les informations : les deux documents donnent-ils la même vision, soulignent-ils des paradoxes ?

1. Doc. 1. Quels sont les trois arguments avancés par les auteurs en faveur de l'entrée de la Turquie dans l'UE ?
2. Doc. 2. Décris le dessin.
3. Doc. 1. et 2. Quel argument du texte le dessin remet-il en cause ?
4. Doc. 2 Quels autres arguments le dessin met-il en évidence pour souligner les débats engendrés par la demande d'adhésion de la Turquie ?

23 La République et la citoyenneté

- La France est, depuis 1958, sous le régime de la **Ve République**. Ses valeurs, résumées dans la devise : « Liberté, Égalité, Fraternité », sont représentées par des symboles (le drapeau tricolore, *La Marseillaise*...). La Ve République est **indivisible, laïque, démocratique et sociale.**
- La France offre à tous ses habitants des **droits civils, économiques et sociaux**. En retour, elle impose des **devoirs** (respect de la loi, paiement des impôts).
- Les citoyens français ont des **droits politiques** : le **droit de vote et d'éligibilité**. Pour voter, il faut être majeur, inscrit sur les listes électorales, et jouir de ses droits civils et politiques. De plus, en tant que **citoyens européens**, les Français disposent de nouveaux droits civils et politiques.

Affiche du Cidem

1 Explique les dispositions prises pour que le vote soit secret.

....

....

....

Il existe trois dispositions qui garantissent le secret et la liberté du vote.

2 Lis le document et réponds aux questions au brouillon.

Extraits du traité instituant la Communauté européenne, le 7 février 1992

ART. 17. « Il est institué une citoyenneté de l'Union. Est citoyen de l'Union européenne toute personne ayant la nationalité d'un État membre. La citoyenneté européenne complète la citoyenneté nationale et ne la remplace pas. »

ART. 18. « Tout citoyen de l'Union a le droit de circuler et de séjourner librement sur le territoire des États membres, sous réserve des limitations et conditions prévues par le présent traité et par les dispositions prises pour son application. »

ART. 19. « Tout citoyen de l'Union résidant dans un État membre dont il n'est pas ressortissant a le droit de vote et d'éligibilité aux élections municipales dans l'État membre où il réside dans les mêmes conditions que les ressortissants de cet État. [...] Tout citoyen de l'Union résidant dans un État membre donc il n'est pas ressortissant a le droit de vote et d'éligibilité aux élections au Parlement européen dans l'État membre où il réside, dans les mêmes conditions que les ressortissants de cet État. »

1. Présente le document.
2. À quelle condition est-on citoyen européen ?
3. Quels droits civils sont instaurés par ce traité ?
4. Quels droits politiques sont instaurés par ce traité ?

Les droits civils sont exercés dans la vie quotidienne, par exemple la liberté d'expression, alors que les droits politiques sont réservés aux citoyens, leur permettant de participer à la vie démocratique de leur pays.

La vie démocratique

- La France est une démocratie : **les citoyens peuvent participer à la vie politique**. Les institutions françaises séparent les pouvoirs exécutif, législatif et judiciaire.
- La France est un **État décentralisé** : une partie des compétences de l'État a été transférée aux collectivités territoriales (régions, départements, communes). Elle doit également appliquer les directives et règlements européens.
- En France, la participation des citoyens peut prendre plusieurs formes : le **vote**, l'adhésion à un **parti** ou à un **syndicat**, la participation aux élections professionnelles ou aux activités d'une **association**…
- Les **médias** sont importants dans la vie démocratique : ils ont un **double rôle d'information et de moyen d'expression**. Toutefois leur utilisation nécessite vigilance et esprit critique, en particulier internet.

1 Présente les avantages et les inconvénients des sondages d'opinion.

....

....

....

Fais deux parties : l'une sur les avantages, l'autre sur les inconvénients.

2 Étudie l'organigramme et réponds aux questions au brouillon.

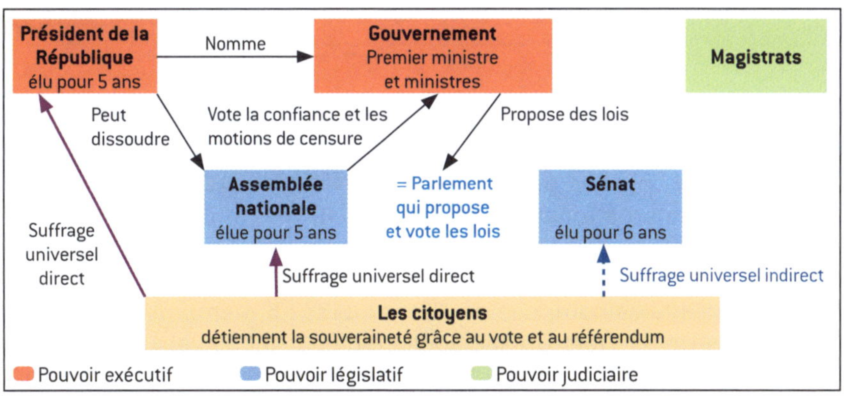

La répartition des pouvoirs en France

1. Qui détient le pouvoir exécutif ? le pouvoir législatif ?

....

....

2. Pourquoi dit-on que les citoyens sont au cœur de la vie politique française ?

....

....

3. Au sein du Parlement, quelle chambre a le plus d'importance ? Justifie.

....

....

Commence par identifier les différents acteurs de la vie politique, mis en relief par les différentes couleurs. Ensuite, concentre-toi sur chaque élément de l'organigramme pour en dégager l'importance, le caractère spécifique…

25 La défense et la paix

- Depuis 1945, le contexte géopolitique a changé. La plupart des guerres se déroulent à une **échelle locale** (guerres civiles notamment) et de **nouvelles menaces** sont apparues (terrorisme international, risque nucléaire…).
- L'Organisation des Nations unies (**ONU**) a été créée en 1945 pour **maintenir la paix dans le monde.** Elle a aussi pour mission de favoriser le développement et la mise en place d'une justice internationale. Son efficacité est cependant contestée.
- Les missions de l'**armée française** sont de **protéger le territoire national et la population**. Elle peut aussi intervenir **à l'étranger pour rétablir la paix** et secourir les populations.
- En France, on parle de **défense globale** puisque plusieurs ministères et plusieurs dirigeants sont responsables de cette question, et puisque la défense implique la participation des citoyens.

1 Quelles sont les trois étapes du parcours de citoyenneté ?

....

....

....

....

....

En France, le service militaire obligatoire a été supprimé par une loi de 1997 : il est remplacé par un parcours de citoyenneté.

2 Lis le document et réalise au brouillon un schéma du fonctionnement de l'ONU.

D'après des extraits de la Charte des Nations unies, le 26 juin 1945

« Il est créé comme organes principaux de l'ONU : une Assemblée générale, un Conseil de sécurité, une Cour internationale et un Secrétariat.

L'Assemblée générale se compose de tous les membres des Nations unies et chacun dispose d'une voix.

Le Conseil de sécurité se compose de 15 membres : 5 membres permanents (Chine, France, Russie, Royaume-Uni et États-Unis) disposant d'un droit de veto et 10 membres élus par l'Assemblée générale pour deux ans. Si le Conseil de sécurité constate l'existence d'une menace contre la paix ou d'une rupture de la paix, il fait des recommandations ou décide (= résolutions) quelles mesures seront prises. Il peut entreprendre, au moyen de forces aériennes, navales ou terrestres (= Casques bleus), toute action qu'il juge nécessaire au maintien ou au rétablissement de la paix.

Des institutions spécifiques, chargées de participer au développement social, intellectuel, économique,… sont reliées à l'ONU : UNESCO, UNICEF, OMS, FAO, FMI, OIT,…

La Cour internationale de justice est l'organe judiciaire principal des Nations unies. Elle est chargée de régler les conflits juridiques entre les États et ses membres sont élus par l'Assemblée générale.

Le Secrétariat comprend notamment un Secrétaire général, nommé par l'Assemblée générale sur recommandation du Conseil de sécurité. Il est chargé d'exécuter les décisions prises par l'ONU. »

- Repère les différents organes de l'ONU, et notamment l'organe central. Indique dans ton schéma le rôle de chacun et le mode de désignation.
- Tu peux utiliser des couleurs pour donner plus de clarté à ton travail.

Comment te préparer à l'épreuve

- Pendant l'année, tu vas t'entraîner à l'épreuve du brevet. Prends soin de **relire les corrigés** pour bien comprendre tes erreurs et éviter ainsi de les reproduire.
- Le programme de 3e est chargé. Il faut donc te préparer au fur et à mesure de l'année. Tu peux **faire des fiches de révision** en résumant chaque chapitre (définitions, dates et chiffres à retenir).
- Lors de l'épreuve, tu seras interrogé(e) sur chaque matière : Histoire, Géographie et Éducation civique. De plus, l'épreuve comporte de nombreuses questions de cours, qui comptent pour plus de la moitié de la note finale. Il est donc vivement conseillé de **ne pas faire d'impasse** lors de tes révisions finales !

Histoire (13 points)

I Questions (8 points)

1. Quand la séparation des Églises et de l'État a-t-elle eu lieu ? Quel principe républicain a ainsi été mis en œuvre ? *(2 points)*

2. Quand la principale phase de la décolonisation a-t-elle eu lieu ? *(1 point)*

3. Donnez les dates de la construction et de la chute du mur de Berlin, ainsi que les raisons de cette construction. *(2 points)*

4. En développant votre réponse, expliquez comment la population est contrôlée en URSS sous Staline. *(3 points)*

4. Il existe deux grands moyens de contrôler la population : la terreur et la propagande. N'oublie pas, pour chacun d'entre eux, de donner des exemples précis.

II Travail sur document (5 points)

Discours radiodiffusé du général de Gaulle, le 27 avril 1965

« Nous avons choisi l'indépendance. Il s'agit que, sans renier notre amitié américaine, nous nous comportions en Européens que nous sommes.
Chaque nation doit être responsable d'elle-même. De là, notre réprobation devant la guerre qui s'étend en Asie de jour en jour[1] [...], le concours que nous apportons au développement de bon nombre de nouveaux États africains, les rapports que nous nouons avec la Chine[2], etc. Bref, il y a maintenant une politique de la France, et elle se fait à Paris. *Au point de vue de la sécurité, notre indépendance exige, à l'ère atomique, que nous ayons les moyens voulus pour dissuader, nous-mêmes, un éventuel agresseur.* »

1. La guerre du Viêtnam.
2. La reconnaissance de la Chine communiste, qui n'a pas été reconnue par les États-Unis.

1. Quelle fonction l'auteur de ce discours exerce-t-il ? *(1 point)*

2. Donnez deux exemples montrant que de Gaulle prend ses distances vis-à-vis des États-Unis. *(2 points)*

3. Pourquoi de Gaulle fait-il de tels choix en matière de politique internationale ? *(1 point)*

4. À quoi fait référence le passage en italique ? *(1 point)*

3. Le mot-clé est mis en valeur par deux fois dans le texte...

Géographie (13 points)

I Questions (7 points)

1. Complétez la légende ci-dessous en choisissant des figurés adaptés, puis localisez et nommez ces éléments sur le fond de carte. *(3 points)*

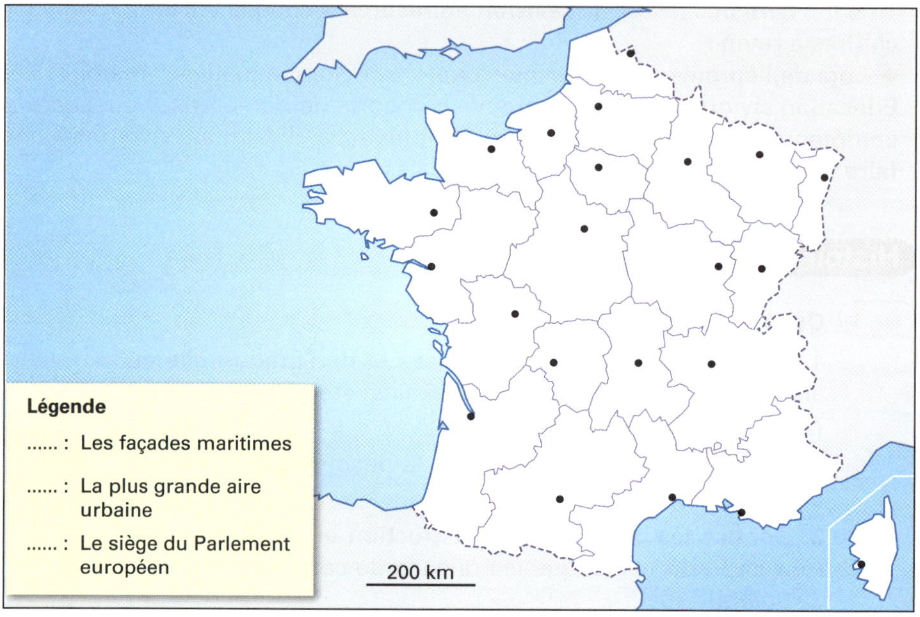

2. En développant votre réponse, présentez et expliquez les limites de la puissance de l'Union européenne. *(4 points)*

II Travail sur document (6 points)

Paysage près d'Arles (Bouches-du-Rhône)

1. Présentez la photo (localisation, activité dominante). *(1 point)*

2. Quel est le climat de cette partie de la France ? *(1 point)*

3. En quoi ce climat est-il un avantage pour l'agriculture ? Comment cet avantage est-il exploité ? *(2 points)*

4. En quoi ce climat représente-t-il aussi un inconvénient pour l'agriculture ? Comment cet inconvénient est-il résolu ? *(2 points)*

4. Observe bien le canal d'irrigation à droite des serres. À quoi sert-il ?

Éducation civique (10 points)

I Questions (5 points)

1. Avec un exemple précis, montrez que l'égalité est une valeur de la République française. *(1 point)*

2. Quelles sont les quatre conditions pour pouvoir voter aujourd'hui en France ? *(2 points)*

3. Citez deux moyens par lesquels un étranger peut acquérir la nationalité française. *(2 points)*

II Travail sur document (5 points)

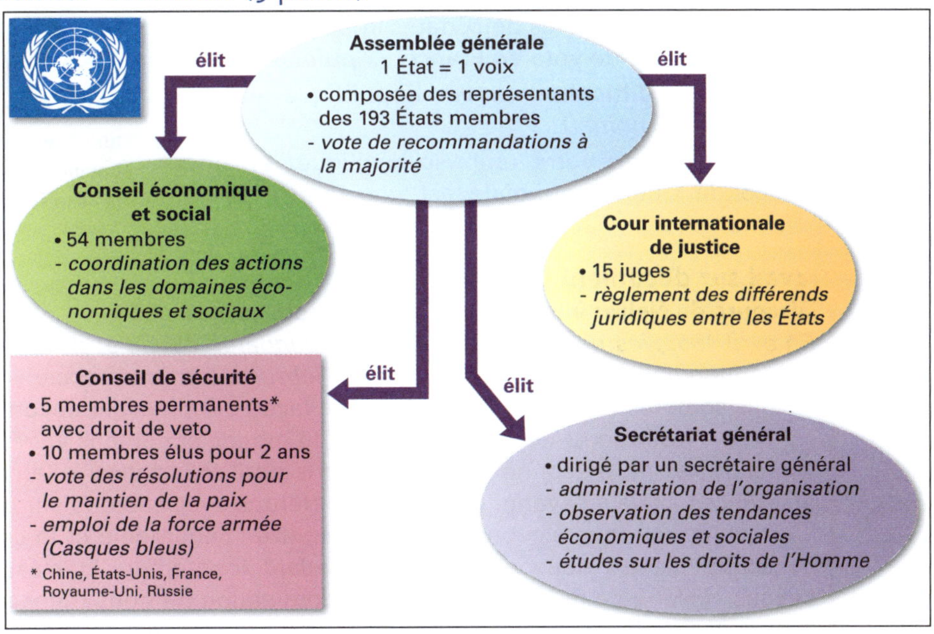

Le fonctionnement de l'ONU

1. Qu'est-ce que l'ONU ? Quand a-t-elle été créée ? *(1 point)*

2. Montrez que l'Assemblée générale fonctionne de manière démocratique. *(1 point)*

3. Quelles sont les trois grandes missions de l'ONU qui apparaissent dans cet organigramme ? *(3 points)*

2. Aide-toi de la définition de la démocratie qui figure dans l'encadré de cours de l'unité 24. **3.** La troisième grande mission revient exclusivement au Secrétariat général.

Bien t'organiser le jour de l'épreuve

- Le jour de l'épreuve, le prêt de matériel entre les candidats est interdit. Tu dois donc **apporter le matériel nécessaire** : stylos de différentes couleurs, crayon à papier, gomme, crayons de couleur…
- L'épreuve dure deux heures et comprend trois parties. Tu dois donc apprendre à **gérer ton temps**. À titre indicatif, tu peux passer 40 minutes pour l'Histoire, 40 minutes pour la Géographie et 35 minutes pour l'Éducation civique. Ne perds pas trop de temps sur les questions de cours qui te paraissent difficiles.
- Consacre les 5 dernières minutes de l'épreuve à **relire ta copie** : 4 points sont attribués pour la maîtrise de la langue (orthographe, qualité de la rédaction…).

Histoire (13 points)

I Questions (8 points)

1. Citez et datez une bataille importante de la Première Guerre mondiale. *(1 point)*

2. Donnez et expliquez les deux dates importantes pour l'histoire du droit de vote en France. *(2 points)*

3. À quelles difficultés la IVe République est-elle confrontée ? *(2 points)*

4. En développant votre réponse, expliquez en quoi la Seconde Guerre mondiale est une guerre totale. *(3 points)*

> **4.** Une guerre totale est une guerre qui mobilise les hommes, les ressources et les esprits des pays engagés.

II Travail sur document (5 points)

Discours de Nehru à la conférence de Bandung, avril 1955

En avril 1955, les pays nouvellement indépendants d'Asie et d'Afrique se réunissent à Bandung en Indonésie. Le discours de Nehru clôt la conférence.

« Nous sommes résolus à n'être d'aucune façon dominés par aucun pays, par aucun continent. Nous sommes de grands pays du monde et voulons vivre libres sans recevoir d'ordres de personne. Nous attachons de l'importance à l'amitié des grandes puissances, mais à l'avenir, nous ne coopérerons avec elle que sur un pied d'égalité. C'est pourquoi nous élevons notre voix contre l'hégémonie et le colonialisme dont beaucoup d'entre nous ont souffert pendant longtemps. Et c'est pourquoi nous devons veiller à ce qu'aucune forme de domination ne nous menace. Nous voulons être amis avec l'Ouest, avec l'Est, avec tout le monde. Le seul chemin qui mène droit au cœur et à l'âme de l'Asie est celui de la tolérance, de l'amitié et de la coopération. »

1. Présentez le document. *(1 point)*

2. Quelle politique est condamnée par l'auteur ? *(1 point)*

3. Quel est le contexte international en 1955 ? *(1 point)*

4. Quels sont alors les choix de l'auteur en matière de politique internationale ? Comment les expliquer ? *(2 points)*

> **1.** Nehru est un dirigeant indien, dont le pays a été colonisé par le Royaume-Uni jusqu'en 1947.
> **2.** En 1955, lorsqu'il s'exprime à Bandung, les anciennes colonies n'ont pas encore toutes accédé à l'indépendance.

Géographie (13 points)

I Questions (8 points)

1. Complétez la légende ci-dessous en choisissant des figurés adaptés, puis localisez et nommez ces éléments sur le fond de carte. *(3 points)*

Le choix des couleurs est important. Il s'agit de jouer sur les dégradés pour montrer qu'il existe dans le monde des espaces plus dynamiques que d'autres.

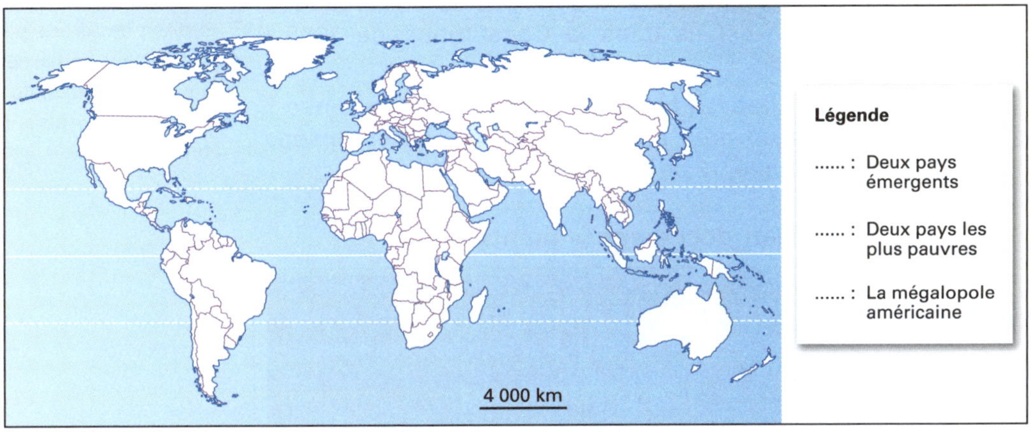

2. Que sont les DROM ? Donnez-en un exemple. *(1 point)*

3. En développant votre réponse, décrivez et expliquez la répartition de la population sur le territoire français. *(4 points)*

II Travail sur document (5 points)

Quelques données sur les quatre premières puissances mondiales en 2010

	PIB mondial (en %)	Répartition des 500 premières FTN mondiales (en %)	Part des exportations mondiales (en %)	Part des importations mondiales (en %)	Part de la production mondiale de véhicules (en %)	Rang dans la production mondiale de viande bovine
Union européenne	25,8	29,4	14,7	16,7	21,7	3e
États-Unis	23,1	26,6	11,4	11,1	10	1er
Chine	9,3	12,2	14,1	16,2	23,5	4e
Japon	8,7	13,6	6,5	5,8	12,4	22e

Sources : Global Fortune, Commission européenne, CNUCED, OICA, FAO.

1. L'Union européenne est une grande puissance économique et commerciale. Justifiez cette affirmation. *(2 points)*

2. Dans quels secteurs économiques l'Union européenne est-elle performante ? Justifiez. *(2 points)*

3. Comment expliquer ces succès européens ? *(1 point)*

Éducation civique (10 points)

I Questions (5 points)

1. Qu'est-ce que la décentralisation ? *(1 point)*

2. Quels sont les quatre principes de la République française définis dans la Constitution de 1958 ? *(2 points)*

3. Quel traité a créé la citoyenneté européenne ? Donnez un droit accordé aux citoyens européens par ce traité. *(2 points)*

> **3.** Il existe plusieurs types de droits : des droits politiques permettant de participer à la vie démocratique du pays et des droits civils utilisés dans la vie de tous les jours.

II Travail sur document (5 points)

Affiche pour le recensement

1. À qui s'adresse l'affiche ? *(1 point)*
2. Expliquez ce qu'est le recensement. Quels droits donne-t-il ? *(3 points)*
3. Le recensement est l'une des trois étapes du parcours de citoyenneté. Quelles sont les deux autres ? *(1 point)*

Repères historiques

Antiquité

■ IIIe millénaire av. J.-C. : **les premières civilisations**

En Mésopotamie, en Égypte, en Chine et en Inde, les premières sociétés organisées apparaissent.

■ VIIIe siècle av. J.-C.

• **Homère**, poète grec, retrace les exploits des ancêtres des Grecs dans l'*Iliade* et l'*Odyssée*.

• **La fondation de Rome** intervient en 753 av. J.-C. par Romulus et Rémus selon la légende des origines.

• **Début de l'écriture de la Bible**, livre qui rassemble les textes sacrés de la religion monothéiste des Hébreux.

■ Ve siècle av. J.-C. : **Périclès** dirige la cité grecque d'Athènes à son apogée.

■ 52 av. J.-C. : **Jules César** bat le chef gaulois **Vercingétorix à Alésia**, ce qui permet aux Romains d'achever la conquête de la Gaule.

■ Ier siècle : **début du christianisme**

Cette religion monothéiste, issue du judaïsme, est fondée sur l'enseignement de Jésus-Christ.

■ Ier et IIe siècles : **la « Paix romaine »**

Le vaste Empire romain domine le bassin méditerranéen et connaît une grande prospérité grâce aux légions qui assurent la sécurité à l'intérieur et aux frontières.

Moyen Âge

■ 622 : **l'Hégire**

Mahomet est chassé de La Mecque et doit fuir pour Médine. Cette date marque le point de départ du calendrier musulman.

■ 800 : **le couronnement de Charlemagne**, qui devient empereur et règne sur de vastes territoires.

■ X^{e}-XIIe siècles : **l'âge des églises romanes**

En Occident, les églises sont construites en pierre dans un style architectural qui repose sur une voûte en berceau et des arcs semi-circulaires.

■ 1096-1099 : **la première croisade** est l'expédition militaire des chevaliers chrétiens, lancée par le Pape pour lutter contre les musulmans en Orient (Jérusalem).

■ XIIe-XVe siècles : **l'âge des églises gothiques**

En Occident, les cathédrales sont construites dans un style architectural qui repose sur une voûte en croisée d'ogives, des arcs brisés, des vitraux.

Temps modernes

■ 1492 : **premier voyage de Christophe Colomb** qui traverse l'Atlantique et découvre le continent américain au nom du roi et de la reine d'Espagne.

■ XVe-XVIe siècles : **la Renaissance** est un grand mouvement artistique et littéraire qui s'inspire de l'Antiquité.

■ 1598 : **l'édit de Nantes**, signé par Henri IV, met fin aux guerres de religion en France. Il accorde aux protestants la liberté de conscience et de culte en certains lieux.

■ 1661-1715 : **Louis XIV** règne sans Premier ministre et établit la monarchie absolue. Il fait construire le château de **Versailles**, de style classique, symbole de son pouvoir.

■ Milieu du XVIIIe siècle : ***l'Encyclopédie*** rassemble toutes les connaissances de l'époque et diffuse les idées des philosophes des Lumières.

1789-1799 : Révolution française

• **14 juillet 1789 : la prise de la Bastille** par les Parisiens montre que le peuple soutient la Révolution.

• **Août 1789 : la déclaration des droits de l'Homme et du citoyen** est un texte qui résume les principes de la Révolution et reconnaît aux Français des droits comme la liberté et l'égalité.

• **Septembre 1792 : proclamation de la Iʳᵉ République** qui dure jusqu'en 1804.

1799-1815 : le Consulat et l'Empire

Napoléon Bonaparte prend le pouvoir par un coup d'État en 1799 et instaure une République autoritaire, le Consulat.

1804 : Napoléon Iᵉʳ, empereur des Français, est sacré à la cathédrale Notre-Dame de Paris et restaure la monarchie.

1815 : Congrès de Vienne

Les pays européens se réunissent pour réorganiser l'Europe après les défaites de Napoléon Iᵉʳ.

Époque contemporaine (XIXᵉ, XXᵉ et début XXIᵉ siècles)

1815-1848 : Monarchie constitutionnelle en France avec les rois Louis XVIII, Charles X et Louis-Philippe.

1848-1852 : la Seconde République, mise en place après la Révolution de 1848, vote le **suffrage universel masculin et l'abolition de l'esclavage** dans les colonies.

1852-1870 : Second Empire

Napoléon III, neveu de Napoléon Iᵉʳ, est élu président de la Seconde République, prend le pouvoir par un coup d'État et restaure la monarchie.

1870-1940 : Troisième République, mise en place après la défaite de Napoléon III à Sedan face aux Prussiens :

• **1882** : la loi de **Jules Ferry** rend **l'école gratuite, laïque et obligatoire.**

• **1894-1906 : l'affaire Dreyfus** divise la classe politique et l'opinion publique autour du sort d'un officier juif condamné à tort à la déportation pour haute trahison.

• **1905 : la loi de séparation des Églises et de l'État** impose la laïcité en France. Toutes les religions sont reconnues, aucune n'est privilégiée et l'État n'intervient pas dans les affaires religieuses relevant du domaine privé.

• **1914-1918 : la Première Guerre mondiale** est une guerre totale et très brutale.

• **1916 : la Bataille de Verdun** entre les Français et les Allemands fait plus de 300 000 morts en 10 mois.

• **11 novembre 1918 : l'armistice de la Grande Guerre**, texte signé à Rethondes, met fin aux combats.

1917 : la révolution russe

Lénine et les bolcheviks prennent le pouvoir par un coup d'État en Russie.

1924-1953 : Staline au pouvoir

Il succède à Lénine en URSS et met en place un régime totalitaire.

1933-1945 : Hitler au pouvoir en Allemagne

Il met en place un régime totalitaire, raciste et expansionniste.

1936 : le Front populaire en France remporte les élections législatives et vote des lois sociales qui améliorent les conditions de vie de la population.

1939-1945 : Seconde Guerre mondiale

• **18 juin 1940 : l'appel du général de Gaulle,** lancé depuis Londres, représente l'acte fondateur de la Résistance contre l'occupation allemande de la France.

• **1940-1944 : le Régime de Vichy**, ou État français, est autoritaire, antisémite et collabore avec l'Allemagne. Il est dirigé par le maréchal Pétain.

• **8 mai 1945 : fin de la Seconde Guerre mondiale en Europe**, l'Allemagne signe la capitulation.

• **1944-1945 : libération de la France** par les armées alliées. La République est rétablie (**IVᵉ République**, 1946). Les femmes acquièrent le **droit de vote** (1944) et la **Sécurité sociale** est créée (1945).

• **Août 1945** : bombardements atomiques d'**Hiroshima** et **Nagasaki** par les Américains. Le Japon signe la capitulation, c'est la fin de la guerre en Asie.

■ **1961-1989 : le Mur de Berlin** symbolise la coupure du monde en deux camps et la guerre froide. Sa destruction en 1989 marque le début de l'effondrement du communisme en Europe et en URSS.

■ **1947-1962 : principale phase de la décolonisation**, en Asie (Inde) puis en Afrique (Algérie).

■ **1957 : les traités de Rome** créent la Communauté économique européenne (CEE) et la Communauté européenne de l'énergie atomique (CEEA).

■ **1958-1969 : les années De Gaulle** et **fondation de la Vᵉ République.**

■ **1981-1995 : les années Mitterrand**

• **1992 : le traité de Maastricht** crée l'Union européenne.

■ **1995-2007 : les années Chirac**

• **2002 : l'euro**, la monnaie commune européenne, entre en circulation.

Repères géographiques

Le monde

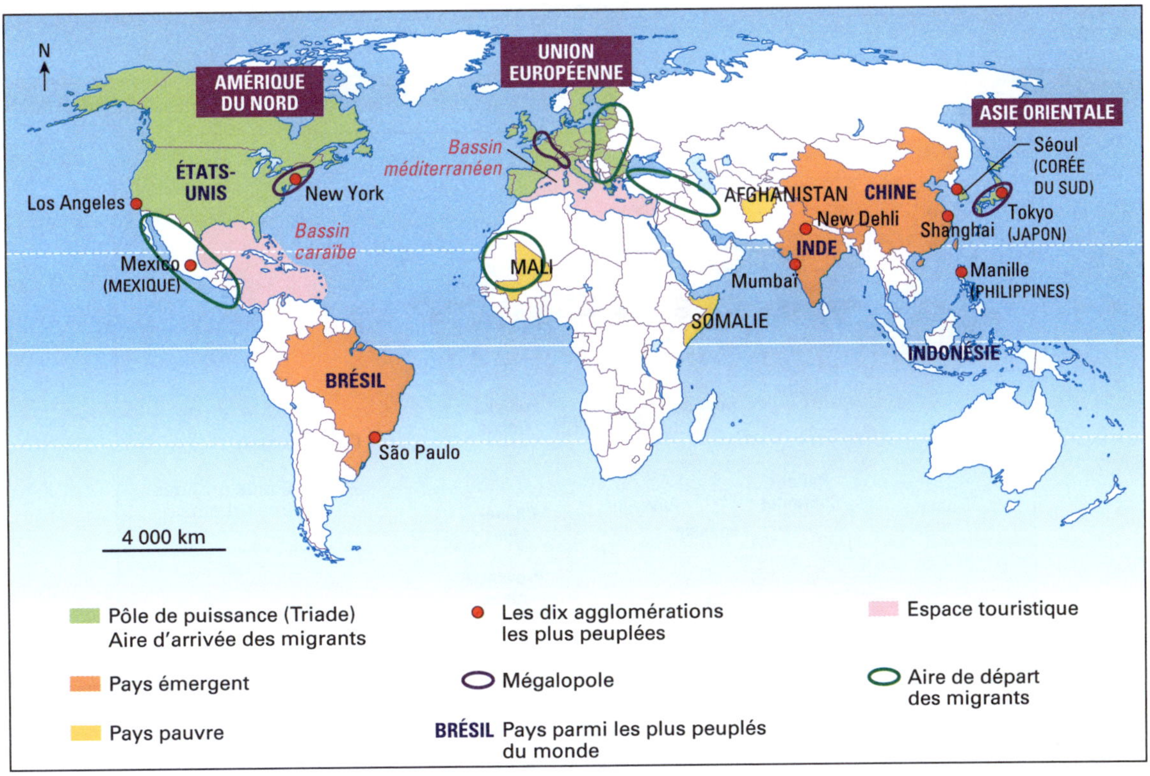

L'Union européenne

La France

1 Histoire — Les grandes innovations du XXe siècle

1 Les bénéfices des innovations médicales pour les populations sont non seulement une baisse de la mortalité, mais aussi un allongement de l'espérance de vie.

2 Au XXe siècle, les grandes innovations sont possibles grâce à la recherche, qui permet aux États et aux entreprises qui la financent de garder une longueur d'avance sur leurs concurrents.

La recherche reçoit ainsi des moyens financiers conséquents. Par exemple, aux États-Unis, la NASA dispose d'un budget de 20 milliards de dollars par an pour des recherches sur le système solaire et l'organisation de missions spatiales.

De plus, la recherche s'appuie sur des moyens humains. Les pays essaient d'attirer les meilleurs scientifiques au monde en leur offrant des conditions de travail et des salaires attractifs. Les États-Unis pratiquent intensément ce drainage des cerveaux.

Enfin, des moyens matériels (laboratoires, machines performantes...) sont mis à la disposition de la recherche. Ces moyens sont maintenant regroupés dans des parcs technologiques ou technopôles comme la Silicon Valley, en Californie.

2 Histoire — L'évolution du système de production et ses conséquences sociales

1 Avec l'évolution des techniques, la répartition de la population active est profondément modifiée. La population active regroupe les personnes qui ont un emploi ou qui en cherchent un. Au cours du XXe siècle, le nombre d'actifs dans l'agriculture (secteur primaire) diminue fortement. Celui dans l'industrie (secteur secondaire) évolue selon deux phases : il augmente jusqu'aux années 1970, puis baisse par la suite. Au contraire, le nombre des actifs employés dans les services (secteur tertiaire) augmente très fortement.

2 **1.** Le document est une image extraite du film *Les Temps modernes,* réalisé par Charlie Chaplin en 1936.

2. La scène se passe dans une usine.

3. Chaque ouvrier réalise une tâche différente sur la chaîne de montage. L'ouvrier le plus à droite tient un pinceau dans la main, alors que son voisin tient un marteau et un burin. Charlot, au centre de l'image, semble occuper à poser un boulon tandis que son voisin de gauche le visse.

4. Cette scène montre le travail à la chaîne dans une usine. Chaque ouvrier y réalise une seule tâche, simple, qu'il répète toute la journée. Sa tâche est complétée par celles des autres pour permettre la fabrication du produit. Cette scène est bien révélatrice des changements dans l'organisation du travail, puisque le travail à la chaîne a été mis en place aux États-Unis à la fin du XIXe siècle et s'est, par la suite, généralisé à de très nombreuses usines.

3 Histoire — La Première Guerre mondiale : vers une guerre totale (1914-1918)

1 Le bilan humain est très lourd : près de 10 millions de morts et 6 millions d'invalides, notamment les « gueules cassées », ainsi que des millions de veuves et d'orphelins.

2 **1.** Le document est une carte de l'Europe après la Première Guerre mondiale.

2. Les Empires russe et austro-hongrois ont disparu après la guerre. Ils ont tous deux été remplacés par de nouveaux pays comme la Lituanie ou la Lettonie, la Tchécoslovaquie ou l'Autriche. La disparition de l'Empire d'Autriche-Hongrie a permis à la Yougoslavie et à la Roumanie d'agrandir leur territoire ; celle de l'Empire russe a permis la renaissance de la Pologne.

3. Les traités de paix ont des conséquences importantes sur le territoire allemand. Celui-ci diminue entre 1914 et 1923. Ainsi, l'Allemagne perd l'Alsace et une partie de la Lorraine au profit de la France ; des territoires lui sont aussi retirés pour être restitués à la Pologne. De plus, le territoire allemand est coupé en deux pour que la Pologne ait un accès à la mer : ce partage gêne la gestion du territoire.

4. Les traités de paix redessinent l'Europe puisqu'on assiste à de très nombreuses modifications de frontières entre 1914 et 1923. Mais ces modifications sont sources de tensions. En effet, de nombreux pays – notamment les vaincus comme l'Allemagne, mais aussi l'Italie qui parle de « victoire mutilée » – sont mécontents du tracé des nouvelles frontières et n'auront de cesse de réclamer leur changement.

4 Histoire

Les régimes totalitaires dans les années 1930

1 Dans les régimes totalitaires soviétique et nazi, la population est contrôlée par la terreur que fait régner une police politique, le NKVD en URSS et la Gestapo en Allemagne.

2 Arrivé au pouvoir, Hitler applique l'idéologie expliquée dans son livre, *Mein Kampf*.
Il s'agit d'une idéologie raciste et antisémite. En effet, selon Hitler, il existe des « races supérieures » comme la « race » allemande et des « races inférieures » comme les Slaves. Parmi ces « races inférieures », la « pire de toutes » est la « race juive », considérée comme un parasite.
À partir de 1933, les nazis multiplient donc les mesures antisémites. Ils appellent d'abord au boycott des magasins juifs. Puis, ils adoptent des lois visant à mettre les Juifs à l'écart de la société. Par exemple, les lois de Nuremberg (1935) empêchent les mariages et relations sexuelles entre Juifs et Allemands. Cette politique antisémite se poursuit par les ordonnances de 1938 qui interdisent aux Juifs l'exercice de certaines professions et la fréquentation de certains lieux.

3 **1.** Le document est une caricature de l'Anglais E. Schilling, parue en 1936.

2. C'est Staline qui se trouve au centre de la caricature. De 1924 à 1953, il est le dirigeant de l'URSS, où il instaure un véritable État totalitaire.

3. La caricature dénonce la concentration de tous les pouvoirs entre les mains de Staline et, plus largement, l'existence d'un chef unique. En effet, Staline, placé au centre, a les bras croisés et l'air décidé alors que ses voisins, sans tête, semblent recopier sans réfléchir ce qu'il leur dicte. La caricature veut montrer qu'en URSS, Staline est le seul à décider et les autres dirigeants soviétiques ne font qu'appliquer ses ordres. L'absence de tête est le symbole de l'absence de pouvoir de ces autres dirigeants dans le système stalinien.

5 Histoire — La Seconde Guerre mondiale, une guerre d'anéantissement (1939-1945)

1 Une nouvelle arme est utilisée par les Américains pour faire plier le Japon : la bombe atomique. Celle-ci est lancée sur Hiroshima et Nagasaki en août 1945, respectivement le 6 et le 9.

2 Les nazis considèrent les Juifs comme une « race inférieure » et des mesures antisémites sont prises dès 1933. Au début de la guerre, les Juifs du Reich et d'Europe de l'Est sont d'abord enfermés dans des ghettos, comme à Varsovie, dans des conditions épouvantables (surpopulation, maladies, famines).

Puis, avec l'invasion de l'URSS en juin 1941, des unités SS mobiles de tueries, les *Einsatzgruppen* (= commandos spéciaux), sont créées. Elles suivent la progression des armées allemandes pour éliminer les Juifs et les responsables communistes. Les Juifs sont fusillés au bord de grandes fosses qu'ils sont contraints de creuser : c'est la « Shoah par balles ».

Enfin, en janvier 1942, les nazis décident la « Solution finale au problème juif ». Tous les Juifs d'Europe sont déportés par train vers des camps d'extermination à l'Est comme ceux d'Auschwitz ou de Treblinka. Là, les personnes jugées inaptes au travail sont immédiatement gazées dans des chambres à gaz et leurs corps sont brûlés dans les fours crématoires.

3 **1.** Le document est un extrait du discours prononcé devant le Congrès par le président des États-Unis, Roosevelt, le 8 décembre 1941, à propos de l'attaque de Pearl Harbor. Il s'adresse non seulement aux membres du Congrès, mais indirectement aussi au peuple américain et au monde.

2. Roosevelt parle de l'attaque de Pearl Harbor, une base militaire américaine située dans le Pacifique. Cette attaque a été commise par les Japonais le 7 décembre 1941.

3. Jusqu'à cette date, les États-Unis n'étaient pas engagés dans la guerre : ils n'appartenaient ni à l'Axe ni aux Alliés. En revanche, ils soutenaient le Royaume-Uni dans sa lutte contre l'Allemagne nazie, en lui fournissant du matériel militaire et des vivres.

4. Ce discours a une importance capitale dans la poursuite de la guerre parce qu'il marque l'entrée des États-Unis dans le conflit. Or les États-Unis disposent d'importantes ressources naturelles et agricoles, ainsi que d'une puissante industrie, qui vont s'avérer être des atouts décisifs dans la victoire finale.

6 Histoire — La guerre froide

1 Depuis 1949, l'Allemagne est partagée en deux États : la RFA à l'Ouest – une démocratie libérale appartenant au bloc occidental – et la RDA à l'Est – une démocratie populaire du bloc communiste.

Pour fuir la RDA et se réfugier en RFA, des millions d'Allemands passent par Berlin-Ouest. En effet, Berlin est située en RDA mais sa partie ouest appartient à la RFA. Pour stopper cette fuite, les dirigeants communistes décident de construire, dans la nuit du 12 au 13 août 1961, un mur qui sépare Berlin en deux. Ce mur, entouré de barbelés et gardé nuit et jour par les soldats, empêche toute communication entre les deux parties de la ville.

Les Occidentaux ne peuvent empêcher la construction du mur et celui-ci devient le symbole visible de la bipolarisation du monde et de la guerre froide.

2 **1.** Cette carte présente le monde bipolaire et les crises de la guerre froide.

2. Pendant la guerre froide, le monde est bipolaire car il est divisé en deux camps : le camp occidental (bloc de l'Ouest), dominé par les États-Unis, et le camp soviétique (bloc de l'Est), dominé par l'URSS.

3. Chaque bloc se dote d'une alliance militaire : l'OTAN (Organisation du traité de l'Atlantique Nord) pour le bloc de l'Ouest et le pacte de Varsovie pour le bloc de l'Est.

4. Les deux Grands ne s'affrontent pas directement. Ils s'opposent de manière indirecte lors de grandes crises comme à Berlin en 1948-1949 et 1961, en Corée entre 1950 et 1953, et à Cuba en 1962.

7 Histoire — Des colonies aux États nouvellement indépendants

1 **1.** Le document est une série d'extraits du discours du ministre de l'Intérieur, François Mitterrand, prononcé devant l'Assemblée nationale, le 12 novembre 1954. Il est question des troubles en Algérie.

2. Dans le premier paragraphe, François Mitterrand évoque les récents attentats perpétrés en Algérie par le FLN (Front de libération nationale) lors de la « Toussaint Rouge », le 1er novembre 1954. Ces attentats marquent le début de la guerre.

3. Le gouvernement considère l'Algérie comme partie intégrante du territoire français, au même titre que les autres régions métropolitaines. Mitterrand dit : « l'Algérie, c'est la France ».

4. Le gouvernement a décidé d'envoyer des compagnies républicaines de sécurité (CRS) supplémentaires pour rétablir et maintenir l'ordre en Algérie.

5. De telles mesures s'expliquent par le statut colonial de l'Algérie. En effet, il s'agit d'une colonie de peuplement où sont installés près d'un million d'Européens, surnommés les Pieds-Noirs. La France veut assurer la sécurité de ces personnes.

8 Histoire — La construction européenne

1 **1.** Le document est une carte qui présente les différentes étapes de la construction européenne, depuis ses débuts en 1957 jusqu'à ses possibles évolutions futures.

2. L'Italie et les Pays-Bas sont deux des six membres fondateurs de la CEE.

3. Au début, la construction européenne n'a concerné que les pays d'Europe de l'Ouest. En effet, elle a débuté en pleine guerre froide et le continent européen était alors coupé en deux par le rideau de fer, les pays d'Europe de l'Est étant sous la domination de l'URSS.

4. Dans les années 2000, l'UE s'est élargie en direction du sud – adhésion de Chypre et de Malte en 2004 – et vers l'est – adhésion de la Pologne en 2004 et de la Roumanie en 2007. L'élargissement vers l'est a été possible suite à l'effondrement du bloc communiste.

5. La Turquie est l'un des pays candidats à l'adhésion. La Suisse ne souhaite pas faire partie de l'UE.

9 Histoire — Le monde depuis le début des années 1990

1 Les trois grandes conséquences de l'effondrement du communisme en Europe de l'Est sont :

– l'évolution politique et économique des démocraties populaires : celles-ci s'orientent vers la démocratie et une économie de marché

après des années de dictature communiste ;
– l'apparition de nouveaux pays, notamment suite à l'implosion de l'URSS, comme la Lettonie ;
– l'intégration à l'Union européenne : beaucoup de ces « nouveaux » États intègrent l'UE ou souhaitent l'intégrer.

2 **1.** Le 11 septembre 2001, une série d'attentats touchent le territoire américain.

2. Les responsables de ces attentats sont des extrémistes membres de l'organisation terroriste islamiste Al-Qaïda, dirigée alors par Oussama Ben Laden.

3. La superpuissance américaine est contestée lors de ces attentats car tous les aspects de sa puissance sont visés : la puissance économique à travers les tours jumelles du World Trade Center, la puissance militaire à travers le Pentagone et la puissance politique à travers la Maison-Blanche.

4. Depuis cette date, les relations internationales sont marquées par une nouvelle vigueur du terrorisme international (attentats à Madrid en 2004 et à Londres en 2005). Parallèlement, les États-Unis s'engagent dans une lutte antiterroriste qui commence par une intervention en Afghanistan en 2001 et se poursuit en Irak en 2003.

10 Histoire La République de l'entre-deux-guerres : victorieuse et fragilisée

1 Les accords de Matignon sont signés en juin 1936, entre les représentants du patronat et ceux des ouvriers. Ils sont signés dans un contexte de grèves, avec occupation d'usines. Les accords de Matignon prévoient une augmentation des salaires, la reconnaissance des droits syndicaux et l'instauration de délégués du personnel pour que les ouvriers se fassent entendre auprès de la direction. En échange, les ouvriers s'engagent à cesser les grèves.

2 **1.** Le document est un tableau statistique présentant différents indicateurs socio-économiques de la France entre 1929 et 1935.

2. La production industrielle baisse entre 1929 et 1935, même si elle remonte légèrement en 1933. Les revenus agricoles s'effondrent entre 1929 et 1935, passant de 100 à 41. Parallèlement, le nombre de chômeurs secourus explose : 1 000 en 1929 jusqu'à 426 000 en 1935. Les salaires augmentent très légèrement jusqu'en 1930, puis diminuent fortement jusqu'en 1935.

3. Ces évolutions s'expliquent par la crise économique qui débute aux États-Unis en 1929 et qui touche réellement la France à partir de 1931. Les productions industrielles et agricoles s'effondrent, ce qui entraîne une baisse des salaires. De plus, les usines ferment : le nombre de chômeurs augmente fortement.

4. La France est confrontée à une crise économique qui touche tous les secteurs, comme en témoignent la chute de la production industrielle et celle des revenus agricoles. Cette crise économique débouche sur une crise sociale qui entraîne une dégradation des conditions de vie des Français (baisse du pouvoir d'achat, chômage).

5. La crise économique et sociale provoque une crise politique. En effet, les gouvernements semblent impuissants face à la crise, d'autant qu'une forte instabilité ministérielle empêche toute solution durable. La République est critiquée et remise en cause, notamment lors de la crise du 6 février 1934. La gauche, qui dénonce une tentative de coup d'État fasciste, décide alors de s'unir au sein du Front populaire tant pour trouver des solutions à la crise que pour préserver la démocratie.

11 Histoire

Effondrement et refondation républicaine (1940-1946)

1 À partir de l'entrevue de Montoire qui a lieu en octobre 1940 entre Pétain et Hitler, Vichy collabore officiellement avec l'Allemagne. Cette collaboration recouvre un aspect économique : par exemple, la France livre des denrées alimentaires à l'Allemagne, l'administration française travaille pour l'occupant et des travailleurs français se rendent en Allemagne, d'abord dans le cadre de la relève puis du STO. Cette collaboration est également militaire, puisqu'en Afrique du Nord, Vichy apporte un soutien logistique à l'armée allemande. Enfin, cette collaboration a aussi un volet politique. Ainsi, lors de la rafle du Vel d'Hiv en juillet 1942, la police française fournit les fichiers qui recensent les adresses des familles juives en région parisienne et participe à l'arrestation de ces familles aux côtés des Allemands.

2 **1.** Le document est une affiche de propagande de la droite nationaliste, créée en 1940 par R. Vachet.

2. Dans la partie gauche de l'affiche, sur fond rouge, on voit une maison qui s'écroule à cause de la paresse, l'internationalisme, le communisme, l'antimilitarisme. Cette maison est surmontée d'un drapeau rouge et d'une étoile de David.

Dans la partie droite, on voit une maison stable, qui repose sur des bases solides comme l'école, la paysannerie, la discipline, l'ordre... Cette maison est surmontée du drapeau tricolore et de sept étoiles. En bas, figure la devise « Travail, Famille, Patrie ».

En haut de l'affiche, on peut lire « Révolution nationale ».

3. La partie gauche de l'affiche représente la IIIe République, et notamment la période du Front populaire ; en témoignent le drapeau rouge, symbole du communisme, et la couleur rouge liée à la gauche en général. La partie gauche représente donc le passé, la France qui va mal, avant le régime de Vichy.

La partie droite représente le régime de Vichy, en témoignent la devise et les sept étoiles rappelant le grade du maréchal Pétain. Elle représente le présent, la France qui va bien.

4. L'affiche montre une image positive du régime.

L'ordre y a été rétabli grâce à la Révolution nationale, c'est-à-dire grâce à des mesures qui rétablissent les principes traditionnels et dénoncent les communistes et les Juifs, responsables – avec le Front populaire – de la défaite française, selon Vichy.

12 Histoire

De Gaulle et le nouveau système républicain (1958-1969)

1 **1.** Les deux documents évoquent la crise de mai 1968. Cette crise débute par un mouvement étudiant, puis se transforme en crise sociale et politique.

2. L'affiche a été réalisée par des manifestants ou des personnes qui contestent le général de Gaulle et soutiennent le mouvement. Elle critique la répression menée par la police (CRS armés) et le contrôle exercé par l'État sur les médias, notamment la télévision (ORTF).

3. Le général de Gaulle accuse ses adversaires d'empêcher les Français de s'exprimer librement et de vivre normalement (« en l'empêchant de s'exprimer, en même temps qu'on l'empêche de vivre »). Il fait ainsi référence aux nombreuses grèves qui paralysent le pays. De plus, il dit qu'une minorité tente d'imposer ses vues par des mensonges et par la violence (« intimidation », « tyrannie »).

Pour sortir de la crise, il veut redonner la parole au peuple. Pour cela, il dissout l'Assemblée nationale, provoquant ainsi de nouvelles élections législatives. C'est pour lui la manière la plus démocratique de comprendre ce que veulent les Français.

4. Les deux documents expriment un point de vue différent sur la crise. L'affiche montre l'opinion des manifestants qui critiquent la manière de gouverner du général et les moyens qu'il utilise (répression, contrôle de l'information). Le discours nous donne l'avis du chef de l'État : celui-ci qualifie les manifestants de groupe minoritaire qui paralyse le pays contre la volonté de la majorité des Français et utilise la violence et les mensonges pour imposer ses vues.

13 Histoire — La Vᵉ République à l'épreuve de la durée

1 Quand le président de la République et le Premier ministre ne sont pas de la même tendance politique, on parle de cohabitation. Dans ce cas-là, c'est le gouvernement (Premier ministre et ministres) qui définit la politique intérieure du pays, car ses décisions sont soutenues à l'Assemblée par les députés. Le président se cantonne à son « domaine réservé » : la politique étrangère et la défense.

Plusieurs cohabitations ont eu lieu sous la Vᵉ République : la première en 1986 entre le président de gauche, François Mitterrand, et son Premier ministre de droite, Jacques Chirac. À l'inverse, en 1997, le président Jacques Chirac était de droite et son Premier ministre, Lionel Jospin, était de gauche.

2 **1.** Dans ces deux documents, il est question des élections présidentielles. Ces élections, au suffrage universel direct, ont lieu tous les cinq ans (depuis 2002). Elles utilisent un scrutin uninominal, majoritaire, à deux tours.

2. L'événement marquant de la présidentielle de 2002 est le maintien au second tour du candidat d'extrême droite, Jean-Marie Le Pen, qui devance le socialiste et Premier ministre sortant, Lionel Jospin.

3. De tels résultats peuvent s'expliquer par une forte abstention, qui atteint un record en 2002 avec près de 28 %. En effet, les sondages donnant Jacques Chirac et Lionel Jospin très largement vainqueurs, les électeurs – notamment ceux du Parti socialiste – n'ont pas pris la peine de se déplacer. De plus, les voix de gauche étaient « émiettées » entre de nombreux candidats.

4. La vie politique française est marquée, depuis les années 1980, par une très nette progression de l'extrême droite. En effet, les scores du Front national aux élections présidentielles ne cessent d'augmenter (sauf en 2007) passant de 0,75 % des voix en 1974 à 17,9 % en 2012. Cette progression se confirme aux législatives de 2012, avec deux députés élus à l'Assemblée nationale, ce qui n'était pas arrivé depuis 1986.

14 Géographie — De la ville à l'espace rural

1 Les espaces périurbains ne cessent de s'étendre et de gagner des habitants : les populations quittent les centres-villes pour s'installer plus loin (logements moins chers, plus grands ; cadre de vie agréable). Il s'agit souvent de jeunes couples avec des enfants, d'où un solde naturel positif (il y a plus de naissances que de décès).

2 **1.** Deux constatations principales sont à l'origine du projet :
– le cours est un axe très fréquenté, puisque « près de 24 000 voitures » y circulent par jour ;
– de plus, un nombre important d'accidents y a lieu, le plus souvent impliquant des piétons.
Le cours Émile-Zola semble donc surchargé et dangereux.

2. Pour réduire la pollution, les acteurs ont décidé de réduire les voies de circulation de quatre à deux, ce qui devrait avoir pour conséquence une baisse de la fréquentation. Par la même occasion, une piste cyclable sera construite, incitant les personnes à utiliser leur vélo – en toute sécurité – plutôt que la voiture.

3. Le projet se soucie aussi du bien-être social tant des riverains que des usagers. Il s'agit de réduire les nuisances, notamment les nuisances sonores ; mais aussi de contribuer à créer un cadre de vie agréable, notamment avec la multiplication des espaces verts. De plus, ce projet a été mené en concertation avec les habitants. Ce projet d'aménagement répond donc aux objectifs du développement durable.

15 Géographie — La région

1 Les régions françaises ont été créées en 1955 et deviennent des collectivités territoriales, inscrites dans la Constitution, avec les lois de décentralisation de 1982. Elles sont gérées par des conseils régionaux, élus au suffrage universel direct tous les six ans. L'État est représenté par un préfet, qui contrôle les travaux du conseil régional. Leurs compétences ont augmenté avec les lois de décentralisation et l'État leur a transféré une partie de ses compétences, en matière d'éducation, de transports, etc.

2 Légende :

I - Un espace peu peuplé et enclavé

- Métropole régionale
- Autre agglomération
- Axe de communication
- Barrière montagneuse

II - Des espaces différenciés

- Espace moyennement peuplé, principalement tourné vers l'agriculture
- Espace peu peuplé et peu dynamique (région de montagne)
- Le développement par l'industrie : un technopôle
- Le développement par le tourisme

16 Géographie — Le territoire national et sa population

1 Le territoire français – métropolitain comme ultramarin – est soumis aux risques tels que les séismes en Alsace ou dans les Alpes, les cyclones aux Antilles, le volcanisme en Martinique ou à La Réunion. Les hommes et les activités sont directement menacés par ces risques.

2 **1.** La région Champagne-Ardenne forme un groupe à elle seule : elle a perdu des habitants entre 1999 et 2009 (moins 4 249). Le deuxième groupe est composé des régions Auvergne, Lorraine et Picardie. Leur population a peu augmenté (0,2 % par an en Lorraine). Le troisième groupe est composé des régions Aquitaine, Bretagne, Languedoc-Roussillon, Pays de la Loire, PACA et Rhône-Alpes, où la population a fortement augmenté (1,3 % par an en Languedoc-Roussillon).

2. Pour les deux premiers groupes, cette évolution s'explique par une natalité faible (qui correspond au solde naturel) alors que le solde migratoire est négatif (sauf en Auvergne) : les habitants quittent donc la région où les activités sont peu dynamiques (agriculture, industries en crise...).
Pour le dernier groupe, le solde naturel est positif, voire très positif pour les Pays de la Loire et Rhône-Alpes : la natalité y est donc élevée. De plus, ces régions ont un solde migratoire largement positif : ce sont donc

des régions attractives où les Français, et notamment des jeunes ou des couples avec des enfants, viennent s'installer. En effet, ces régions offrent un cadre de vie agréable et un dynamisme économique.

3. Les régions attractives en France se situent à l'Ouest, au Sud et en Méditerranée.

17 Géographie — Les espaces productifs

1 Les espaces agricoles français sont de plus en plus spécialisés dans un type de production, en adéquation avec les avantages du milieu (climat, relief, possibilité d'irrigation...). Les espaces de grande culture sont situés dans le Nord et le Bassin parisien (blé), ainsi que dans le Sud-Ouest (maïs). L'Ouest est spécialisé dans l'élevage hors-sol des porcs et des volailles ; les régions du Sud se consacrent à la viticulture et à la production de fruits, de légumes et de fleurs.

2 **1.** Le document est une photo d'un littoral, prise à Menton dans le sud-est de la France. Il s'agit d'une vue aérienne, en prise de vue oblique.

2. Au premier plan, il y a une jetée. Au second plan, sur la gauche, on retrouve la ville ; alors qu'à droite, un port de plaisance, une plage, une base nautique et des immeubles apparaissent en bord de mer. À l'arrière-plan, on voit les montagnes.

3. L'activité dominante est le tourisme. Le paysage a été aménagé pour les touristes. Pour leurs loisirs, une plage, un port de plaisance et une base nautique ont été créés. Pour les loger, des immeubles ont été bâtis : il s'agit de proposer une plus grande offre de logements. On constate donc une bétonisation du littoral : les touristes sont logés dans des immeubles sur le front de mer, où ils peuvent satisfaire leurs envies sans sortir de la station.

18 Géographie — L'organisation du territoire français

1 La « diagonale du vide » s'étend des Pyrénées aux Ardennes, en passant par le Massif central. Les densités de population y sont faibles et ces régions ne représentent qu'une faible part du PIB national. Plusieurs causes expliquent cette situation :
- l'agriculture et l'industrie y sont moins compétitives qu'ailleurs ;
- ces régions sont marquées par un déclin démographique et un vieillissement de la population ;
- elles apparaissent quelque peu isolées et enclavées : de nombreux services publics ferment et elles sont parfois éloignées des grandes infrastructures de transport.

2 **Les espaces industriels en France**

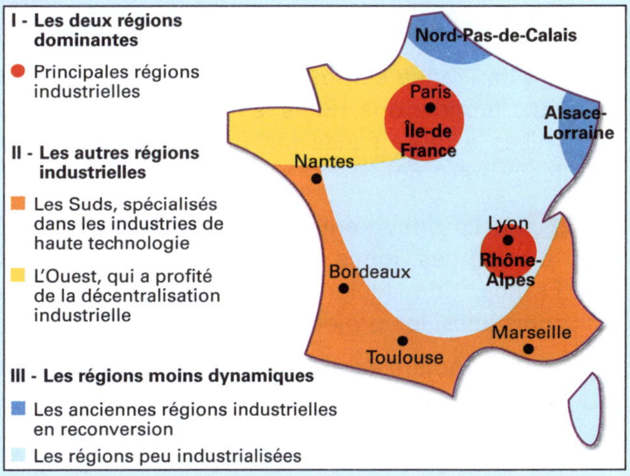

19 Géographie

L'Union européenne, une union d'États

1 L'Europe centrale et orientale est la partie de l'UE la moins développée. En effet, l'IDH de ces pays est inférieur à celui de l'Allemagne ou de la France. De plus, le PIB/habitant et l'espérance de vie y sont plus faibles qu'en Europe du Nord-Ouest, alors que la mortalité infantile y est plus forte.

2 L'Union européenne, un territoire à plusieurs vitesses

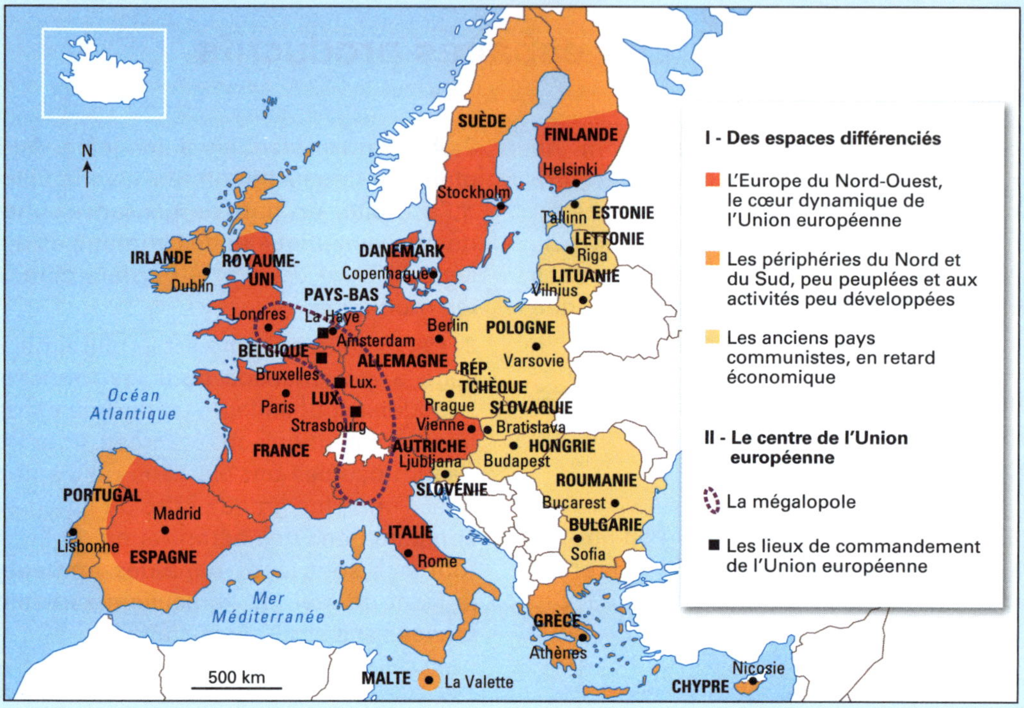

20 Géographie

La France intégrée dans l'Union européenne

1 L'aéroport de Roissy est un *hub* en Europe.

2 La France comme l'Europe sont soumises aux inondations. Elles sont également soumises à des risques technologiques tels que les marées noires.

3 **1.** Le document est une carte présentant le tracé des lignes à grande vitesse (LGV) en France, non seulement les lignes existantes mais aussi les projets à venir.

2. Paris polarise le réseau des LGV : la totalité des LGV existantes passent par Paris, comme l'axe Paris/Arras/Lille ou l'axe Paris/Marseille. En effet, la France a longtemps été un État centralisé autour de sa capitale, d'où la configuration en étoile autour de Paris.

3. Les nouveaux tracés de LGV répondent à deux objectifs. Le premier est de mieux desservir le territoire en créant des lignes transversales : c'est le cas du projet visant à relier Nantes à Lyon, sans passer par Paris. Le second objectif est de mieux relier le territoire français à l'Europe. Des lignes européennes relient déjà Paris à Londres et Bruxelles. Mais les nouveaux tracés prévoient une interconnexion avec l'Allemagne (LGV Est), avec l'Italie (LGV Lyon-Turin) et avec l'Espagne depuis Bayonne et Perpignan.

21 Géographie — La France, une influence mondiale

1 Voici trois exemples de possessions ultramarines françaises :
- la Guadeloupe, qui a le statut de département et région d'outre-mer (DROM) ;
- Saint-Pierre-et-Miquelon qui est une collectivité d'outre-mer (COM) ;
- La Nouvelle-Calédonie qui est un pays d'outre-mer (POM).

2 La France joue un rôle diplomatique et militaire indéniable dans le monde, grâce à différents moyens.
Sur le plan diplomatique, la France fait entendre sa voix à l'ONU, où elle dispose d'un siège permanent au Conseil de sécurité et, à ce titre, d'un droit de veto. De plus, elle exerce parfois un rôle politique original : ainsi, elle s'est opposée et a condamné l'intervention américaine en Irak en 2003, quand certains de ses partenaires européens y adhéraient.

La France est également une puissance militaire. En effet, elle dispose de l'arme nucléaire. En outre, son armée est présente partout dans le monde. Par exemple, elle possède des bases militaires sur son territoire (Polynésie, Guyane) ; mais elle en possède aussi à l'étranger (Djibouti, Émirats arabes unis), ce qui lui permet d'intervenir rapidement partout dans le monde. Enfin, l'armée française intervient dans de nombreux pays, notamment sous l'égide de l'ONU comme en Afghanistan ou de l'OTAN comme en Libye en 2011.

Grâce à son armée et sa position à l'ONU et à l'OTAN, la France exerce une puissance diplomatique et militaire importante dans le monde.

22 Géographie — Réalités et limites de la puissance européenne

1 **1.** Les auteurs avancent trois arguments pour justifier l'entrée de la Turquie dans l'UE. Le premier argument est historique : la Turquie partage la même histoire que le continent européen, l'héritage de l'Empire romain. Le deuxième argument est la volonté de la Turquie d'entrer dans l'UE, comme en témoignent les nombreuses réformes qu'elle a mises en place pour se conformer aux exigences de l'UE. Enfin, les auteurs rappellent que l'entrée de la Turquie renforcerait la puissance de l'UE, notamment au niveau démographique et économique.

2. Le dessin représente un dirigeant turc assis sur un tapis de prières, représentant le drapeau turc. Il montre du doigt une falaise, indiquant la direction de l'Union européenne. Le tapis a des difficultés à décoller, encombré par de lourds bagages qui représentent l'opinion publique européenne, les droits de l'Homme et Chypre.

3. Le texte rappelle que l'identité européenne ne repose pas sur la religion. Or, dans le dessin, le critère religieux est mis en avant : le dirigeant turc est assis sur un tapis de prières. En effet, en Turquie, la religion majoritaire est l'islam ; ce qui est un des arguments employés par ceux qui refusent son entrée dans l'UE.

4. En plus de l'argument religieux, l'entrée de la Turquie dans l'UE fait débat sur deux autres thèmes. En premier, le respect des droits de l'Homme : en effet, la Turquie est souvent décriée pour son non-respect des libertés. Le deuxième argument est le contentieux avec Chypre : la Turquie n'a pas reconnu la République chypriote, pourtant membre de l'UE. À cela, il faudrait ajouter que la Turquie ne reconnaît pas sa responsabilité dans le génocide arménien, pourtant un préalable pour son entrée dans l'UE.

23 Éducation civique — La République et la citoyenneté

1 Plusieurs dispositions garantissent le secret du vote. Premièrement, le citoyen doit prendre plusieurs bulletins. Ensuite, il a l'obligation de se rendre dans l'isoloir, où il glissera le bulletin de son choix dans l'enveloppe qui lui aura été remise à son entrée dans le bureau de vote. Ainsi, le vote se fait en secret et en toute liberté.

2 **1.** Le document est composé d'extraits du traité instaurant la Communauté européenne, signé le 7 février 1992. Ces extraits expliquent les conditions pour être citoyen européen, mais aussi les nouveaux droits que cette citoyenneté procure.

2. Pour être citoyen européen, il faut avoir la nationalité d'un des États membres. Par exemple, un Français ou un Allemand ont la citoyenneté européenne, alors qu'un Suisse ne l'a pas.

3. Le traité offre deux nouveaux droits civils aux citoyens européens : le droit de circuler et le droit de séjourner librement sur le territoire des États membres.

4. Le traité offre deux nouveaux droits politiques pour les citoyens européens qui ne résident pas dans leur pays d'origine, mais dans un autre pays de l'Union européenne. Ils peuvent non seulement voter et se présenter (« le droit de vote et d'éligibilité ») aux élections municipales de leur pays de résidence, mais également voter et se présenter lors des élections européennes. Par exemple, un Italien résidant à Paris peut voter aux élections municipales ; de même qu'un Anglais résidant en Autriche peut y voter, tous les 5 ans, pour les élections européennes.

24 Éducation civique — La vie démocratique

1 Les sondages d'opinion présentent certains avantages : ils permettent de saisir, à un moment donné, sur un sujet donné, ce que pense l'opinion publique. En effet, les instituts de sondages interrogent un panel représentatif en fonction du sexe, de l'âge, de la catégorie socioprofessionnelle…
Pourtant, ces sondages présentent aussi des inconvénients : ils donnent parfois une vision déformée, voire fausse, de l'opinion publique. C'est très souvent le cas en politique : par exemple, certains candidats sont annoncés très largement vainqueurs peu de temps avant les élections alors que, le jour de cette élection, les résultats sont discordants.

2 **1.** Le pouvoir exécutif est partagé entre le président de la République et le gouvernement (Premier ministre et les autres ministres). Le pouvoir législatif est détenu par le Parlement, composé de l'Assemblée nationale et du Sénat.

2. Les citoyens sont au cœur de la vie politique puisqu'ils élisent, de manière directe ou indirecte, les représentants du pouvoir législatif, ainsi que le président.

3. L'Assemblée nationale a un rôle primordial. Certes, le président peut la dissoudre, mais c'est devant elle que le gouvernement est responsable et elle peut le faire chuter en lui refusant la confiance ou en votant une motion de censure. De plus, c'est dans le parti qui a remporté les élections législatives qu'est choisi le Premier ministre.

La défense et la paix

1 Tous les jeunes Français doivent suivre un parcours de citoyenneté. Ils sont, tout d'abord, informés à l'école sur les principes de la défense. Ensuite, à 16 ans, ils doivent se faire recenser à la mairie de leur domicile ; pour être convoqués après à la journée défense et citoyenneté, lors de laquelle ils sont à nouveau informés sur les missions de la défense.

2

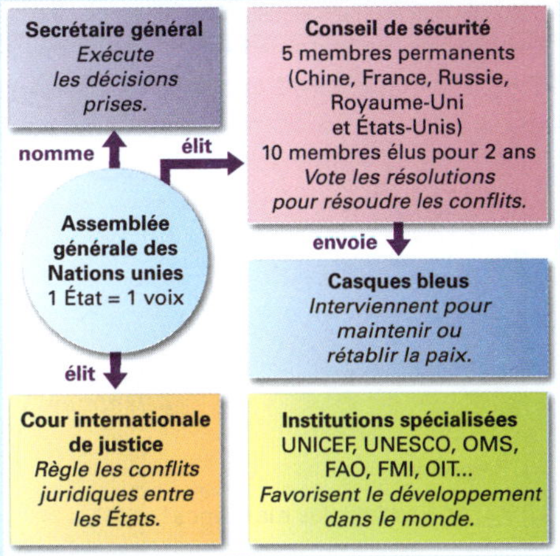

BREVET BLANC N°1 — Vers le brevet

Histoire

I. Questions

1. La séparation des Églises et de l'État a eu lieu en 1905. Le principe républicain de laïcité a ainsi été mis en œuvre.

2. La principale phase de la décolonisation a eu lieu entre 1947 et 1962.

3. Le mur de Berlin a été construit en 1961. Les dirigeants de la RDA ont pris la décision de le construire pour empêcher la fuite de ses habitants vers la RFA. En effet, un certain nombre d'entre eux transitaient par Berlin dont une partie dépendait de la RFA. Le mur coupa ainsi la ville en deux jusqu'à sa chute le 9 novembre 1989.

4. En URSS, sous Staline, la population est étroitement contrôlée.
La terreur est le premier moyen de contrôle. En effet, la police politique – le Guépéou puis le NKVD – traque les opposants puis les arrête. Ces opposants sont soit exécutés soit déportés avec leurs familles dans des camps de travail, le Goulag, où les conditions de vie sont très dures.
De plus, la population est contrôlée par la propagande. La presse est surveillée et censurée. L'État cherche, par des films ou des affiches, à donner une image positive de Staline et du régime. Les enfants sont enrôlés dans des organisations de jeunesse comme les Pionniers ou les Jeunesses communistes.

II. Travail sur document

1. L'auteur de cette allocution est le général de Gaulle. À cette date, il est le président de la République française.

2. De Gaulle prend ses distances vis-à-vis des États-Unis, car il condamne la guerre que ces derniers sont en train de mener au Viêtnam (« notre réprobation devant la guerre qui s'étend en Asie de jour en jour »).
De plus, la France a reconnu la République populaire de Chine, ce que n'ont pas fait les États-Unis.

3. De Gaulle explique ses choix par sa volonté d'indépendance. En effet, il souhaite faire de la France une grande puissance sur la scène internationale. Il souhaite pour cela se démarquer de la politique extérieure américaine et pratiquer sa propre diplomatie.

4. Le passage en italique fait référence au fait que, sous de Gaulle, la France lance un programme nucléaire qui lui permet de posséder l'arme atomique dès 1960.

Géographie

I. Questions

1.

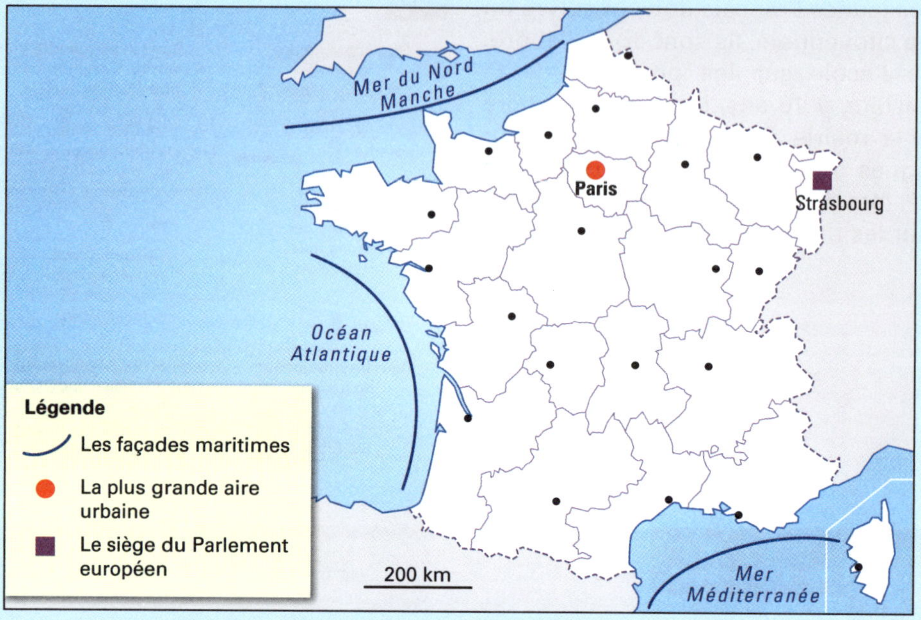

2. L'UE joue un faible rôle politique. Malgré la mise en place de la politique étrangère et de sécurité commune (PESC), les États européens restent souverains en matière de politique étrangère. Cela peut les amener à prendre des positions radicalement différentes de celles de leurs voisins. De ce fait, l'UE joue sur la scène internationale un rôle qui n'est pas à la mesure de son poids économique.

De plus, l'UE joue un faible rôle militaire. En effet, elle ne dispose pas à proprement parler d'une véritable armée et ne consacre qu'une faible part de son budget aux dépenses militaires. Là encore, les États membres ont du mal à s'accorder sur des interventions militaires communes. Ce fut le cas en Libye en 2011.

II. Travail sur document

1. La photographie a été prise près d'Arles (Bouches-du-Rhône), dans le sud-est de la France. L'activité dominante est l'agriculture.

2. Le sud-est de la France est marqué par un climat méditerranéen : les étés sont chauds et secs, les hivers sont doux, les précipitations y sont plus faibles qu'ailleurs.

3. La douceur en hiver et la chaleur en été sont des atouts pour l'agriculture. Ces températures clémentes sont exploitées par la mise en place de serres qui permettent de produire une bonne partie de l'année.

4. Les faibles précipitations sont un inconvénient pour l'agriculture. Mais il est résolu grâce à l'irrigation. En effet, on peut voir sur la photographie un canal d'irrigation qui permet d'acheminer l'eau au pied des cultures.

Éducation civique

I. Questions

1. L'égalité est une des principales valeurs de la République française. Par exemple, lors du vote, chaque personne dispose d'une seule voix, qu'il soit un homme politique connu ou un simple citoyen.

2. Pour voter en France aujourd'hui, il faut remplir quatre conditions. Il faut être de nationalité française, majeur, inscrit sur les listes électorales et ne pas être privé de ses droits civiques.

3. Un(e) étranger(ère) peut acquérir la nationalité française au bout de quatre ans de mariage avec un(e) Français(e). Un(e) étranger(ère) peut aussi demander à être naturalisé(e), à condition pour cela de maîtriser suffisamment le français, de résider depuis au moins 5 ans en France, d'adhérer aux principes et valeurs de la République et de ne pas avoir fait l'objet d'une condamnation.

II. Travail sur document

1. L'ONU est l'Organisation des Nations unies. Elle a été créée en 1945.

2. L'Assemblée générale de l'ONU fonctionne de manière démocratique car chaque État dispose d'une voix, qu'il soit riche comme les États-Unis ou pauvre comme Madagascar.

3. Les missions de l'ONU sont triples :
– maintenir la paix et la sécurité dans le monde ; pour cela, le Conseil de sécurité prend des résolutions et peut décider de l'envoi de la force armée, les casques bleus ;
– favoriser le développement et la solidarité dans le monde ; elle dispose pour cela d'un Conseil économique et social, ainsi que d'institutions spécialisées comme l'OMS qui veille à la santé dans le monde ;
– promouvoir les droits de l'Homme. Le Secrétaire général de l'ONU est ainsi amené à dénoncer toute atteinte à ces droits.

BREVET BLANC N°2 Vers le brevet

Histoire

I. Questions

1. La bataille de Verdun en 1916 est l'une des batailles les plus importantes de la Première Guerre mondiale.

2. Les deux dates importantes pour l'histoire du droit de vote en France sont :
– 1848, puisque le suffrage universel masculin est définitivement acquis ;
– 1944, puisque les femmes obtiennent à leur tour le droit de vote.

3. La IVe République est confrontée à deux difficultés :
– une forte instabilité ministérielle : de nombreux gouvernements se succèdent, empêchant toute politique dans le long terme ;
– les guerres de décolonisation, notamment en Indochine et en Algérie.
La IVe République est donc un régime affaibli et peu soutenu par l'opinion publique.

4. La Seconde Guerre mondiale est une guerre totale car elle mobilise les hommes, les ressources et les esprits de tous les pays engagés. Ainsi, dans les pays conquis par l'Allemagne, les matières premières et les ressources agricoles sont réquisitionnées.
De plus, les populations sont obligées de travailler pour l'effort de guerre du Reich, notamment dans le cadre du STO.
Enfin, le soutien des populations est acquis par une intense propagande : les journaux, les affiches, le cinéma, etc. sont donc censurés et mis à contribution.

II. Travail sur document

1. Le document est un discours prononcé par Nehru – responsable politique indien – lors de la conférence de Bandung, en avril 1955. Il évoque la situation internationale et ses choix politiques face à celle-ci.

2. Nehru condamne le colonialisme. En effet, l'Inde a longtemps été colonisée par le Royaume-Uni : elle n'a obtenu son indépendance qu'en 1947. Mais, en 1955, il existe encore des États sous domination coloniale.

3. En 1955, le monde est en pleine guerre froide, séparé en deux blocs opposés : le bloc de l'Ouest dominé par les États-Unis et le bloc de l'Est dominé par l'URSS.

4. Nehru souhaite garder de bonnes relations, basées sur le principe d'égalité, avec les deux blocs (« Nous voulons être amis avec l'Ouest, avec l'Est »). En effet, il craint que l'un ou l'autre des blocs ne tente d'étendre son influence sur les pays nouvellement décolonisés.

Géographie

I. Questions

1.

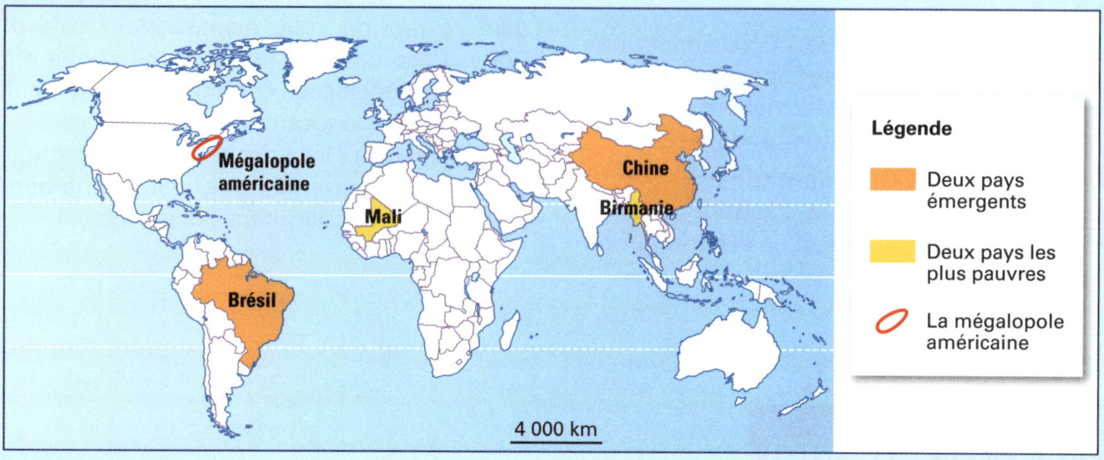

2. Les DROM sont les départements et régions d'outre-mer. La Martinique est un DROM.

3. La population française est inégalement répartie sur le territoire français. On distingue des espaces densément peuplés autour des grandes métropoles, le long des vallées fluviales et des littoraux, ainsi que le long des frontières du Nord et de l'Est. En revanche, il existe des espaces peu peuplés, notamment la « diagonale du vide » des Pyrénées aux Ardennes.
Ces espaces sont peu peuplés car les contraintes du milieu sont fortes (régions de montagne), mais aussi parce qu'ils ont peu d'activités dynamiques. Au contraire, les zones de fortes densités correspondent aux régions possédant des activités dynamiques. Les anciennes régions industrielles du Nord et de l'Est bénéficient du dynamisme de la mégalopole européenne.

II. Travail sur document

1. L'UE est une grande puissance économique car elle représente la plus grande part du PIB mondial avec 25,8 %. L'UE est également une grande puissance commerciale car elle réalise la plus grande part des exportations mondiales avec 14,7 %.

2. L'UE est performante dans le secteur de l'industrie. En effet, elle est au 2e rang mondial de la production de véhicules, derrière la Chine mais devant le Japon et les États-Unis.
L'UE est également performante dans le secteur agricole, puisqu'elle se place au 3e rang dans la production de viande bovine. Son agriculture est la 2e au monde, derrière les États-Unis.

3. La coopération entre les pays et le haut niveau de formation des populations expliquent ces succès européens.

Éducation civique

I. Questions

1. La décentralisation est le transfert par l'État d'une partie de ses compétences aux collectivités territoriales (communes, départements, régions).

2. La République française est indivisible, laïque, démocratique et sociale.

3. La citoyenneté européenne est créée par le traité de Maastricht (1992). Les citoyens européens ont la possibilité de voter aux élections locales du pays membre dans lequel ils résident.

II. Travail sur document

1. L'affiche s'adresse aux jeunes Français – garçons et filles – qui vont avoir 16 ans.

2. Le recensement consiste à aller se faire enregistrer à la mairie de son domicile. En échange, on reçoit une attestation. Se faire recenser permet d'être convoqué pour la journée défense et citoyenneté et d'être ainsi en règle avec ses obligations civiques. Sans cela, on ne peut pas se présenter aux examens ou aux concours. Après le recensement, on est automatiquement inscrit sur les listes électorales à 18 ans, ce qui permet de voter.

3. Les deux autres étapes sont l'apprentissage des principes de défense à l'école et la journée défense et citoyenneté.

Cette partie te propose un entraînement, à l'oral et à l'écrit, afin de valider – dans le cadre du brevet, avec les enseignants de ton établissement – le niveau A2 en anglais (si c'est la langue que tu as choisie) pour chacune de ces **cinq compétences** :

- compréhension orale (→ page 222) ;
- prise de parole en interaction (→ page 224) ;
- prise de parole en continu (→ page 226) ;
- compréhension écrite (→ page 228) ;
- expression écrite (→ page 230).

La partie comprend aussi :

- des **tableaux de conjugaison** (→ page 232) ;
- tous les **corrigés détaillés** (→ page 235).

Écouter et comprendre

Pour écouter les documents audio, rendez-vous sur la page www.chouette-hatier.com

Ce qu'on attend de toi

- Pour obtenir le brevet, tu dois valider le **niveau A2** en anglais (si c'est la langue que tu as choisie), et ceci pour chacune de ces cinq compétences : compréhension orale (voir ci-dessous), prise de parole en interaction (→ unité 2), prise de parole en continu (→ unité 3), compréhension écrite (→ unité 4) et expression écrite (→ unité 5).
- À l'**oral**, tu dois être capable de **comprendre** :
  - des informations qu'une personne donne sur elle-même ;
  - des informations relatives à un objet ;
  - des consignes et instructions simples ;
  - une conversation entre deux anglophones qui parlent lentement.

1 Dans une interview donnée à un journaliste, Magenta Grey parle de son actualité artistique. Écoute l'interview et réponds aux questions suivantes.

1. Who is Magenta Grey?

☐ a singer ☐ an actress

2. What is the title of her new album?

☐ *The Future is Back* ☐ *The Future in Colours*

3. What new sound is she using?

☐ electro ☐ hip hop

4. She thinks she is being:

☐ curious ☐ brave

- Dans cette interview imaginaire, la star explique qu'elle change de registre musical.
- Vocabulaire utile : *previous* (précédent) ; *brave* (courageuse).

2 Quel est l'objet présenté ? Qu'en dit-on ? Réponds par vrai (*true*) ou faux (*false*).

	true	false
1. This object is a camera.	☐	☐
2. It was launched in 2012.	☐	☐
3. It is heavier than the previous one.	☐	☐
4. It costs between 300 and 500 euros.	☐	☐
5. You can make films with it.	☐	☐
6. You can read newspapers on it.	☐	☐

Vocabulaire utile :
to launch (lancer)
a screen (un écran)
a laptop (un ordinateur portable).

3 **Écoute ce débat entre deux interlocuteurs anglais. De quoi parlent-ils ? Réponds aux questions suivantes en entourant les bonnes réponses.**

1. Who is speaking?

a. two men

b. two women

c. a man and a woman

2. What are they talking about?

a. the environment

b. education

c. the opening of shops on Sundays

3. Do they agree?

a. Yes, they do.

b. No, they don't.

Vocabulaire utile :
to remain (rester, demeurer)
to earn money (gagner de l'argent)
to allow (permettre).

4 **Dans un message téléphonique, ton ami Lucas te demande de lui rendre service en allant chercher sa cousine à la gare. Écoute attentivement son message puis réponds au brouillon aux questions.**

1. What must you do?

2. Who is this person? a boy or a girl?

3. Where is she coming from?

4. What time is she arriving?

5. Which platform?

6. What is the colour of her hair?

• Écoute le message une 1re fois pour en percevoir le sens global.
• Avant de l'écouter une 2e fois, lis les questions pour savoir quelles informations tu recherches.

5 **Quelqu'un dans la rue te donne des indications pour te rendre de Trafalgar Square à Covent Garden. Trace sur le plan le chemin correspondant.**

Vocabulaire utile :
• *on the left* (à gauche), *on the right* (à droite), *straight up to* (tout droit jusqu'à)
• *to cross* (traverser), *to go down* (descendre)
• *near* (près de), *opposite* (en face de).

Comment t'entraîner

• Regarde des **films** ou des **séries** en version originale (sous-titrés en français puis en anglais). Note les mots nouveaux. Révise tes notes régulièrement.

• Écoute une **radio anglaise** cinq minutes par jour pour essayer de comprendre le contenu et te familiariser avec l'accent.

Prendre part à une conversation

Pour écouter les corrigés audio des exercices, rendez-vous sur la page www.chouette-hatier.com

Ce qu'on attend de toi

- Tu dois être capable de **te présenter**, de présenter quelqu'un, de demander des nouvelles d'une personne.
- Dans les **situations de la vie courante**, tu dois pouvoir effectuer des achats, commander un plat, réserver une chambre d'hôtel, demander ton chemin.
- Enfin, tu dois être capable de parler à quelqu'un d'une émission, d'un film, d'une sortie, en exprimant ton **point de vue**.

1 Quelqu'un te pose des questions sur toi, ta famille, tes goûts... Écoute les questions et réponds à chacune en une phrase.

1. When and where were you born?
2. Have you got any brothers and sisters?
3. Have you got any pets?
4. What do you like doing in your spare time?
5. What foreign languages can you speak?
6. What countries have you visited?
7. What would you like to do in the future?

Voici quelques amorces pour tes réponses.
1. *I was born on* (date), *in* (place, year)
4. *I like* (+ V-*ing*), *I enjoy* (+ V-*ing*), *I am fond of* (+ V-*ing*)
7. *I would like to be a... because...*

2 Lors d'un séjour à Londres avec ta mère, tu es le/la seul(e) à savoir parler anglais. Vous êtes au restaurant. Entame l'échange avec le serveur et, à l'aide de la carte ci-dessous, passe commande d'un plat et d'une boisson pour chacun de vous.

Trafalgar Menu

Starters and soups
Salmon and cucumber mousse £4.30
Chestnut and apple soup £4.50

Main courses
Fish and chips £12.25
Fried trout £13.90
Boiled beef and carrots £11.65
Steak £13.40
All served with the following side dishes, included in prices: green beans, salad, celery gratin, cooked vegetables

Desserts
Apple crumble £4.25
Jelly and ice cream £3.80

Drinks
Sparkling water (small bottle) £2
Still water (small bottle) £1.5
Red wine (glass) £3.5
White wine (glass) £3.5

- Tu peux utiliser ces questions ou amorces.
Waiter, can we have the menu, please?
What would you recommend?
Well, I would like to order...
- Vocabulaire utile : *sparkling / still water* (eau gazeuse / eau plate).

3 **Tu dois réserver une chambre d'hôtel par téléphone. Réponds aux questions de la réceptionniste. Donne tes dates d'arrivée et de départ, ainsi que d'autres précisions utiles (lits simples ou doubles, petit-déjeuner inclus ou non…).**

Receptionist. – Hello, Sea view Hotel, Brighton.

You. – Hello, I'd like ....

Receptionist. – Yes, when would you like to come?

You. – ....

Receptionist. – OK, we have availability. There's a room with a bath at £100 per night or one with a shower at only £80. Both have sea views.

You. – ....

Receptionist. – Yes, that includes a full English breakfast.

You. – ....

Receptionist. – OK, so that's a twin room with shower, for two nights from Saturday the fourth.

Vocabulaire utile :
to book a room (réserver une chambre)
twin beds (lits jumeaux)
a shower (une douche)
a bath (une baignoire).

4 **Tu as regardé le programme *Survivor* (qui correspond à l'émission française *Koh Lanta*) et tu échanges ton point de vue sur ce type d'émission avec un ami.**

You. – ....

Your friend. – I don't agree at all. The activities are challenging, not risky.

You. – ....

Your friend. – I agree. They should choose very different people.

- Voici des expressions qui peuvent t'être utiles. *I like / I don't like this programme, because I think it is …*
It's dangerous, risky, challenging (qui représente un défi). *It's interesting / boring.*
- Vocabulaire utile : *a contestant* (un candidat à un jeu).

Comment t'entraîner

- À la suite d'un **exposé en classe**, dialogue avec tes camarades, pose leur des questions relatives à ton exposé et réponds aux leurs.
- À la **maison**, entraîne-toi avec un membre de ta famille ou avec un camarade. Dialoguez en anglais d'une façon informelle au sujet de votre vie quotidienne.
- Converse avec ton **correspondant** par l'intermédiaire de **Skype**. Tu pourras aborder des thèmes aussi variés que les vacances, la famille, les études, les loisirs, etc.
- En **voyage à l'étranger**, parle anglais au restaurant, à l'hôtel, dans les magasins.
- Fais bien attention à l'**intonation**.

Vers le brevet

3 Parler en continu

Pour écouter les corrigés audio des exercices, rendez-vous sur la page www.chouette-hatier.com

Ce qu'on attend de toi

- Tu dois être capable :
  - de raconter un **événement** ;
  - de présenter et décrire un **objet** ou un **projet** ;
  - d'exposer tes réactions et **opinions**.
- Pour cela, tu dois utiliser un vocabulaire simple et précis, maîtriser les **temps** du présent et du passé, savoir t'exprimer au futur et utiliser des **mots de liaison**.

1 Regarde ce document. Présente-le à tes camarades aussi précisément que possible à l'aide du texte introductif et des questions.

Pirates of the Caribbean 1: The Curse of the Black Pearl is a film directed by G. Verbinski and released in 2003. The main actors are Johnny Depp (Captain Jack Sparrow), Keira Knightley (Elizabeth Swann), Orlando Bloom (Will Turner) and Geoffrey Rush (Hector Barbossa).

1. What type of document is it?
2. What is the title of the film?
3. What are the names of the main actors?
4. What is the name of the actor who plays the role of Jack Sparrow?
5. Describe the document: characters, colours...
6. Do you like this kind of films? Why?

Vocabulaire utile : *a film poster* (une affiche de film), *in the foreground* (au 1er plan), *in the background*, *below* (en dessous), *parchment* (parchemin), *dagger* (poignard), *weapon* (armes), *skull* (crâne).

2 Tu souhaites partager avec tes camarades un livre (ou un film) qui t'a profondément marqué. Raconte l'histoire, décris les personnages puis explique pourquoi ce livre (ou ce film) t'a ému(e).

- Voici quelques amorces qui pourront t'être utiles :
I would like to tell you about a film I have seen recently (a book I have read).
The film was captivating / fascinating (captivant)
It was about...
The main characters ...
What happened was...
The reason why I liked it so much was...
What I enjoyed about it...
- Mobilise le vocabulaire adéquat : verbes d'action, adjectifs de description, champ lexical des émotions.

3 **Observe bien ces titres d'articles de journaux concernant des événements. Grâce à ces titres et à ton imagination, raconte à tes camarades de quoi il s'agit. Fais-en un récit en construisant des phrases au passé.**

- Utilise des indications de temps : *last night, yesterday, last month.*
- Utilise le prétérit puisque les actions sont terminées.

1. Bank Robbery: Gang escaped. 300,000 stolen in 15 minutes!

Vocabulaire utile : *to escape* (s'enfuir) *to steal, stole, stolen* (voler).

2. City Centre: Gas Explosion. 5 buildings evacuated.

Vocabulaire utile : a *gas pipe* (une conduite de gaz), *faulty* (défectueux), *a shelter* (un abri).

3. New Fast Food Opened June 27th: organic hamburgers. Healthy desserts!

Vocabulaire utile : *organic* (bio), *healthy* (sain).

4. Martha Wilson published her first novel at 83! Better late than never...

Vocabulaire utile : *a novel* (un roman), *to retire* (prendre sa retraite), *to achieve* (réaliser).

Pour mieux maîtriser l'intonation

L'intonation est essentielle car elle permet de te faire comprendre.

- Intonation **descendante** (la voix descend ↘) : dans les questions en WH, les ordres, les exclamations, les *tags* qui ne sont pas de vraies questions et les énoncés neutres.
- Intonation **ascendante** (la voix monte ↗) : dans les questions fermées (on répond par *yes* ou *no*), les *question tags*, l'expression de la surprise et les phrases incomplètes.

4 **Écoute et coche l'intonation des phrases suivantes, puis répète-les.**

1. The movie was inspired by Walt Disney theme park. ❑ ↗ ❑ ↘

2. Jack is such an eccentric pirate! ❑ ↗ ❑ ↘

3. Did you enjoy the film? ❑ ↗ ❑ ↘

4. I also liked the other films. ❑ ↗ ❑ ↘

5. The success of the film was unexpected, wasn't it? ❑ ↗ ❑ ↘

6. Why did Jack Sparrow escape? ❑ ↗ ❑ ↘

5. Attention : ce tag n'est pas une vraie question mais une affirmation.

Lire et comprendre

Ce qu'on attend de toi

À l'**écrit**, tu dois être capable :
– de reconnaître les différents types de documents écrits ;
– de **comprendre** globalement un texte traitant de sujets tels que la famille, l'école, les loisirs… ; une lettre ou un e-mail traitant de sujets familiers ;
– de **prélever des informations** dans un document simple (publicité, brochure touristique, petite annonce, court article…).

1 Observe l'affiche, lis le questionnaire et coche les bonnes réponses.

1. What sort of document is it?
❑ a film poster ❑ a book cover

2. Who is the main character?
❑ a woman ❑ a boy ❑ a little girl

3. What animals are attacking the main character?
❑ spiders ❑ birds ❑ bats

4. The main character looks:
❑ happy ❑ relaxed ❑ terrified

5. This film is:
❑ a comedy
❑ a love story
❑ a suspense story

6. It is based on a story written by:
❑ Daphne Du Maurier
❑ Lewis Carroll
❑ Charles Dickens

7. The film director is called:
❑ Tim Burton
❑ Alfred Hitchcock
❑ Woody Allen

• La question 1 porte sur le type de document : observe sa mise en page.
• Ce grand classique du cinéma est sorti aux États-Unis en 1963.

2 **1. Lis l'e-mail adressé par Joan à son amie Mandy.**

Hello Mandy!
There are parades everywhere today because it is the Fourth of July, Independence Day. I'm writing from New York! From my hotel room I have a view on the Empire State Building.
Yesterday morning, I went to Fifth Avenue and I spent the afternoon in Central Park. In the evening my parents took me to a musical in Broadway. That was a surprise! Two days ago, we were in Washington where I saw the Capitol and the White House. The day after tomorrow, we'll take a plane to Los Angeles, California. We are going to have a guided tour of Universal Studios and we'll visit a friend who is a student at UCLA. I can't wait!
I've got plenty of photos.
See you soon. Love, Joan

- Le 4 juillet 1776, les 13 colonies britanniques d'Amérique du Nord ont proclamé leur indépendance et ont ainsi fondé les États-Unis d'Amérique. Pour commémorer cet événement, des parades et des feux d'artifice sont organisés tous les 4 juillet.
- UCLA (*University of California Los Angeles*) est la grande université de Los Angeles.

2. Précise les différentes activités de Joan en complétant le tableau.

	Lieu précis	Ville	Date
Sortie pour un spectacle			
Promenade dans un parc			
Promenade près d'une résidence officielle			
Visite de studios de cinéma			
Visite d'une université			

Comment t'entraîner

- Cherche les paroles d'une **chanson anglaise ou américaine** que tu aimes et essaie de les comprendre.
- Lance-toi dans la lecture d'un **court récit** en anglais : tu seras étonné de constater que tu peux comprendre les histoires même si tu ne connais pas tous les mots.
- Quand tu dois faire une **recherche sur Internet** (*webquest*), si le sujet s'y prête, fais-la sur un site anglais.

3 **Sur le site www.johnnydeppfan.com, retrouve les informations demandées.**

1. Date et lieu de naissance : ....

2. Sa première passion : ....

3. Sa partenaire féminine dans *Pirates des Caraïbes* :

....

4. L'année de sortie de *Charlie et la Chocolaterie* :

....

5. La récompense obtenue en 1999 :

....

Sur le site, clique sur *information*, puis sur *bio* qui est l'abréviation de *biography*.
Pour une information précise sur un film, clique sur *filmography*.

Écrire

Ce qu'on attend de toi

Au niveau A2, tu dois être capable :
– de remplir un **questionnaire** simple ;
– d'écrire une **lettre** à un correspondant pour te présenter, parler de ta famille, de tes activités, pour l'inviter ;
– de rédiger un **texte court** pour parler d'une expérience personnelle (un voyage, un stage...), de t'exprimer au passé pour en parler.

1 **À partir des éléments biographiques qui te sont donnés, rédige quelques phrases sur la vie et l'œuvre de Shakespeare. Utilise le prétérit.**

- 1564: birth in Stratford-upon-Avon
- 1582: marriage with Anne Hathaway
- 1587: goes to London to become an actor
- 1595: *Romeo and Juliet*
- 1599: "The Globe" is built for Shakespeare's company
- 1600: *Hamlet*
- 1610: goes back to Stratford-upon-Avon
- 1613: "The Globe" is destroyed by a fire
- 1616: death in Stratford-upon-Avon

• *The Globe* est le nom du théâtre construit à Londres pour Shakespeare et sa compagnie. Il a été reconstruit en 1996.
• Vocabulaire utile :
une pièce de théâtre : *a play*
un auteur dramatique : *a playwright*
jouer une pièce : *to perform a play*.
• On utilise le prétérit puisque l'on parle d'événements passés.

William Shakespeare was born in ....
....
....
....
....

2 **Construis 4 autres questions que l'on aurait pu poser pour obtenir ces éléments biographiques.**

• Utilise les mots interrogatifs *when, who, why, where*...
• N'oublie pas que, dans une question, l'auxiliaire *did* est suivi du verbe à la base verbale.

1. When was Shakespeare born?
2. ....
3. ....
4. ....
5. ....

3 Aimes-tu surfer sur Internet ou « chatter » sur Facebook ? Explique pourquoi dans un court paragraphe.

- Construis des phrases simples à partir de mots clés que tu auras listés avant de commencer à rédiger.
- Pense à utiliser le gérondif (terminaison en *-ing*) après les verbes de goûts comme *enjoy* ou après les prépositions comme *of*.

- Voici quelques expressions qui pourront t'être utiles :

sur Internet : *on the net*	temps libre : *free time*
se sentir seul : *to feel lonely*	s'ennuyer : *to get bored*
rester en contact : *to keep in touch*	vivre à l'étranger : *to live abroad*
réponse rapide : *quick answer*	c'est gratuit : *it's free.*

Pour mieux écrire

Deux conseils clés

1. Lis le plus possible des textes en anglais. Efforce-toi de mémoriser les mots et les constructions de base, en les écrivant dans un carnet, par exemple.

2. Ne cherche pas à traduire mot à mot une phrase française, mais « pense en anglais », en utilisant les mots que tu connais.

Attention à ces difficultés classiques !

– N'oublie pas la terminaison en *s* de la 3e personne du singulier au présent simple.
– Pense à utiliser un auxiliaire pour construire les formes interrogative et négative.
– Ne confonds pas les pronoms personnels et les déterminants possessifs (*him/his, them/their...*).
– Réfléchis bien à la manière d'écrire les mots qui ont la même prononciation, mais pas le même sens. Par exemple, *his* et *he's, there, their* et *they're*.

Tableaux de conjugaison

N. B. : Seules les formes pleines figurent dans les tableaux ci-dessous. Pour les formes contractées, reporte-toi aux leçons correspondant aux verbes et aux temps cités.

Be

	PRÉSENT	PRÉTÉRIT	*PRESENT PERFECT*
Forme affirmative	I am you are he, she, it is we are you are they are	I was you were he, she, it was we were you were they were	I have been you have been he, she, it has been we have been you have been they have been
Forme interrogative	am I? are you? is he, she, it? are we? are you? are they?	was I? were you? was he, she, it? were we? were you? were they?	have I been? have you been? has he, she, it been? have we been? have you been? have they been?
Forme négative	I am not you are not he, she, it is not we are not you are not they are not	I was not you were not he, she, it was not we were not you were not they were not	I have not been you have not been he, she, it has not been we have not been you have not been they have not been

Have got et *have*

Pour exprimer la possession au présent, tu peux employer *have got* ou *have*. *Have* signifie également « prendre » dans des expressions comme « prendre un repas » ou « prendre un bain ».

	PRÉSENT DE *have got*	PRÉSENT DE *have*
Forme affirmative	I have got you have got he, she, it has got we have got you have got they have got	I have you have he, she, it has we have you have they have
Forme interrogative	have I got? have you got? has he, she, it got? have we got? have you got? have they got?	do I have? do you have? does he, she, it have? do we have? do you have? do they have?
Forme négative	I have not got you have not got he, she, it has not got we have not got you have not got they have not got	I do not have you do not have he, she, it does not have we do not have you do not have they do not have

VERBE RÉGULIER : *play*

	PRÉSENT SIMPLE	PRÉTÉRIT SIMPLE	*PRESENT PERFECT* SIMPLE	*PAST PERFECT* SIMPLE
Forme affirmative	I play you play he, she, it plays we play you play they play	I played you played he, she, it played we played you played they played	I have played you have played he, she, it has played we have played you have played they have played	I had played you had played he, she, it had played we had played you had played they had played
Forme interrogative	do I play? do you play? does he, she, it play? do we play? do you play? do they play?	did I play? did you play? did he, she, it play? did we play? did you play? did they play?	have I played? have you played? has he, she, it played? have we played? have you played? have they played?	had I played? had you played? had he, she, it played? had we played? had you played? had they played?
Forme négative	I do not play you do not play he, she, it does not play we do not play you do not play they do not play	I did not play you did not play he, she, it did not play we did not play you did not play they did not play	I have not played you have not played he, she, it has not played we have not played you have not played they have not played	I had not played you had not played he, she, it had not played we had not played you had not played they had not played

VERBE RÉGULIER : *play* – aspect *be* + V-*ing*

	PRÉSENT EN *be* + V-*ing*	PRÉTÉRIT EN *be* + V-*ing*
Forme affirmative	I am playing you are playing he, she, it is playing we are playing you are playing they are playing	I was playing you were playing he, she, it was playing we were playing you were playing they were playing
Forme interrogative	am I playing? are you playing? is he, she, it playing? are we playing? are you playing? are they playing?	was I playing? were you playing? was he, she, it playing? were we playing? were you playing? were they playing?
Forme négative	I am not playing you are not playing he, she, it is not playing we are not playing you are not playing they are not playing	I was not playing you were not playing he, she, it was not playing we were not playing you were not playing they were not playing

VERBE IRRÉGULIER : *come*

	PRÉSENT SIMPLE	PRÉSENT EN *be* + V-*ing*	PRÉTÉRIT
Forme affirmative	I come you come he, she, it comes we come you come they come	I am coming you are coming he, she, it is coming we are coming you are coming they are coming	I came you came he, she, it came we came you came they came
Forme interrogative	do I come? do you come? does he, she, it come? do we come? do you come? do they come?	am I coming? are you coming? is he, she, it coming? are we coming? are you coming? are they coming?	did I come? did you come? did he, she, it come? did we come? did you come? did they come?
Forme négative	I do not come you do not come he, she, it does not come we do not come you do not come they do not come	I am not coming you are not coming he, she, it is not coming we are not coming you are not coming they are not coming	I did not come you did not come he, she, it did not come we did not come you did not come they did not come

AUXILIAIRE MODAL : *can*

	PRÉSENT	PRÉTÉRIT
Forme affirmative	I can you can he, she, it can we can you can they can	I could you could he, she, it could we could you could they could
Forme interrogative	can I? can you? can he, she, it? can we? can you? can they?	could I? could you? could he, she, it? could we? could you? could they?
Forme négative	I cannot you cannot he, she, it cannot we cannot you cannot they cannot	I could not you could not he, she, it could not we could not you could not they could not

Écouter et comprendre

1 Script de l'enregistrement audio

Interviewer. – Good morning Magenta, and thanks for coming on the show this evening.

Magenta Grey. – It's a pleasure.

Interviewer. – You have a new album coming out this week.

Magenta Grey. – Yes, it's called *The Future in Colours*. It's a new sound for me, I'm using electro music. I know that my fans liked my previous CD and I hope they will like this one too.

Interviewer. – It's very different from your last CD. Do you think you are being brave with your new sound?

Magenta Grey. – Yes, it is brave of me but I think it is important to try new things in life.

Réponses aux questions

1. a singer • **2.** *The Future in Colours* • **3.** electro • **4.** brave

2 Script de l'enregistrement audio

The iPad 3 was launched in early 2012. The main improvements are a better camera and a much higher screen resolution. It is also slightly thinner, and therefore lighter than the iPad 2. It costs from about 490 to 810 euros, depending on memory size and whether you choose one with wifi only, or with 3 or 4G. You can do amazing things with an iPad 3: make films, take photos, play music, read newspapers and books... and use it like a laptop.

Réponses aux questions

1. false • **2.** true • **3.** false • **4.** false • **5.** true • **6.** true

3 Script de l'enregistrement audio

Mrs Smith. – Good morning, I'm Margery Smith of Keep Sunday Special. We believe that shops and businesses should remain closed on Sundays.

Mr Brown. – Hello, I'm Arthur Brown and I speak for the Confederation of Small Businesses. Our members believe that they will earn less money if they are not able to open on Sundays.

Mrs Smith. – Sunday is and has always been a special day in this country. It is important for us all, in our busy lives, to rest and to spend time with our families.

Mr Brown. – But life has changed! We are busy: one more reason to allow those that cannot shop on weekdays to do so on Sundays...

Réponses aux questions

1. c. • **2.** c. • **3.** b.

4 Script de l'enregistrement audio

I'm not here right now but if you leave me a message I'll get back to you as soon as I can.

Hi, it's Lucas. Listen, can you do me a favour? My cousin Susie's coming down from Manchester on the train next week, and I won't be able to pick her up at the station. I have to work.

Would you be able to do it? I'd be really grateful. It's next Tuesday, the eighth, the train arriving at half past seven. Manchester trains normally come in at platform seven.

You've never seen Susie, have you? She's about your height, with blonde hair, quite slim. Let me know if you can meet her. Thanks so much! Speak to you soon, bye.

Réponses aux questions

1. I must pick up Lucas's cousin at the station.
2. She's a girl.
3. She is coming from Manchester.
4. She is arriving at half past seven.
5. Platform seven.
6. Her hair is blonde.

5 Script de l'enregistrement audio

You. – Excuse me, how do you get to Covent Garden from here?

Londoner. – You're in Trafalgar Square now. Go north, straight up to St Martin's Place. After a few minutes' walk, St Martin's Place turns into Charing Cross Road. Keep going up Charing Cross Road until you get to Leicester Square tube station on your left, then cross the street and go down a road called Long Acre. Covent Garden tube station is about five streets down on your right. Covent Garden is near the station, opposite the Opera House.

You. – Thanks very much.

Tracé de l'itinéraire sur le plan

2 Vers le brevet

Prendre part à une conversation

1 Voici une simulation de dialogue, à adapter bien sûr à ton propre cas.

1. When and where were you born?
– **I was born in Lyon, France, in 1995.**

2. Have you got any brothers and sisters?
– **I have one older brother but no sisters.**

3. Have you got any pets?
– **We have a dog called Pedro.**

4. What do you like doing in your spare time?
– **In my spare time, I play Minecraft, a computer game, and compose electronic music with a Moog synthesizer.**

5. What foreign languages can you speak?
– **I study English at school but I don't think it's my best subject.**

6. What countries have you visited?
– **I've visited Spain and the USA and would like to travel more.**

7. What would you like to do in the future ?
– **In the future, I'd like to either compose music or be a research scientist.**

2 Voici une simulation de dialogue.

You. – Waiter, can we have the menu, please?
Waiter. – Of course, here it is.
You. – Thank you. What would you recommend?
Waiter. – You are tourists here, so I recommend our traditional Fish and chips!
You. – Well, I would like to order Fish and chips for me and the steak for my mother.
Waiter. – What vegetables would your mother like with the steak?
Salad or cooked vegetables?
You. – Salad, please.
Waiter. – And what would you like to drink?
You. – Still water, please, and a glass of red wine for my mother.
Waiter. – OK, I'll get the drinks straight away.

3 Voici une simulation de dialogue.

Receptionist. – Hello, Sea view Hotel, Brighton.
You. – Hello, I'd like **to book a room, please.**
Receptionist. – Yes, when would you like to come?
You. – **Saturday the fourth, for two nights. I'd like a room with twin beds, please.**
Receptionist. – OK, we have availability. There's a room with a bath at £100 per night or one with a shower at only £80. Both have sea views.
You. – **Great. Does that include breakfast?**
Receptionist. – Yes, that includes a full English breakfast.
You. – **Thanks. I'll take the room with the shower, please.**
Receptionist. – OK, so that's a twin room with shower, for two nights from Saturday the fourth.

4 Voici une simulation de dialogue.

You. – **I don't like this programme, because I think it is dangerous. Some of the contestants get too thin from not eating properly and the activities are very risky.**
Your friend. – I don't agree at all. The activities are challenging, not risky.
You. – **Don't you think it's boring, though? They have the same type of contestants all the time.**
Your friend. – I agree. They should choose very different people.

Parler en continu

1 Voici une simulation de présentation du document. Tu dois bien entendu adapter la fin en fonction de tes propres goûts et opinions.

1. This document is a film poster.

2. The title of the film is *Pirates of the Caribbean*.

3. The names of the main actors are: Johnny Depp, Orlando Bloom, Keira Knightley and Geoffrey Rush.

4. The actor who plays the role of Jack Sparrow is Johnny Depp.

5. At the top of the poster, we can see the faces of the four main characters: Captain Jack Sparrow, Will Turner, Elizabeth Swann and Hector Barbossa. Captain Jack's face is at the centre. He is wearing a red scarf and he is holding a pistol on one side of his face and a dagger on the other. In the middle, below the row of faces, is the title of the film "Pirates of the Caribbean, The Curse of the Black Pearl" written on a piece of parchment. In the lower part of the poster, under the title, there is a scene with ships in the background on a dark sea. In the foreground, there is some land, and pirates are running onto it holding their weapons. On the left-hand side, there is some treasure surrounding two human skulls. At the bottom, we can notice a date written in red: "July 9", probably the date of the release. The colours are dark and menacing. This scene, although dark, is lit from the right-hand side by fires burning behind the ships.

6. I like this kind of films: it's not serious, it's just good fun. There are lots of adventures and supernatural characters. The setting is very exotic and often quite beautiful.

2 Voici un exemple de présentation d'un livre.

I would like to tell you about a book I have read recently, called *Noughts and Crosses* by Malorie Blackman. It was a great read, about racism. In a world where white people (called Noughts) are seen as inferior to black people (called Crosses), the two main characters are a Cross girl called Sephy and a Nought boy called Callum. Sephy and Callum have been friends for years but it becomes more difficult to stay friends as they grow up. Callum's brother, Jude, is a terrorist in the Liberation Militia, a group that fights for the rights of white people. I liked this book very much because it makes you think about racism in a different way. Another reason why I liked it so much is because of its plot (*intrigue*): the story is very exciting.

3 Voici des exemples de présentation.

1. There was a bank robbery, last night, at the Cheshire Bank in London. The gang stole €300,000 in only 15 minutes, then they escaped in a stolen car.

2. In the centre of Leeds, last week, there was a gas explosion. The fire service said that the gas pipes were old and faulty. Five buildings had to be evacuated, with the residents being sent to local schools and gymnasiums for shelter. Luckily no one was hurt and the residents returned home later.

3. Yesterday, June the 27th, a new fast food restaurant opened in town. I ate there and had an organic hamburger. It was delicious. They also served healthy desserts: I had strawberry sorbet.

4. Last month Martha Wilson published her first novel at the age of 83. Mrs Wilson used to work as a teacher. When she retired, at the age of 60, she started a creative writing course. This led to several magazine articles over the years, but now she has achieved her ambition of writing a novel called *The Poppy Fields of Summer.*

4

1. The movie was inspired by Walt Disney theme park. ☐ ↗ ☒ ↘

2. Jack is such an eccentric pirate! ☐ ↗ ☒ ↘

3. Did you enjoy the film? ☒ ↗ ☐ ↘

4. I also liked the other films. ☐ ↗ ☒ ↘

5. The success of the film was unexpected, wasn't it? ☐ ↗ ☒ ↘

6. Why did Jack Sparrow escape? ☐ ↗ ☒ ↘

4 Vers le brevet — Lire et comprendre

1 **1.** a film poster • **2.** a woman • **3.** birds • **4.** terrified • **5.** a suspense story • **6.** Daphne Du Maurier • **7.** Alfred Hitchcock

2 **2.**

	Lieu précis	Ville	Date
Spectacle	Broadway	New York	le 3 juillet
Promenade dans un parc	Central Park	New York	le 3 juillet
Promenade près d'une résidence officielle	The White House	Washington	le 2 juillet
Visite de studios de cinéma	Universal Studios	Los Angeles	le 6 juillet
Visite d'une université	UCLA	Los Angeles	le 6 juillet

3 **1.** Date et lieu de naissance : le 9 juin 1963, à Owensboro dans le Kentucky (États-Unis).
2. Sa première passion : la musique.
3. Sa partenaire féminine dans *Pirates des Caraïbes* : Keira Knightley.
4. L'année de sortie de *Charlie et la Chocolaterie* : 2005.
5. La récompense obtenue en 1999 : le César d'honneur.

5 Vers le brevet — Écrire

1 **Voici une proposition de biographie.**
William Shakespeare was born in Stratford-upon-Avon in 1564. He married Anne Hathaway, when he was 18, in 1582. In 1587, he went to London because he wanted to become an actor and a playwright. In 1595, Shakespeare's famous play, *Romeo and Juliet*, was performed in London. A theatre called "The Globe" was built in London in 1599 for Shakespeare's company. It was destroyed by a fire in 1613. *Hamlet* was created in 1600. In 1610, Shakespeare went back to his native city, Stratford-upon-Avon. He died there in 1616.

2 **Voici des exemples de questions.**
2. Who did he marry?
3. Why did he go to London?
4. When was *Romeo and Juliet* performed for the first time?
5. Where did Shakespeare die?

3 **Voici une proposition de corrigé.**
I enjoy chatting on the Internet. Whenever (à chaque fois) I feel lonely, I can always find someone to talk to on the net. So I never get bored in my free time if I can use a computer or a smart phone. Chatting on the net is much easier than writing letters. You get a quick answer. And it is free! It is also a very good way of keeping in touch with my friends even if (*même si*) they live abroad, far away from France.

Si tes parents ne sont pas d'accord avec toi, ils pourraient te dire :
We don't agree with you. You just spend your time in front of a screen (écran). You have no real contact with your friends. You'd better go out and really meet friends. You could play sports together and share (*partager*) other activities.

HISTOIRE DES ARTS

Pour t'aider à préparer l'épreuve orale d'histoire des arts, nous te proposons un travail approfondi sur **cinq œuvres** qui s'inscrivent dans le programme (→ page 240). Les questionnaires qui s'y rapportent et leurs corrigés (→ page 252) sont autant de matériaux que tu peux réexploiter dans ton dossier.

N'oublie pas non plus de consulter les **fiches méthode** : elles te donnent toutes les clés pour réussir l'épreuve (→ page 250).

1 Cinq œuvres

Adrien Barrère, *L'Homme au couteau entre les dents*

La fiche d'identité de l'œuvre

- Auteur : Adrien Baneux, dit Barrère (1874-1931), peintre et caricaturiste français
- Titre et date : *L'Homme au couteau entre les dents* (1919)
- Technique : affiche (lithographie)
- Domaine artistique : arts du quotidien / arts visuels
- Thématique du programme : arts, États et pouvoir

1 DÉFINIR LE CONTEXTE DE L'ŒUVRE. Complète ce texte qui présente les circonstances de la réalisation de l'affiche.

En 1919, la France est traumatisée par le bilan humain et matériel de la .... En novembre, la campagne pour les .... s'organise autour de deux thèmes.

– Le **patriotisme**

Le Bloc national, alliance des partis de droite réunie autour de Clémenceau, se présente comme la continuation patriotique de l'.............................. .... qui a rassemblé toutes les tendances politiques au début de la guerre.

– La **peur du bolchevisme**

À la suite de la révolution .... de 1917, le tsar et sa famille sont assassinés en 1918. En France, les idées communistes défendues par les bolcheviks se diffusent parmi les .... qui multiplient les grèves et au sein de la SFIO qui se radicalise.

Les .... perçoivent ce mouvement comme une menace. C'est dans ce contexte que le patronat des villes de Sceaux et Saint-Denis commande une affiche anti-bolchevique à Adrien Barrère, peintre et .... qui réalise des affiches pour le cinéma et le théâtre du Grand-Guignol.

« Comment voter contre le bolchevisme », Adrien Barrère, 1919.
Musée d'Histoire contemporaine, Paris.

- Utilise ces indices : *bolchevique, Grande Guerre, caricaturiste, élections législatives, riches, ouvriers, Union sacrée.*
- Pour aller plus loin, cherche sur Internet « Georges Clémenceau » et « bolchevisme ».

2 Observer l'œuvre. Décris les caractéristiques principales de l'affiche.

1. L'illustration

2. Le texte

3. La signature

> **1.** Fais attention aux couleurs et au trait pour déterminer de quel type de dessin il s'agit.
> **2.** Interroge-toi sur la part donnée à l'image par rapport à celle donnée au texte.

3 Interpréter l'œuvre. Rédige un court paragraphe à partir des questions ci-dessous.

1. À qui l'affiche s'adresse-t-elle ?

2. Quel est son but ?

3. Quels sont les moyens utilisés pour renforcer son effet ?

> Pour ouvrir ta réflexion, consulte les détournements dont cette affiche a fait l'objet :
> - http://www.histoire-image.org/site/etude_comp/etude_comp_detail.php?i=681
> - http://www.histoire-image.org/site/oeuvre/analyse.php?i=738

Les idées clés de ton exposé

- Cette affiche, commande d'un groupe d'industriels de la banlieue parisienne, est réalisée par **Adrien Barrère** en **1919** dans un **contexte d'élections**.
- Dans cette affiche qui représente un bolchevik, tout est fait pour **effrayer** le citoyen : l'expression de folie terrifiante du visage, le couteau qui dégouline de sang, la couleur rouge sang dominante. C'est une **caricature**.
- Cette affiche de **propagande** a pour but de convaincre les électeurs de voter **contre le bolchevisme**, assimilé à la violence et au meurtre, et donc de voter pour les partis conservateurs.

2 Pablo Picasso, *Guernica*

La fiche d'identité de l'œuvre

- Auteur : Pablo Picasso (1881-1973), peintre espagnol
- Titre et date : *Guernica* (1937)
- Technique : tableau (huile sur toile) – Dimensions : 3,51 x 7,52 m (H x L)
- Domaine artistique : arts visuels
- Thématique du programme : arts, ruptures, continuités

***Guernica*, Pablo Picasso, 1937. Musée Reina Sofia, Madrid.**

1 DÉFINIR LE CONTEXTE DE L'ŒUVRE. Réponds aux questions suivantes.

1. Qui est Pablo Picasso ? À quelle époque a-t-il vécu ?

....

2. Dans quels arts s'est-il illustré ?

....

3. À quel mouvement artistique son nom est-il associé en particulier ?

....

4. Quand et à quelle occasion Picasso a-t-il peint Guernica ? Quel événement historique l'a inspiré ?

....

....

Cherche « Picasso » sur Internet et consulte :
http://picasso-paris.videomuseum.fr/
http://www.centrepompidou.fr/

2 **OBSERVER L'ŒUVRE.**

1. Retrouve les principaux motifs de ce tableau en reportant sur la reproduction de la page précédente le numéro correspondant.

- **1** Un homme décapité
- **2** Une femme tenant un enfant mort dans ses bras
- **3** Un taureau
- **4** Un cheval agonisant
- **5** Une colombe blessée à mort
- **6** Une femme tendant les bras vers le ciel
- **7** Des figures féminines regardant la scène

2. Mets en évidence les caractéristiques formelles de l'œuvre, en complétant le tableau avec les mots suivants : *ampoule*, *contrastes*, *géométriques*, *œil*, *noir*, *blanc*, *chaotique*.

Couleurs	Formes	Lumière
Couleurs dominantes : gris, ... et	• Formes simplifiées et .... • Composition	• Forts .... • Lumière blanche issue d'une .... électrique en forme d'........ ....

3 **INTERPRÉTER L'ŒUVRE. En quoi *Guernica* exprime-t-il une vision infernale de la guerre ? Complète le texte suivant.**

Ce tableau évoque le .... de Guernica mais exprime de manière plus universelle l'...................... et le désespoir liés à la guerre. La composition, chaotique, donne à voir des personnages morts ou en pleine détresse.

La charge émotionnelle de l'œuvre est renforcée par différentes .... symboliques :

– la *pietà* (motif de la Vierge Marie pleurant son fils Jésus mort) exprime le .... ;

– le taureau incarne la .... brutale dans la mythologie espagnole, ici celle de l'adversaire ;

– le cheval agonisant symbolise la .... mise à mort ;

– la colombe, blessée à mort, évoque la .... impossible entre les républicains et les nationalistes espagnols ;

– les femmes sur la droite peuvent faire penser à un chœur de tragédie.

Les couleurs gris, noir et blanc, les forts contrastes de lumière, le traitement cubiste qui aplatit la perspective, accentuent la violence tragique de la scène.

• Utilise ces indices : *désespoir, liberté, force, horreur, massacre, paix, références.*
• Ouvre ton exposé : cherche sur Internet une reproduction du tableau *Tres de Mayo* de Francisco de Goya (1814) et note les points communs avec *Guernica*.

Les idées clés de ton exposé

- *Guernica* est un tableau monumental réalisé par **Pablo Picasso** à la suite d'un bombardement nazi sur le village de Guernica, pendant **la guerre civile espagnole**, le 26 avril **1937**.
- La composition du tableau, ensemble chaotique de formes symboliques, correspond à l'**esthétique cubiste**. L'œuvre est un véritable **manifeste contre les horreurs de la guerre**.

3 Le Chant des partisans

La fiche d'identité de l'œuvre

- Auteurs : paroles de Joseph Kessel (1898-1979) et Maurice Druon (1918-2009), écrivains français ; musique d'Anna Marly (1917-2006), compositrice française d'origine russe
- Titre et date : *Le Chant des partisans* ou *Le Chant de la libération* (1943)
- Domaine artistique : arts du son / arts du langage
- Thématique du programme : arts, États et pouvoir

Ami, entends-tu
Le vol noir des corbeaux
Sur nos plaines ?
Ami, entends-tu
Les cris sourds du pays
Qu'on enchaîne ?
Ohé ! partisans,
Ouvriers et paysans,
C'est l'alarme !
Ce soir l'ennemi
Connaîtra le prix du sang
Et des larmes !

Montez de la mine,
Descendez des collines,
Camarades !
Sortez de la paille
Les fusils, la mitraille,
Les grenades...
Ohé ! les tueurs,
À la balle et au couteau,
Tuez vite !
Ohé ! saboteur,
Attention à ton fardeau :
Dynamite !

C'est nous qui brisons
Les barreaux des prisons
Pour nos frères,
La haine à nos trousses
Et la faim qui nous pousse,
La misère...
Il y a des pays
Où les gens au creux des lits
Font des rêves ;
Ici, nous, vois-tu,
Nous on marche et nous on tue,
Nous on crève.

Ici chacun sait
Ce qu'il veut, ce qu'il fait
Quand il passe...
Ami, si tu tombes
Un ami sort de l'ombre
À ta place.
Demain du sang noir
Séchera au grand soleil
Sur les routes.
Sifflez, compagnons,
Dans la nuit la Liberté
Nous écoute...

1 Définir le contexte de l'œuvre. Réponds aux questions suivantes.

1. Dans quel contexte ce chant a-t-il été écrit ?

....

2. Qui en sont les auteurs ?

....

....

> Ce chant a été créé pour servir de générique à une émission de la France libre, « Honneur et Patrie », diffusée sur la BBC. Il devient un signe de reconnaissance dans les maquis de la Résistance française.

2 Écouter le chant. Comment caractériser la mélodie et la tonalité du chant ? Complète le texte suivant.

Le Chant des partisans se caractérise :

– par une .... simple, facilement mémorisable : seulement .... phrases musicales, qui font chacune l'objet d'une reprise dans chaque .... ;

– par sa .... grave et déterminée.

> Tu peux écouter l'interprétation d'Yves Montand (1958) sur *YouTube*.

3 Observer les paroles.

1. Ce chant est un appel au rassemblement : souligne, dans le texte de la page précédente, les mots ou groupes de mots qui désignent les destinataires de cet appel.

2. Entoure les mots ou groupes de mots qui évoquent l'oppression exercée par les nazis.

3. Quel risque les résistants prennent-ils au nom de la liberté ? Quel champ lexical le montre ?

....

4. Quel sentiment est exprimé dans le dernier couplet ? Par quel temps verbal est-il souligné ?

....

Les idées clés de ton exposé

- *Le Chant des partisans* a été écrit à Londres en 1943, au plus fort de l'**Occupation**, par Joseph Kessel et Maurice Druon.
- Il se caractérise par une **mélodie simple**, des effets de répétition, une **tonalité grave**, qui facilitent la mémorisation et la diffusion du message contenu dans les paroles.
- Ce chant est un hommage au courage des résistants, un appel à l'action collective ; il exprime la foi en la victoire du camp de la liberté. C'est un **hymne à la résistance contre l'oppression**.

> Pour ouvrir ton analyse :
> – cherche sur Internet les différentes versions du chant, et commente la manière dont les chanteurs l'ont interprété (rythme, mélodie...) ;
> – compare-le avec d'autres poèmes écrits par des résistants comme Desnos ou Éluard : http://www.cndp.fr/poetes-en-resistance/accueil.html

4 Jean-Pierre Melville, *L'Armée des ombres*

La fiche d'identité de l'œuvre

- Auteur : Jean-Pierre Melville (1917-1973), réalisateur français
- Titre et date : *L'Armée des ombres* (1969) ; adaptation du roman éponyme de Joseph Kessel (1943)
- Technique : film (couleur)
- Domaine artistique : arts visuels
- Thématiques du programme : arts, techniques, expressions ; arts, ruptures, continuités

Photogramme extrait de *L'Armée des ombres* de Jean-Pierre Melville (1969).

- Le film *L'Armée des ombres* est édité en DVD chez Studio Canal. Lors de ton épreuve orale, tu auras le temps de n'étudier qu'un extrait, mais il est préférable de voir le film en entier. Tu peux louer le DVD ou le trouver en bibliothèque.
- Il est recommandé également de lire le roman de Kessel.

1 DÉFINIR LE CONTEXTE DE L'ŒUVRE. Complète ce texte qui présente les circonstances de la réalisation du film.

Le film *L'Armée des ombres* est l'adaptation cinématographique d'un roman de .... (1898-1979), publié en 1943, au plus fort de l'................................ . Comme cet auteur, Jean-Pierre Melville (1917-1973) est un ancien .... C'est à .... , où il a rejoint la France libre, qu'il prend le .... de Melville. Après la guerre, il réalise trois films évoquant celle-ci : *Le Silence de la mer* (1947, adaptation de la nouvelle du résistant ....), *Léon Morin, prêtre* (1961) et *L'Armée des ombres* (1969).

Indices : *Occupation, pseudonyme, Vercors, Londres, Joseph Kessel, résistant.*

2 Observer l'œuvre.

1. Le film est un film historique, fidèle adaptation du roman de Joseph Kessel. As-tu bien compris l'histoire ? Souligne les affirmations justes.

a. Gerbier, le héros du film, est ingénieur dans la vie civile.

b. Gerbier est emprisonné parce qu'il a trahi son réseau.

c. Dounat est exécuté froidement par les membres du réseau parce qu'il est un membre de la Milice.

d. La famille de Mathilde ne connaît pas son rôle dans la Résistance.

e. Jean-François ne sait pas que le « grand patron » du réseau est son propre frère.

f. Jean-François fait exprès de se faire arrêter par la Gestapo pour sauver Félix, et l'aide à mourir.

g. Gerbier est le seul survivant du groupe.

2. Un film sur la Résistance : pour chaque proposition, donne des exemples tirés du film.

a. Un réseau organisé :

b. Des personnages accomplissant des actions héroïques :

c. Des personnages solidaires :

d. Des personnages solitaires :

e. Mais aussi des héros « humains, trop humains » :

3 Interpréter l'œuvre. **Remplis le tableau ci-dessous en observant les caractéristiques du film, puis l'effet qu'elles produisent.**

Pour t'aider, prends appui sur un extrait précis. Nous analysons ici l'arrestation de Gerbier et son exécution manquée (chapitre 10 : « Courir pour survivre » de 1 h 44 min à 1 h 52 min).

	Décris	Quel est l'effet produit ?
Le décor		
Les actions des personnages		
Les mouvements de caméra		
Les dialogues		
Les effets sonores		

Les idées clés de ton exposé

- Ce film, sorti en **1969**, est l'**adaptation fidèle du roman** de Joseph Kessel (1943). Le cinéaste et l'écrivain sont d'anciens résistants qui restituent la mémoire des événements.
- Dans des dégradés de gris, avec une économie de musique, de plans et de dialogues, il présente le **quotidien des résistants et des Français** sous l'Occupation.
- Son but n'est pas de glorifier la Résistance mais de montrer le quotidien des résistants, leur **force héroïque** mais aussi leurs difficultés, leur **solitude**, leur peur.

5 Josef Koudelka, *Invasion Prague 1968*

La fiche d'identité de l'œuvre

- Auteur : Josef Koudelka (né en 1938), photographe tchèque
- Titre et date : cette photographie fait partie d'une série de photos intitulée *Invasion Prague 1968*, réalisée en 1968
- Technique : photographie (noir et blanc)
- Domaine artistique : arts visuels
- Thématiques du programme : arts, États et pouvoir ; arts, techniques, expressions

***Invasion Prague 1968*, Josef Koudelka, 1968.**

1 Définir le contexte de l'œuvre

1. Complète ce texte qui présente les circonstances de la prise de vue.

En ...., l'Europe est encore divisée en deux blocs par la .... : la Tchécoslovaquie fait partie du bloc de l'Est, qui réunit les pays placés après la Seconde Guerre mondiale sous le contrôle de l'............. . Arrivé au pouvoir en janvier, Dubcek entreprend de réformer le pays : c'est le « .... ». Mais ce mouvement de libéralisation se solde par l'invasion des troupes du pacte de Varsovie.

La .... doit se soumettre : elle ne connaîtra la .... que 20 ans plus tard en ....

- Utilise ces indices : *Tchécoslovaquie, URSS, guerre froide, printemps de Prague, démocratie, 1968, 1989.*
- Pour aller plus loin, cherche sur Internet « printemps de Prague » et « pacte de Varsovie ».

2. Dans la biographie ci-dessous, souligne la phrase qui fait le lien avec ton exposé.

Né en 1938, Josef Koudelka fait ses premières photos au cours de ses études d'ingénieur en aéronautique dans les années 1950. En août 1968, il photographie l'invasion des troupes du pacte de Varsovie dans les rues de la capitale tchèque. Ce reportage obtient le prix Robert Capa en 1969. Il quitte la Tchécoslovaquie en 1970 comme réfugié politique et photographie ses errances. Il est considéré comme l'un des plus grands photographes contemporains.

2 **OBSERVER L'ŒUVRE. Mets en évidence la composition de cette photo en associant à chaque légende le numéro correspondant.**

- ...... Boulevard bordé d'arbres
- ...... Effet de profondeur créé par les rails et les câbles du tramway
- ...... À gauche, un étudiant vêtu de noir
- ...... À droite, des soldats assis sur un char, leurs bottes au premier plan
- ...... Au milieu, le bras de l'étudiant tendu vers les soldats
- ...... À l'arrière-plan, manifestants avec un drapeau, fumées de cocktail Molotov

3 **INTERPRÉTER L'ŒUVRE. Que nous raconte cette photo ? Quel message porte-t-elle ? Rédige un court paragraphe.**

....

....

....

....

....

....

Les idées clés de ton exposé

- **Josef Koudelka** prend cette photographie lors de l'invasion de Prague par les chars du pacte de Varsovie, en 1968. Les événements sont captés sur le vif.
- On assiste au **face-à-face d'un étudiant pragois avec des soldats soviétiques** assis sur un char. L'étudiant tend le bras en direction des soldats comme pour les inviter à rejoindre les rangs de la rébellion pacifique.
- Cette image est devenue très célèbre : elle symbolise un moment de l'histoire de la Tchécoslovaquie et, de manière plus universelle, un **appel à la liberté et à la paix**.

Méthode

Préparer un dossier

L'épreuve d'histoire des arts est une épreuve orale, mais au cours de laquelle tu peux t'aider d'un support écrit : le « dossier » que tu auras préparé.

1. Pourquoi faire un dossier ?

■ D'après les textes qui définissent l'épreuve, ce dossier n'a rien d'obligatoire. Cependant, il s'avère difficile pour un élève de 3e de parler d'une œuvre sans aucun support écrit.

■ C'est pourquoi nous te conseillons vivement de constituer un dossier comprenant pour chaque œuvre :
– **une reproduction** de l'œuvre ;
– **trois fiches** (voir ci-dessous) qui te permettront de décrire et d'analyser l'œuvre selon les étapes attendues.

2. Comment le construire ?

Pour chaque œuvre, le plan des trois fiches reprend celui de ton exposé. Ne note que les idées clés.

Fiche 1 : Présentation générale de l'œuvre	
Nommer l'œuvre, indiquer le type d'œuvre	*Cette œuvre s'intitule ...* (titre). *Il s'agit d'un/d'une ...* (genre).
Présenter l'artiste	*Elle a été réalisée par ...* (nom de l'artiste) *en ...* (date). Présenter brièvement l'artiste.
Présenter le contexte	Caractériser le contexte historique (l'époque) et esthétique (mouvement dans lequel s'inscrit l'artiste).
Fiche 2 : Description de l'œuvre	
Décrire de manière globale	Préciser la technique, les dimensions, le thème général. Éventuellement le lieu où l'œuvre se trouve.
Puis faire une description détaillée	Décrire la composition, les différents motifs, les couleurs, la lumière...
Fiche 3 : Interprétation de l'œuvre	
Expliquer la signification de l'œuvre	Dégager l'intention de l'artiste, analyser l'effet produit.
Comparer avec une autre œuvre	Citer si possible une œuvre proche par son thème ou sa technique (du même artiste ou d'un autre artiste).
Exprimer ton sentiment personnel	Conclure en expliquant pourquoi tu as choisi cette œuvre.

3. Sous quelle forme le présenter ?

■ Si la salle est équipée d'un vidéoprojecteur, tu as intérêt à créer un diaporama (sous Impress ou Powerpoint). Prévois :
– maximum **10 diapositives** par œuvre ;
– une 1re diapositive avec la **reproduction de l'œuvre** et son titre ;
– maximum **trois idées clés par diapositive** ;
– d'autres **visuels** (portrait de l'artiste, zooms sur des détails de l'œuvre, œuvre permettant un rapprochement).

■ En l'absence de vidéoprojecteur, conçois tout de même ton dossier sur le modèle d'un diaporama : sur chaque feuille, peu de texte et des **phrases courtes**.

Réussir l'épreuve

L'oral d'histoire des arts se déroule en deux temps : un exposé (5 minutes) suivi d'un entretien avec le jury (10 minutes). Tout au long de l'épreuve est évaluée la qualité de ta prestation orale, tant du point de vue du contenu que de l'expression.

1. Te préparer à l'exposé

■ **Relire tes diapositives**
• En premier lieu, relis tes diapositives à voix haute. Cela te permet de vérifier :
– que ton exposé **s'enchaîne bien** et que tu pourras le mémoriser facilement ;
– que tes **phrases** ne sont **pas trop compliquées** et que tu pourras les énoncer à l'oral de manière naturelle.
• N'hésite pas alors à réduire encore ton texte et à ajouter des mots de liaison.

■ **Organiser un « oral blanc »**
• Quand tu penses avoir mémorisé l'essentiel de ton dossier, demande à un ami ou à un membre de ta famille de **t'interroger sur une ou plusieurs œuvres**.
• Tiens compte alors de ces **deux conseils** qui valent aussi pour le jour de l'épreuve :
1. Tu dois te tenir droit, regarder ton interlocuteur, articuler et parler assez fort.
2. Évite de lire tes diapositives. Tu dois avoir ton exposé en tête.

2. Réussir l'entretien

■ **Les questions du jury**
L'entretien prend appui sur ton exposé et la liste de tes cinq objets d'étude.
• Le jury va donc te poser des questions te permettant :
– de **préciser certains points** de ton exposé ;
– d'expliquer rapidement tes autres choix d'œuvres.
• Plus rarement, il peut **te faire réagir à une œuvre** qui ne fait pas partie de ta liste mais en lien avec les objets d'étude choisis.

■ **Tes réponses**
• **Ne te laisse pas désarçonner** par les questions du jury. Si tu ne connais pas immédiatement une réponse, tu peux reformuler la question posée avec une formule du type : « Vous me demandez donc si... » puis enchaîner avec ta réponse. Si tu ne sais pas répondre, dis-le poliment.
• Préfère des **réponses courtes mais précises et argumentées**. Si les questions du jury portent sur l'œuvre, projette-la à nouveau (première diapositive) et complète ta démonstration en t'appuyant sur le visuel.
• Dans le cas de questions assez ouvertes sur tes pratiques culturelles, n'hésite pas à faire valoir une **expérience personnelle** récente (concert, exposition, lecture), quelle qu'elle soit du moment qu'elle est en lien avec la question.

1 Cinq œuvres

Adrien Barrère, *L'Homme au couteau entre les dents*

1 En 1919, la France est traumatisée par le bilan humain et matériel de la **Grande Guerre**. En novembre, la campagne pour les **élections législatives** s'organise autour de deux thèmes.

– Le **patriotisme**
Le Bloc national, alliance des partis de droite réunie autour de Clémenceau, se présente comme la continuation patriotique de l'**Union sacrée** qui a rassemblé toutes les tendances politiques au début de la guerre.

– La **peur du bolchevisme**
À la suite de la révolution **bolchevique** de 1917, le tsar et sa famille sont assassinés en 1918. En France, les idées communistes défendues par les bolcheviks se diffusent parmi les **ouvriers** qui multiplient les grèves et au sein de la SFIO qui se radicalise.

Les **riches** perçoivent ce mouvement comme une menace. C'est dans ce contexte que le patronat des villes de Sceaux et Saint-Denis commande une affiche anti-bolchevique à Adrien Barrère, peintre et **caricaturiste** qui réalise des affiches pour le cinéma et le théâtre du Grand-Guignol.

2 **1.** L'affiche montre uniquement la tête d'un personnage effrayant. Il a les cheveux noirs en bataille, des sourcils épais, il est mal rasé. Ses yeux sont exorbités. Il tient entre ses dents un couteau acéré, dégoulinant de sang. Les traits sont grossiers et forcés. Les seules couleurs utilisées sont le rouge et le noir. C'est une caricature.

2. Le texte occupe presque la moitié de l'affiche, avec le mot « bolchevisme » écrit en gros ; il semble être écrit d'une main tremblante ; le sang du couteau s'y écoule. Il s'agit d'une question, « Comment voter contre le bolchevisme ? » ; la réponse n'est pas donnée mais, dans le contexte de l'époque, elle va de soi : il faut voter pour les partis conservateurs (le Bloc national).

3. L'affiche a été éditée par le « Groupement économique des arrondissements de Sceaux et Saint-Denis » : il s'agit d'un groupement de patrons dans deux villes de la « banlieue rouge » de Paris.

3 **1.** L'affiche s'adresse aux électeurs, en particulier à tous ceux qui peuvent être effrayés par les retombées en France de la révolution bolchevique, le risque de contagion révolutionnaire.

2. Son but est de susciter la peur à l'égard ceux qu'on appelle alors les « rouges », à savoir les socialistes, les syndicalistes, la classe ouvrière dans son ensemble. L'affiche a donc pour objectif de provoquer un vote massif en faveur des partis conservateurs.

3. Les moyens utilisés sont :
– en premier lieu, la façon caricaturale de représenter un bolchevik comme un fou furieux assassin (référence à l'assassinat du tsar et de sa famille) ;
– la prédominance du rouge, couleur de la révolution mais aussi couleur du sang ;
– la mise en avant du « slogan ».

2 Cinq œuvres

Pablo Picasso, *Guernica*

1 **1.** Pablo Picasso est un peintre espagnol né en 1881 et mort en 1973.

2. Il s'est illustré dans la peinture, la sculpture, la céramique, les terres cuites…

3. Il est un des fondateurs du cubisme, avec Georges Braque.

4. Il a peint *Guernica* en 1937, en réaction au bombardement de la ville basque de Guernica, le 26 avril 1937, par la légion nazie Condor, qui soutenait le camp franquiste (plus de 1 800 victimes).

L'œuvre est présentée à l'Exposition universelle de 1937 à Paris, dans le pavillon républicain espagnol.

2 **1.**

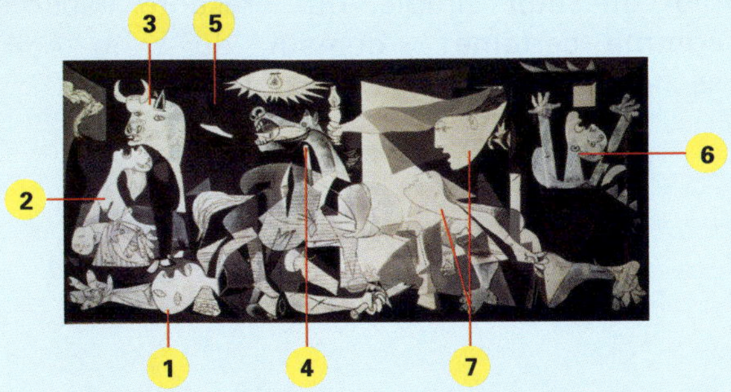

2.

Couleurs	Formes
Couleurs dominantes : gris, **noir** et **blanc**	• Formes simplifiées et **géométriques** • Composition **chaotique**

Lumière
• Forts **contrastes** • Lumière blanche issue d'une **ampoule** électrique en forme d'**œil**

3 Ce tableau évoque le **massacre** de Guernica mais exprime de manière plus universelle l'**horreur** et le désespoir liés à la guerre. La composition, chaotique, donne à voir des personnages morts ou en pleine détresse.

La charge émotionnelle de l'œuvre est renforcée par différentes **références** symboliques :
– la *pietà* (motif de la Vierge Marie pleurant son fils Jésus mort) exprime le **désespoir** ;
– le taureau incarne la **force** brutale dans la mythologie espagnole, ici celle de l'adversaire ;
– le cheval agonisant symbolise la **liberté** mise à mort ;
– la colombe, blessée à mort, évoque la **paix** impossible entre les républicains et les nationalistes espagnols ;
– les femmes sur la droite peuvent faire penser à un chœur de tragédie.

Les couleurs gris, noir et blanc, les forts contrastes de lumière, le traitement cubiste qui aplatit la perspective, accentuent la violence tragique de la scène.

3 Cinq œuvres — *Le Chant des partisans*

1 **1.** Le chant a été écrit en 1943, durant la Seconde Guerre mondiale, sous l'Occupation.

2. Le texte est de J. Kessel et de M. Druon (son neveu) ; ils ont écrit le chant à Londres, où ils ont rejoint les Forces française libres (FFL) du général de Gaulle. La musique est d'Anna Marly.

2 *Le Chant des partisans* se caractérise :
– par une **mélodie** simple, facilement mémorisable : seulement **deux** phrases musicales, qui font chacune l'objet d'une reprise dans chaque **strophe** ;
– par sa **tonalité** grave et déterminée.

3 **1.** Mots à souligner qui désignent les destinataires du chant :
– « ami » répété trois fois en début de vers (anaphore) ;
– « partisans » (les combattants volontaires) ;
– « ouvriers » (qui travaillent dans les usines réquisitionnées par les Allemands) ;
– « paysans » (qui voient leur bétail et leurs cultures réquisitionnés également) ;
– « camarades » ;
– « les tueurs à la balle et au couteau » (militants armés, dans les maquis) ;
– « saboteur » (qui détruit des chemins de fer ou du matériel allemand, à l'aide d'explosifs) ;
– « compagnons ».

Les interjections (« Ohé ! ») associées au tutoiement (« entends-tu », « vois-tu », « si tu tombes ») renforcent cet appel à tous les « frères ».

2. Mots à entourer qui expriment l'oppression nazie :
– « le vol noir des corbeaux » (métaphore faisant référence aux bombardements des nazis, ceux-ci étant comparés implicitement à des oiseaux charognards) ;
– « les cris sourds du pays » (ceux des prisonniers torturés) ;
– « pays qu'on enchaîne » (la France occupée) ;
– « sang » et « larmes » (liés aux arrestations, à la torture) ;

– « la faim qui nous pousse, la misère » (liées aux restrictions alimentaires, aux différentes privations).

3. Les résistants risquent leur vie au nom de la liberté. Le champ lexical de la mort le montre : « sang », « tueurs », « tuez », « on crève », « on tue », « si tu tombes », « sang noir ».

4. La dernière strophe exprime l'espoir ; l'emploi du futur simple, qui présente l'action comme certaine : « demain, du sang noir séchera... », souligne cet espoir.

4 Cinq œuvres

Jean-Pierre Melville, *L'Armée des ombres*

1 Le film *L'Armée des ombres* est l'adaptation cinématographique d'un roman de **Joseph Kessel** (1898-1979), publié en 1943, au plus fort de l'**Occupation**. Comme cet auteur, Jean-Pierre Melville (1917-1973) est un ancien **résistant**. C'est à **Londres**, où il a rejoint la France libre, qu'il prend le **pseudonyme** de Melville. Après la guerre, il réalise trois films évoquant celle-ci : *Le Silence de la mer* (1947, adaptation de la nouvelle du résistant **Vercors**), *Léon Morin, prêtre* (1961) et *L'Armée des ombres* (1969).

2 **1.** Les phrases à souligner sont **a**, **d**, **e**, **f**.

2. a. Un « grand patron » (inspiré de Jean Moulin) reçoit les ordres de Londres (le général de Gaulle le décore) ; un chef (Gerbier, aidé de Mathilde, inspirée de Lucie Aubrac) ; chacun a sa fonction (Félix, Jean-François, Le Bison, Le Masque), etc.

b. Jean-François se sacrifie pour Félix.

c. Gerbier quitte Londres dès l'arrestation de Félix ; Mathilde organise l'évasion de Félix et Gerbier.

d. Ils n'ont plus leur vraie identité (au risque de mourir dans l'anonymat) et ne peuvent parler de leurs activités à personne.

e. Ils sont montrés avec leurs failles et leur fragilité. Mathilde refuse de se séparer de la photo de sa fille. Gerbier court lors de son exécution, obéissant à son instinct de survie.

3

	Décris	Quel est l'effet produit ?
Le décor	Lieux hostiles (caves). Tout est sombre, presque noir.	Décor angoissant.
Les actions des personnages	Les prisonniers attendent leur exécution. Lorsque le moment vient, on leur demande de se livrer à un jeu cruel : essayer d'échapper aux balles du peloton d'exécution.	Humanité des personnages : Gerbier se soucie des autres jusqu'à la fin mais ne peut s'empêcher d'avoir peur face à la mort.
Les mouvements de caméra	• Prisonniers montrés un par un, succession de plans rapides. • Deux longs plans pour la marche des condamnés. • Zoom avant permettant de découvrir le peloton d'exécution, à travers les yeux de Gerbier.	• Chacun attend la mort dans la solitude. • Le suspense est insoutenable. • On ressent la peur de Gerbier.
Les dialogues	• Silence dans la cellule. Rares paroles (« Cette fois, c'est la bonne »). • Importance de la voix off.	• Seules les paroles nécessaires à la dramatisation de l'action sont prononcées. • Solitude du résistant face à la mort.
Les effets sonores	Absente puis stridente, allant crescendo. Stoppe net à la découverte des mitraillettes braquées.	Musique qui accompagne la montée du suspense puis silence au moment fatidique : comme dans un thriller.

5 Cinq œuvres

Josef Koudelka, *Invasion Prague 1968*

1 **1.** En **1968**, l'Europe est encore divisée en deux blocs par la **guerre froide**: la Tchécoslovaquie fait partie du bloc de l'Est qui réunit les pays placés après la Seconde Guerre mondiale sous le contrôle de l'**URSS**. Arrivé au pouvoir en janvier, Dubcek entreprend de réformer le pays: c'est le « **printemps de Prague** ». Mais ce mouvement de libéralisation se solde par l'invasion des troupes du pacte de Varsovie. La **Tchécoslovaquie** doit se soumettre: elle ne connaîtra la **démocratie** que 20 ans plus tard en **1989**.

2. En août 1968, il photographie l'invasion des troupes du pacte de Varsovie dans les rues de la capitale tchèque.

2

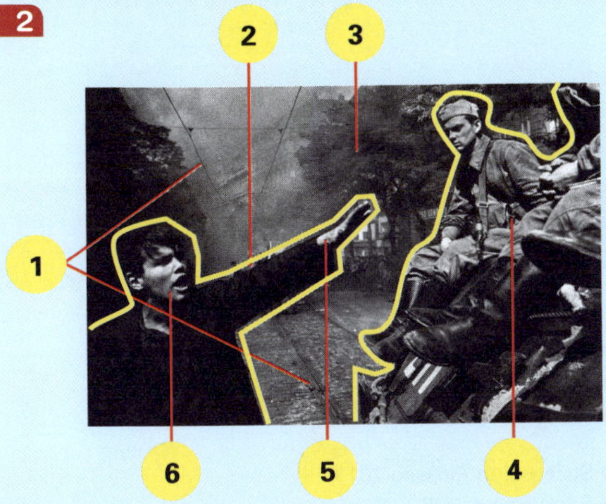

3 Boulevard bordé d'arbres

1 Effet de profondeur créé par les rails et les câbles du tramway

6 À gauche, un étudiant vêtu de noir

4 À droite, des soldats assis sur un char, leurs bottes au premier plan

5 Au milieu, le bras de l'étudiant tendu vers les soldats

2 À l'arrière-plan, manifestants avec un drapeau, fumées de cocktail Molotov

3 La photo raconte l'arrivée des chars soviétiques dans la capitale de la Tchécoslovaquie, la surprise et l'indignation qu'elle suscite parmi les Pragois. Leur rébellion pacifique est symbolisée par ce face-à-face entre un étudiant et des soldats assis sur leur char. L'étudiant, isolé du reste des manifestants figurant à l'arrière-plan, s'adresse aux soldats. Son bras tendu peut être interprété comme un appel (« Rejoignez-nous ! ») ou une supplique (« Arrêtez ! »).

Le message de la photo est pacifique.

Table des illustrations

169	ph ©	Yann Arthus-Bertrand
170	ph ©	Xinhua / ZUMA / REA
171	Coll.	Christophe L
173	ph ©	Photo 12
176	ph ©	Bettmann / Corbis
178	ph ©	STR New / Reuters
180	Coll.	Dixmier / Kharbine-Tapabor
181	ph ©	Dixmier / Kharbine-Tapabor
182	ph ©	Ludovic / REA
186	ph ©	Jean Rey / ANA
190	ph ©	Chaumussy / SIPA
191	©	Peter Schrank
192	©	Civisme et démocratie - CIDEM
196	ph ©	Yann Arthus-Bertrand
200	©	service-public.fr
226	ph ©	The Kobal Collection / Walt Disney Pictures
228	ph ©	The Kobal Collection / Universal
239	ph ©	Josef Koudelka / Magnum Photos
240	ph ©	Rue des Archives / Tal
242	ph ©	La Collection / Artothek © Succession Picasso 2013
246	Coll.	Prod DB © Films Corona - Fono Roma / DR
248	ph ©	Josef Koudelka / Magnum Photos
249	ph ©	Josef Koudelka / Magnum Photos
253	ph ©	La Collection / Artothek © Succession Picasso 2013
255	ph ©	Josef Koudelka / Magnum Photos

IMPRIM'VERT
Votre imprimeur agit pour l'environnement

PAPIER À BASE DE FIBRES CERTIFIÉES

Hatier s'engage pour l'environnement en réduisant l'empreinte carbone de ses livres. Celle de cet exemplaire est de : 1.1 kg éq. CO_2
Rendez-vous sur www.hatier-durable.fr

Achevé d'imprimer en France par Loire Offset Titoulet à Saint-Etienne
Dépôt légal n° 96980-5/02- mai 2013